美国联邦公共交通管理局赞助

公共交通协作研究项目
研究报告第90号

巴士快速交通实施指南

美国国家科学院运输研究委员会 著

王 健 译 陈必壮 校

中国建筑工业出版社

著作权合同登记图字：01－2008－2427

图书在版编目（CIP）数据

巴士快速交通实施指南／美国国家科学院运输研究委员会著；王健译. —北京：中国建筑工业出版社，2008

ISBN 978－7－112－10465－9

Ⅰ. 巴… Ⅱ. ①美…②王… Ⅲ. 公共汽车－定线旅客运输－指南 Ⅳ. U492.4－62

中国版本图书馆 CIP 数据核字(2008)第 173050 号

责任编辑：孙玉珍　姚丹宁

版式设计：James W

责任校对：王金珠

美国联邦公共交通管理局赞助

公共交通协作研究项目研究报告第 90 号

巴士快速交通实施指南

美国国家科学院运输研究委员会　著

王　健　译　　陈必壮　校

中国建筑工业出版社出版、发行（北京西郊百万庄）

各地新华书店、建筑书店经销

北京天成排版公司制版

北京建筑工业印刷厂印刷

开本：880 × 1230 毫米　1/16　印张：15　字数：430 千字

2009 年 2 月第一版　　2009 年 2 月第一次印刷

定价：38.00 元

ISBN 978－7－112－10465－9

（17389）

公共交通协作研究项目

随着国家的发展和满足流动性、环境和能源等目标的需要，对公共交通系统也提出新的要求。目前有些公共交通系统已比较陈旧，需要升级，必须通过扩展服务范围、提高服务频率和改进效率来满足这些要求。因此，研究项目就要解决运营问题，适当地采用其他产业新的技术，把创新导入公共交通行业。公共交通协作研究项目就是发展创新解决方法以满足需求的主要手段之一。

公共交通协作研究项目最早出现在运输研究委员会编号为213的一份特别报告——公共交通研究——新方向，这是根据城市公共交通管理局(现在的联邦公共交通管理局，FTA)赞助的研究成果编写的，1987年出版。美国公共交通协会(APTA)的报告——2000年的交通运输，也充分考虑到地方上解决城市交通问题的研究需要。在成功地完成高速公路的国内合作项目后，公共交通协作研究项目进一步开展了公共交通服务方面的研究和技术活动。范围包括各种各样的公共交通领域，如规划、服务特征、设备、设施、运营、人力资源、保养、政策和行政事务。

公共交通协作研究项目是在联邦公共交通管理局的赞助下于1992年创立的，并得到美国运输部的认可。公共交通协作研究项目作为1991《综合陆地运输效率法》(ISTEA)中的授权项目之一，1992年5月13日，三个合作组织，联邦公共交通管理局(FTA)、运输研究委员会(TRB)和公共交通发展合作公司(TDC)共同签署框架备忘录协议。运输研究委员会代表国家科学院，公共交通发展合作公司是美国公共交通协会(APTA)创建的非赢利教育与研究机构，它负责公共交通协作研究项目的具体事务。

公共交通协作研究项目的研究问题是分阶段提出来的，任何人在任何时候都可以向运输研究委员会提出。公共交通协作研究项目的监管与项目筛选(TOPS)委员会负责确定提出研究项目的优先性。作为评估的一部分，公共交通协作研究项目监管与项目筛选(TOPS)委员会确定资助水平和预期结果。

被选定的研究项目都会指派一个专家组，该小组得到运输研究委员会认可。专家组要准备项目说明(招标书)、选择承包商、提供技术指南和在项目期提供建议。1962年以来，发展研究问题说明和选择研究机构的过程已经开始在运输研究委员会管理的协作研究项目中应用。在运输研究委员会的其他活动中，公共交通协作研究项目专家组是没有报酬的自愿服务。

研究报告如不能送达期望的读者，就不能产生预期的影响，所以要特别强调把公共交通协作研究项目的结果传播给潜在的终端用户，如公共交通机构、服务提供商和供给商。运输研究委员会提供的研究报告，公共交通实践综述和由公共交通协作研究项目开发的支持材料。美国公共交通协会将组织各种研讨会、培训班、现场参观和其他活动，确保城市和乡村的公共交通行业人士都能看到这些结果。

公共交通协作研究项目提供公共交通机构能合作讨论常见问题的论坛，公共交通协作研究项目支持和赞扬其他正在进行的公共交通研究和培训项目。

公共交通协作研究报告
第 90 号：第 2 卷
项目 A-23 FY’99
ISSN 1073-4872
ISBN 0-309-08751-1
国会图书馆分类索书号 2003105419

定价(第 2 卷)：27 美元

说明

这个报告的主题是由运输研究委员指导的公共交通协作研究项目的一部分，得到国家研究理事会董事会的认证。这种认证反映了董事会的评判：被指导的项目符合国家研究理事会的目标和资源利用。

技术专家组成员跟踪研究项目和评审报告，是根据学术成就及平衡不同学科选择这个项目的专家。研究机构在研究中得出的结论和观点，如得到技术专家组的认可，必然是得到运输研究委员会、国家研究理事会、联邦公共交通管理局和公共交通发展合作公司的认可。

每项报告都经过技术专家组根据制定的程序进行评审，并决定是否出版。所有的程序都是由运输研究委员会的执行委员会和国家研究委员的董事会制定和监管。

特别声明：

美国国家科学院运输研究委员会、国家研究理事会、公共交通发展合作公司和联邦公共交通管理局(公共交通协作研究项目的赞助者)不支持将产品制造商或贸易商的名字单独出现，因为这样对项目报告的清晰和完整性有根本的影响。

出版报告

公共交通协作研究项目(TCRP)

可从以下地址获得：

运输研究委员会商务办公室
华盛顿，DC 20001

还可以在互联网上定购：

http://www.national-academies.org/trb/bookstore

前　言

格温 · 启思蒙　　　　美国国家科学院运输研究委员会顾问

公共交通协作研究项目研究报告第90号：巴士快速交通，共分两全卷出版，通过26个案例研究和提供规划与实施指南，明确了巴士快速交通的潜在应用。这份报告对政策制定人员、总经理、高级管理人员和规划人员都非常有用。

交通拥挤程度不断加剧，因而产生对新的交通解决方案的需求。巴士快速交通系统就是一种创造性的新型公共交通解决方案，但要准确地定义巴士快速交通却是很难的。通常可以理解为改进专用的巴士基础设施，如隔离的巴士营运服务，至少在速度上要比传统的“本地巴士”服务快。巴士快速交通系统的基本特征是快速、全天候服务、公共交通优先的一种形式，有吸引力的车站和终点站，为特定市场和服务配置安静、低排放的车辆，收费机制便于乘客快速上下以及独特的系统识别等特征。因此，巴士快速交通代表一种以相对低廉的成本以提高流动性的方法，通过增加对整合巴士基础设施、设备、改进运营和技术方面的投资来实现。

尽管具有潜在的成本和流动性优势，但在运输业界却缺少有关巴士快速交通规划、设计和经营的基本原则和指引，公共交通机构需要在美国政治、体制和操作范围内如何成功地实施巴士快速交通系统的指南。

第1卷：巴士快速交通案例研究提供了巴士快速交通潜在应用的信息，包括规划和实施背景；系统描述，包括运营和物理元素方面。

第2卷：实施指南涵盖了巴士快速交通的主要组成部分，阐述了巴士快速交通的概念、规划指引、主要观点、系统发展过程，叙述了实施巴士快速交通的条件、一般规划原则，还提供系统类型和要素的说明，包括车站、车辆、服务、收费、专用通道和智能交通系统的应用。

这份研究报告是由康涅狄格州纽黑文的赫伯特 · 莱文森先生、弗吉尼亚州费尔法克斯哈利斯公司的塞缪尔 · 齐默尔曼先生、珍妮佛 · 柯林格先生和詹姆斯 · 加斯特先生、华盛顿西雅图的斯科特 · 卢瑟福先生、宾夕法尼亚州费城的埃里克 · 布鲁先生共同编写完成的，以公共交通协作研究项目第90号报告的形式出版，两卷手册均可在国家科学院运输研究委员会的网站上找到。

译者的话

王　健

公共交通学者，《中国巴士与客车》年鉴主编，重庆交通大学兼职教授。1960年生，工学学士。出版《交通安全心理学》、《交通美学：理论与实践》、《世界客车图解指南》和《巴士快速交通指南》等著作，在国内外发表系列论文，公共交通国际联会(UITP)会员、中国巴士快速交通技术推广委员会专家组成员，中国城市公共交通学会常务理事、学术委员。

城市道路交通拥挤以及小汽车广泛使用带来的环境污染问题，已成为各国政府亟需改善或解决的重要施政内容，优先发展城市公共交通是符合中国实际的城市发展和交通发展的正确战略思想，作为国家发展战略的重要举措，是降低能源消耗、减轻环境污染、方便居民出行的重要途径。

建设和发展大容量快速交通系统是优先发展城市公共交通的首选方案。北京、上海、天津、广州、重庆等城市的地铁和轻轨快速交通系统相继通车并初见成效，地铁和轻轨快速交通提供的高质量服务水平为其他城市所向往，越来越多的中国城市纷纷推出大力发展轨道交通系统的宏伟计划。

由于轨道快速交通系统的兴建需要庞大的资本与施工期长等因素，中央政府曾明文规定建设地铁系统的条件，使得一些城市转而思考兴建轻轨快速交通系统，但仍然受限于轨道快速交通系统的工程本质，政府对兴建轻轨快速交通系统编列的预算仍有疑虑。

巴士快速交通系统作为一种新型大容量快速交通方式，为大中城市改善交通拥挤和环境污染提供可持续发展的交通选择方式。它具有巴士系统建设经费少、施工期短的优点，又具有轻轨快速交通系统的较大载运能力和服务水平的优点，因此，巴士快速交通系统获得越来越多的政府机构及市长的大力支持，而且该系统还可作为推动未来轨道快速交通系统的基石。

从南美发展中国家城市发展起来的巴士快速交通系统正在开创全球公共交通服务的大容量、低成本时代，欧美发达国家也在学习和推广这种运营速度快、载客容量大和经济性好的公共交通方式。联合国、世界银行、国际能源署、国际公共交通联会等机构都在积极倡导发展巴士快速交通系统，并成为全球城市公共交通发展的方向之一。

中国土木工程学会特别设立的巴士快速交通技术推广委员会，组织召开《中国巴士快速交通发展战略研讨会》(昆明，2003)、《中国城市巴士快速交通行动大会》(上海，2005)和《中国巴士快速交通实践大会》(济南，2006)，通过《中国巴士快速交通行动纲要》，发起《中国城市巴士快速交通行动》，积极地推动了中国巴士快速交通的理论研究与实践发展。

昆明率先实施巴士专用道初见成效后，北京建成中国第一条巴士快速交通示范线，杭州、重庆、常州等城市相继开通巴士快速交通线路，越来越多的大中城市开始规划、设计与建设巴士快速交通系统。

《公共交通协作研究项目》由美国

运输部提出，并作为《综合地面交通效率法》和《21世纪运输公平法》的组成部分，由联邦公共交通管理局、国家科学院运输研究委员会和美国公共交通协会的代表与非赢利的教育和研究机构美国公共交通发展公司共同签署备忘录来共同推进。从1992年开始启动的公共交通协作研究工作，包括运营(A类)、服务配置(B类)、车辆工程和装备(C类)、固定设施工程(D类)、维修(E类)、人力资源(F类)、管理(G类)、政策于规划(H类)和特殊项目(J类)等领域。

《巴士快速交通实施指南》是美国公共交通协作研究项目的第90号研究报告。2000年5月启动的《巴士快速交通实施指南》(A-23)项目，由DMJM-哈利斯公司负责，项目研究基金249,980美元。经过3年的研究，于2003年5月30日完成项目研究工作，出版的《巴士快速交通》研究报告(TCRP-90)包括《巴士快速交通：案例研究》和《巴士快速交通：实施指南》共两册，是第一部系统论述巴士快速交通理论的著作。

《巴士快速交通实施指南》手册是基于文献评述和对美国及海外26个城市的案例研究分析提出来的设计指南，涵盖巴士快速交通的主要组成要素——通道、车站、交通管制、车辆、智能交通系统、巴士运营、售票方式、市场营销及实施。

美国国家科学院运输研究委员会创建于1921年，该机构主要从事研究交通运输政策、运输和科技发展战略，并传播交通科学信息。因为交通运输直接影响社会经济的发展和个人安康幸福，国家科学院运输研究委员会定期地选定交通运输领域的一些重要课题，以便引起公众的注意和讨论，旨在鼓励研究解决这些问题的方案。

中国政府已制定优先发展城市公共交通的国家政策(国办发［2005］46号)，倡导大中城市发展巴士快速交通系统来缓解交通拥挤与环境污染问题。国家发展和改革委员会会同有关部门制定《节能减排综合性工作方案》(国发［2007］15号)，明确提出：优先发展城市公共交通，加快城市巴士快速交通和轨道交通建设。显然，政府已把巴士快速交通列入优先发展城市公共交通的政策之列。

同样地，2007年，国务院在《国务院关于印发节能减排综合性工作方案的通知》(国发[2007]15号)文件中鲜明地指出："优先发展城市公共交通，加快城市快速公交和轨道交通建设"。鉴于国家把巴士快速交通列入优先发展城市公共交通的政策之列，出版《巴士快速交通实施指南》等译著是非常有必要的。

《巴士快速交通实施指南》的初译稿曾作为《重庆巴士快速交通系统研究》和《上海可持续交通合作项目》的专题资料，提供给有关研究人员参考。

在美国能源基金会的协调下，译者获得《巴士快速交通实施指南》的中文版权，及时地完成了修订。期望这些规划设计指引的出版有助于推进中国巴士快速交通系统的深入发展。

陈必壮

教授级高级工程师，享受国务院政府特殊津贴专家，上海市城市综合交通规划研究所副所长。1966年生，理学硕士，长期从事交通战略、交通规划、交通模型和公共交通领域的研究，在国内外核心期刊和国际研讨会上发表50余篇专业论文，合作出版《大都市一体化交通》和《城市交通战略》等著作，担任中国城市交通规划学会副秘书长等职务。

目录

S- 概 要

摘要

本报告论述巴士快速交通规划与实施指南。基于文献评述和对美国及海外26个城市的案例研究分析提出来的指南，涵盖了巴士快速交通的主要组成要素——专用通道、车站、交通控制、车辆、智能交通系统、巴士运营、收费、市场营销和实施。

S-1 什么是巴士快速交通？

美国联邦公共交通管理局对巴士快速交通的定义是："提供轨道交通服务质量和巴士运营灵活性的一种快速交通方式(《巴士快速交通参考指南》)"。本实施指南采用的定义是：巴士快速交通是一种灵活的、胶轮式快速公共交通方式，它把车站、车辆、服务、专用通道和智能交通系统等要素整合为具有显著识别性的系统。巴士快速交通应用的目的是要适应其服务的市场和自然环境，且可在不同的环境中逐步实施（从路权全部给公共交通专用——地面的、高架的或地下的——到在街道和公路上与交通混合使用）。

在许多方面，巴士快速交通就是一种胶轮的轻轨快速交通方式，具有更大的运营灵活性和潜在的低成本。通常，只要少量地投资于专用通道就可提供区域性的快速交通服务。

S-2 规划

巴士快速交通是规划与开发过程的结果，此过程强调提出问题和满足需求，而不是倡导一种解决方案。巴士快速交通需要得到社区和决策者持续的支持，州、地区和城镇的合作是必需的，交通规划师、交通工程师和都市规划师必须协同工作。

关键是：巴士快速交通的规划要处理好系统规划过程中的模式偏见，以及对轨道交通认识的过高期望。其他问题则类似快速交通方式的规划，包括找出巴士快速交通的适宜走廊、为巴士获取街道空间和为车站获得人行道空间，达到有效地实施、克服责任分散和转变保守机构的态度。

规划巴士快速交通项目要真实地评估需求、成本、效益和影响，目的在于制定系列的协调行动来实现有吸引力且可靠的巴士快速交通服务，满足需求的服务要为今后提供一定的储备载运能力，吸引小汽车驾驶者，并与长期发展规划相联系，成本合理。主要因素包括如下：

- **土地使用**：活动中心的密度与发展前景、都市的成长与扩展、发展与成长模式、主要就业中心的位置以及与居民区潜在巴士快速交通线路的开发。
- **道路网络**：街道宽度的连续性、载运能力、拥挤情况、非街道式专用通道的可行性。
- **巴士运营**：过去与未来规划的公共交通利用情况、运营速度和可靠性。

社区积极支持公共交通、促进面向公共交通的发展和强化巴士专用道都是必需的。因此，在决策过程中，广泛、有效的公众参与可以推动巴士快速交通的实施。

巴士快速交通规划要发展成为具有轨道交通特征的整体系统，关注主要市场、强调快速与可靠性、利用分段发展，建立互补的公共交通优先政策。其他同等重要的系统特征包括运营服务时间、发车频率或班距、步行距离、候车时间、换乘、乘车时间、清洁而有吸引力的形象、收费策略等。要避免为节约成本而忽略或减少系统特征。

巴士快速交通特别适用于大城市及客流需要有大量的巴士才能满足需求的都市区。在开始巴士快速交通规划和设计的时候，可参照下列标准：

● 在美国和加拿大，城市人口超过75万和中央商务区就业人口在5~7.5万的城市，巴士快速交通最为成功，因为密集型的土地使用有利于公共交通的使用。

● 一条基本的巴士快速交通线路，期望的服务频率在高峰小时至少每8~10分钟一班，非高峰小时每12~15分钟一班，以便随机到达的乘客利用。按此服务频率计算，每天的客流量至少在5,000人次以上。

巴士快速交通系统的设计和运营要符合特定的需求和各城区的就业情况，提高巴士快速交通的准点、性能稳定和识别性。巴士快速交通的一般类型分为：(1)传统的放射线路；(2)轨道快速交通线路的延伸；(3)高峰小时通勤直达运营。

S-3 专用通道

专用通道是巴士快速交通系统中的关键要素，其他要素都以此为核心。专用通道要确保巴士对交通的干扰最小，且在明确存在和占用的前提下，提供快速、可靠的运行。因为巴士的实载率要比私人小汽车高，提高乘客吸引力、节省乘客时间和运营成本都会产生良好的经济效益。

S-3.1 概要

巴士快速交通可以在巴士专用路、高速公路的路权或城市街道上运行。表S-1列出专用通道的一般类型，并按通道的控制程度分类，一般指南如下：

按通道控制程度分类的专用通道　　表S-1

类别	通道控制	设施类型
Ⅰ	不受车流干扰 通道完全控制	巴士隧道 立交巴士专用路 高速公路备用车道
Ⅱ	通道部分控制	平交巴士专用路
Ⅲ	在街道路权上 物理隔离的车道	干道中央巴士专用路 巴士街道
Ⅳ	专用或半专用车道	顺向和逆向流巴士专用道
Ⅴ	混合交通运营	

● **专用通道服务和延伸主要的客运市场。**

● **专用通道可作为3种基本线路网(中央商务区集散、交通干线和相邻区集散)的组成部分。**一般地，各种类型的专用通道要按特定的需求来定制各组成要素。中央商务区集散可以通过街道上的巴士专用道、非街道的巴士隧道或通过终点站的方式来实现；物理分隔的巴士专用路或巴士专用道一般可提供干道交通服务。相邻区的集散则可采用巴士专用道或混行交通形式。专用的巴士快速交通走廊可包括几段线路，各段又有不同的专用通道形式。

● **专用通道一般呈放射形，连接城市中心与远离中心的住宅区和商业区。**巴士快速交通还可以有效地连接主要的活动中心或密集型发展且便于使用公共交通的走廊。在大城市，可采用穿越市区的专用通道来连接各主要的客源点，服务于主要的居民集散地，经常与其他巴士线路和轨道交通线路相交。

● **巴士快速交通最好通过提供完全独占的立交路权来实现。**但是，很难获得这种路权，其开发成本高，且又不是在最好的潜在客流区。所以，通常采用街道式专用通道或平面交叉的巴士专用道或隔离的专用通道。

● **有效的市区乘客集散设施是必需的。**为市区起讫点提供直达、非导向的服务，市区集散系统要保证服务的可靠性，并减少因交通延误造成的时间浪费。

● **巴士快速交通专用通道要尽可能地设在相对畅通的街道和道路上**。通过公共交通-感应式交通工程措施、提供巴士专用道，在某些情况下改善主要街道，都可以确保快速和可靠。线路应是直线的，尽量减少转弯。

● 在以下情况中，应提供特定的专用通道(如巴士专用路、巴士专用道和超越排队车道等)：(1)街道堵塞严重；(2)巴士数量较多；(3)街道几何条件适宜；(4)社区支持公共交通，允许根据需要重新划分路面空间，提供必要的财务资助和强化交通规则。

● **巴士快速交通优先应提供在特别拥挤的路段或整条线路上**。绕过排队或跳越排队都是在堵车高峰小时巴士通过交叉路口或交通瓶颈非常有效的方式，建议在巴士快速交通线路给予长期优先对待。

● **专用通道在最大限度地增加客流量的同时，要保证乘客总的延误时间最少**。这将减少所有出行者的人均行车时间。把道路空间分配给巴士快速交通，每人节约的时间会大于驾驶小汽车的时间。

● **巴士要能够安全和方便地进出专用通道**。在交通干线和封闭高速公路上修建中央式和逆向巴士专用路时特别重要，要为通过停靠车辆或故障车提供方便。

● **专用通道要为巴士快速交通提供显著的识别性**。当巴士运营在巴士专用道或干道中央巴士专用路时尤为重要，建议路面铺设特定的颜色。

● **适当的标志、标线及交通信号控制是必需的**。特别是在干道逆向巴士专用道和中央式巴士专用路、巴士街道、巴士专用路和高速公路备用车道的进出口处特别重要。

● **巴士专用道和超越排队车道都可以设在单向和双向街道上**。由于受到不同的道路条件限制，一般地，设置顺向巴士专用道至少要有2条以上同向行驶的普通交通相邻车道；设置逆向流巴士专用道需要有2条以上的相向行驶交通车道。设置干道式中央巴士专用路则需要每个方向至少要有1条行车道和1条停车道。在受限制的情况下，双向街道的各方向至少要有一条直行道和一条左转弯车道。

● **专用通道的设计要符合国家、州和地方制定的标准**。巴士停靠站和车站要尽量方便乘客，确保巴士、交通、行人的畅通和安全。

● **专用通道设计要考虑到将来可以将巴士快速交通发展为轨道交通**。建设期间的服务可以采用干道式中央巴士专用路、专用路权的巴士专用路、高速公路上的巴士专用路等。

S-3.2 载运能力

巴士快速交通线路可通行的巴士和客流量取决于专用通道的类型、车站和停靠站的设计、巴士规格和地板高度、车门安排、收费方式和需求特征(如关键停靠站上下乘客的集中程度)，以及实际的运营情况。世界各城市的巴士快速交通实践表明：

● 巴士在高速公路上不停地行驶时，要精心设计进入点、终点站的规模要适当，每车道每小时可安全通过近750辆巴士。

● 车站设有超车道的巴士专用路，每小时每条路可通过200辆巴士，但需要足够的载运能力，如市区的双巴士专用车道。

● 南美的经验表明，中央干道式巴士专用路在车站设有超车道的情况下，每小时可通过200多辆巴士。

● 市区双巴士专用道每小时通过150到200辆巴士。单一巴士专用道在很少停靠、采用多门上下和车外收费或非现金支付的情况下，也可运载类似的流量。

● 城市街道中的路缘式巴士专用道一般每小时最多可通过90到120辆巴士。

以上有关载运能力的信息(来源于世界各国的巴士快速交通系统经验)，可以肯定地说：巴士快速交通一般可为大多数美国城市的走廊提供足够的载运能力。

S-3.3 街道式专用通道

街道式巴士快速交通专用通道为市区和居住区的集散和走廊提供接驳服务。这些地方因为市场因素、成本或通行权等问题不宜设置巴士专用路(或高速公路专用车道)。街道式专用通道还可以作为未来非街道巴士快速交通发展的第一阶段，并在过渡阶段形成一定的客流。各种类型的街道式专用通道都有利有弊。

● **混合交通流中运营的巴士快速交通**可以快速实施而成本最低，但巴士易受普通交通延误的影响，很少或无法体现巴士快速交通的特征。

● **顺向路缘巴士专用道**容易设置，成本很低，且把巴士快速交通所占用的道路空间减至最小。但很难实施，不能有效节省出行时间。右转向的交通和行人之间的冲突都会延误巴士。

● **逆向路缘巴士专用道**使巴士在单向街道上实现双向运营，可以增加乘客停靠站的路缘面数量，与一般的交通流完全分隔开而实现自身强化。但是，这样会分散巴士快速交通在几条街道上，降低乘客的方便性。逆向路缘巴士专用道上的巴士行驶方向与一般的交通信号的方向相反，在停靠车辆或故障车的地方很难通过(除非有多条车道)，而且与对向的左转车辆发生冲突，产生行人安全问题。

● **顺向流内缘式巴士专用道**可以消除巴士快速交通的路缘冲突，允许保留路缘停车区，且可在车站提供远端巴士“半岛”，以方便行人进出车站。因此，设置顺向流内缘式巴士专用道要求路缘至路缘街道宽度在60~70英尺以上，路缘停车可能会阻碍巴士。

● **中央干道式巴士专用路**将巴士快速交通专用通道与一般交通隔离开，充分发挥巴士快速交通的特征，避免与小汽车右转向的冲突，并在主要的交叉路口实行立体交叉。但要禁止车辆左转或为这些转向提供特别的车道和信号期。中央干道式巴士专用路的造价高，路面宽敞，通常在80英尺以上。

● **巴士专用街道**使巴士快速交通与一般交通分离，增加行人空间和车站的候车空间，改进巴士快速交通和周围环境的特征。但是，附近要有平行的街道来供其他车辆使用，通常仅适用于城市的少数街区。

规划和实施街道式专用通道的指南如下：

● **巴士快速交通系统的发展要与交通改造和道路建设协调一致，有助于合理高效地利用街道资源。**典型的改进包括禁止路边停靠、增加转弯车道、禁止转向、改善交通信号的定时系统，以及为巴士提供超越排队车道等。

● **设置(路缘)巴士专用道之前要禁止路缘停车，至少在高峰小时不许停车。**这种禁止：(1)提供巴士专用道而不会减少其他交通的街道通行能力；(2)减少由于停车而引起的延误和相互冲突；(3)使巴士容易到达停靠站。

● **重新调整巴士线路，有效地利用巴士专用道和巴士街道。**当巴士快速交通车辆超过每小时40辆的时候，应当采用巴士专用通道。在服务频率很低的时候，相同的设施可作为地方巴士运营，不会引起巴士间的拥挤和乘客的不便。

● **巴士优先权可以减少平均出行时间和误差的不确定性。**通常可节省10%~15%的巴士运行时间。

● **要确保巴士快速交通规划尽快达到省时和可靠的优质服务，以及增加客流，巴士专用道需适当地延伸。**每英里节省一分钟(相当于提高巴士时速从10英里到12英里)，在5英里的巴士出行中就可以节省5到6分钟的时间。

● **警车、消防车、救护车和工程维修车可以使用巴士专用路专用道和巴士街道。**

● **巴士专用道的设计和运营要满足土地使用的需要。**在巴士专用道实施期间，禁止货车占用路缘式巴士专用道。它们可以使用街道的另一边或边道，理想的情况是使用非街道设施。在设置逆向流巴士专用道时，解决货车问题尤为重要。

● **要维持通向主要车库的通道**。需要在车库附近街区限制本地的小汽车流量。

● **出租车上下客处要移在巴士专用道之外**。在单行道上，出租车上下客处应设在街道上没有巴士使用的另一侧。

● **进出巴士停靠站和车站的通道要保证安全和方便**。路边停靠站要有足够的生活福利设施空间和适当的人行道。通往中央式巴士专用道路的人行横道旁边要设置信号，禁止随意横穿。

● **专用通道的设计要反映可用的街道宽度和交通要求**。理想的状态是在交通繁忙方向设置巴士专用道而又不减少直通交通的路道。要提供更多的车道就要取消停车或减少车道宽度，取消左转向车道或提供可变车道。

● **当巴士占用行进的交通车道时，应尽量少占用行车道**。平行的街道可以满足取代的交通则是一个例外。

● **巴士专用道或街道要有醒目的识别性**。可以采用彩色路面来标示巴士具有的专用路权，这种方式特别适用于全天候的路缘巴士专用道。

● **必须有效地强化和维持巴士专用道和街道**。对没有巴士专用道行驶权的车辆应处以高额罚款，以禁止越道行驶现象。

● **巴士快速交通的专用道和街道要尽可能地全天候运营**。这样才能使乘客清楚地感知到巴士专用道的识别性，使用彩色路面。

● **一般应设置远端巴士停靠站**。中央干道式巴士专用路的左转车道位于近端，或在巴士享有信号优先的时候，这是必须的。在路缘车道被许多右转车辆占用时就应设置远端巴士停靠站。

● **巴士快速交通车道宽度要满足巴士快速交通车辆的需要**。顺向巴士专用道至少11英尺宽，以确保通过8.5英尺宽(包括后视镜)的车辆；建议车道宽度为12～13英尺。逆向流巴士专用道至少要为巴士和逆向车辆之间多留几英尺的宽度，以便避让车道上的行人。巴士街道和干道中央巴士专用路的宽度至少为22英尺。

● **街道中央的巴士专用道要与其他车道隔开**。中央干道式巴士专用路含路缘宽度不得少于75～80英尺。

● **在用户、管理机构和公众认为合理的情况下，巴士专用道和街道才能被接受**。一条巴士专用道要比一般交通运载更多的人员。

S-3.4　非街道式专用通道

巴士快速交通“长途”运营的非街道式专用通道可以达到高速和减少交通干扰。在可能设置高速公路备用车道或巴士专用路的情况下，尽量提供巴士快速交通线路。下面是在特定的巴士专用道路和高速公路走廊上开发巴士快速应考虑的事项：

● **巴士运营在巴士专用路或高速公路的备用道上最能实现快速和可靠的巴士快速交通服务**。巴士专用路具有市场覆盖更好、车站和周边环境的相互联系更紧密、面向公共交通发展的机会更多和巴士快速交通识别性更强等明显优点

● **巴士快速交通进入高速公路时，可采用巴士专用匝道或带巴士超车道的仪控匝道**。这些匝道不仅能够减少巴士延误，还可以改善主要车道的车流。

● **理想情况下，巴士专用路应进入人口密集的居住区和商业中心区，通过市中心，并为主要的市区活动提供方便的集散**。巴士专用路的支线应尽量少，以简化线路结构和车站停车泊位。

● **巴士专用路要尽可能位于有专用路权的范围内**。适宜的地方有(1)独立的路权，(2)高速公路一侧的路权，(3)高速公路中央的路权。

● **铁路和高速公路的路权提供了比较容易获得土地和低开发成本的机会**。所以，获取路权要平衡是否与主要公共交通市场相连或相近。这种路权可能

产生很少的交通和有限的土地开发机会，且需要复杂的谈判。

● **一般情况下，在市区非街道巴士专用路上，每1/4～1/3英里间隔至少设立3个停靠站。**以免乘客集中在一个地方上下车，或增加巴士的车站停靠时间。

● **巴士专用路要确保直达巴士快速交通服务能无阻碍地超过车站停靠的车辆。**这样可提高服务的灵活性、可靠性和载运能力。这就要求车站部分断面的宽度为50～80英尺。

● **巴士专用路道的设计要考虑到将来转变为轨道或其他固定导轨交通的可能性。**过渡期的巴士快速交通可采用60英尺的路权宽度、中等车站和80英尺的车站路权宽度。

● **巴士专用路的车站可通过步行、开车或坐车到达。**车站应设置在主要的客源地和巴士线路交汇处。在城市偏远地区应设立换乘停车场，以便乘客驾车换乘巴士。

● **巴士专用路既可以作为新城开发的一部分（如朗科恩），也可以作为将要开发地区的通道框架。**这样征用土地的费用就会相对低廉，并鼓励公共交通引导发展（TOD）。

● **巴士专用路可以形成常规流（设置路肩），特殊流（中央分隔带或超车道），或逆向流（中央路肩超车道）。**常规流设计最简单、最安全，且最常见。逆向流可设置一般的中央岛车站月台，能够尽量减少车站台阶、监控和维护要求。但是，若采用单侧车门巴士就要求在起讫点修建人行天桥。

● **有时候，共乘小汽车和共乘面包车也可共享巴士专用道或高速公路上的巴士专用路。**前提是巴士车流量比较低、几乎没有车站，而且高载客车辆不会影响巴士的行驶。通常情况下，提供巴士专用设施的目的是为了保证服务的可靠性和识别性。

● **高速公路的严重堵塞路段必须提供特别的巴士快速交通设施。**确定高速公路上主要超负荷点的位置是确定提供特别巴士快速交通设施位置的第一步。

● **巴士专用道一般在5英里以上，并允许巴士直行不停。**主要例外的是常见于通往轮渡的“超过排队”车道（如新泽西通往林肯隧道的3号线路上的逆向车道）。

● **现有车流量大的高速公路车道不能改为巴士专用道。**这种情况下为不使整体的交通状况变得更差，应新增车道。

● **高速公路从右边通过车道进出匝道的标准允许巴士顺向（正常）或逆向使用中央车道，**特殊情况下，为避免巴士在主要行车道上穿行，应设置巴士到中央车道的专门匝道。

● **中央式和右侧巴士专用道都很适用。**中央式车道可消除立交桥匝道的冲突，允许特别的中央通道至十字路口，需小心设计通道的到达点，避免穿越主要交通流通行车道。右侧路边车道使巴士很方便地进出车站，但却造成车辆的频繁交会，特别是在十字路口的出口匝道和入口匝道挨得很近的情况下。

● **在高载客车辆车道上运营的巴士快速交通通勤直达服务（如休斯顿），巴士快速交通服务要专用通道进出匝道通向离线公共交通车站或换乘停车场。**这样，离线集散乘客就无需车辆穿越一般交通车道进出这些设施。

● **专用通道要足够宽，巴士在经过停靠车辆和故障车时才不用穿行到相对方向的车道里。**

S-4 交通工程

根据巴士快速交通专用通道类型和位置的不同，需要采用不同的交通工程技术，一般包括：(1)调整路缘、改变路面状况和在路面上划设标线；(2)控制路边上下车；(3)管制左、右转向交通；(4)单行道；(5)巴士快速交通信号优先等交通信号管制。这些技术在巴士专用路与其他道路和街道相交的时候发挥作用，目的是：(1)尽量减少道路上巴士和小汽车的延误；(2)确保行人安全和可靠地进出巴士快速交通停靠站；(3)维持路边活动的通道。

应当由主要负责巴士快速交通专用通道的权力

机构进行强化，制定统一的标准和处罚条例（如罚款或拖离）。

S-5 停靠站、车站及终点站

巴士停靠站、车站、终点站和相关设施（如停车换乘车场）是乘客与巴士快速交通的联系界面。车站应当是经久耐用的防风遮雨设施，方便、舒适、安全且便于残疾乘客使用。车站在美化周围环境的同时，还要体现巴士快速交通的识别性。

巴士快速交通设施应当看作是城市设计的财富。把巴士快速交通专用通道融入城市环境里，利用景观美化和休闲设施的整合，有机会改善和丰富街道景观。导向路的建设要替换照明、人行道和街道设施，因而可以采用新颖统一的设计风格来重建或替换。

车站要具有高水平的设计和乘车设施，车站和其他巴士快速交通要素建立统一的形式、材料和色彩，引人注目的设计，相关的巴士快速交通车站与附近地区的土地使用。

巴士快速交通车站的主要概念和指南如下：

● **车站要提供完善的服务设施，如遮雨篷、乘车信息、电话、照明设备和安全条例。**

● **方便残疾乘客的车站入口设计。**

● **尽可能根据实际情况，提供车站统一的位置、结构和设计。**

● **车站设计要考虑分隔巴士快速交通、普通巴士、小汽车及行人的活动。**

● **车站月台设计要与车辆和收费政策一致。**

● **确保车站的造型符合巴士快速交通线路的服务和运营理念。**当巴士快速交通与普通巴士共同使用同一条专用通道时，应有超车设施。

● **车站停车泊位、月台及通道设施的大小都要满足一定客流量的使用，避免拥挤和爆满，为今后的增长提供载运能力，并达到一定的服务水平。**

● **通过预先付费和多车门上下的方式，增加停车泊位的载运能力。**

● **确保车站位置和设计与周围小区相协调。**

● **在巴士专用路的平面交叉口设置远端车站。**

● **确保巴士快速交通与交叉线路之间的方便换乘。**当巴士快速交通与市内巴士作为普通线路时，应分区设置停靠站，方便换乘。

● **将车站作为终点站的线路，应在主要的公共交通中心和巴士终点站开辟巴士进、出站通道。**

S-6 车辆

要仔细选择和设计巴士快速交通车辆，因为车辆直接影响行车时间、服务可靠性、运营和维修成本、城市环境以及乘客心目中的识别性和吸引力。巴士快速交通车辆要符合所服务的市场特征，并采用在运营服务中认可的造型及推进系统。

巴士快速交通车辆应具有如下特征：

● **车辆要为所期望的客流量提供足够的载客能力。**主要线路上可使用40英尺的标准巴士或60英尺的铰接巴士，集散服务可采用较小的巴士。

● **车辆要方便乘客上下。**要达到这个要求，可采用地板高度为12～15英寸的低地板、宽敞多开门巴士。使用高月台车站的巴士也可以快速上下，但要求车辆准确停靠，只有在运营的灵活性不受限制时才能实施。

● **要有足够的车门数，特别是在采用车外收费的情况下。**一般地说，车长10英尺应配一个车门通道（如40英尺巴士需配备两个双开门）。在巴士上设置两侧开门（类似轻轨交通车辆）能够同时满足中央岛式和侧式车站的需要。

● **车内设计要尽可能保证载运最多的乘客，而不仅是有座位的乘客数。**如果是长途运营，则车内应尽量多设置座位。

● **车内过道要有足够的宽度，确保车内宽松的舒适环境。**北美大多数巴士的车内过道为24英寸宽，特别的巴士快速交通车辆的过道宽度至少在34英寸以上更为合适。

● **巴士的推进系统应“环保”，尽量减少空气污染及噪声。**传统的柴油巴士可采用催化转换器和超低硫燃料来减少废气排放。其他低污染的方案包括压缩天然气与柴电混合动力、电车及双动力电/柴推进系统。

● **车辆要有显著的识别性和形象。**车身上要有清晰、突出巴士快速交通主题的标识。理想的情况是，巴士快速交通线路最好采用巴士快速交通车辆。

● **车辆要有较高的乘客吸引力，使乘客舒适乘坐。**期望特征包括空调、照明、全景式车窗、自动报站器和座套。

● **车辆要可靠，平均故障间距长。**

● **使用寿命成本合理，巴士购置和运营成本划算。**传统铰接巴士的成本约40~60万美元，设计使用寿命12~15年，专为巴士快速交通设计的车辆成本在100万美元左右，设计使用寿命18~25年。

现有的巴士快速交通车辆包括传统的单体巴士、铰接巴士和类似于轻轨交通的特殊用途车辆，包括低地板铰接巴士(传统)和专门的巴士快速交通车辆；巴士快速交通车辆还可配备自动的、多轴、后轮驱动系统，确保准确停靠车站。

S-7 智能交通系统

智能交通系统在确保巴士快速交通的快速、安全和可靠性上起着重要的作用。它们可以监控巴士运营、为乘客提供实时信息、为听力及视力残障人员提供有用信息、在信号控制的交叉路口为巴士快速交通提供优先权、快速收费并确保车辆准确停靠车站。

S-7.1 自动车辆定位系统

自动车辆定位系统能精确测定巴士在道路网中所处位置，提高巴士调度和运营效率，并对运营中出现的障碍和突发情况作出快速反应。据报道，公共交通公司使用自动车辆定位系统可节省投资和运营成本。自动车辆定位系统还可以在车站或车上为乘客提供动态的实时信息。

S-7.2 交通信号优先系统

巴士快速交通的交通信号优先系统依靠全球定位系统来确定巴士的位置，这样可使优先权能够与主要的城市交通控制系统整合。可以无条件和有条件(仅用于巴士延迟)地提前或延长绿灯时间。通常可将整条线路的运行时间缩短10%。优先系统还可以减少巴士延误的几率，从而提高可靠性。

S-7.3 自动乘客计数器

采用这种技术可减少乘客检票系统有关的规划和监督成本。

S-7.4 电子收费系统

电子收费系统可减少巴士停站时间和避免分散驾驶员的注意力，有助于减少收费成本而增加收益。电子收费可采用磁条卡、智能卡和借记卡等磁性系统。

S-7.5 巴士导向技术

导向技术可以控制巴士行驶车道的位置，提高安全性，还可以准确停靠车站。导向系统有机械的(如英国利兹、澳大利亚阿德雷德和法国南锡的系统)、光学的(如法国鲁恩的系统)和电磁的(如荷兰爱恩德霍芬的系统)。

S-8 服务、收费和市场营销

巴士快速交通服务清楚、直接、频繁及快速，收费方式要确保快速上下、市场营销主要关注巴士快速的特征，进一步增强识别性，一般设计指南如下：

● **服务类型和频率要体现专用通道的类型、城市结构、潜在的市场及可用资源。**在可以设置专用通道时，巴士可以全部或部分拥有专用路权。

● **服务要简单、直接和有效运营。**提供点对点和直达服务，要与全天的、易了解的高频率服务需求相协调。通常，有几条高频率服务线路要比有多条发车班距长的线路要好。

● **巴士专用路的线路结构主要包括站站停靠服务，辅以直达(或有限停靠)、接驳和联运服务。**站站停靠服务可以从每天凌晨6点至午夜全天候地运营，从周一到周日；直达服务可在高峰小时运营，从周一至周五。站站停靠服务在高峰小时的班次间隔时间5～10分钟，其他时间则为12～15分钟。

● **车辆达到现有安全要求的地区，公共交通公司都可使用巴士快速交通专用通道。**巴士快速交通车辆可以共享高速公路上的高载客车辆专用道，其前提是不影响巴士快速交通的运行时间、服务可靠性和识别性。

● **提供宽大的车站空间和减少停站时间都可以最大限度地减少运行时间和提高平均运行速度。**

● **收费要与巴士系统的其他组成部分整合，**不一定要采取完全相同的收费方式。

● **主要车站在高峰小时，收费系统应采用多门上下。**应倡导车下收费(更佳)或车内多点收费。

● **市场营销要强调巴士快速交通的特征，如快速、可靠、服务频率、覆盖范围以及舒适性。**需要塑造统一的系统形象和巴士快速交通"品牌"识别性。车辆、车站以及印刷品都要采用独特的标志、颜色和图案。

S-9 财务与实施

实施巴士快速交通要清楚地了解系统的收益、成本及财务机制。优先要考虑需求和资源状况，各阶段都符合巴士快速交通特征。公共机构应通力合作使巴士快速交通成为现实，并创造支持公共交通的环境。一些指南如下：

● **巴士快速交通系统要在线路、车费、服务一致性和市场营销方面与其他公共交通服务整合。**

● **整体的系统收益来自于运营速度的提高带来的出行时间的节省、运营成本的节约以及土地开发的增加。**在出行时间大大节省，且市场条件成熟的时候，巴士快速交通能够吸引大量的乘客和刺激土地开发。但是，高速运行就要求巴士专用路，它具有较高的开发成本。

● **系统所需资金可由联邦、州和地方基金共同提供。**价值、效益评估和其他公共或私人的资助也可以提供辅助基金给某些特定环境(如主要车站周围)。

● **尽管大多数系统的开发都采用传统的设计-招投标-建设顺序，也可以施行创新的项目发放模式。**设计-建设-运营-维护的项目发包策略可能更适合受益广泛的系统效益。

● **由于运营的灵活性，巴士快速交通更适合渐进开发。**各阶段都包含巴士快速交通要素的适当组合。早期的行动和早期的成功都应得到公众的关注与支持。巴士专用路的设计应该考虑到将来可能根据需求的增长或客流需求改建为轨道交通。

● **公共交通机构、城市交通管理当局和州政府在巴士快速交通系统的规划、设计和运营中密切合作和相互配合是必需的。**

● **停车和土地使用政策要通过公共交通引导发展(TOD)和限制市区停车等措施来支持巴士快速交通运营。**

● **巴士快速交通是改进城市机动性、创造更适宜人居和有活力市区的重要社会财富。**

S-10 参考文献

"BRT Reference Guide." *Bus Rapid Transit.* Federal Transit Administration, U.S. Department of Transportation. www.fta.dot.gov/brt/guide/index.html

第1章
概　论

这是公共交通协作研究项目(TCRP)第90号研究报告《巴士快速交通》的第二卷，主要论述巴士快速交通系统的规划和实施指南。在对美国及海外26个城市的案例研究分析和相关文献述评基础上提出了本实施指南。它是公共交通协作研究项目A-23三份文献中的最后一份《巴士快速交通规划与实施指南》。第一份文献是《巴士快速交通：为什么越来越多的社区选择巴士快速交通》，2001年出版的一份资料性的文件；第二份文献是公共交通协作研究项目第90号研究报告《巴士快速交通系统》的第一卷，2003年7月出版。此外，项目小组编制了一个有关巴士快速交通的声像图书室和一份巴士快速交通研究目录。

本卷中的实施指南主要是为帮助运输相关机构规划和实施巴士快速交通系统而编写的。实施指南涵盖了巴士快速交通的主要元素——专用通道、车站、交通控制、车辆、智能交通系统、巴士运营、收费、市场营销、财务、实施和分阶段发展等。指南中还包括如何将这些元素整合为具有巴士快速交通特征的统一体的建议。本卷的内容安排如下：

● 第1章论述基本的巴士快速交通概念，实施巴士快速交通的理由，以及26个巴士快速交通案例研究的主要结论。

● 第2章提出一般的规划考虑，主要问题和关注点，系统发展过程、巴士快速交通的适宜条件，一般的规划原则和系统类型的概况。

● 第3章论述各种类型的专用通道。

● 第4章介绍巴士快速交通的交通工程措施。

● 第5章提出巴士停靠站、车站和终点站的设计指南。

● 第6章重点介绍车型及特征。

● 第7章讨论智能交通系统的应用。

● 第8章介绍巴士运营、服务类型、收费和市场营销等。

● 第9章论述主要的实施因素，包括收益和成本、财务、管理机构和公共政策问题、持续发展或巴士快速交通分段发展等。

● 附录A到F为相关资料。

虽然本实施指南主要关注北美的实施情况，但并没有忽视其他国家应用巴士快速交通的情况。

1-1　巴士快速交通的基本概念

关于巴士快速交通的定义，人们的看法不尽相同。比如，美国联邦公共交通管理局将巴士快速交通定义为“提供轨道交通服务质量和巴士运营灵活性的一种快速交通方式”。根据本实施指南的需要，我们使用以下定义：巴士快速交通是一种灵活性的、胶轮式快速公共交通方式，它把车站、车辆、服务、专用通道和智能交通系统等要素整合为具有显著识别性的系统。巴士快速交通应用的目的是要适应其服务的市场和自然环境，且可在不同的环境中逐步实施（从路权全部给公共交通专用——地面的、高架的或地下的——到在街道和公路上与其他交通混合使用）。

在很多方面，巴士快速交通就是一种胶轮的轻轨快速交通形式，比轻轨快速交通在运营和实施上更具有灵活性及成本低廉的优点。通常，只需相对少量的投资建设专用通道就可以提供区域性快速交通服务。这一定义包含以下几个方面：

- 巴士快速交通采用可操纵的、胶轮式车辆在专用或非专用车道上运营，提供比轨道交通更灵活、投资和运营成本更低的运营方式。
- 巴士快速交通车辆（巴士）主要运营在独立的或保护路权（路面、高架或隧道）上，沿线停靠，提供类似轨道快速交通的服务。
- 巴士运营结合专用路权、中央专用道、巴士专用道和普通街道等，并在沿线设置车站，提供类似轻轨快速交通的服务。
- 巴士快速交通完全运营在巴士专用道或高速公路的高容量车辆车道上，频繁往返于传统的中央商务区和有大量停车公共交通中心之间，其服务类似城市通勤铁路。
- 巴士快速交通主要在城市街道上运营，采用有限的交通信号优先或巴士专用道，提供的服务水平近似于大站快线巴士或有轨电车系统。

巴士快速交通主要元素在规划中都要改善速度、可靠性和识别性等特征。综合地看，这些元素的紧密配合形成整体的快速交通系统，方便乘客和提高公共交通性能。

1-2　实施的理由

全球交通和城市规划机构的官员都在探索如何有效地解决公共交通方式来提高城市机动性和缓解城市拥堵问题，这种关注使人们重新审视现有的公共交通技术及创新方案的发展情况，以提高公共交通服务水平和性能。巴士快速交通是实现这个目标的有效方式，巴士快速交通可以分阶段建设，比轻轨快速交通的规划和建设期更短，成本更低，且灵活性更强。此外，在轻轨快速交通运行的任何地方都可以修建巴士快速交通。

现在，北美城市考虑采用的各种中等容量的快速交通方式中，巴士快速交通在许多方面可与轻轨快速交通的载运能力和服务水平媲美，在某些方面甚至更胜一筹，而且它的投资成本和运营成本更低（取决于客流量）。

下面是应用巴士快速交通的特别理由：

- 城市的持续扩展，包括许多中央商务区、郊区及区域中心，需要更多的交通服务及改进方便性。因此，投入一定成本来修建主干道，改善和延伸公共交通系统已成为当务之急。而现有的巴士系统很难使用：运营速度很慢、班次少且不可靠，线路结构很复杂又不易掌握，车辆和运营都很不适应市场需求，只有很少的车辆和车站提供乘客信息。建设轨道交通的难度很大、周期长，运营成本也很高，不适应美国当代城市客运市场的需求。
- 巴士快速交通可以快速实施，逐步完善，且不排斥将来投资建设轨道交通的可能。
- 对特定的专用通道来讲，巴士快速交通要比轨道交通的成本和装备更低。采用现有的巴士专用道或高容量车辆车道，设施成本更低。
- 巴士快速交通在当代美国城市和郊区的各种范围内都是经济有效的。巴士快速交通车辆——无论由驾驶员驾驶、机械导向或电子导向——都可以在街道、道路中央、轨道式专用路或城市交通干道，以及地下车道上运行。巴士快速交通可以在单一线路上提供直达快车、限站停车和站站停车等运营方式。轨道系统由于基础服务单位庞大，服务相同的市场需要多次换乘。
- 在美国和加拿大的许多城市，巴士快速交通在走廊上提供高质量的有效运输载客能力（如渥太华公共交通西线在高峰小时运载高峰方向的客流量比北美轻轨交通的客流量还大)。南美城市巴士快速交通线路在高峰小时的客流量已等同于甚至超过许多美国和加拿大的轨道交通线路。

● 在大多数城市走廊的客流水平条件下,巴士快速交通的边际运营成本和维护成本相对较低,从而提供较低的设备与设施的维护费用。可以弥补巴士驾驶员的可变成本。

● 巴士快速交通可以作为轨道交通线路的延伸和补充,在轨道交通客流量不足的地区,巴士快速交通可以为其提供接驳服务。

● 与其他快速交通方式一样,巴士快速交通可与城市或郊区环境整合为一体。

● 由于应用智能交通系统和一些先进的技术,巴士快速交通比早期基于巴士的快速交通系统更有吸引力和可行性,这些技术包括:

——"清洁"车辆(如电子控制的"清洁"柴油发动机、压缩天然气、混合动力"清洁"柴油发电机、或双动力电/柴等)。

——低地板车辆便于乘客快速水平上下。

——机械、光电和电子导向系统等。

在第一卷案例分析中,阐述应用巴士快速交通的主要理由是与轨道交通相比较,巴士快速交通的开发成本低和运营灵活性强;其他的理由还包括,巴士快速交通作为公路改建规划中一个切实可行的选择方案,它是城市结构的有机组成部分,重新发展的催化剂。1998年在俄勒冈尤金组织的一项研究中发现,以巴士为基础的公共交通系统,其建设成本只有轨道交通的4%左右。而波士顿选择巴士快速交通的主要理由并不是它的成本优势,而是它的运营和服务效益。

1-3 技术发展水平综述

下面是北美、澳大利亚、欧洲和南美26个都市区的经验概述,大多数系统已经投入运营,少数还在建设或开发中。

1-3.1 位置

26个案例城市的所在地、人口、有无轨道交通及发展状况参见表1-1。其中包括12个美国城市:波士顿、夏洛特、克利夫兰、尤金、哈特福德、檀香山、休斯顿、洛杉矶(3个系统)、迈阿密、纽约(2个系统)、匹兹堡和西雅图;2个加拿大城市:渥太华和温哥华;3个澳大利亚城市:阿德莱德、布里斯班和悉尼;3个欧洲城市:利兹、兰考和鲁恩;6个南美城市:贝洛奥里藏特、波哥大、库里蒂巴、阿雷格里港、基多和圣保罗。

案例分析城市所在地 表1-1

案例分析的城市	中心城市人口(百万)	是否有地铁
北美		
波士顿,马萨诸塞州	3.0	V
夏洛特,北卡	1.4	
克利夫兰,俄亥俄	2.0	V
尤金,俄勒冈	0.2	
哈特福德,康涅狄格	0.8	
檀香山,夏威夷	0.9	
休斯顿,得克萨斯州	1.8	
洛杉矶,加州[a]	9.6	V
迈阿密,佛罗里达州	2.3	V
纽约,纽约州	16.0	V
渥太华,安大略州[b]	0.7	V
匹兹堡,宾夕法尼亚州	1.7	V
西雅图,华盛顿州	1.8	V
温哥华,不列颠哥伦比亚	2.1	V
澳大利亚		
阿德莱德	1.1	V
布里斯班	1.5	V
悉尼	1.7	V
欧洲		
利兹,英国	0.7	
鲁恩,法国	0.4	V
兰考,英国	0.1	
南美		
贝洛奥里藏特,巴西	2.2	V

续表

案例分析的城市	中心城市人口（百万）	是否有地铁
波哥大，哥伦比亚	5.0	
库里蒂巴，巴西	2.6	
阿雷格里港，巴西	1.3	V
基多，厄瓜多尔	1.5	
圣保罗，巴西	8.5	V

注：a 城市人口超过了1500万；
b 包括魁北克的赫尔时，城市人口超过了100万。

1-3.2 特征

巴士快速交通的主要特征有：专用通道、引人注目的车站设施、方便乘客上下的巴士、车下收费、应用智能交通系统技术、全天候的频繁服务（通常从早上5点到午夜时分）。表1-2是按各洲分类归纳的26个案例分析城市的巴士快速交通系统特征。

80%的系统采用各种形式的专用通道——巴士专用路或巴士专用道；75%以上的系统提供全天候的频繁服务；66%以上的系统建设有“车站”而不是停靠站。相应地，仅有40%的系统采用特殊车辆或应用智能交通系统技术，只有17%(5个系统)采用或即将采用车下售票系统。3个现有的运营系统具有上述6个特征：波哥大的交通千禧，库里蒂巴的中央式巴士专用路和基多的有轨电车系统。波士顿，克利夫兰和尤金正在建设的系统具有巴士快速交通系统的所有特征。

1-3.2.1 专用通道

巴士快速交通的专用通道包括混行交通车道、路缘巴士专用道、中央式巴士专用路、高速公路的备用道，以及巴士专用路和隧道等。系统结合具体情况混合采用多种形式的专用通道，而不是单一使用某种通道，如北美的路缘巴士专用道与混行车道相辅相成。表1-3按地区汇总了专用通道的主要特征。案例研究资料表明：北美大多采用巴士专用路，南美则多采用中央干道式巴士专用路，只有美国在高速公路上采用可变流量车道和高容量车辆(HOV)车道。布里斯班和西雅图的巴士隧道，以及波士顿市中心正在建设的巴士隧道，把轨道交通的特征引入了巴士快速交通系统。

1-3.2.2 车站

高速公路或巴士专用路上设置车站的间距为2000～21,000英尺(610～6405米)，以保证巴士高速行驶。在城市干道上设置车站的间距为1000英尺（如克利夫兰和阿雷格雷港）到4000英尺（如温哥华和洛杉矶）。大多数车站设置在路缘或巴士专用道及中央干道式巴士专用路外侧。而波哥大的系统、基多的电车系统和库里蒂巴的直达线路都采用中央岛式

不同特征的设施数目 **表1-2**

特　点	美国/加拿大	澳大利亚和欧洲	南美	总计	总体实施率
巴士专用道	13	5	6	24	83
车站	12	4	3	19	66
专用巴士	7	1	3	11	38
车下售票方式	2	0	3	5	17
智能公共交通	7	1	3	11	38
高频全天候服务	11	5	6	22	76
合计	17	6	6	29	100

来源：Levinson et al., 2003

按地区分类的专用路道特征 **表1-3**

类型	北美	澳大利亚	欧洲	南美
公共交通隧道	波士顿、西雅图	布里斯班		
巴士专用路（专有通行权）	新英格兰、哈特福德 迈阿密、渥太华 匹兹堡	阿德莱德[3] 布里斯班 悉尼	兰考	
高速公路中央巴士专用路	夏洛特 洛杉矶			
高速路备用车道	休斯顿[7]、纽约[8]、渥太华			
中央巴士专用路	克利夫兰、尤金[2]	温哥华		贝洛奥里藏特 波哥大[6]、库里蒂巴[9]、阿雷格雷港 基多[6]、圣保罗[6]
巴士专用道[1]			鲁恩[5]、利兹[4]	

注：

1 许多拥有巴士专用路、高速公路备用道和中央巴士专用道的城市也建造巴士专用车道（像波士顿、休斯顿、纽约、渥太华、匹兹堡和温哥华等）；

2 电动导向巴士；

3 奥邦导向巴士；

4 光导巴士；

5 带车流旁道的导轨巴士；

6 光导巴士；

7 可逆高容量车辆车道；

8 逆向巴士专用道；

9 高站台加预付费售票方式。

来源：Levinson et al., 2003

月台和左开门巴士。

车站的巴士专用路只要有3～4条车道宽就可以保证直达巴士超越停站车辆。南美干道中央式巴士专用路就设置有超车道，车站和车道可以错位设置，以减少巴士专用路的覆盖宽度。

大多数的巴士快速交通车站为低月台形式，因为采用低地板车辆。波哥大的千禧交通、基多的电车系统，以及库里蒂巴的站站停和直达巴士服务都采用高月台车站。一些巴士还装备舷板来保证月台与巴士地板的齐平。同时，这些系统还采用车外售票方式。鲁恩甚至使用光学导向的伊萨巴士的西维斯巴士，提供车辆准确停靠车站，使乘客水平上下的间距为最小。

许多城市都根据当地的地理、气候、专用通道类型、资助和可用空间等情况，建设各具特色的车站。布里斯班、渥太华和匹兹堡等地还在巴士专用路沿途设置人行天桥。

1-3.2.3 车辆

传统的标准柴油巴士和铰接巴士都广泛地用于巴士快速交通运营。车辆设计的改良趋势包括：(1)“清洁”车辆；(2)通过隧道时采用双动力（柴油或压缩天然气/电力）；(3)低地板巴士；(4)多车门，并加宽车门；(5)独特的造型，专用的巴士快速交通车辆，其创新设计改良案例如下：

- 洛杉矶的红色低地板压缩天然气车辆；
- 波士顿规划的多门、压缩天然气和双动力柴电车辆；
- 库里蒂巴的双铰接5门高月台上下巴士。

鲁恩的伊萨巴士西维斯巴士是“新型设计”的柴电混合动力铰接巴士，火车式的特征，4门，车厢间有34英寸以上宽的过道，光学导向功能可以准确停靠车站，保证无缝水平上下车。

1-3.2.4 智能交通系统

应用智能交通系统技术包括自动定位系统、乘客信息系统、交通路口的交通信号优先等，洛杉矶的巴士快速交通线路在巴士晚到交叉路口时延长10%的绿灯时间。

1-3.2.5 服务类型

服务类型反映了服务的市场和不同的专用通道形式和车辆的影响。很多系统提供直达（或有限停靠）“覆盖”服务、站站停靠（或地方服务）和特定车站的接驳巴士服务。大多系统的服务延伸到巴士专用路或巴士专用道以外的地段，这就是巴士快速交通的主要优势。波哥大、库里蒂巴和基多的系统由于车门的设计、月台高度和动力系统问题，车辆仅限于在特定的专用通道上行驶。

1-3.2.6 性能

巴士快速交通系统的性能评估范围很广，基于各种系统的结构，本报告将主要从载运乘客、行驶速度和土地开发变化三个方面来进行评价。

客流：据统计，北美和澳大利亚巴士快速交通系统的日客流量范围从夏洛特的1,000人次到洛杉矶、西雅图、鲁恩、阿德莱德和布里斯班的4万人次左右。渥太华和南美等城市巴士快速交通的日客流量都超过15万人次。

巴士快速交通在高峰小时高峰方向最大载客点的情况参见表1-4，其流量相当或超过了美国和加拿大城市的轻轨交通客流量，接近地铁的客流量。

巴士快速交通的客流增长是因为线路延伸、省时、设备改善和人口增长等因素。案例分析城市的客流增长情况如下：

休斯顿：新增乘客从18%增加到30%；

高峰小时客流量 **表1-4**

客流量	巴士快速交通系统
2万人次／小时以上	新泽西：往林肯大道方向 波哥大：千禧交通 阿雷格雷港 圣保罗
8千到2万人次／小时	贝洛奥里藏特 渥太华 基多 库里蒂巴 布里斯班

来源：Levinson et al., 2003

洛杉矶：客流从26%增加到33%，其中三分之一为新乘客；

温哥华：新增8000乘客，其中20%以前是开小汽车的，5%因为目的地改变而改乘；

阿德莱德：客流增加76%；

布里斯班：乘客增加60%；

利兹：客流增加50%。

速度：运行速度因为专用通道的类型、车站间距、服务种类而有所不同，典型速度值见表1-5。干线上的车速一般不会超过20英里／小时，通常为14英里／小时，在巴士专用路或高速路巴士专用道上的车速可达50英里／小时以上，主要取决于停靠站的间距。

节省出行时间：巴士快速交通应用前后节省的出行时间如表1-6所示。专用路权的巴士专用路一般每英里可节省出行时间2～3分钟，干道上的巴士专

典型行车速度 **表1-5**

高速公路上的巴士专用路	速　度
直达	40～50英里／小时
站站停	25～35英里／小时
城市交通干道	
快速线，波哥大，库里蒂巴	19英里／小时
地铁快线巴士，洛杉矶－万托拉大街	19英里／小时
洛杉矶—维歇里大街	14英里／小时
南美站站停中央巴士专用路	11～14英里／小时
纽约市限站停靠巴士	8～14英里／小时

来源：Levinson et al., 2003

行车时间缩短情况　　表1-6

巴士快速交通系统	节省出行时间
巴士专用道，高速公路上公共交通车道	32%～47%
巴士隧道线—西雅图	33%
波哥大	32%
阿雷格雷港	29%
洛杉矶	23%～28%

来源：Levinson et al., 2003

用道每英里可节省出行时间1～2分钟，节省的时间在过去交通堵塞的地段尤为显著。

土地开发效益：据报道，完整的巴士快速交通系统给当地土地开发带来的效益与轨道交通相似。研究表明，渥太华公共交通巴士车站沿线新增建设和投资6.75亿美元；匹兹堡东部巴士专用路沿线新增项目建设3.02亿美元；而布里斯班巴士快速交通的实施使巴士专用道东南沿线的地价上涨了20%。这些涨幅都比附近地区的土地增值速度快。

成本：设施开发的成本反映建设类型和复杂性，以及建设年代。报告的巴士隧道平均成本为2.72亿美元/英里(2个系统)，巴士专用路的平均成本为1280万美元/英里(12个系统)，干道中央式巴士专用路的平均成本为660万美元/英里(5个系统)；导向巴士运营的造价为470万美元/英里(2个系统)，混合交通/路缘巴士专用道的平均造价在100万美元/英里(3个系统)。比较巴士快速交通和轻轨快速交通的运营成本表明：巴士快速交通每客运人次的运营成本与轻轨快速交通持平或更低。

1-4　实施与方向

各城市区域不同的条件影响巴士快速交通的市场、服务类型、生存能力、设计和运营。这一节将讨论案例研究中的关键过程、实施与方向，大多数过程也适用于轨道快速交通规划和开发。

巴士快速交通系统的开发是规划与解决需求和问题的项目开发过程的结果。巴士快速交通开发过程各阶段都需要采用开放和客观的方式。

选举的领导和市民的及早和持续的支持是必要的。公共决策者和一般的社区都要了解巴士快速交通的性质和潜在优势。在与其他交通选择方案分析之前，应清楚和客观地考虑巴士快速交通的乘客吸引力、运营的灵活性、载运能力和成本。

州、地区和地方机构要共同参与巴士快速交通的规划、设计和实施。要求公共交通规划人员、城市交通工程师、州运输部公路设计人员和城市土地规划人员密切合作。城市规划机构和州运输部应当是主要的参与者。

逐步实施巴士快速交通是可行的。逐步实施可以尽早地向乘客、决策者和公众宣传巴士快速交通的潜在优势，且可以对系统进行扩展或升级。

巴士快速交通系统能提供合理的用途、出行时间和成本的节约、开发的效益和交通的改善。巴士快速交通系统的要素越多、越完善，效益越大。

应有充足的停车设施，但不能削弱巴士快速交通。在郊区，高速公共交通线路的车站要提供足够的停车位，而对于中心区，为上班人员提供的停车空间则要加强管理。

车站区域的巴士快速交通与土地规划应尽早整合。阿德莱德、布里斯班、渥太华、匹兹堡和库里蒂巴的案例表明：巴士快速交通可以带来类似轻轨交通的土地使用优势。应与主要的开发商密切合作，共同商讨诸如建筑朝向、建筑后退距离、与车站的连接等事项。

巴士快速交通应服务于公共交通市场。北美城市人口超过100万、就业岗位数超过7.5万人的中心区应考虑建设巴士快速交通，这些区域通常都有充足的走廊客流量可以全天候运营。在山区、隧道和渡口等自然环境限制而导致交通拥挤的地方，巴士快速交通的效果也很好。

专有路权应与市场需求相匹配。沿高速公路或铁路走廊的专用通道并不能保证有效的巴士快速交通服务，特别是在专用通道远离乘客目的地或车站出入不方便的情况下。理想情况下，巴士快速交通应设计服务于主要的公共交通市场。

只要有可能，轨道交通的主要特征应移植到巴士快速交通系统。这些特征包括：隔离或优先的路权、独特的车站、车下售票、低噪声、易于上下的多车门清洁燃料车辆、频繁且全天服务。成功的巴士快速交通项目不仅要提供排队超车道、巴士专用车道或巴士专用路，而且需要全部的巴士快速交通元素和独特的系统形象和识别性。快速、服务可靠和全天候的服务是最为重要的因素，不能单纯为节省成本而被忽略。

巴士快速交通应当快速。在可行的地方，通过在专用路权上运营来实现快速，并增大车站间距离。

隔离的专用路权有助于确保快速、可靠、安全和识别。在新城镇开发及建设开发区，应将巴士专用车通道整合为组成部分和通道框架。在人口密集的建成区也可以开辟巴士专用通道。巴士隧道更适合用于交通经常堵塞、巴士与客流量高，而道路空间有限的地区。

在街道和道路上设置、设计和运营巴士专用道或中央式巴士专用路，要平衡巴士驾驶的需求，货车、行人和其他交通流的需求。路缘巴士专用道允许路边上下，但很难强化；中央式巴士专用路提供更大的识别性，避免路缘的干扰，但又存在左转弯和行人进出车站不便的问题。而且，至少要在75英尺以上的道路宽度才能设置中央式巴士专用路。

车辆设计、车站设计和收费程序应相互协调。车站要便于巴士、小汽车、自行车和行人进出。应提供适当的停车泊位、超车道(在巴士专用路上)，以及必备的乘客辅助设施。巴士设计要独特、轮廓鲜明，要能提供充足的载客能力，多车门和低地板便于乘客上下，还要有足够的车内流通空间。车下售票最好，至少在主要车站可以这样做。达到这些特征将改变运营观念和实践，智能交通系统和智能卡在多车门巴士上的应用使车上付费快捷，又可减少逃票。

巴士快速交通系统的设计必须与交通工程和公共交通服务规划相协调。特别关键的是专用通道的设计、巴士车站和转弯道的交通控制应用、信号优先的巴士快速交通设置。

巴士快速交通可以延伸在巴士专用道以外的地方运行，保持可靠和较高速度的运营。郊区的巴士快速交通线路可采用高容量车道或巴士专用道，甚至在一般的混合交通中运营。

巴士快速交通服务以乘客为本。高峰小时的最大的巴士数量要能满足客流需求，同时还要使巴士之间的拥堵减少到最小。通常，全天候的站站停靠干线服务，要采用高峰小时“覆盖”服务特定市场的直达巴士作为补充。非高峰小时，覆盖服务可作为接驳(或穿梭)，在巴士快速交通车站间往返。

1-5　展望

案例研究表明巴士快速交通的确有实效。它能节省出行时间，吸引新的乘客，推动面向公共交通的发展。比轨道交通的成本效益更大，可作为轨道交通线路的成本效益延伸。巴士快速交通系统为大多数美国城市的走廊提供满足高峰小时出行需求的足够载运能力。

从案例研究课程中学习的关键是巴士快速交通要快速。在隔离路权上运营的大部分服务都可以达到较高的速度。

支持公共交通的土地开发和停车政策将强化主要的巴士快速交通投资。因为巴士快速交通对土地使用具有潜在的影响，建议将巴士快速交通像包括其他快速交通方式一样纳入土地使用规划中。

预计将有更多的城市考察并实施巴士快速交通系统。完全采用巴士快速交通系统的数量会大量增加，选择部分巴士快速交通要素实施的案例会更多，这些努力将使城市公共交通的通道、机动性和生活质量得到实际改善。

1-6　参考文献

“BRT — Bus Rapid Transit — Why More Communities Are Choosing Bus Rapid Transit” (Brochure). Transportation Research Board, National Research Council,

Washington, DC (2001).

Levinson, H. S., S. Zimmerman, J. Clinger, S. Rutherford, J. Cracknell, and R. Soberman. "Case Studies in Bus Rapid Transit—Draft Report" (TCRP Project A-23). Transportation Research Board of the National Academics, Washington, DC (December 2002).

Levinson, H., S. Zimmerman, J. Clinger, S. Rutherford, R. L. Smith, J. Cracknell, and R. Soberman. TCRP Report 90: Bus Rapid Transit, Volume 1: Case Studies in Bus Rapid Transit. Transportation Research Board of the National Academies, Washington, DC(2003).

Thomas, E. Paper presentation at the Institute of Transportation Engineers Annual Meeting. Chicago, IL (August 2001).

第2章
规划考虑

本章阐述巴士快速交通开发中的规划考虑，指出规划过程的基本要点和开发巴士快速交通的适宜条件，以确定规划的原则和目的，最后以图例说明巴士快速交通系统的两种基本类型。

2-1　系统开发过程

巴士快速交通规划与其他快速交通方式的规划相同。巴士快速交通开发是在规划和项目开发过程中，强调问题和满足需求，而不是倡导一种解决方案。美国联邦政府资助的巴士快速交通建设一开始就是多样化的发展态势，着眼于灵活机动地选择适宜方案。通过研究发现建设一条公共交通走廊（如巴士专用路）需要大量投资时，人们一般会展开详细的调查，仔细分析比较各种选择方案。那些成本低、周期短的运营项目（如路缘巴士道和有限停站服务等）——可能由公共交通运营单位和交通部门共同开发——就恰恰缺乏对不同选择方案之间的比较分析（Issues in Bus Rapid Transit, 1998）。

2-1.1　巴士快速交通规划过程的问题

巴士快速交通规划中特殊而又关键的问题是：如何处理好规划过程中存在的片面发展和过高估计轨道交通需求量的问题。其他的问题，也是任何快速交通模式在规划中通常会遇到的问题，包括：怎样为巴士快速交通寻求合适的交通走廊、为巴士和车站分别争取街道和人行道空间、如何有效落实、克服责任分散和部门机构的保守态度等。所有这些都应在规划时就提出。下面主要讨论系统规划过程中会遇到的主要问题：

1. **不要对模式选择预先作出决定。**一般常见的现象是：选择方案分析和其他公共交通规划研究可能与面向某种方式和技术的倾向有冲突，即使这些分析并没有客流和其他因素的支持，结果是，这些分析并不能提出令人满意的总体方案和可用技术方案，包括巴士快速交通。

2. **在成本估计和客流预测中不带偏见。**在选择方案的分析过程中有一种倾向，即在主要的公共交通投资中高估客流，低估主要公共交通投资项目所需的投资、运营和维护成本，这种倾向导致资本集约型项目多于预先估计的数量。

3. **不要对轨道交通的感性向往预先作出判断。**通常存在这样的认识：轨道交通比巴士交通更有吸引力，所以，“国际化”的城市需要轨道交通。这些看法来自：

- 巴士服务通常要比轨道交通服务的质量低，潜在客流少。
- 巴士没有轨道系统环保。
- 巴士快速交通不具有轨道交通和其他固定导轨相同的性能。这会导致巴士快速交通在城市土地开发决策中的影响力更小，潜在地导致政治和社会的压力，要把尚未充分利用的巴士快速交通服务改变为普通的公路使用。例如，一些环保组织提出，巴士专用路只是扩展了道路网络，而没有对公共交通基础设施进行长期投资。

4. **找出适宜巴士快速交通线路的走廊，并为市场匹配路权**。通常，在开发密度高和乘客集中区域，很难实施公共交通专有路权——特别是巴士专用路或巴士专用道。此外，在废弃的轨道线路上或在高速公路中央虽然可以设专有路权，但又不是潜在市场的最佳位置。而且，又不方便行人安全进出。通常，在人口稠密区的道路中央很难有巴士专用路所需的宽阔街道。

5. **平衡街道空间的利用**。和轻轨快速交通一样，巴士快速交通要占用街道空间。巴士不仅要与一般的交通流争占路缘停车和出入通道，有时还要占用街道空间有限的人行道。因此，需要论证走廊的有效载运能力，为巴士快速交通车辆提供一条或多条车道，同时又不会减少高峰小时车辆交通的流量。为巴士提供有效的市区集散也会造成问题。在巴士流量很小的情况下，就更难调整和实施专用通道。

6. **有效实施**。要在许多的巴士路线和巴士专用道上限制停车和上下客是无效的。零售商也很难取消路边停车。

7. **应对公共机构的职责分离**。发展巴士快速交通可能被许多机构阻扰，包括市、镇和州运输部(通常关注道路)，公共交通机构、停车管理部门、城市和地方规划组织等。各部门的观点和职权可能不同，职责不尽相同或有交叉。比如：美国运输部喜欢高容量车辆车道，不同意采用行人通道和出口来适应公共交通的道路设计。

8. **机构的保守态度**。公共交通机构主要关心运营成本和收入。它们把巴士快速交通视为巴士系统的简单升级，而不注重车辆设计、收费和其他快速交通特征。在有轨道交通线路地区，公共交通机构会习惯地优先考虑采用轨道设施运送大容量客流，而不在巴士服务中应用类似的"质量"哲学。交通工程师也会犹豫是依据人的出行而不是车辆运动来评估选择，将一般交通所占用的街道空间划拨一部分给巴士专用。

要想改变这些认识和应对这些偏见，需要清楚地表明巴士快速交通的许多优势，并保证提供高质量的巴士快速交通服务。挑战就是要表明巴士快速交通不仅具有成本效益，并且有利环保，还能有效地影响城市土地使用和快速开发。许多巴士快速交通系统已实现高客流、高载运能力和高性能，合理的运营成本和维修费用，显著地节省出行时间，巩固了面向公共交通的发展。

2-1.2 社区与机构：支持和协作

通过开放的规划过程，及早地获得社区和决策者的参与和支持是必需的。在规划过程的主要步骤要坚持与公众对话，在各主要阶段都要对社区和拥护者的关心给予认可和回应。

成功的巴士快速交通实施需要公共交通运营和管理机构的参与，所有参与者都是规划努力的有机组成部分。私营公共交通运营机构的代表，以及负责专用公共交通设施强化、安全和保安任务的警察部门的官员也要参与到这个规划过程中来。

州、地区和当地的协调合作是巴士快速交通的规划、开发和实施成功的必要条件。公共交通规划人员、交通工程师和城市规划人员必须通力合作。在美国，城市规划机构和州运输部是主要的合作伙伴。

2-1.3 模式考虑

巴士快速交通规划要充分考虑社会团体(和机构)用它们的术语表达的观点。巴士快速交通项目的成本和效益都要清楚地进行论证。与其他快速交通系统一样，巴士快速交通规划要平衡用途、出行时间节省和开发效益。巴士快速交通选择方案要从整个运输系统的机动性需求、环境影响和土地开发效益方面进行评估。

决策者和一般的团体在规划期间都要清楚地了解巴士快速交通的属性和潜在的效益，要避免任何偏见和误解。巴士快速交通的潜在性能、客户和开发商的吸引力，运营的灵活性、载运能力和成本都要通过各种备选方案的清楚分析说明进行选择。

与轨道运输系统相比较，巴士快速交通的主要优势表现在以下各方面：

- 当客流量的增加在线路各段的变化不同时，可以根据载运能力的需求来修改设计标准（即拥有很强的“分阶段”或逐渐开发能力）；
- 基础设施的投资成本相对较少（即无需轨道、电气设施和其他固定设备）；
- 潜力高，在不同路段的服务类型和频率更灵活（如整条路线的载运能力需求不是固定的）；
- 灵活地结合接驳线路（即地方街道上的集散）和干线服务，无需车辆之间的物理换乘；
- 无需另辟专用通道就能将服务扩展到低密度区；
- 可由各种规格和类型车辆使用的能力；
- 满足运营机构多元化的能力（如公共交通运营、校车、私人运输）；
- 建筑和车辆的采购程序比较简单；
- 实施周期较短；
- 先建设核心路段的能力，如在可以缓解堵塞的路段和最容易建设的路段先建，仍然提供整个走廊的整体服务；
- 无需增加组织结构，不像轨道交通那样需要建设和运营机构。
- 更灵活的道外车站可以提高载运能力。
- 发生交通事故时可利用现有的道路和街道，而不中断运营；
- 车辆供应商的各种竞争，使车辆采购中很少有相同的需求；
- 即使考虑载运能力和使用寿命等问题，购置巴士车辆还是比较便宜。

轨道交通的主要技术优越性在于它能在高容量的交通走廊上运营大容量的列车，结果是：

- 劳动强度可能较低，取决于客流量；
- 较大的潜在载运能力；
- 乘客数量多的时候，服务质量更好；
- 更受开发者和用户的偏爱；
- 即使考虑载运能力和使用寿命等问题，总体来说，其购置车辆比较划算。

2-1.4　巴士快速交通的规划步骤

在美国，巴士快速交通规划要与联邦公共交通管理局的新开项目行动相一致，第9章中将对此进行详细的讨论。在主要施工阶段，需要环境影响评估和报告。

在规划巴士快速交通时，要求对它的需求、费用、效益和整个选择方案范围内的影响进行真实的评估，目的是为今后开发中能够行动协调一致，实现更具吸引力和可靠性的巴士快速交通服务。针对主要需求市场，为今后储备载运能力，吸引人们放弃自己开车而乘坐巴士，与长期的土地使用和开发计划相适应，具有合理的成本。

关键因素包括：(1)都市化区域的居住密度、发展前景和模式；(2)现在和预计的公共交通需求；(3)城市化发展和扩张情况；(4)街道的宽度、延续性、载运能力和拥挤程度；(5)建设非街道专用通道的可行性；(6)巴士运营速度和可靠性；(7)巴士快速交通路线分布要涉及到主要工作区域和住宅小区；(8)社区的态度；(9)社区资源。社区愿意支持公共交通、公共交通引导发展和强化巴士专用道也是必需的(Fuhs，1990)。

2-1.4.1　确定需求与建立概念的可行

要建立各种选择方案的概念可行，按照需求、习惯、实际情况、效益、土地使用服务和建设系统的能力等进行分析，涉及的几个关键问题是：

- 平时和高峰小时使用走廊的巴士和乘客量是多少？项目未来的公共交通需求？数量足以能保证

巴士快速交通正常运营和建设巴士专用道和巴士专用路？

● 走廊的一般交通流是多少？

● 巴士和小汽车的行驶速度如何？哪些地方是主要的堵车点？

● 巴士服务的运营和改善专用通道可节省多少时间？可以减少多少乘客延误？

● 研究走廊的路道设计和运营特征如何？

应探索开发巴士快速交通的机会，同时也要考虑相应的约束因素。这就要求确定(1)巴士快速交通系统使用的道路和路权；(2)允许巴士通过市中心的道路；(3)需要改变的道路空间和交通控制；(4)巴士服务运营策略；(5)初步概念是否可行；(6)任何潜在的重大缺陷。

2-1.4.2 开发与分析选择方案

设施、服务和舒适性改进的各种结合，应当按照运营特征、节省出行时间、环境与土地开发影响和成本方面进行分析。评价某种选择的有效性要考虑多种标准(Fuhs，1990)，这些标准如下：

● **机动性**——涉及就业、服务和设施，节省出行时间，对交通运营的影响，增加巴士乘客和运营的工作能力。

● **环境影响**——减少私人车辆的使用，减少事故与空气污染，以及对水资源、湿地、公园、露天场所和历史文化遗迹的影响。

● **土地使用**——与当地的土地使用政策和目标一致，促进公共交通引导发展的土地使用和经济发展。

● **成本**——项目总成本(投资与运营)、成本效率指标(如各选择方案每人次或每里程的运营成本和投资成本)，可用基金等。

● **客流**——预估客流和服务计划发展要包括：(1)开始年度；(2)何时客流成熟(如5年)；(3)20年范围。某些行程需要驾乘方式的改进并要求进行对长期乘坐状况的预测。对预测的合理性应予以检查。公共交通协作研究项目的网页文献12：出行者对运输系统变化的反应，内部手册，提供评估巴士快速交通改善引起乘客变化的指南(Pratt et al., 2000)。

各种选择的评估应按照以下项目进行：(1)它如何反映地区规划目标，如中央商务区和中心区域的模式共享；(2)它如何反映及促进未来成长及推进发展；(3)它如何方便和舒适地使用；(4)它提供醒目的固定性和识别性；(5)需要的强化水平。

如果巴士快速交通作为较好的方案被采纳，需要节省资金应纳入财政有限投入的交通规划，并由城市规划机构与当地交通运输机构一道合作进行开发。在政府资金到位和开始施工以前应该完成更详细的工程计划和规定的环境保护文件。

2-1.4.3 准备规划建议

规划建议要清楚地叙述并详细制定运行的专用通道、车站、车辆、售票方式和运营，以及涉及的其他方面。项目计划应包括以下各点：

● 车辆要求；

● 水平排列和垂直排列；

● 专用通道的几何设计特征，如横断面、出入通道的位置和在中央商务区中的分布情况；

● 车站位置和车站的典型设计——包括月台、遮雨篷、结构设施、乘客的舒适性、行人出入通道、转乘巴士的方式和停车方式等；

● 售票方式、售票检票设备和设施等；

● 交通信号控制和智能交通系统的应用；

● 巴士运营计划，包括路线、服务范围、类型和频率等；

● 维修和实施的监管；

● 分步发展的计划；

● 精确的成本预算；

● 公共交通引导发展的车站。

最后，确定下来的巴士快速交通规划应是一个集轨道交通各种特征为一体、针对主要客源市场，突出强调其快速性和可靠性，具有分步骤发展的优势的综合系统。它坚持以公共交通为本，并以公共交通带动周边和相关产业发展。巴士快速交通规划应显著提高速度、可靠性和识别性，不能为了节省成本而随意处理每一个重要环节。

2-2 巴士快速交通的适宜条件

与其他快速交通方式一样，巴士快速交通要发挥最佳的性能和特征具有以下条件：(1)较高的就业率和人口密度；(2)市中区呈密集型发展，街道通行能力有限，全天停车费用较高；(3)长期依赖公共交通；(4)通往市中心的公路通行能力有限；(5)大量障碍物限制了通往中央商务区的路径和巴士的流量。

建议在考虑巴士快速交通时应重视以下3个条件：(1)计划实施巴士快速交通的所在地应为城市化区域、它具有一个凝聚力很强的中央商务区，或活动人口稠密但方便运营巴士的商业中心；(2)符合快速交通乘客总流量大、发车频率高的特征和需要；(3)在考虑巴士专用道或巴士专用路的地方有大量的巴士运营。

2-2.1 城市规模与市区密度

总的来说，影响公共交通市场(巴士快速交通也不例外)的重要因素包括：市区的面积大小，主要交通走廊的人口集中度和商业活动的频繁度，以及中央商务区的综合实力。案例分析表明：绝大多数建立了巴士快速交通系统的地方都是人口多于75万的城市(在美国和加拿大)，商业区的就业人口超过75,000，这些数字与先前研究北美城市开发轨道和公共交通的经验所总结的先决条件有着惊人的相似(见表2-1)。

当然也有特殊的例子，有些城市化特征并不明显的地方，其巴士快速交通却发展良好。原因包括地理和地形限制，人们工作、生活和学习的地方很集中(如大学、医院、城边中心)；能够获取的路权相对便宜；新城镇、主要郊区和市区快速发展等。但是一般来说，在美国和加拿大，巴士快速交通系统主要是集中在大城市里。

2-2.2 频繁的全天候服务

发车频率高是巴士快速交通吸引乘客的重要的因素之一。建议巴士快速交通在高峰时期的发车频率最低要为8～10分钟一班，在非高峰时间为12～15分钟一班，最好能全天运营(至少16小时)。采用这样的发车频率每天至少要有5,000乘客。当巴士快速交通与市内普通巴士同用一条路道时，每天总的

城市快速交通发展的一般性适宜条件——设计年限 表2-1

主要决定因素	轨道交通	轨道或巴士	巴士(最少)
市区人口	2,000,000	1,000,000	750,000
市中心人口[1]	700,000	500,000	400,000
市中心人口[1]密度(单位：人/平方英里)	14,000	10,000	5,000
高密度交通走廊的开发	覆盖范围广且定义清楚	受限制但定义清楚	受限制但定义清楚
中央商务区功能	地区性	地区性或次地区性	地区性或次地区性
中央商务区建筑面积(单位：平方英尺)	50,000,000	25,000,000	20,000,000
中央商务区就业人数	100,000	70,000	50,000
日到达中央商务区量(单位：人次/平方英里)	300,000	150,000	100,000
日到达中央商务区量(单位：每条交通走廊人次)	70,000	40,000	30,000
高峰小时通道离开中央商务区人数(单位：4象限)	75,000～100,000	50,000～70,000	35,000

注：1“有效城市中心”——市中心和人口密度相当的邻近区域。
来源：Center City Transportation Project: Urban Transportation Concepts, 1970

乘客数量应为一万人次以上。当有些线路交汇并重叠运行时，高峰小时的发车频率为2～4分钟一班，中午为5～6分钟一班。

2-2.3　巴士的存在

设置巴士专用道或巴士专用路的地方，巴士要清楚地表明其存在。理想的是，为减少违章情况，每个信号灯周期至少有一辆巴士在使用路缘巴士专用道，也就是说，每小时至少要有40～60辆巴士，当然具体的数量取决于信号周期的时间长短。同样地，巴士专用通道上要有足够的巴士才能证明对设施的充分利用(例如在所有的地方都能看到巴士)。

2-3　目标和原则

巴士快速交通规划和发展应遵循下列基本原则：

1. **巴士快速交通应发展成为集各种设施、服务和舒适性为一体的能持久运营的系统。**它应该着重改善巴士速度、可靠性和独特征。

2. **巴士快速交通系统应尽可能地吸收轨道交通运营的主要特征。**这些属性包括：分离的或优先的专用通道、独特的车站(尽可能采用车下售票)、低噪声并易于上下的多门巴士、环保和低地板车辆、智能交通技术、快速和高频率的服务等。

3. **适宜的“公共交通为本”政策有助于巴士快速交通的顺利实施。**这些政策措施包括：公共交通引导发展的土地开发，制订辅助的闹市区停车规定，在远离市中心的车站增设足够换乘停车设施，在开发或重新开发区域保留(或获取)路权。同样地，巴士快速交通应有助于促进以公共交通引导发展的土地使用模式。

4. **巴士快速交通线路应瞄准于主要的客源市场，这样可以扩大客流量和加大投资回收力度。**采用辐射状的线路将市中心与人口稀少的郊区连接起来，服务于范围广泛的城市中心就业人口。穿城线路适用于“城市边缘地带”的大学城，主要的医疗中心或其他大型单位和服务团体等。

5. **巴士快速交通要保持快速运行。**车辆应尽可能取得路权。在无法取得通往主要公共交通市场的路权时，应尽可能使用开阔的、车行不受限制的街道。应通过赋予公共交通优先行驶权，建立交通应变系统或改变停站数量(车站距离：中央商务区1/4英里，郊区不少于1/2英里)等方法来加快巴士运营速度。

6. **巴士快速交通系统要能尽快启动并可分阶段进行发展。**分阶段发展可包括延长线路和专用通道，给巴士快速交通提供更多交通走廊，用专用通道(如市中区巴士隧道)取代专用行车道，如果乘客数量过多，甚至可将巴士专用道转换至轨道交通运输系统。

7. **巴士快速交通系统在收益、成本和效果方面应是合理的。**系统应为社会、旅游观光者(特别是其中的巴士乘客)和交通运输机构带来更大利益。各项投资要以目前和将来的客流情况为基础。系统的主要宗旨是增加任务负担重的交通走廊的载运能力，减少乘客的乘车时间，减少在各通道中滞留的总人数。基本的目标应是长期减少总的滞留人数以增大乘客流量。要达到此目标，无疑需要配置足够的通道空间。

8. **拥有长距离、大车流量的公共交通线路的街道和交通走廊同样是巴士快速交通系统的主要建设对象。如果至少有一条现有的市内公共交通线路未达到6,000～8,000人次的日出行量，那么短期内它都不适合运营巴士快速交通。**通常，巴士快速交通的开发将包括重新改造现有的公共交通线路，至少在一条巴士快速交通线路上提供足够的发车频率。

9. **系统的设计和运营应重视车辆设备的数量、可靠性与独特征性。**它不仅仅是在巴士专用路或巴士专用道上运营快速车辆这么简单。

10. **要认识各个城市有其自身的特殊需求、机遇和限制条件。**因此，巴士快速交通系统必须凭借各种不同的概念来获得大众的支持，并将规划转换成实际的运营系统。

11. **巴士快速交通要具有统一和有吸引力的形象。**巴士快速交通系统的车辆、车站和市场营销资料等将为巴士快速交通树立高效快速、使用方便的形象。

2-4　系统概念

巴士快速交通系统的结构应切合各城市交通的需要、发展机会和地形条件。系统结构可从单一线路到多条线路的综合体系。它可提供长途干线服务和市内乘客集散服务。系统结构可以将城市中心与郊区连接起来或作为轨道交通运输线路的延伸。任何情况下，巴士快速交通的服务都应充分利用可用的通道资源和切合公共交通市场的特征。

图 2-1 和图 2-2 是系统类型的示意图。许多巴士快速交通线路都是有限停站（或快速限停）地在公共交通专用通道上或有优先行驶权的混行车道上运营。巴士可以在线路的郊外部分每站都停，这时它们一般都运行在交通干线和 / 或支线的混行车道上。

图 2-1 的第一幅图所示的是最简单的系统概念，即通过一条交通干线向外辐射，将市中心与郊区连

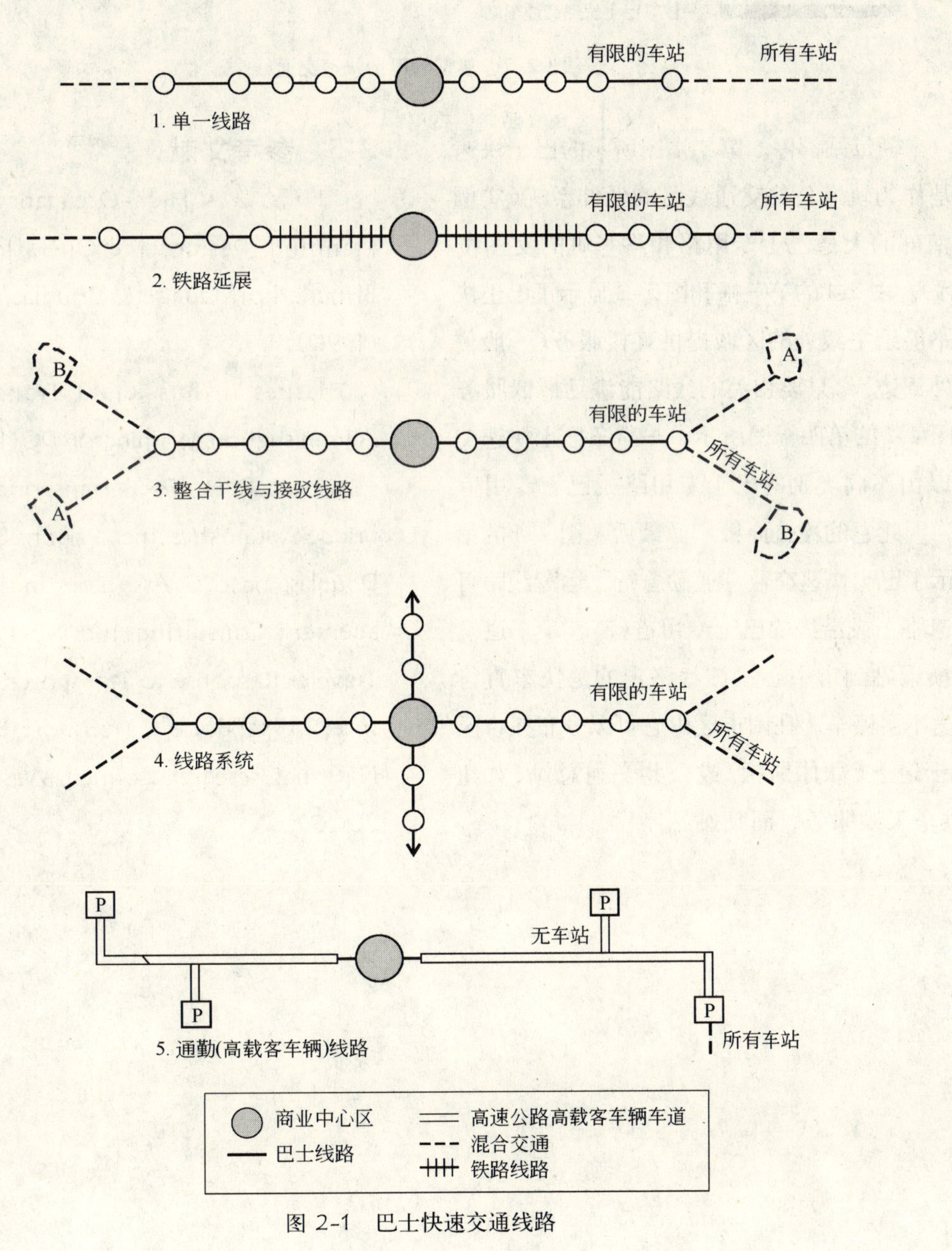

图 2-1　巴士快速交通线路

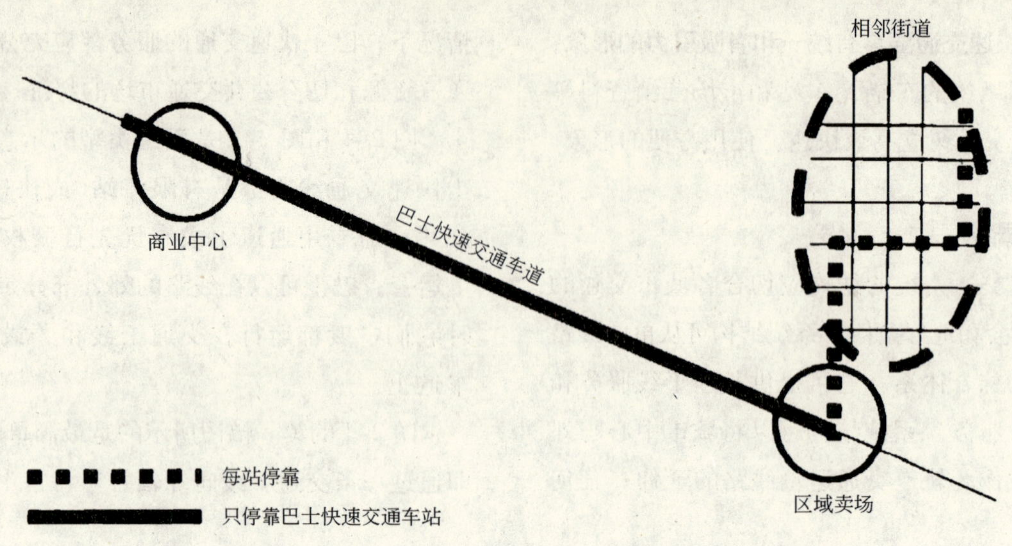

图 2-2　典型的巴士快速交通线路

接在一起，车辆每站都停。第二幅图所示的巴士快速交通系统是作为轨道公共交通线路的延伸系统（实例有迈阿密南部的大德巴士专用路和洛杉矶的文图拉快速交通线）。图 2-1 的第三幅和图 2-2 显示了巴士快速交通线路能给主线外的区域提供直接服务（一般位于线路的外周边），只要相关的线路能满足最低服务标准。如图 2-1 的第四幅图所示，一整条巴士快速交通路线可以由不同类别的巴士专用路或巴士专用道组合而成，因此它的覆盖面极广。最后，图 2-1 的第五幅图展示了巴士快速交通“通勤急行”运营线路可以使用高速路上或沿线的巴士专用道（高容量车道）。从各停车换乘站到市中心，该线路走的是快车直行车道，中途不会停车。在闹市区中它可以分布在市区街道的巴士道上（如休斯顿）或公共交通总站（如纽约），提供全天候服务，而且站站停靠。

2-5　参考文献

Fuhs, C. A. High-Occupancy Vehicle Facilities: A Planning, Design, and Operation Manual. Parsons Brinckerhoff Quade & Douglas, Inc., New York, NY (1990).

Issues in Bus Rapid Transit. Federal Transit Administration, Washington DC (1998).

Pratt, R. H., Texas Transportation Institute, Cambridge Systematics, Inc., Parsons Brinckerhoff Quade & Douglas, Inc., S. G. Associates, Inc., and McCollum Management Consulting, Inc. TCRP Web Document 12: Traveler Response to Transportation System Changes, Interim Handbook. Transportation Research Board, National Research Council, Washington, DC (March 2000).

第3章 专用通道

专用通道是巴士快速交通系统的关键组成要素，是系统其他要素规划和设计的基础(见图3-1)。专用通道确保巴士受其他交通干扰最少而快速、可靠地行驶，并使巴士快速交通系统更为醒目，性能更为优良。专用通道的基本目的是为巴士快速交通的车辆创造一种不受其他车辆和某些规则延误的运营环境，为公共交通乘客提供更好和更可靠的服务。本章内容将涉及到专用通道设计中应注意的主要问题和几种主要专用通道的详细规划及设计指南。如果想了解更多方案和设计指导可以查看美国州公路及运输协会、美国全国公路协作研究项目、公共交通协作研究项目、美国运输部的出版物。

3-1 总则

总则包括以下几点：(1)建立巴士快速交通专用通道的分类系统；(2)制定规划指南；(3)确定需要的设施性能；(4)规定主要的设计参数。

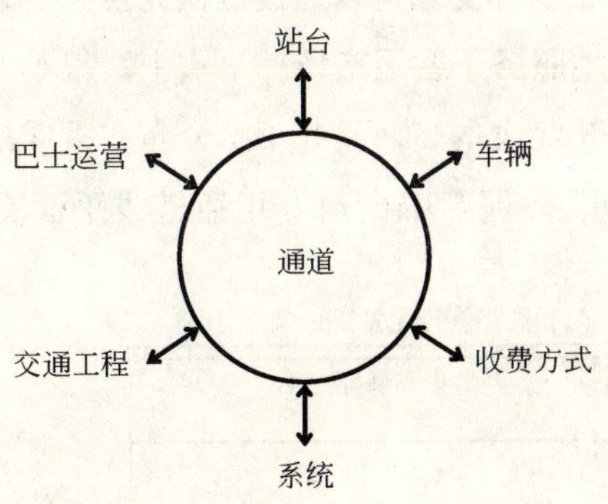

图3-1 巴士专用路的中心功能

3-1.1 分类系统

巴士快速交通的专用通道种类繁多，有混合交通运营，也有平面隔离巴士专用路，可以根据通道控制(分道行驶)的程度或设施类型来加以分类，表3-1是根据通道控制程度的分类表。理论上讲，这种系统类似于公路和轨道公共交通线路的分类方式。本章提到的5种类型涵盖了以平面隔离巴士专用路为代表的完全控制路径的通道类型(Ⅰ型)和混合交通运营类型(Ⅴ型)。表3-2把专用通道依次归类为巴士专用路、高速公路通道和干道式街道3大类，并确定了每种类型分别需要的特定设施，通过实例来说明。

3-1.2 概要

下列指南讨论专用通道的位置与设计：

1. **专用通道可作为3种基本线路(中央商务区集散、交通干线和相邻区集散)的组成部分**。一般地讲，各种类型的专用通道应按特定的需求来定制各组成要素。物理分隔的巴士专用路或巴士专用道通常提

根据通道控制程度分类的路道 **表3-1**

类别	路径控制	设施类型
Ⅰ	无阻行驶——完全路径控制	巴士隧道高速 立交结构的巴士专用路 高速公路备用车道
Ⅱ	部分路径控制	街道平面上的巴士专用路
Ⅲ	街道可行驶区内的物理隔离车道	街中央巴士专用路巴士街
Ⅳ	专用/半专用车道	正向和潮汐流巴士专用道
Ⅴ	混合交通方式	

各种类型的巴士专用路实例 表3-2

设施类型	通道类型	实　例
巴士专用路		
巴士隧道	1	波士顿
高度分离车道	1	渥太华、匹兹堡
完全分隔巴士专用路	2	迈阿密、哈特福德
高速公路车道		
顺向流车道	1	渥太华
逆行专用车道	1	新泽西到林肯隧道段
巴士专用或优先匝道	1	洛杉矶
干线街道		
中央式巴士专用路	3	库里蒂巴、温哥华
路缘巴士专用道	4	鲁恩、温哥华
双路缘车道	4	麦迪逊大街、纽约*
外缘巴士专用道	4	波士顿
中央式巴士专用道	4	克里夫兰
潮汐流巴士专用道	4	洛杉矶、匹兹堡
巴士专用街道	4	波特兰
混行交通流	5	洛杉矶
排队超越	5	利兹、温哥华

注：* 常规巴士运营。

供干道交通服务。中央商务区集散可以是街道上的巴士专用道、非街道的巴士隧道或终点站的方式来实现；住宅区的集散可采用巴士专用道或混行交通。专用的巴士快速交通走廊可包括几段，各段有不同的专用通道方式。图3-2，图3-3和图3-4列举了几种可能的组合形式：

● 图3-2所示是一条基本的巴士快速交通路线，包括混合交通运营、路缘双巴士专用车道等，另外路线末端设立换乘停车场。

● 图3-3是一个综合的巴士快速交通系统，包括高速公路、交通干线和拥有专有路权的巴士专用路，还包括一条位于市区的短程巴士隧道，目的是确保巴士穿行市区时不会受其他车辆的干扰。

● 图3-4说明在大城市的城中心如何协调和分布巴士快速交通专用通道，其目的首先是利用巴士专用道和达到建立畅通的路线，然后在必要和服务质量有保障时再修建一条公共交通隧道。

2. **专用通道要服务于主要的客运市场，并且尽可能横穿这些地带。**

3. **专用通道一般呈辐射状，以市中心为原点连接周边的住宅和商业小区。**大城市可以采用穿越城区的专用通道，因为那里观光者众多，住宅密集度高，相互交接的巴士线路频繁。路线应尽量采用直路，减少转弯的次数。

4. **巴士快速交通可以通过提供完全独占的立交路权来更好地服务于客运市场。**事实上，很难获得这种路权，其开发成本高，且并不总分布在乘客最集中的地方。所以必须开辟街道专用通道或平面交叉的巴

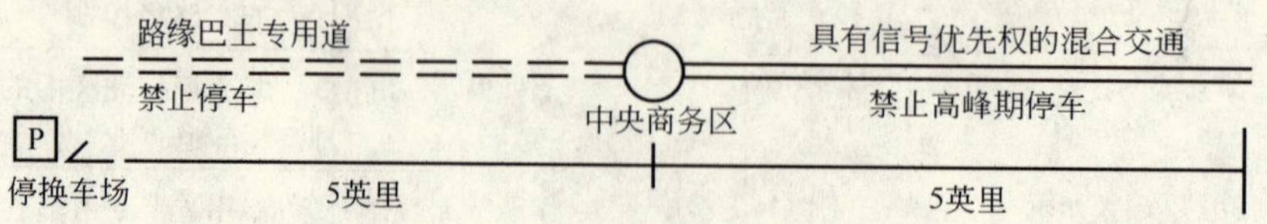

图3-2　巴士快速交通专用通道作为路缘巴士专用路和混合交通流的示意图

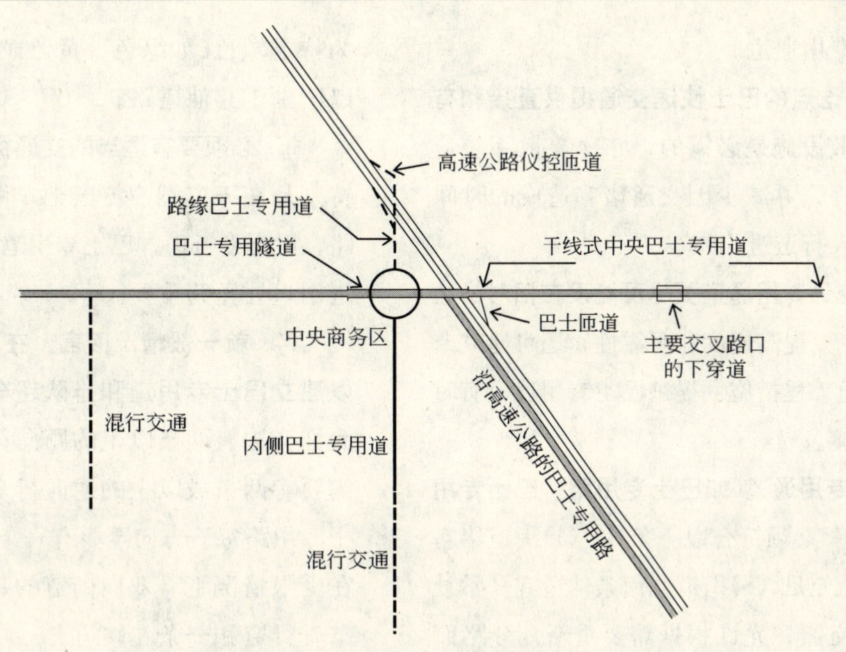

图3-3　巴士快速交通专用通道在主要都市区的示意图

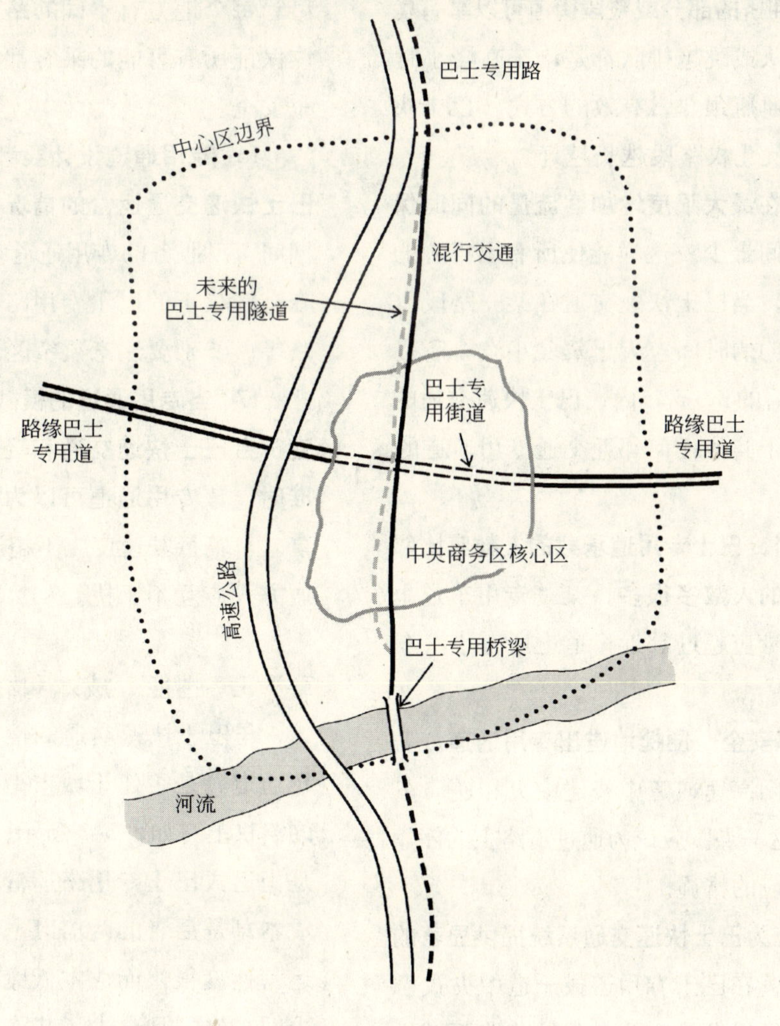

图3-4　巴士快速交通专用通道在市区组合方式示意图

士专用道或隔离专用通道。

5. **为市区起讫点的巴士快速交通提供直接和有效的市区乘客集散设施是必需的。**市区集散系统应保证服务的可靠性，并减少因交通堵塞造成的时间损失，提供有效人行道进出口。

6. **巴士快速交通专用通道要尽可能设在相对畅通的街道和道路上。**要提高速度和可靠性，还可建立公共交通感应式交通工程措施、提供巴士专用道，有时需要改进主要街道。

7. **修建特别专用通道（如巴士专用路、巴士专用道和排队超车道等）**必须符合以下条件：(1)街道堵塞严重，(2)巴士数量充足，(3)街道几何条件适宜，(4)社区愿意支持公共交通，允许根据需要重新划分路面空间，提供必要的财务资助和强化交通规则。

8. **巴士在特别拥挤的部分或整段街道可以享有优先过路权。**绕过排队或跳越排队都是堵车高峰小时通过交叉路口或交通瓶颈非常有效的方式。巴士快速交通路线享有的优先权路段越长越好。

9. **专用通道应在最大限度增加客流量的同时保证总的乘客延误时间最少。**这样能使所有出行者的人均行车时间净减。当巴士快速交通在某一路段占有车道时，每人节约的时间应大于驾驶小汽车所费时间。在投入运营后的3～5年内，巴士快速交通的单位承载量应该大于其他任何邻近交通专用通道的单位载运能力。

10. **在高峰小时，巴士专用道承载的人数应比邻近一般交通道承载的人数多很多。**某一专用车道上的公共交通乘客数量应超过邻近车道上所有小汽车中的人数总合。

11. **巴士要能够安全、便捷地进出专用通道。**若需在交通干线和封闭高速通道中修建中央和逆向车道，则要特别注意这一点。应该为通过道路上的停靠车或故障车制定相应的措施。

12. **专用通道应为巴士快速交通系统提供显著的识别性。**当巴士运营在巴士专用道或干道中央式巴士专用路时这一点显得尤为重要。建议将路面铺设为特定颜色（如绿色、黄色或红色等）或用特殊材料以区别于其他道路。

13. **必须要有适当的交通标志、标线和信号控制。**特别是在干道潮汐流巴士专用道和中央式巴士专用路，巴士专行街，巴士专用道和高速公路备用车道的进出口处尤为重要。

14. **就一般情况而言，在单向和双向街道上都可以建立巴士专用道和排队超车道。**正向巴士专用路允许旁边有两条以上的顺向行车道，逆向车道旁边需要有两条或以上的逆向行车道，而中央干道式巴士专用路每一方向至少有一条行车道和一条停车道。在受限情况下，双向街道的每一个方向至少应有一条直行道和一条左转道。

15. **专用通道设计要符合国家、州和地方标准。**尽管每个地方有不同的路况和需要，但无论如何应该保证所有可能的乘客都能顺利进出车站和确保行车安全。

16. **专用通道设计要考虑到将来有可能在不中断巴士快速交通运营的情况下发展为轨道交通。**建设期间可以服务的专用通道有中央干道式巴士专用路，专有路权上的巴士专用路，高速公路上的巴士专用路等。特别要注意狭窄区域和车站。

17. **当专用通道的横截面、曲度、坡度和垂直净空符合巴士快速交通和轻轨快速交通的专用通道标准时，该专用通道可以为两者所共享，车站也能共享。**车辆行驶速度应不超过每小时35英里。两种交通方式应互不干扰。

3-1.3　性能、成本和载运能力

与巴士快速交通的性能和成本紧密相关的是专用通道：是否建于城市街道或专用（通常是立交的）的路权上。如表3-3所示，非街道式巴士专用路通常是街道式巴士专用路运营速度的两倍，但是前者的成本却是后者的两倍以上。在高速公路备用车道上运营速度很快而成本低廉。不足的是可能不好修建中间车站，且失去了其路线灵活性的特点。

专用通道的成本和速度　　表3-3

类　型	巴士专用路(立交)	干道中央式巴士专用路/巴士专用道
典型的建设成本(百万美元/英里)	6～20	1～10
典型的速度(英里/小时)	25～40	12～20

来源：Adapted from Levinson et al., 2003

3-1.3.1　节省出行时间

在巴士专用道和巴士专用路上，每行驶一英里通常节约出行时间1.5～2分钟。相比以前的慢速度，它的实际节省时间很可观(见图3-5)。

巴士延误一般是由乘客上下车、信号灯和交通堵塞等原因造成的。图3-6标明了如何利用巴士专用道来降低延误的可能性。如果取得了信号优先权，乘客又可以快速上下车(比如采用低地板车辆、多个宽阔车门、车下收费)，乘坐巴士快速交通还可以节省更多时间。

3-1.3.2　载运能力

巴士快速交通路线可承载的巴士和乘客数量取决于专用通道的类型、车站和停靠站的设计、车门的大小、高度和位置、收费方式、主要停靠站的上下客集中度和运营方式等(详情见附录A)。各种专用通道的载运能力如下：

- 巴士在封闭高速专用通道上行驶，专用通道的进出方式设计合理，巴士终点站的大小合适，则每车道小时可安全承载750～800辆巴士。
- 在车站有沿线停靠站和超车道，巴士专用路每车道小时能承载200多辆巴士，前提是市区要有足够的载运量提供(如双条车道)给巴士。
- 南美洲的经验表明：在停靠站和超车道有沿线停靠站的中央巴士专用路上，每车道小时可承载200多辆巴士。
- 市区双巴士车道每小时共承载150～200辆巴士。停靠站多的单条巴士道采用车下收费、非现金支付和多门上下客方式，也可达到相近的承载量。
- 市区路缘巴士专用道一般每小时最多可载运90～120辆巴士。

3-1.4　巴士设计参数

专用通道的规划和设计要符合计划投入运营的巴士快速交通车辆的特点和载运能力。图3-7是大量使用在巴士快速交通专用通道设计中的60座的铰接巴士。有关巴士设计资料请参考由美国运输研究委

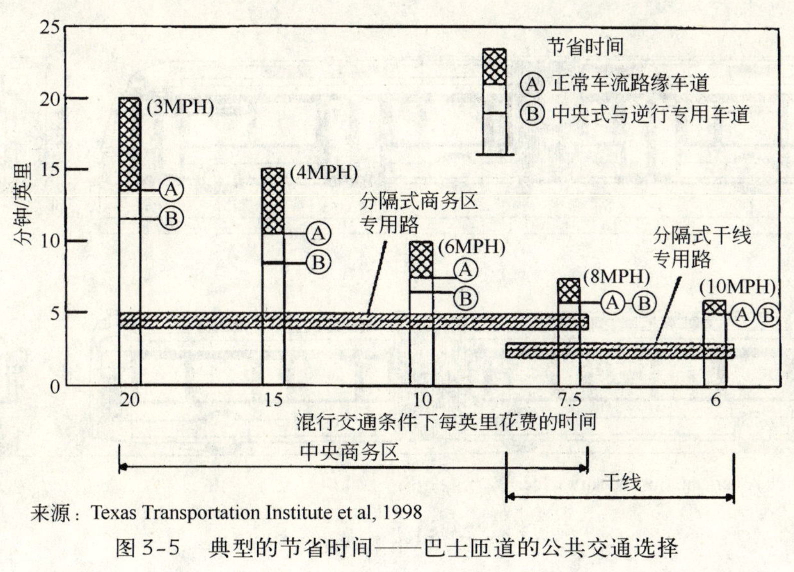

来源：Texas Transportation Institute et al, 1998

图3-5　典型的节省时间——巴士匝道的公共交通选择

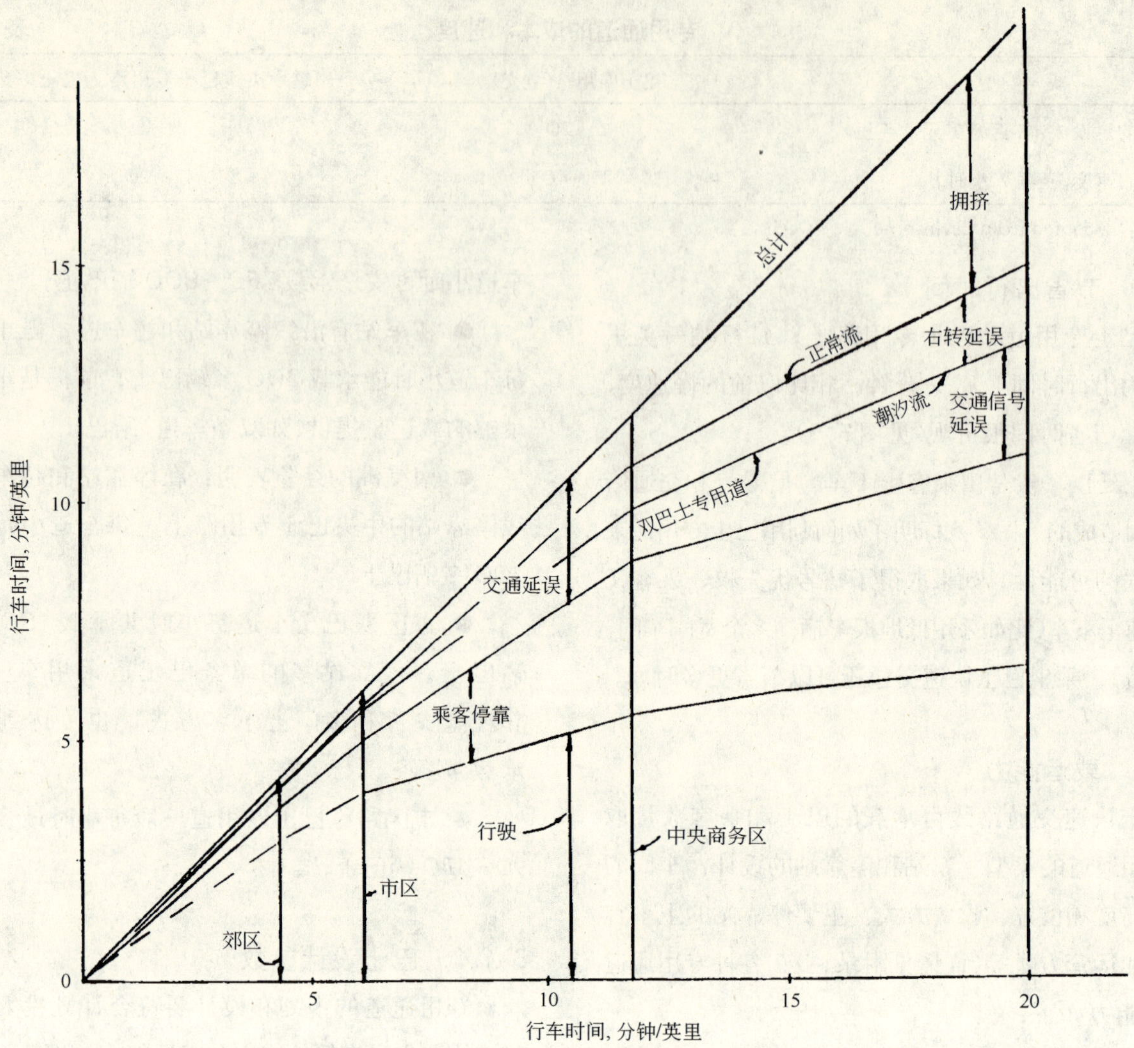

行车时间，分钟/英里

0 5 10 15

5 10 15 20

行车时间，分钟/英里

总计
拥挤
正常流
右转延误
潮汐流
交通信号延误
双巴士专用道
交通延误
乘客停靠
行驶
中央商务区
市区
郊区

来源：St.Jacques and Levinson, 1997

图 3-6　巴士出行时间的时间要素构成

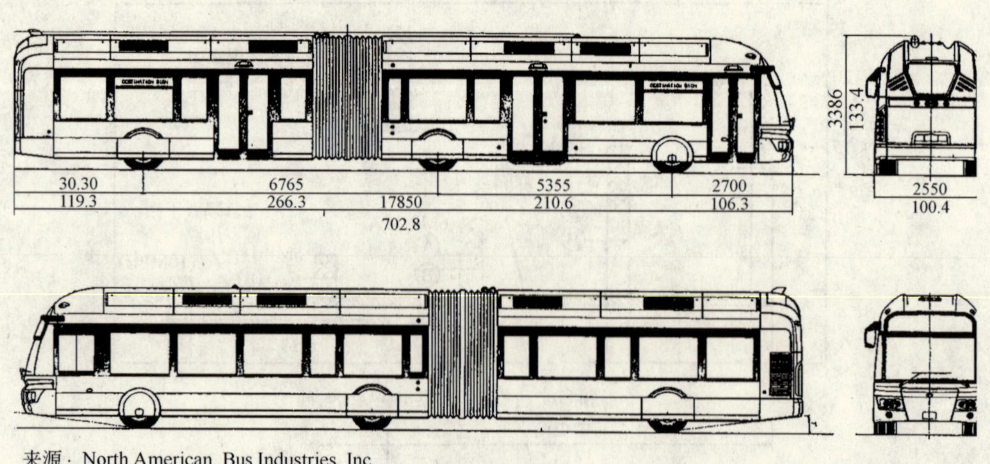

来源：North American. Bus Industries, Inc.

图 3-7　巴士车辆设计图

巴士设计特征　　表3-4

车辆英尺（除特别说明外单位为英寸）	40英寸常规巴士	45英寸常规巴士	60英寸铰接巴士
长度	40	45	60
不带镜宽度	8.5(b)	8.5(b)	8.5(b)
设计高度（至上方空调处）	9.8～11.1(c)	12.5(c)	11.0(c)
悬挂			
前悬	6.9～8.0	7.9	8.8～8.9
后悬	7.5～9.5	9.8	8.6～9.7
轴距－后	23.3～24.9	22.9	23.3～24.5
驾驶员眼高	7(a)	7(a)	7(a)
重量（磅）			
空车重	27,000～28,200	38,150	38,000
毛重	36,900～40,000	55,200	66,600
入口踏步距地面	1.5	1.5	1.5
地板距地面高度	2.3	2.3	2.3
载客能力			
座位	45～50	50	76
站位（拥挤载运）	20	28	38
转弯半径			
内径	24.5～30		27.3
外径	42.0～47		39.8～42.0
前悬外径	45.5～51		44.3
车门数	2	2	2
车门宽	2.3～5.0	2.5～5.0	2.5～5.0
角度（度数）			
接近角	10	10	10
跨度	10	10	10
离去角	9.5	9.5	9.5

注：

（a）设计采用5英尺。

（b）带后视镜轮廓为10～10.5英尺。

（c）采用最小的政府设计净空13英尺。

来源：A Policy on Geometric Design, 2001; Design Criteria, 2002; Fuhs, C., 1990; Levinson, et al., 1975

员会出版的NCHRP报告414：高载客车辆系统手册（第6章关于巴士快速交通车辆的详细讨论）。表3-4和3-5分别列出了一些设计和性能特点，更多详情在附录C中。现将要点归纳如下：

巴士性能参数　　表3-5

类　型	
最快可达速度（英里／小时）	50～70
加速度（英里／小时／秒）	
0～10英里／小时	3.33
10～30英里／小时	2.22
30～50英里／小时	0.95
减速度（英里／小时／秒）	
正常	2～3
最大	6～2
最大坡度（%）	10%

1. **长度和高度**。设计的单体巴士为40英尺长，铰接巴士为60英尺长（南美洲使用的双铰接巴士设计长度为80英尺）。巴士车高一般为11英尺；建议道路建筑限界垂直高度至少为13英尺，这就是说，垂直净高需要有14英尺6英寸才能满足路面重新铺设的需要。当运营轻轨快速交通时，建筑物下的垂直净高至少为16英尺，在十字路口的垂直净高至少为18英尺。

2. **宽度**。巴士宽度为8英尺6英寸，加上两边的后视镜，巴士外廓尺寸就是10～10.5英尺。因此，建议巴士专用道的最小宽度为11英尺。在设计速度较高的区域可加宽巴士专用道。如果102英寸与96英寸巴士的净间距相同，在路面狭窄和行驶缓慢的路段可采用10英尺宽的专用通道。

3. **驾驶员座位眼高**。专用通道设计中采用的驾驶员眼高为5英尺，但是，大多数巴士驾驶员的眼高都接近7英尺，这对采用新装备和其他类型公共交通车辆(如小型巴士、加班车或维修车)借用巴士专用道和巴士专用路的时候，需要考虑其安全因素。

4. **转弯半径**。据称，一辆铰接巴士的前悬外转弯半径最小是45英尺左右。设计中半径还应稍微加大一些(如50～55英尺)。

5. **加速和减速**。一般假定巴士的加速度为每秒1.5英里/小时，减速度为每秒2.0英里/小时。在路旁有乘客时，紧急状态下每秒的减速度不超过5～6英里/小时。这些比率反映了大多数城市公共交通巴士的性能和载运能力，允许巴士在20秒内提速到30英里/小时。

3-2 街道式专用通道

街道式巴士快速交通专用通道可以服务于市区和居民集散区。在这些地方，因为市场因素、成本或专有路权等问题不便开辟巴士专用路(或高速公路备用车道)。街道式巴士专用路也可以作为未来非街道式巴士快速交通发展的先行替代方案，并在过渡阶段形成一定的客流。专用通道有不同类型，非街道式的区别在于：(1)是否为巴士提供特别设施；(2)车道位置如何(在路缘或中央)；(3)车行方向(顺向或逆向)；(4)混合使用情况(巴士专用、巴士和出租车共用、巴士和货车共用)；(5)交通管制情况(停车限制、转弯限制、乘客上下车和信号系统)。

专用通道包括：(1)混合交通运营；(2)顺向巴士专用道；(3)顺向流内缘式巴士专用道；(4)逆向巴士专用道；(5)中央巴士专用道；(6)干道中央式巴士专用路等。专用通道是交通管理战略的一个合理要素，使街道功能专门化和公共交通得到优先权。

要在街道和大路上给予巴士优先权的原因是：(1)最大程度发挥街道和公路的载运能力；(2)节省出行者时间；(3)通过可靠和快速的服务来维护市民的交通投资权益；(4)从保护环境角度出发，应当发展公共交通事业。

3-2.1 概要

巴士快速交通要达到有效使用城市街道和郊区道路，应当注意以下事项：

1. **整体交通状况改造和道路几何设计应与巴士快速交通系统的发展步调一致，才有利于合理高效地利用街道资源**。典型的改造包括禁止路缘停靠，增加转弯道，禁止转弯，改良交通信号相位以及为巴士准备排队超越车道等。

2. **(路缘)巴士专用道建立前应禁止路缘停车，或至少应在高峰小时时禁止**。这样才能：(1)开辟巴士专用道而又不减少街道载运其他车辆的能力；(2)减少由停车操作导致的延误和相互摩擦；(3)使巴士更易进站。(当禁止路缘停车不符合实际情况时应尽量保证巴士专用道接近停车道。)而当巴士专用道偏离路缘时，好处是不受停靠和进站的限制。但这种折衷可能会引起停靠车辆和巴士之间的冲突。

3. **巴士专用路线应重新安排以有效利用巴士专用道/街**。当某专用通道上每小时行驶过的巴士快速交通车辆超过了40辆时，就应将它划为巴士快速交通专用。当小于这个数时，可以允许其他类型的巴士共用。但这不应造成巴士堵塞和乘客不便。高峰小时单道巴士道运营车辆为60～75辆为佳，这将使巴士专用道不被过多的巴士堵塞。

4. **巴士优先权可以减少平均出行时间及其不确定性**。巴士专用道一般可以使巴士节约10%～15%的运营时间。

5. **延长巴士专用道能增加巴士快速交通预计速度以节约更多时间，获得更优质可靠的服务和更多的客流**。在一段五英里长的巴士专用路线上，若每英里节省一分钟(相当于巴士车速从每小时10英里提高到每小时12英里)，总共可省5～6分钟的车行时间。优先交通信号可以使巴士再节省更多时间，时间的节省就意味着高客流/高效益和低成本。

6. **抢险车、警车、消防车、救护车和旅游观光车可以使用巴士专用道和巴士专用街道**。

7. **巴士专用道的设计和运营必须满足邻近土地使**

用的需要。当巴士运营时货车不能占用巴士专用道。它们可以使用街道的另一边或边道，更理想的是使用非街道路径。当开辟了逆向车道时，如何解决货车行驶问题就尤为重要。

8. **应该保证主要停车库的入口**。这就要求在车库附近限制本地汽车流通数量。

9. **出租车上下客站不能设置在巴士专用道上**。单行道上的出租上下客站应设在街道的另一侧。

10. **行人要能够安全、方便地步行到巴士停靠车站**。街边车站应给候车乘客、过路行人和居民区预留足够的空间。通往中央巴士专用道和巴士专用路的人行横道应设在信号灯区域避免闯红灯现象的发生。

11. **专用通道设计应反映可用街道宽度和交通要求**。理想情况是：在车流拥挤的方向应设立巴士专用道，同时又不减少直达车运营的车道。要保证更多车道就需要减少车道宽度，禁用左转车道和(或)规定可逆车道运营。

12. **巴士优先使用的车道数要保持最少**。如果非巴士快速交通车辆能在平行街道继续行驶，不必刻意遵守这一规则。

13. **巴士专用道和巴士专用街道要具有较高的识别性**。在巴士专用一条路时，可以在连接处使用不同颜色的路面、独特的铺路材料、信号灯、专用通道标志等来进行标示区分。这些方法特别适用于路缘巴士专用道，因为它们全天候运营服务。

14. **巴士专用道和巴士街道必须采取有效措施和必要的维护**。对没有巴士道行驶权的车辆应处以高额罚款，以禁止越道行驶现象。

15. **如有可能，巴士专用道应全天候运营**。这样才能带给乘客易于识别的感觉，并允许使用不同颜色的路面。

16. **应开辟远端巴士停靠站**。当巴士享有信号优先权、行驶于靠近左转弯道的中央干道式巴士专用路和有插队的车辆时，远端巴士停靠站是必不可少的。在路缘车道允许车辆行驶和右转车辆太多时，建议设立远端巴士停靠站来满足需要。

17. **为巴士保留巴士专用道或巴士专用路应取得道路使用者、政府机关和公众的支持。**

要满足8.5英尺宽的巴士行驶，顺向巴士专用道至少为11英尺宽，当然，12～13英尺宽更好。在行人很多的地带，逆向巴士道至少要比巴士宽几英尺，这样才能保证不与逆向的车辆发生刮擦，而且就算行人违章过街时也不会造成巴士堵塞。巴士街道和中央干道式巴士专用路至少宽为22英尺

中央巴士专用道与其他车道隔离能保持高效和快速的运营。因此，建议把中央巴士专用道与其他车道隔离。在美国，乘客上下交通岛应符合《美国伤残法案》的规定。公路宽至少为70～80英尺，当然越宽越好。

3-2.2 混合交通运营

在不能设立巴士专用道的条件下，巴士快速交通可以采用混合交通方式，也就是说巴士快速交通路线自由地穿梭在公路街道和居民小区。这样的好处是成本很低，而且很快就能投入使用。缺点是巴士速度有限、专用通道的识别性不强、行车周转时间不确定。所以，在运营干线上要少用这种方式，洛杉矶的威尔榭-惠蒂尔大道和范杜拉大道的城市快速交通路线采用了这种方式。

专用通道和交通的改善，可以减少巴士延误时间。相关的交通改善措施包括：修建区域立交以方便通过堵塞地段；扩展街道以改善巴士分布线路或保证巴士线路的连贯性；改进交通信号——如系统内部协调和巴士优先或抢先权；交叉口设立隧道、巴士除外的转弯限制，延长巴士停靠站的长度或重新选址，路缘和街角半径拉长，路缘停靠管制的有效实施和扩充(特别是高峰小时)，巴士停靠站的空间和设计的改良等。

从清晰性和识别性的角度出发，一般在同一街道上同时设立两个相反方向的巴士道比较好。但单行线一般能够保证更快的速度和更安全的运营，所

以在中心区设立单行道可能更为必要。

3-2.2.1 巴士停车港

巴士停车港是人行道的“半岛状”延伸部分，它从停车道的路缘伸展到十字路口或偏移车道。巴士停车港的优势是：(1)扩大站台空间使行人感到更加舒适；(2)减少行人横穿公路的距离；(3)巴士停站或离站时不用侧向位移；(4)减少巴士重新驶进车流时耽搁的时间；(5)候车乘客有隔离的空间，避免与来往人流冲撞。巴士停车港也有缺陷：有时太多巴士排着队等候进站，驾驶员在转换车道时若避让不及就可能造成事故。巴士停车港不允许给道路增加载客量，另外因为街道排水等原因，它的建造成本比普通巴士停靠站更为昂贵。

建立巴士停车港的条件是：(1)巴士车次频繁；(2)上下车乘客较多；(3)具备人行道；(4)车辆运营速度较低；(5)每个方向保证两条行车道，一条可以用来停车，另一条可以帮助错开停靠车辆；(6)巴士很难再进入车流。当选择内侧巴士道而不是路缘巴士专用道时，以上条件可以配合使用。

巴士停车港的典型设计见图 3-8a 和图 3-8b。一般为 6 英尺宽、离行车道有两英尺的空隙。它应该足够长，比巴士的头尾车门间距还长些。140 英尺长的巴士停靠站能够容纳 2 辆铰接巴士。它由两条反向曲线组成，每条曲线长度应该为 15～20 英尺。

3-2.2.2 排队超越车道

排队超越车道(绕过排队车道)适用于：交通信号控制的区域，狭窄的地下通道，宽度有限的桥梁等，原因是这些地方在高峰小时常会通行不畅。排队超越车道可以借用右转车道，但是当右转车道也拥挤不堪并且只有在直达交通停止使用时运营，就应当另辟单独的右转车道和排队超越车道。十字路口的远端应该预留足够空间以保证巴士可以方便回到正常车道，巴士车站不能紧靠十字路口。排队超越车道的路面应涂上不同颜色或铺着特殊材料，以确保醒目独特。不能设立太多排队超越车道，因为它需要不断地加强治理。图 3-9 是一幅标准的排队超越车道概念图，第 4 章还将讨论更多内容。

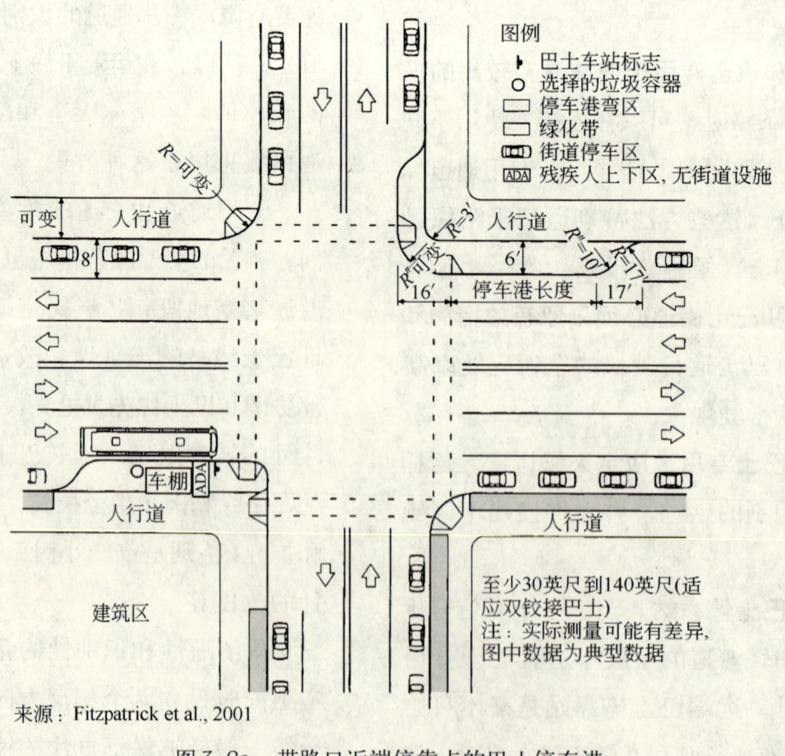

来源：Fitzpatrick et al., 2001

图 3-8a　带路口近端停靠点的巴士停车港

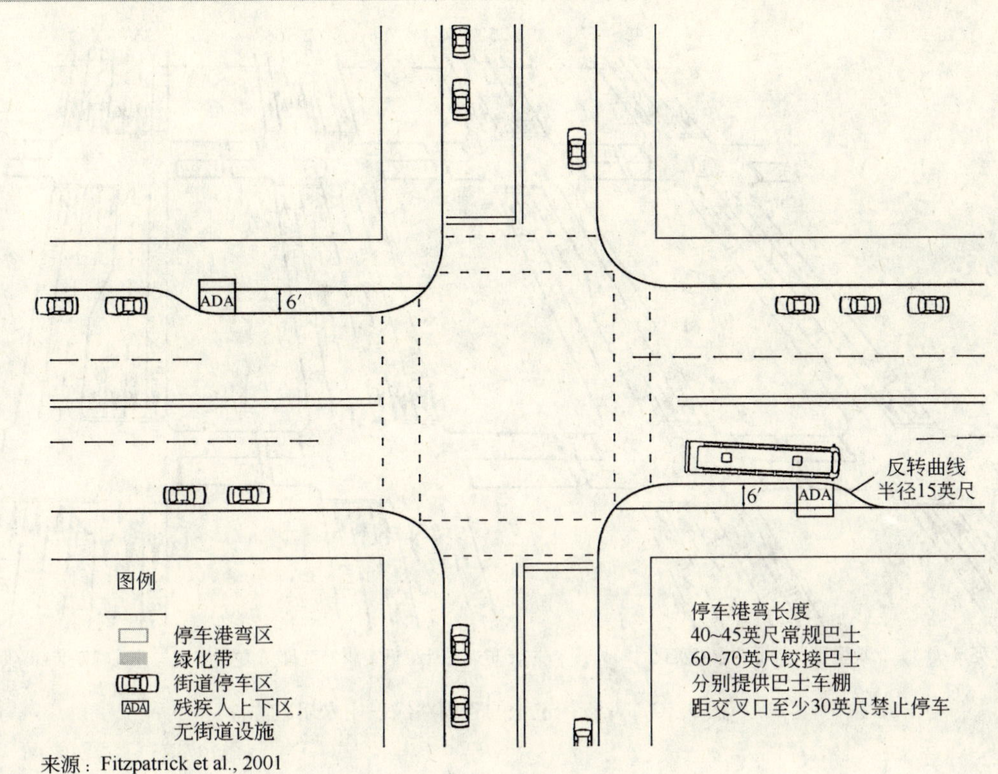

来源：Fitzpatrick et al., 2001

图3-8b　带路口远端停靠点的巴士停车港

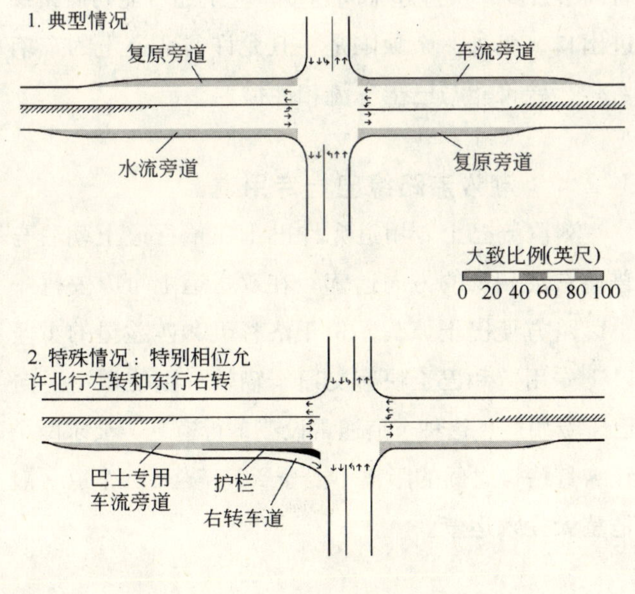

图3-9　车流旁道概念图

3-2.3　顺向流路缘巴士专用道

顺向流路缘巴士专用道是最能体现巴士优先权的一种常用专用通道，它能有效地提高巴士快速交通的运营效率。传统上，它主要出现在商业中心，目的是让巴士不受其他车辆影响；有时它也应用在郊外的交通干道上。

3-2.3.1　设计特征

顺向流巴士专用道既可全天也可只在高峰时期运营。路缘巴士专用道一般为11~13英尺宽(见图3-10)。在整个街道宽度允许的情况下，路缘进出口需求量高时，就应加宽到20英尺以便于巴士避开停靠的小车和装卸货的车辆(旧金山的市区中就有此类设计)。

如果高峰小时的巴士流量超过90~100辆/小时，只要条件(街道宽度、流通模式等)允许，就应该考虑设置双巴士道，比如曼哈顿中心的麦迪逊大街。巴士可以安全错车、紧急刹车、不靠站直接通行……节省行车时间，提高运行准点。但双巴士道排除其他车辆右转的可能性。当巴士快速交通和市内巴士使用同一条道时，只要空间允许就应该给其他巴士准备道岔供停站使用。

路缘车道可用不易掉色的白线来标示与其他线路的区别，用醒目的颜色或不同的材料铺路，有时还可稍微抬高路缘。在允许右转的区域用虚线表示。波士顿银线的照片(照片3-A)可供参考。

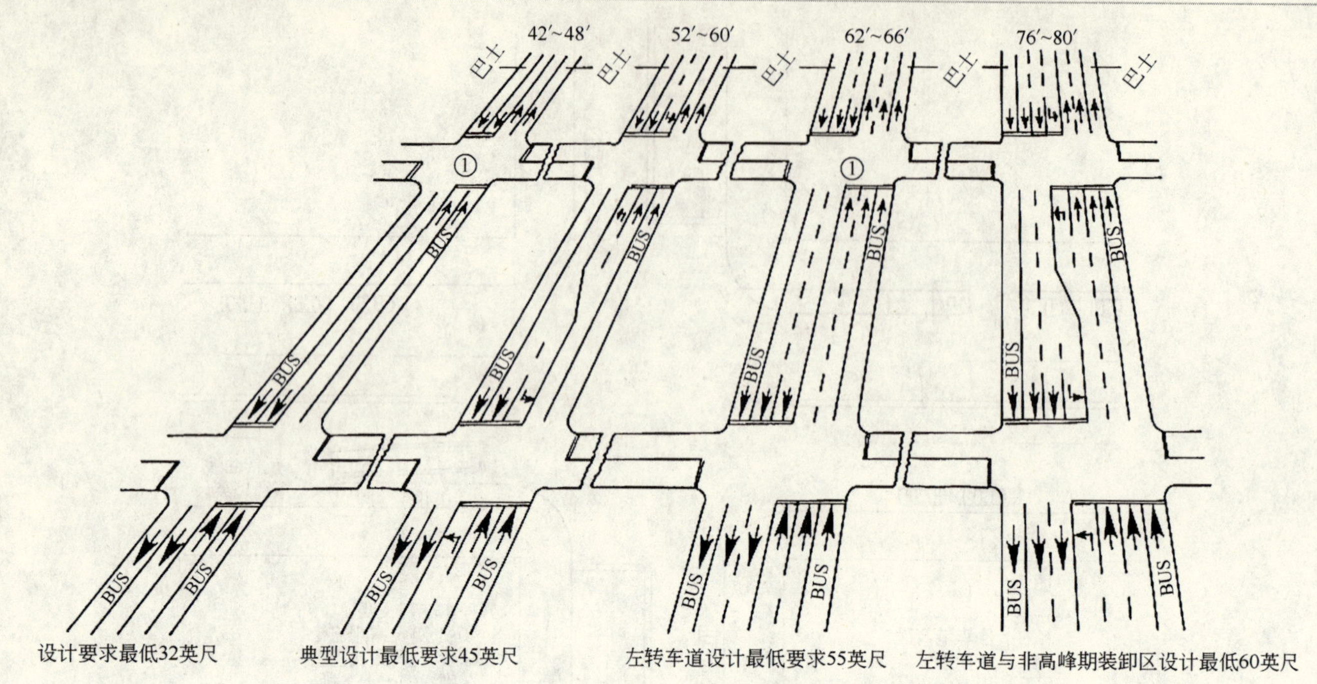

图 3-10　双行街道上的正向路缘巴士专用道

照片 3-A　路缘巴士专用道，波士顿银线

在转弯会阻碍巴士速度时，应采取措施减少这类转弯。比较理想的是在每小时人流量大于 300 人的斑马线附近禁止右转(见第 4 章)。4 车道的公路上应禁止一般车辆左转，除非有特殊的转弯车道。

3-2.3.2　评估

顺向流路缘巴士专用道投入运营最方便，装备成本也最低，因为它们一般只需要路线标识和街道指示牌。与其他巴士专用道相比，它占用的街道空间更少。尽管这些专用通道一般只在高峰时期才频繁使用，但是它们应全天为巴士快速交通线路运营。

通常，顺向流路缘巴士专用道标志不明显、行车时间节省少、实施起来问题多，甚至还可能妨碍路缘进出口。另外一个缺陷是一旦允许其他道上的车辆右转，就可能与巴士车流相冲撞。

3-2.4　潮汐流路缘巴士专用道

潮汐流巴士专用道允许巴士在单行道上朝着与普通车流相反的方向运营。在双行道上可以安排一小段路方便巴士掉头。位于洛杉矶和匹兹堡的市区巴士专用道和巴士快速交通车辆就分别使用了逆向巴士专用道。这种车道通常设在单行道上，要求两个红绿灯路口之间的距离不少于 500 英尺。车道一般是整天投入运营。

3-2.4.1　设计特征

图 3-11 是一幅典型的逆向车道的设计样图。潮汐流巴士专用道至少应为 12 英尺宽。建议加宽到 13～15 英尺，以便巴士避让过路的行人。应禁止逆向左转，除非安排了特别保护的停车栈道和专门的交通信号灯，以及有额外的路面空间，禁止白天上下货。

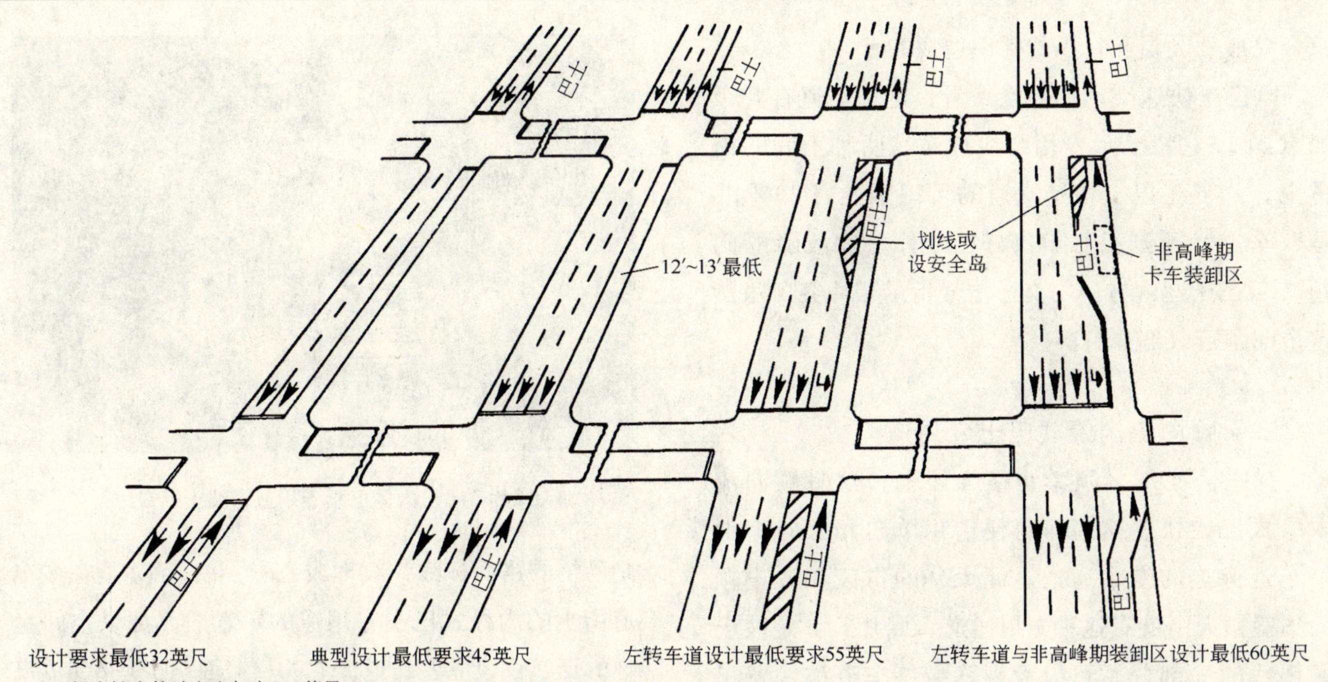

图3-11 潮汐流巴士专用道设计

当货车和公务车必须占用路缘车道时，逆行专用车道可以利用路缘第二条道。尽管需要多扩建1条专用通道，但是这更能确保车辆和行人安全。旧金山繁华的山森街从1997年开始使用这种专用通道。

因为单行道会给行人带来不便，必须采取预防措施降低事故发生的可能性，特别是在车道刚建成时。相应地，应在主要人行道旁设立特殊标志。巴士运营时随时打开头灯，使行人能更清楚地看见。洛杉矶的春天大街就采用了这种运营方式。

行人安全问题可以采用以下方式改善：(1)严格执行“行人横穿”处罚条例；(2)在人行横道上设立“注意左右车辆”的警示标牌和标记；(3)逆向行驶的巴士上绘制特别图案或安装语音警告系统；(4)为视力障碍人士特设一条1～2英尺宽的黄色带状的“地面突起物”，另外可以在靠路缘的人行横道标明警示符号。

3-2.4.2 评估

尽管有些街道被改造为单行道，逆行专用车道使原有的巴士专用路线不变。在不影响现有单行道运营的情况下，增加新的巴士运营就能充分利用闲置的街道资源。乘客在单行街道的两边都可以上下车，因而增加巴士在街边的运载能力。巴士不与其他车辆混合使用车道，在高峰小时不会因为红绿灯排长队，因为这种车道使巴士运营非常可靠和醒目。

逆行专用车道使巴士不用绕道，从而节省行驶里程、时间和运营成本。因为有违章行为容易被发现，所以它属于“自律”。尽管它可以借用平行的辐射状交通干道，但由于巴士行程会与已有的交通信号进程冲突，所以巴士快速交通车辆的运营速度会受到限制。

逆行专用车道创造了复杂的事故记录。据统计，由双向街道改变而成的逆向巴士道能够降低事故发生率。但原是单行道后改为现在的单行道+逆向巴士道时，事故就会增多，特别是在开始投入使用的时候。事故发生的主要原因都是过街行人的过失引起的。这些人在过街时因注意主要车流方向，而未看到潮汐流巴士。这种判断失误是由于逆向设施设计不符合一般驾驶员和行人的常识造成的。

以巴士快速交通的观点来看，这种车道有几个弱点：(1)它将巴士专用路线分布在两种不同的街道上，降低了巴士快速交通的可识别性，(2)除非是双车道，否则很难解决好巴士停靠和故障的问题，(3)巴士运营方向与交通信号指示相冲突，虽然这个问题可以部分解决。

3-2.5 顺向流内缘式巴士专用道

有些情况下必须禁止路缘停车，这时顺向流内缘式巴士快速交通车道便借用单向和双向街上停车道旁边的专用通道。渥太华的市区和波士顿的华盛顿大街就有这种专用通道。照片3-B是波士顿银线的一部分，可以看到路缘停车道被保留了下来。

3-2.5.1 设计特征

顺向流内缘式巴士专用道至少11英尺宽，采用清楚易辨的路面标线、纹理或色彩。图3-12是在多车道街上的内缘式巴士专用道的示意图。如果空间允许的话建议设立左转道。它的横截面至少是60英尺(没有左转道的情况)，如有左转道，则是70英尺。该巴士道可喷上醒目的颜料。制定有效法规，因为和逆行专用车道不同，它并非依靠自我管束来禁止违章行为。

照片3-B 内侧巴士专用道，波士顿银线

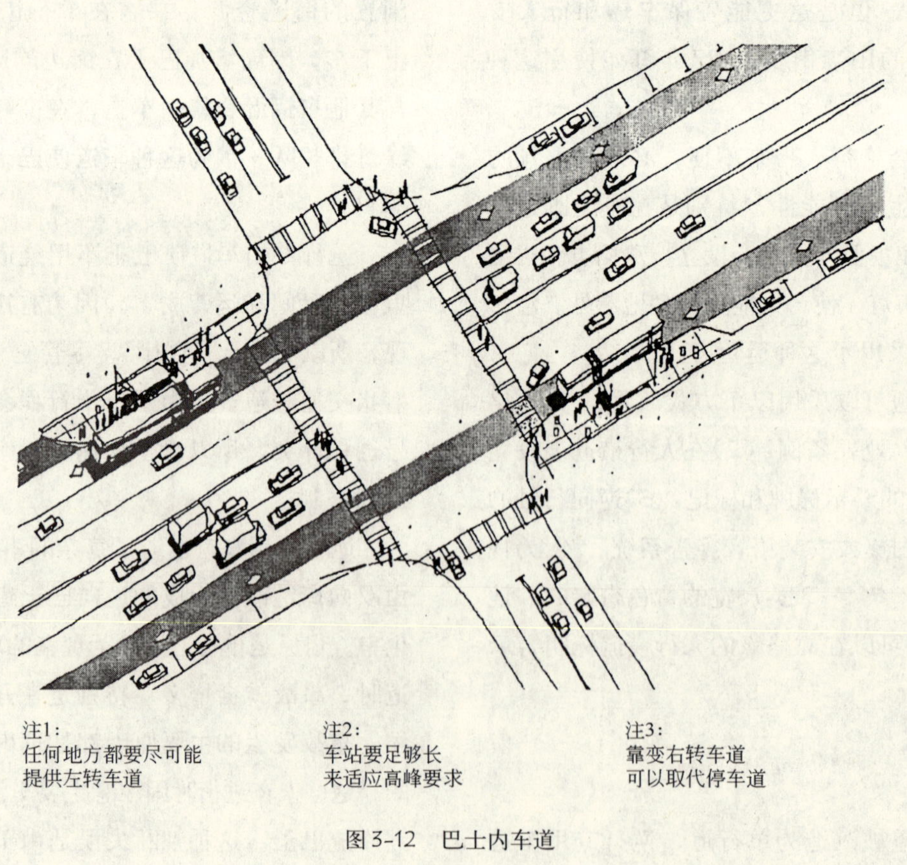

注1:
任何地方都要尽可能
提供左转车道

注2:
车站要足够长
来适应高峰要求

注3:
靠变右转车道
可以取代停车道

图3-12 巴士内车道

3-2.5.2　评估

与路缘车道不同，内缘巴士专用道使巴士避免了与违规停放的车辆相撞的可能性，不影响左转弯进口，而且巴士运营时遇到的限制更少。这种巴士专用路允许右转——巴士可以在交叉路口附近禁止路缘靠的地方右转到路缘车道上去。巴士停车港可以设立在交叉路口的远端。内缘式车道不足之处就是如果允许停车（如非高峰小时），巴士可能会与停靠的车辆发生冲突。

3-2.6　中央式巴士专用道和中央干道式巴士专用路

巴士快速交通可以运营在中央巴士专用道或中央干道式巴士专用路上。中央巴士专用道可以采用划线的方式标明是巴士专用。中央干道式巴士专用路与邻近的行车道用障碍物隔开，它有时也供电车和轻轨快速交通使用。无论是被巴士快速交通、电车还是轻轨快速交通使用，行人如何进入到车站和如何处理左转都是较为棘手的问题。中央巴士专用道和中央干道式巴士专用路都具有引人注意的专用通道和车站。

中央巴士专用道具有连续的进口，这样不易管理监督，但却为故障车辆提供了进出路线（比如重新驶入混合车流）。中央干道式巴士专用路为隔离的，易于管理和识别。两种专用通道都需要至少三到四条行车道，包括设立在可用街道空间上的沿线月台和主线外月台。当为巴士设立了超车道——如南美一些城市——则需要更宽的街道空间。照片3-C显示了应用于波哥大千禧交通系统的巴士专用道的错车能力。实际街道道路建筑限界（路缘—路缘的距离）宽度取决于：(1)两边各有多少条车道准备运营一般车辆；(2)车站附近是否禁止左转。

3-2.6.1　背景和案例

美国最早的中央巴士专用道可能于20世纪50年代出现在芝加哥繁华的华盛顿街，它一直服务到

照片3-C　中央干道式巴士专用路，波哥大

70年代中期。新奥尔良的坚尼大街是最具有代表性的中央干道式巴士专用路。这条宽140英尺的大街中间部分以前在运营电车，但从1966年开始专供巴士使用。现在计划2004年恢复运营电车。

大不列颠哥伦比亚的3号大街（温哥华的郊区）也有一条中央干道式巴士专用路（见照片3-D）。克利夫兰计划在友石达大街（街道可通行部分约为100英尺宽）上设立中央巴士专用道，在与其他一般行车道之间有一条1英尺宽的停车振动条。中央专用通道的实例可见照片3-E（鲁恩）和3-C（波哥大）。

3-2.6.2　运营

巴士快速交通的中央干道式巴士专用路采用双向线路。但双行线路也可在早上入城和下午出城的

照片3-D　中央干道式巴士专用路，温哥华

照片 3-E　中央巴士专用路，法国鲁恩，TEOR 系统

中央巴士专用路的最小路道道路建筑限界

（边缘－边缘宽度）　表 3-6

设计条件	禁止左转	允许左转
每边单一交通车道		
不许停车	64～68	68～74
有停车道	74～78	78～84
每边两条交通道	76～84	86～90

注：

对 8 英尺长的月台来说，参考值应小些，2 英尺的隔离物，18 英尺宽的停车道加行车道。

对 10 英尺长的月台来说，参考值应大些，4 英尺的隔离物，19 英尺宽的停车道加行车道。

高峰小时改为单行道（比如，蒙特利尔通向“PieIX”地铁站台那条路）。不过在整个巴士快速交通运营方式中，这不是非常可取的做法。巴士专用路只应用于巴士快速交通车辆，市内普通巴士只能使用外面的公共车道。但是，在高峰小时单行道上只有少于 20 辆巴士时，市内普通巴士和巴士快速交通均可使用中央干道式巴士专用道。

3-2.6.3　设计道路建筑限界

车站路缘—路缘宽度取决于以下参数：

路缘进出通道	8 英尺
行车道	10～12 英尺 / 车道
障碍物	至少 2～4 英尺
左转车道	10 英尺
双车道巴士专用路	22～24 英尺
车站月台（边侧式）	8～10 英尺

表 3-6 给出典型条件下设计路缘—路缘的最小宽度，假设在交叉路口和靠近左转弯车道的两边设置远端巴士停靠站。表中的最低值给出了绝对最小宽度，而较高值给出期望最小宽度。街道路缘—路缘的总宽度一般为 70～90 英尺。在大多数情况下，建议采用 100 英尺的宽度以提供较宽的车道或景观空间。巴士专用道的设计指南如下：

1. 在道路空间非常有限时，只能在一到两个路段上设立没有任何进出口的单路缘行车道。

2. 理想的是，在车站区和其他禁区禁止左转。

3. 不鼓励在一般交通车道上左转。如果准许左转，要采用特别相位信号来控制。

4. 巴士专用路的“中段”空间，位于巴士快速交通专用通道之间的中央巴士专用路的边侧，可以用做超车道或停车道。

3-2.6.4　设计特征

中央干道式巴士专用路的设计要适应可用的街道路缘—路缘总宽度，以及左转弯和路缘进出通道的需求。图 3-13 是提供这些功能的宽干道的概念设计，它也说明如何处理转弯车道、巴士车站、信号控制、行人进出、“应急出口”车道和过街屏障等。下面是具体的设计特征：

1. 巴士专用路末端处可允许巴士驶进其他车流；但要设置特殊信号指示巴士左转或右转。

2. 空间允许时可以设立进出其他车道的右转连接匝道。

3. 右转连接匝道应与前方的交通信号口有足够的距离，以保证巴士安全的进出最外面的车道。

4. 交通信号用来控制交叉路口的行车。绿灯信号是巴士可以开动的信号，然后才是左转信号（这个顺序安排是为了减少巴士与同向行驶的其他机动车相撞）。

5. 行人进出站台的路径应安排在红绿灯交叉口。

6. 既要有信号灯控制的路口近端左转停车栈道，

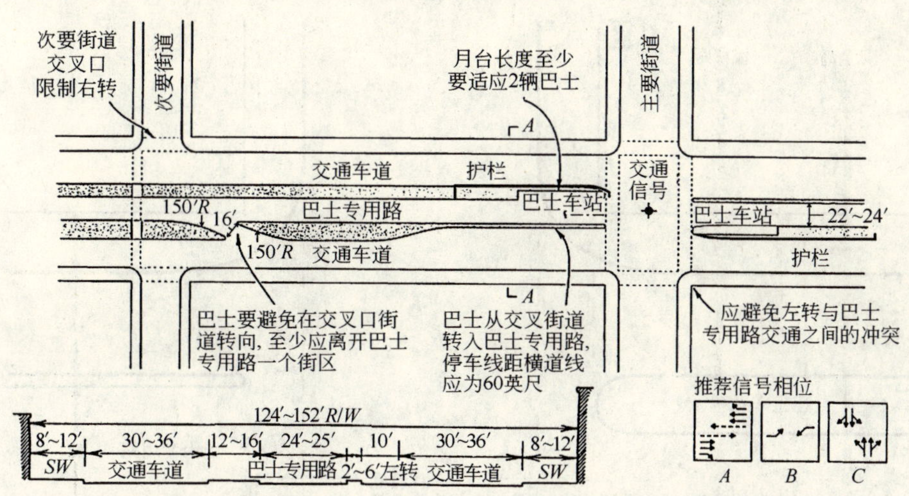

图3-13　宽阔街道上的中央干道式巴士专用路的设计图

也要有路口远端巴士车站月台。必须设立左转弯时要提供特殊相位显示。

7. 位于停车港的巴士停靠站必须保障行人的安全。可为十字路口旁的行人通道设置屏障。

专用路权一般地说占用的路面空间更少，但基本的原则不变。图3-14a和3-14b标明了相应的结构。图3-14a是左转车道的结构，而3-14b是无左转车道的结构。这些设计要求路权可通行宽度分别为100～105英尺和90～95英尺，分别采用10英尺宽的人行道。当禁止左转时，中央巴士专用路实际偏离街中央6～8英尺。中央岛屿部分的宽度越大，偏距越小。但这种边侧偏距应该尽量减到最小。

屏障隔离可以采用地面缓坡的形式。巴士专用路与邻近的行车道之间的缓坡宽度最小应该是4英尺宽，才能有足够标识空间和供误过公路的行人躲避车辆。当路面空间特别紧张时，可以在预留洞上安插可移动围杆。路口远端"巴士"信号指示，比如用于轻轨快速交通的信号，应该向驾驶员发出继续前

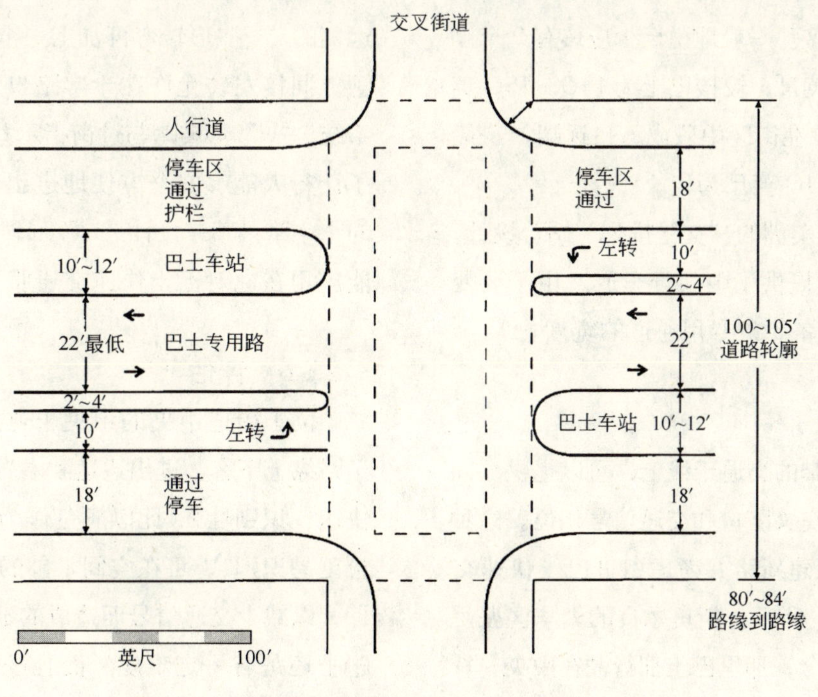

图3-14a　设有左转车道的中央巴士专用路的典型设计

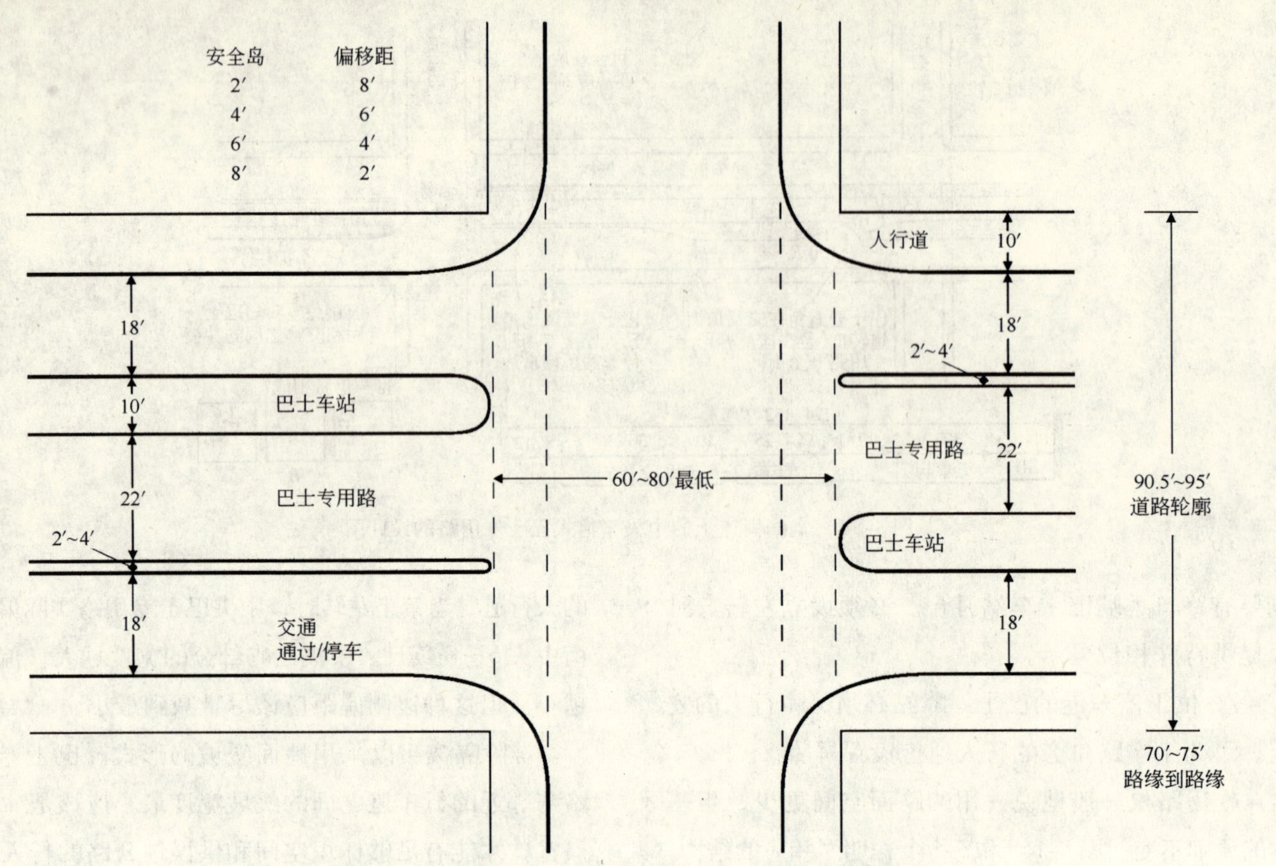

图 3-14b 未设左转车道的中央干道式巴士专用路的典型设计

进还是停车的信号。这可以让驶近的机车驾驶员看得更清楚(见第 4 章)。

应该在停靠站安排足够的空间供乘客上下车以防高峰小时的车辆太多。一般地说至少应该有 2 个停车泊位(单车为 100 英尺，铰接巴士为 140～150 英尺)。停靠车站可以设在街区中段或路口远端，一般应为 8 英尺宽，但是 10 英尺为佳。

图 3-15 是关于南美洲的“交错排列”站台设计。这种设计为高速巴士提供了中间行车道。由于要变换方向，因此必须准备 3 条专用通道的宽度。

3-2.6.5 间接左转

在有宽阔中央地带的交通干线上，可以提供“间接”左转方式来简化交叉路口和交通信号相位。这种处理方式可用于正修建新路并考虑引进巴士快速交通的郊区。如图 3-16 所示，新奥尔良的繁华区坚尼街应用了间接左转概念，那里巴士都行驶在中央“核心地带”。在密歇根也广泛用于有着宽阔中央部分的公路上。据统计，它能够改善载客能力和出行时间并提高安全性。

间接左转概念禁止在交叉路口左转，而以一个远侧的“U”形转弯再加上一个右转弯来解决这个问题。间接左转允许在十字路口设立简单的两相信号系统。“U”形转弯与过街指示共用一个信号相位。为了让行人能够安全方便地进出车站，在设立了车站的十字路口不应设计“U”形转弯道。“U”形转弯只能应用在它对巴士快速交通服务影响较小的地方。

3-2.6.6 评估

位于街道中央的中央干道式巴士专用路，解决了路缘上下客、进出边道和右转等问题。它投入运营快速、识别性强(比以颜色作为区别的专用通道和站台更易识别)。可在空间足够的十字路口采用立交设计，以减少交通信号而造成的延误。但在处理左转问题上还是有一定难度。而且进出车站的人行道路缘停靠站更引人注目。通常它要求街面路权总宽度为

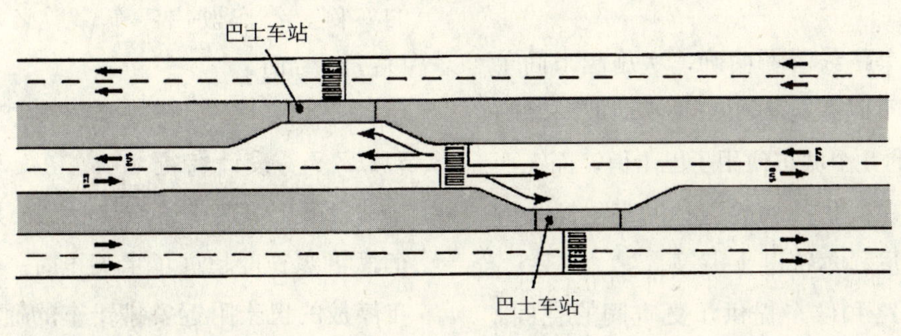

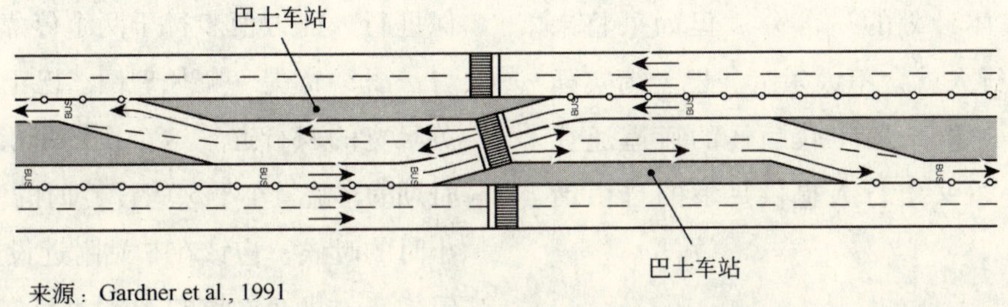

来源：Gardner et al., 1991

图3-15 典型的南美中央干道式巴士专用路

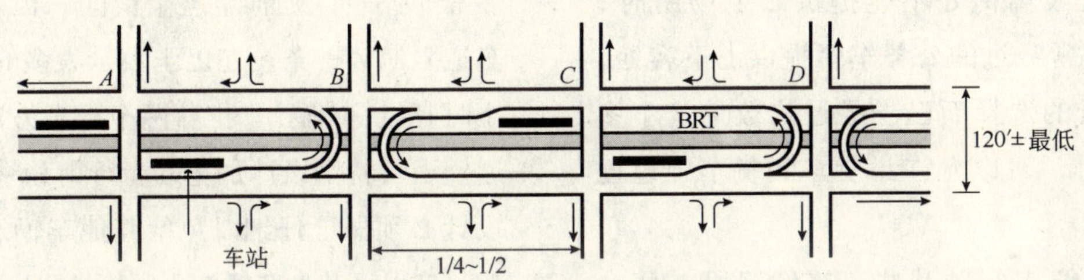

A、B、C、D点的交通信号相位

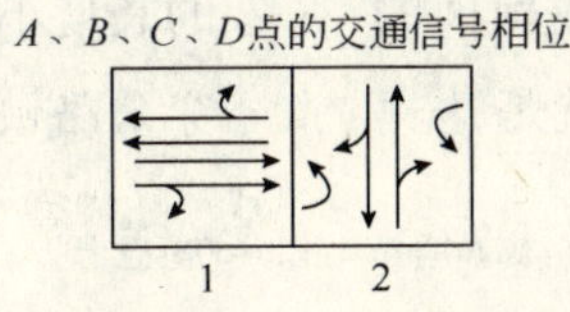

图3-16 中央巴士专用道的间接左转设计

90~100英尺，大多数北美城市通常不用这种路权。

3-2.7 巴士街道

巴士街道或巴士走廊为巴士快速交通和市内巴士提供了省钱又有效的交通方式。它主要应用于车多路窄的都市区或新兴的繁华地带。巴士街道或者巴士走廊包括主干道的最后一部分，几条巴士线路相汇的街道，处于主要巴士终点站供改变行车方向的环行道，市区的巴士走廊，巴士可以自由穿行的“非巴士不得行驶”的区域。

为巴士快速交通和其他巴士保留专用街道可以大大提高其行驶速度，可靠程度和识别度。必须仔细小心地挑选街道，这样才能带来最大的好处而不阻碍其他车辆经过和进出附近场所。一般地说，巴士街道是把分散的几条巴士运营线路集中到了一条街上，因而提高了巴士车流的集中程度。它应该直达城市最核心地段，为行人提供简单直接的出行方式。它为在交通干线或高速公路上的巴士快速交通专用通道提供了理想的乘客来源，它的发展最好与步行街的发展紧密联系起来。

3-2.7.1 基本原理

巴士街道的行车路线清晰明确，实施起来简单易行。它使得巴士可以在购物和商业活动最频繁的地点上下客。美国的几个城市使用了巴士街，而在西欧这种形式很普遍。美国有布鲁克林的富尔顿大街和明尼阿波利斯的尼科尔特巴士街等。

巴士街道为行路和候车提供了更宽阔的空间，适合车下收费方式。它是市区为了刺激商业活动以及投资消费的整体计划的一部分。但如果将来要增加巴士数量，行人就会不太乐意。巴士街实际是一项折衷方案——既给巴士较顺畅的通道通往乘客要去的目的地，又给行人提供足够的自由活动空间。

3-2.7.2 属性

当交叉街道或离街处不能提供必要场所时，巴士街可以为不常经过的公务车辆提供上下客处。当没有其他可行的选择而巴士经过的数量又不多(如夜间时段)时，可以允许小货车和货车经过巴士街道。

如果允许小汽车行驶某些不连续路段，将会给通向停车库的路径带来不便。波特兰俄勒冈的单向双车道、第五和第六大道的巴士街就是这样的实例，汽车驶出停车库后必须在第一个十字路口改变方向。

3-2.7.3 设计特征

当巴士快速交通与其他巴士共用一条巴士街道，车辆堵塞长度超过了半英里时，这条巴士街道应该在停放的巴士附近安排错车的通道。巴士快速交通车辆的停靠地点应该与其他市内巴士分开，但是应保证行人能方便步行于两个停靠站之间。

图 3-17 是一幅原理图。巴士街道一般是 22～24 英尺宽的双行道。这个设计足够满足每车道在高峰时期的车流量小于 50 辆 / 小时的情况。当大于 60 辆 / 小时的时候，应该在车站附近设立安全过街的通道。停靠车站即可在路口近端也可在路口远端，至少可容纳 3 辆铰接巴士。当街区与街区之间距离很近时，停靠车站可以延伸至整个街区；但是设计应该将错车道限制为一条。在巴士数量太多的情况下(比如每小时超过 90 辆)，推荐两个行车方向都安排双错车道。还可特别设计加宽的步行街和乘客的舒适程度。设计必须保证仔细以免给其他车辆运营带来不良影响。应保证其他车辆有平行街道可以使用。当巴士街的长度小于 3～4 个街区而车流量不是太大，那么横穿公路被撞事故就会大大减少。

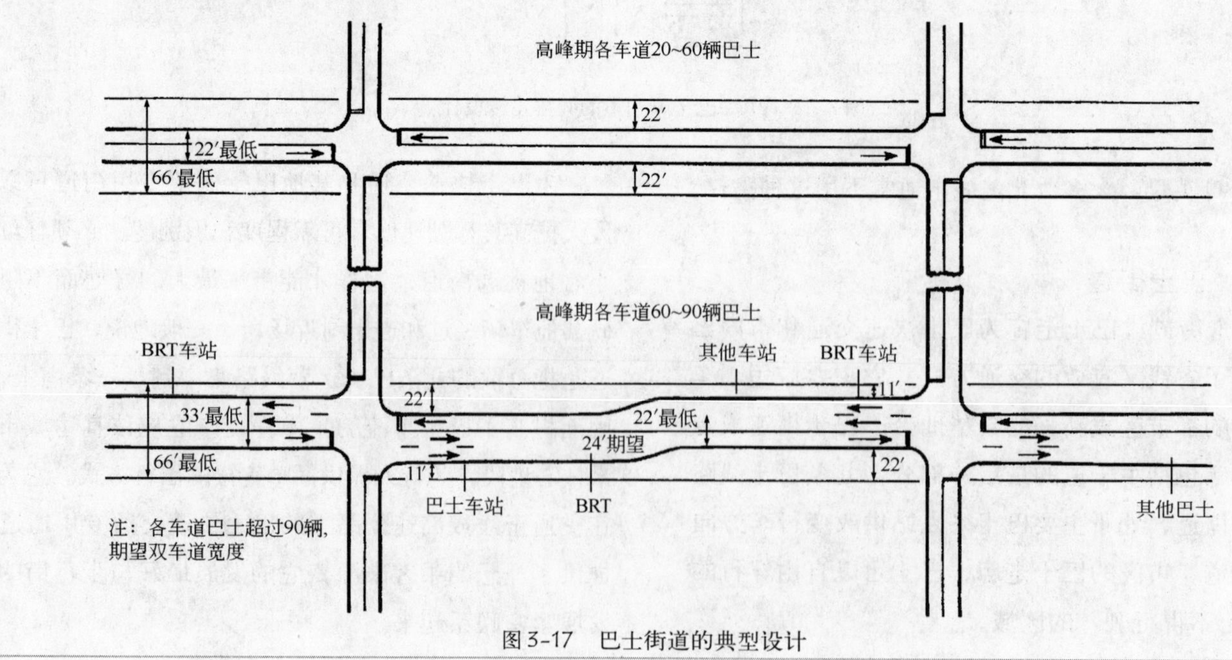

图 3-17 巴士街道的典型设计

3-2.7.4　运营

巴士街道一般应全天候运营。但是在深夜或凌晨时分，当巴士很少甚至几乎停运的时候，其他车辆可以使用巴士专用道。第8章将更详尽介绍运营和服务方面的内容。

3-3　非街道式专用通道

非街道式巴士快速交通专用通道主要应用于“干线”巴士快速交通运营，以达到高速行驶和减少交通干扰的目的。建议尽可能多地在备用道或专门的巴士专用通道上安排巴士快速交通路线。

当巴士运营在巴士专用路或高速公路上的备用道时，巴士快速交通的快速性和可靠性最能得到体现。理想的位置是(1)隔离的路权，(2)高速公路一侧和(3)高速公路中央。在高速公路中央的问题是行人进出车站不便，以及较难拉动周边发展(与其他类型的专用巴士专用路相比)等问题。一般说来，此种巴士专用路容易辨认，能够直达客源集中地，而且可以与车站周边环境协调发展。只要取得了高速公路走廊(备用车道)的专有路，其他配套设施建立起来就方便了。

当巴士快速交通使用高速公路时，可以采用巴士专用匝道、仪控匝道和排队超越车道来提高运营效率。这些匝道不仅能够减少巴士延误情况，还能够改善交通要道的车流状况。高载客车辆也可以使用排队超越车道。

3-3.1　巴士专用路

完全分隔巴士专用路是巴士快速交通系统中最吸引人的地方。巴士专用路允许快速可靠的巴士运营，它不受普通车辆干扰，而速度能与快速轨道运输相媲美。它识别性强，特征明显，并且可取得周边土地开发效益。

巴士专用路可以使：(1)巴士快速交通干线服务深入直达城市中心；(2)巴士快速交通服务与轨道交通线路相辅相成；(3)在主要堵车点设立距离不长的通行旁道。它们将巴士与其他类型车辆隔离开来，并且提供了配套的乘客换乘和停车设施。它可以建造在路面、高架或地下(如巴士隧道)，还可以获得独立路权或高速公路上的专用通道。它可以设计为“开放”的体系——巴士可以在某些特定路段自由进出，也可以设计为一个“封闭”的体系——只允许巴士使用。还可以在整个路道或部分地段采用立交，或者干脆所有路段均处于同一平面上。

3-3.1.1　规划位置和构造

哪里有合适通道和相当数量的巴士，巴士快速交通便能通向哪里。所以说巴士专用路是巴士快速交通的网络框架。如平均计算，巴士快速交通巴士每行驶一圈至少可以节约5分钟。在拥挤的高速公路段和因为各种(物质、社会、环境等)条件限制无法扩宽的主要街道上，同样可以建立巴士专用路。市区中适合发展的巴士专用路(如巴士隧道等)的条件是：高峰小时巴士时速低于5～6英里/小时；堵塞的路段超过1英里；路面优先选择权无法有效地提高速度。

3-3.1.2　成本效率

巴士专用路的开发成本应该合理考虑乘客数量和预计节省的出行时间。理想的状态是，行车时间收益——以乘客节省的时间价值为衡量标准——应该超过年度开发、运营和维修的成本。表3-7列出了巴士专用路和巴士隧道的标准成本效率价值。

3-3.1.3　位置选择

巴士专用路可以建在专用路权、高速公路旁侧或高速公路中部。理想的分布方式是(1)独立的专有路权，(2)高速公路的旁侧，(3)高速公路的中部。

专门开辟的巴士专用路可以深入延伸到高密度的居住区和商业区，横跨城市中心和主要商业活动中心，提供给巴士和行人进出车站的方便路径。进出

巴士专用路客流需要创造净利润　　表3-7

巴士专用路成本（单位：$百万/英里）	节省时间（分钟/英里）			
	1	2.5	5	7.5
10	<u>11,000</u>	<u>4,000</u>	22,000	1,500
25	<u>27,500</u>	11,000	5,500	27,000
50	<u>55,000</u>	<u>22,060</u>	110,000	7,300
巴士隧道				
200	220,000	88,000	<u>44,000</u>	<u>29,300</u>
300	330,000	132,000	<u>66,000</u>	<u>44,000</u>

备注：

用下划线标注的是标准价值。

资本回收：50年5%的利润，一年按300天计算，时间价值：10美元/小时。

点也容易开辟。制约开发的因素包括可用的土地面积、开发时限和投入成本等。

有时巴士专用路可使用仍在运营或已经废弃的铁路线路，如在迈阿密和匹兹堡（见照片3-F）的专用通道和被提议的哈特福德新大英巴士线。这样可以节约土地征用成本、减小社会影响和缩短建造时间。但是，专用道路应该合理地靠近主要巴士客运市场。许多路权却离住宅和办公集中区域较远，因而不能很好地促进面向公共交通的发展。

高速公路交通走廊上的巴士专用道可以位于高速公路的中央或旁侧。两者共有的优点是利用了已有的公共土地，能够有专门的备用道路可以运营，备用道路末端是混合交通方式。

位于高速公路旁侧的巴士专用路（如照片3-G所示的布里斯班东南线快速巴士）应易识别，进出车站更容易，而且道路中段和末尾有简化了的进出口。它还有助于一侧的面向公共交通的发展，渥太华便是一个典型例子。但是，它要求在高速公路的十字路口处建造立交结构避免与匝道发生冲突。

照片3-F　匹兹堡East(MLK)巴士专用路

照片3-G　邻近高速公路的巴士专用路，澳大利亚布里斯班

当高速公路走廊足够宽时，巴士专用路可以绕过交叉部分；当专用路权受到限制时，可以在所有匝道处设立立交的巴士专用路。图3-18是可能的构建图。对菱形的交叉构造，巴士专用路可以设在十字路口的外沿。至于其他类型也有不同的处理方式。

在高速公路位置很好的情况下以及需要尽可能减少专用路权以节约成本时，建议将巴士专用路设在高速公路的中部。当主要需求是来往于单个区域（如某个中央商务区）以及不需要太多中途车站时，它是最行之有效的方式，不仅相对简单易行，低成本高回报，而且还对匝道和交叉口没有太多影响。但是应尽量避免中途车站入口太繁杂而与高速公路的主要行车道相交织。行人可能不便于进入，不能实现直接地跨月台换乘巴士（从巴士快速交通换乘到其他巴士）。最后，由于在高速公路上，巴士专用路不易于识别，因此较难利用设施和车站促进面向公共交通的发展。

3-3.1.4　构造和运营概念

巴士专用路应该少弯路、直通人口密度高的地方和减少支路数量。图3-19分别展示了适宜的和不宜的巴士专用路线构造。下面是关于巴士专用路的一些构造和运营上的要点：

1. **辐射特点**。服务于中央商务区的巴士专用路应该从城市中心向外辐射，最好能穿越城市中心。只有在保证用地需要和行车密度后，才应开辟穿越城区线路。

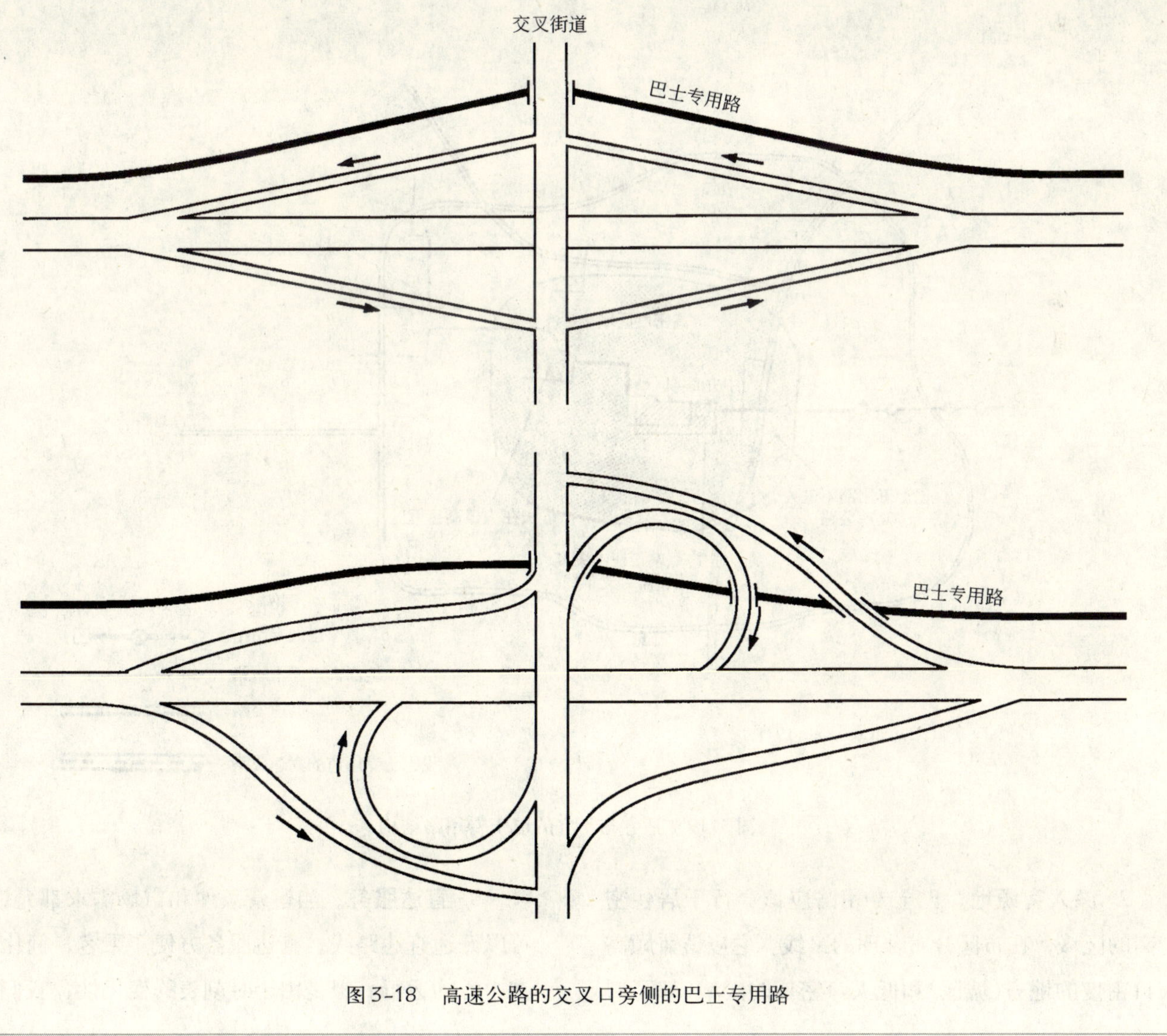

图3-18　高速公路的交叉口旁侧的巴士专用路

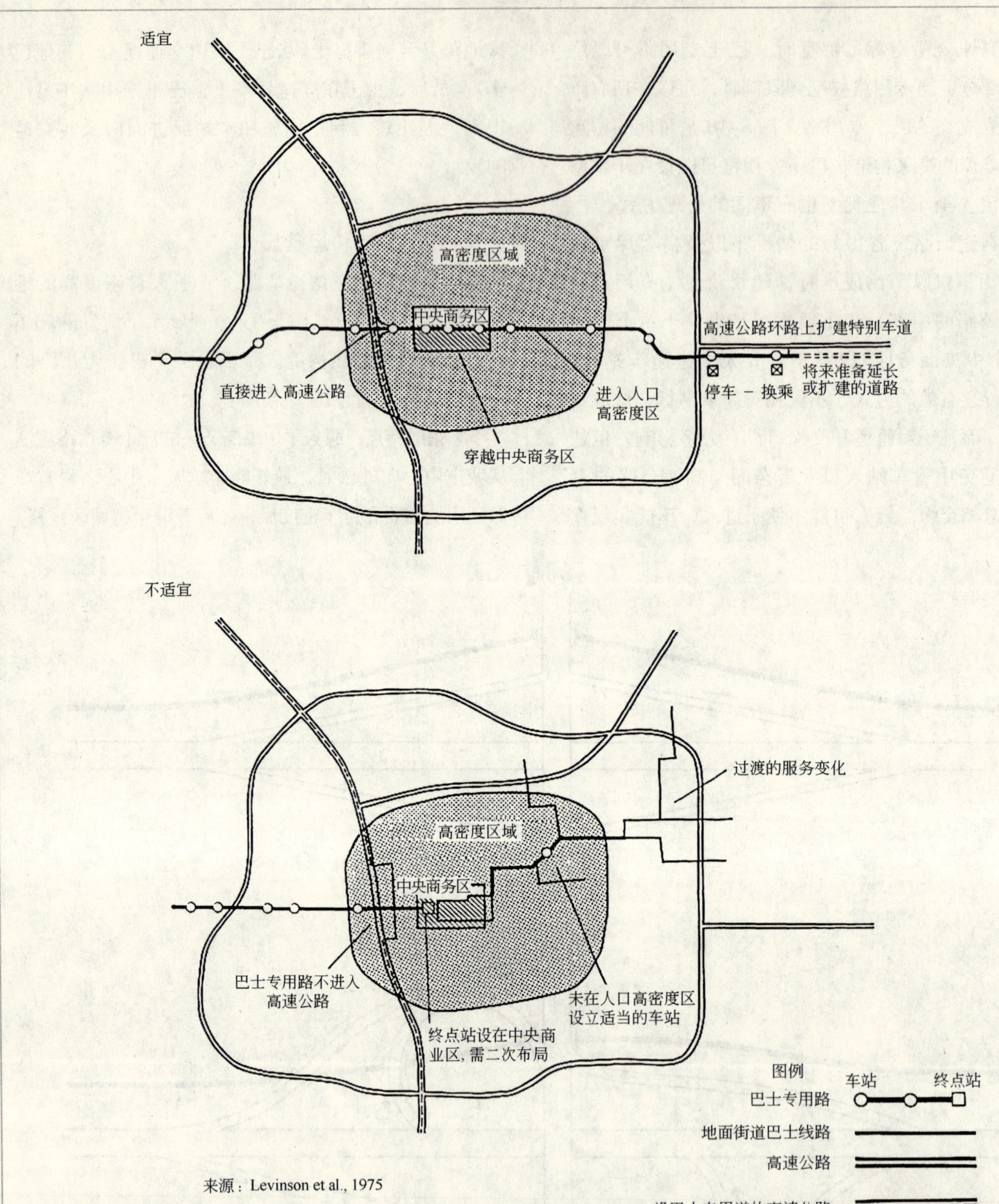

图 3-19　适宜与不宜的巴士专用路结构

2. **深入客源地**。巴士专用路应该穿行于居住密度高的区域，在市区分布合理的路线。它应该兼顾高人口密度的地方（城区）和低人口密度的区域（郊区）。

3. **直达服务**。当运营条件和市场需求都允许时，可以开通直达路线。直达服务方便了乘客，简化了在市中心的运行。但是由于时刻表的变化性，我们不建议过多采用直达线路，特别是偏长的线路。

4. **精简的路线结构**。巴士专用路类型应该简单易懂。应尽量减少支路数量，保证专用通道的可辨认性，保持发车频率，简化车站停车要求和维持较短候车时间。

5. **快速行驶**。巴士在城中心和周边地区之间行驶的实际速度应该和小汽车的速度差不多，这可由在巴士专用路提供站站停和高速直达服务来实现。好的路线设计和合适的车站间距是达到快速行驶的重要因素。

6. **车站出入路径**。巴士车站应该能够步行、骑车、开车或坐车到达。它应该设在主要客运市场和巴士线相汇合的地方。如果主要路径都是机动车道，那么行人下车换乘设施就得离车站稍远一点。如果空间允许，可以提供自行车存放处。

7. **车站间距**。车站间距应该与人口密度成反比。在行人可以步行到达的车站，应采用较短的车站间距(1/4～1英里)；在行人需乘车或开车到达的车站，可采用较长的车站间距，分别是1/2～1英里和1～3英里。当巴士可以离开巴士专用路直接上下客时，没有太大必要修建车站。为了方便市区、街外乘客，可以每隔1/4～1/3英里就设立3个以上停靠站。这样可以避免众多乘客集中在一个地方上下车及增加巴士停靠时乘客的等候时间。

8. **巴士、步行和开车之间方便的转换**。应该在城市偏远地区建立停车—换乘设施(有些地方是转车设施)，因为那些地方人口密度低，很多乘客无法步行来乘车。

9. **驾驶员最大客运量**。每位巴士驾驶员在高峰小时运送的乘客数量可通过以下方式得到最大程度地增加：(1)在高峰时期多次往返；(2)使用大容量的车辆(如铰接巴士)；(3)快速运营。

10. **市区集散线路**。巴士快速交通在市中心可以运营于巴士街道、巴士专用道、非街道式巴士隧道或非街道式巴士专用路。目的是为了尽量提供畅通无阻的直达线路(见图3-20)。但是在某些情况下，如大

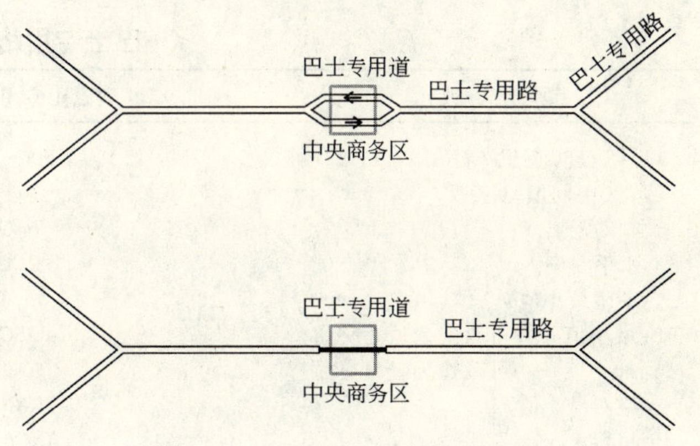

图3-20 中央商务区的直达路线概念

多数乘客下车后步行到目的地只需要不到5～10分钟，那么该路线的终点站可设在中央商务区边缘。

3-3.1.5 设计标准与指南

巴士专用路的设计应该保证安全和有效的运营。下面是巴士专用路设计中的一些指南：

- 巴士专用路设计应尽量使巴士在超越停泊车辆或故障车时不越界到与方向相反的车道上去。那么，2个相对车站之间的跨度要达到48～80英尺，包括月台、中央车道、停车道和主车道。
- 巴士专用路的设计可以考虑到将来可能转化为轨道或其他导轨的巴士运营方式，包括水平、垂直曲线和排水要求等。
- 巴士专用路允许三种车流方式，分别是：常规流(根据需要设立路肩)，特殊流(带有中央路肩或超车道)，或潮汐流(带有中央路肩的超车道)。常规流设计是最简单和常见的一种。潮汐流方式允许普通的中央候车月台，以减少车站阶数、降低监督和维护的要求，但是它要求在车站起点和终点建造人行天桥或使用双侧都有车门的车辆。

表3-8给出的是公路和巴士专用路的通行标准。这些标准主要针对于两种基本类型的巴士专用路。I型全部采用立交，其配套服务水平可与快速轨道巴士相媲美。阿德莱德、渥太华和匹兹堡均有这种类型的专用通道。II型部分立交，部分同一平面运营，

巴士专用路设计标准 表3-8

设计参数	I型巴士专用路完全分隔	II型巴士专用路部分分隔和平交
设计速度(英里／小时)	50～70	30～50
线路(中间值)(英尺)		
制动距离	640	300
水平曲率	200	125
期望最小值	1350	500
最小值——可改造为轨道交通	250	250
最小值——可改造为轻轨交通	100	100
绝对最小值	100	100
超高	0.06	0.08
坡度(%)		
最大(可改造为轨道交通)	3%～4%	3%～4%
最大	3%～5%	4%～6%
最小	0.3%	0.3%
净空(英尺)		
垂直	14.5[a]	14.5[a]
边侧(每边)	6	2～6
道路建筑限界(典型的)(英尺)		
车道宽	13～13.5[b]	11～12
路肩	8～10	2～6
限界	42～47	26～36
道路建筑限界(特别的)(英尺)		
高架	30～36	30
隧道(最小)	31～32	31～32

注：(a) 在规划(巴士与轨道)高架汇集的地方应为16英尺；(b) 12英尺车道与2～3英尺划线分隔带。

配套服务水平与轻轨接近。实例可参考迈阿密南部的大德巴士专用路线和哈特福德的新大英线。

巴士专用路的使用。18位乘客以上的由专业驾驶员驾驶的巴士才可以使用巴士专用路(和高速公路旁的逆向巴士专用道)。巴士专用路允许救急车(救护车、消防车、警车等)和维修车使用。

设计车辆。道路几何特征要符合40～45英尺标准巴士和60～70英尺铰接巴士的性能和净空要求。多用途的专用通道应该足以容纳和运营轻轨列车。

负荷。专用通道的结构应符合美国州公路及运输协会H20-S-16-44荷载重标准。

设计速度。I型专用通道适宜每小时70英里的运营速度，II型适宜50英里／小时的速度，巴士匝道则为40英里／小时。预计最小的速度分别为50，40和30英里／小时。一条巴士专用路可以由设计速度不同的几段组成，但是变化应尽量少和循序渐进。

线路。安全停车视距，水平曲率和垂直曲率均应符合美国州公路及运输协会标准。每一项都与设计速度紧密相关。表3-8所示是中等水平的代表值。考虑到将来可转换为其他专用通道类型，最小半径应为250英尺。

横坡。路面的横向坡度应该介于1.5%～2%之间。路肩和路缘部分的坡度可以分别达到4%～6%。

斜坡。如果将来要转化为轨道运输，则巴士专用路的倾斜度应小于6%，或达到9%。

净空。垂直净空高度至少为13～14.5英尺。当可能安排轨道运输时，垂直净空由将来系统的需要决定。专用通道侧隙(加起来)应该是6英尺以上。但是，在条件限制时，II型专用通道每边和匝道可以只留最小1英尺空隙。中央分隔带只考虑出入车站时的情况。

道路建筑限界。巴士专用路的道路建筑限界包括行车道、中央分隔带(如有使用)、路肩、升高或降低部分的外缘／围栏。现在许多I型和II型巴士专用路都没有中央分隔带。这样容易超过前面缓速或停靠的巴士。道路建筑限界可以因为各地情况不同而相异，但它们必须足够宽以保证行车安全和高效运营。道路建筑限界要求如下：

- 车道必须有12英尺宽。但是在受限地带、终点处和II型巴士专用路上允许设立11英尺宽的车道。
- 路肩主要供故障车停靠，只要空间允许就应该设立。建议完全宽度为8～10英尺的路肩，但是当空间受限时，窄一些也行。在高架结构上、隧道里、和其他路权受限的地方可以紧缩甚至省去路肩。

巴士专用路弯道路面加宽。为了操作方便和保证巴士悬挂部件不受损，应该横向加宽曲线部分。转弯半径1000英尺以下的路面应该加宽1.5～2英尺，具体取决于设计速度和巴士专用路宽度（见表3-9）。这些数值适用于40英尺长、8.5英尺宽的车辆，但是也可以适用于机动空间要求相近的60英尺长的铰接车。

匝道。I型巴士专用路的匝道的设计时速应为30到40英里/小时。II型巴士专用路的匝道的设计时速应为20～30英里/小时。行车道应为12～14英尺宽，路肩为10英尺宽。总宽度建议为22～24英尺，但在有些受限区域的很短一段上可以窄一些。在匝道进出口变速设计应尽可能符合美国州公路及运输协会标准。

3-3.1.5.1　巴士隧道

应该采用有效措施使隧道保持良好的通风。车站类型可以是常规的路缘月台（高低均可），透明墙壁或站门。透明的站门将乘客等车的区域与巴士道隔离开来，能够减少噪声污染。站门只在巴士到达时才开启。处于布里斯班市区的巴士隧道就采用此类站门。

西雅图的巴士隧道供电车和双驱动巴士使用。波士顿的银线隧道也将这么做。用电池供应能源的隧道引进了柴-电双驱动巴士。这些新型的“改善空气质量”的巴士对隧道的通风系统的要求没有常规巴士那么高。垂直净空高度应该满足接电杆和高架电线的需要。

应该配置适当设施以移动和暂时存放故障车辆，方便其他车辆正常行驶。西雅图的巴士隧道采用的方式是在车站附近设第3条车道，而波士顿的银线隧道是在两个反方向之间划出几个“暂停区”。

双向双车道巴士专用路曲线的路面加宽　　**表**3-9

	路道宽度						
	24英尺					22英尺	
	设计速度（英里/小时）					设计速度（英里/小时）	
半径	30	40	50	60	70	30	40
500英尺	1.5	2.0				2.5	3.0
750英尺	1.0	1.0	1.5			2.0	2.0
1000英尺	0.5	1.0	1.0	1.5		1.5	2.0
2000英尺	0.0	0.0	0.0	0.5	1.0	1.0	1.0
3000英尺	0.0	0.0	0.0	0.0	0.5	0.5	1.0
4000英尺	0.0	0.0	0.0	0.0	0.0	0.5	0.5

注：小于1.5的值忽略不记。
来源：Levinson et al., 1975

3-3.1.5.2 横截面实例

图3-21和3-22是横截面的原理图。图3-21描绘的是标准巴士专用路的横截面。理想的状态是两条12英尺宽的车道中间应设2～3英尺宽的着色线和8～10英尺宽的路肩来隔开，这种道路建筑限界的宽度大概是42～47英尺。在受限制的区域可以不用中央着色线，路肩可以缩减到2～6英尺，这样道路建筑限界就只有28～36英尺宽。迈阿密、渥太华和匹兹堡都有这种类型的专用通道设计。车站周围应该宽些，以提供足够空间给超车道和候车设施。

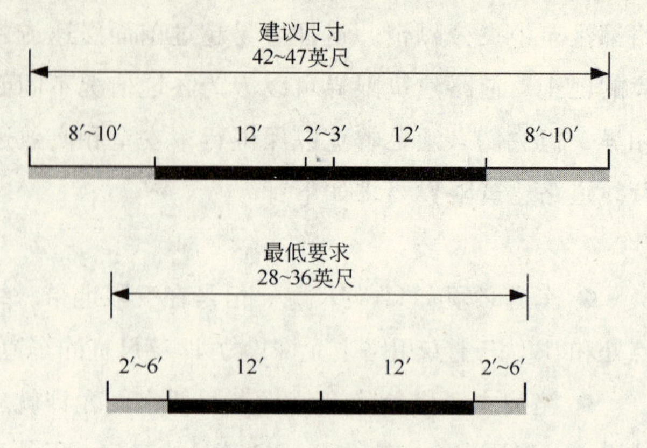

图3-21　典型的巴士专用路横截面

图3-22绘制的是高速公路中部(两旁是车站)的巴士专用道的横截面。所有的设计中都有一条中央障碍带将巴士专用道和高速公路的行车道隔开。设计A是建议的类型，它展示了42～47英尺宽的道路建筑限界。设计B是最精简的类型，路肩换成了2英尺宽而不是通常的8～10英尺，因此它的整个道路建筑限界只有28英尺。设计C和D分别描绘的是中间有10～14英尺宽的着色道的巴士专用路。它们都安排了2英尺宽的路肩，道路建筑限界为38～42英尺宽。这种设计概念还未在实际中运用。

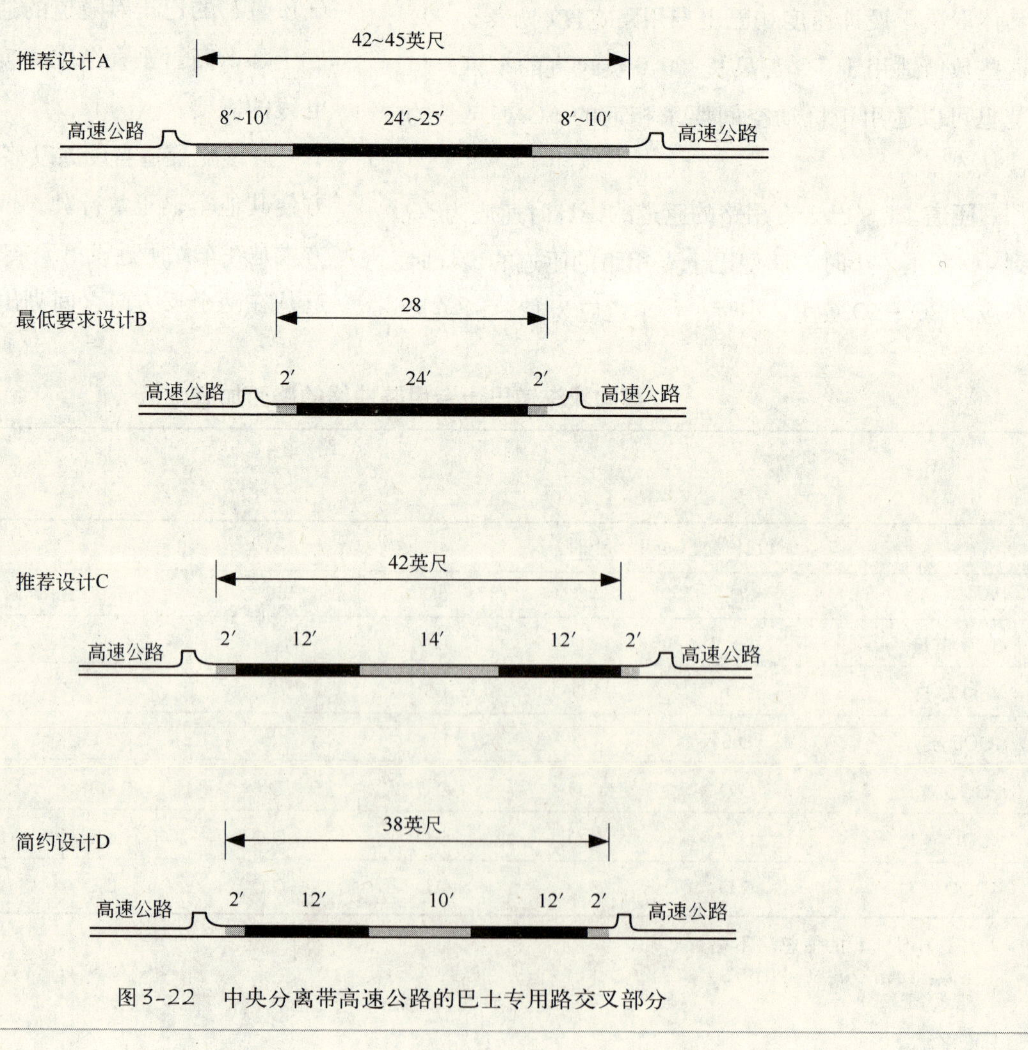

图3-22　中央分离带高速公路的巴士专用路交叉部分

3-3.1.5.3 车站

巴士专用路在车站周围通常都会宽一些，这样才能让快速巴士方便超过停站的巴士。一般地说，这时巴士道的数量会从2条增加到4条，路肩宽度相应地缩减。另外一种在哈特福德的新大英线和某些中央干道式巴士专用路上应用的方式是安排一条超车道和错位的月台，这样整个宽度(包括车道，中央部分和月台)总共有50英尺左右。第五章将会详细说明车站方面的细节。

照片3-H 休斯顿的“T”形匝道

3-3.1.5.4 巴士专用路进出通道

在巴士专用路起始、末尾，支路和巴士需要中途进出的地段，应该安排特别的进出通道，假设在拥有特别路权的巴士专用路上，这些出入路径是笔直的。当巴士专用路是在高速公路中部或外边沿线的情况中，处理起来要复杂一些。出入路径可以直接与高速公路相连，或者通过特别结构来连接。

巴士专用路出入路径包括：(1)与高速公路在同一水平面上的连接匝道；(2)直接匝道通往交叉口；(3)立交式匝道；(4)同一水平面上互相连接巴士专用道。在特殊情况下(如休斯顿)可以安排“T”形的匝道将路线外车站与高速公路的中央巴士专用道相连接(见照片3-H)。

进出通道的位置应根据路况和巴士专用路线具体情况来安排。传统交叉口和高速公路设计标准应符合美国州公路及运输协会和其他相应标准。图3-23所示是中央巴士专用道与路缘式车道相连的起点和终点的样图。通往和驶离高速公路行车道时，车辆速度可以很快。在交叉路口插入途径是标准的T形匝道。

图3-24所示是与外沿巴士专用路相连的菱型匝道和半四叶苜蓿形的立体交叉匝道。图3-25是关于巴士在拥有特别路权的巴士专用路或高速公路中央行驶时的细节图。图3-26和图3-27是处于同一平面的巴士匝道连接方式的样图。停车标志和交通信号不仅应起到控制交通的作用，还应给予巴士专用路优

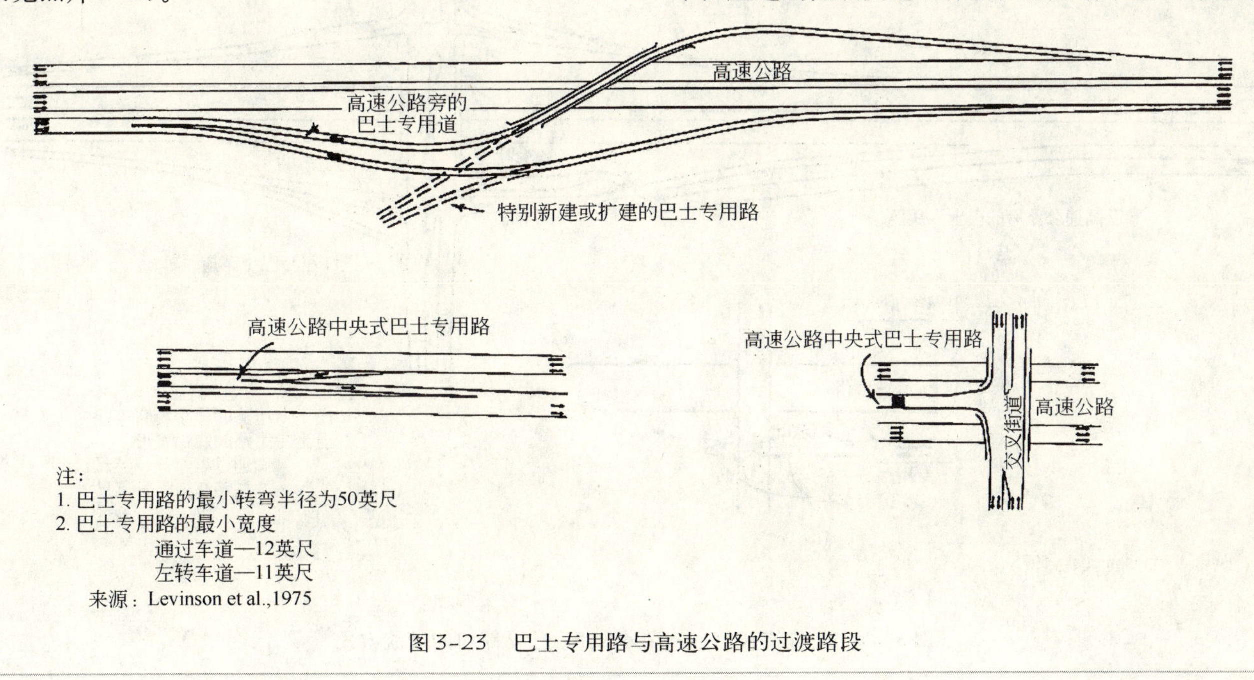

图3-23 巴士专用路与高速公路的过渡路段

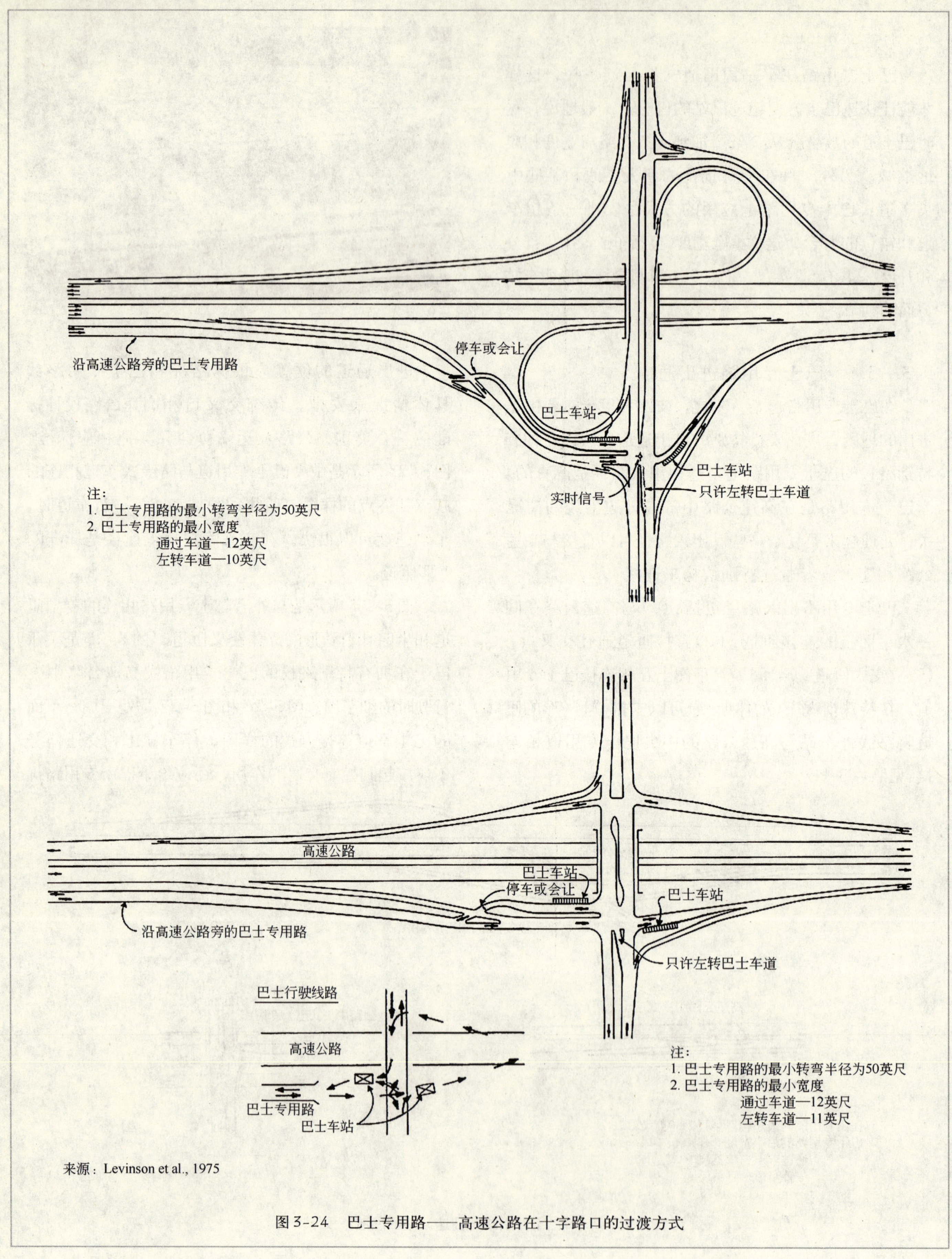

来源：Levinson et al., 1975

图 3-24　巴士专用路——高速公路在十字路口的过渡方式

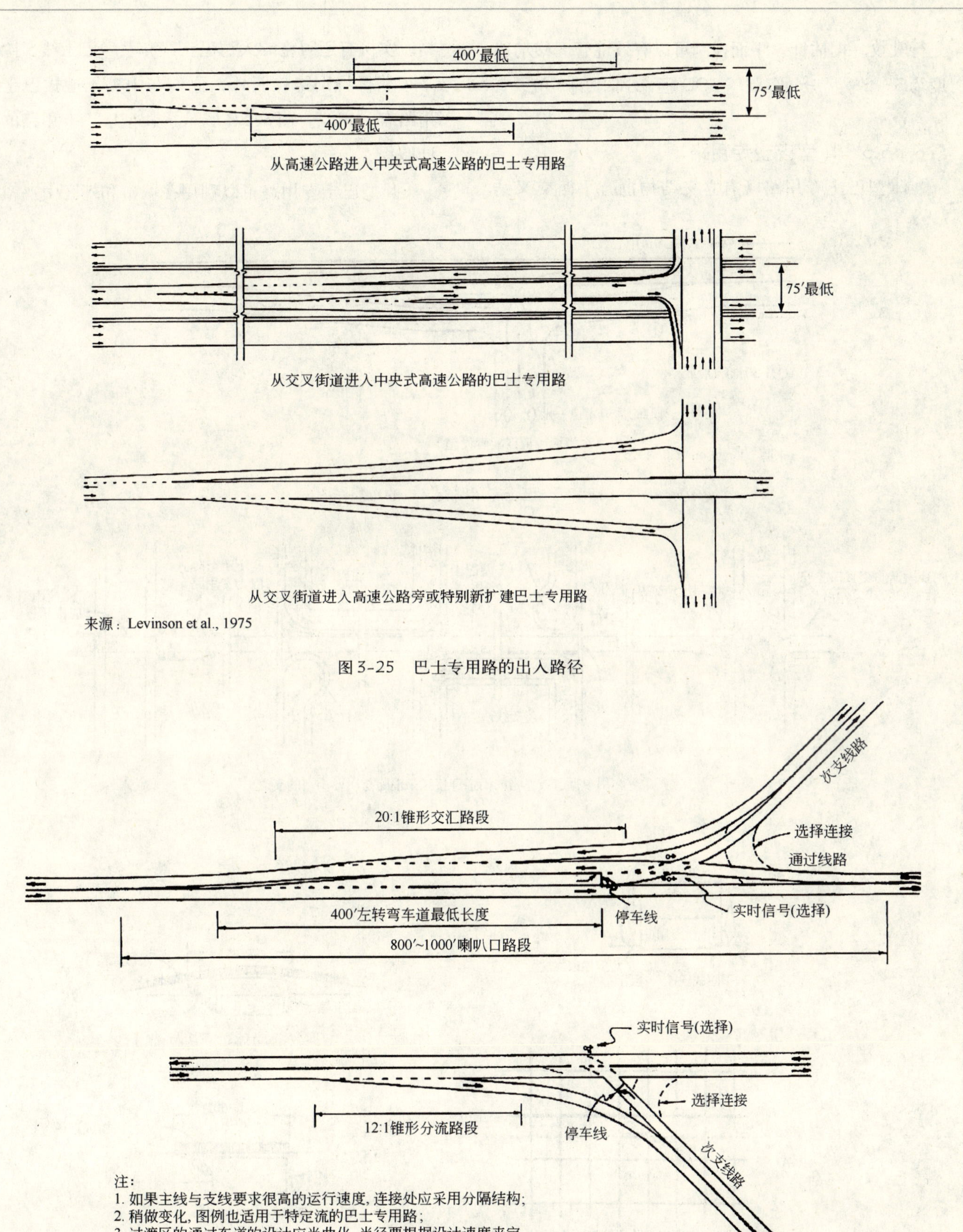

来源：Levinson et al., 1975

图3-25　巴士专用路的出入路径

注：
1. 如果主线与支线要求很高的运行速度，连接处应采用分隔结构；
2. 稍做变化，图例也适用于特定流的巴士专用路；
3. 过渡区的通过车道的设计应当曲化，半径要根据设计速度来定。

来源：Levinson et al., 1975

图3-26　巴士专用路连接处

先行驶权。据估计，平面控制可以有效地管理移动速度为3～5辆/分钟(180～300辆/小时)的车流。

3-3.1.5.5 II型巴士专用路

II型巴士专用路既有立交结构也有平面交叉结构。实例有迈阿密的大德巴士线和兰考巴士线。除了必须获得特别路权而外，它们与中央干道式巴士专用路有些相似。图3-28展示了II型巴士专用路的设计概念。

II型巴士专用路可以利用在城市和郊区中狭窄道

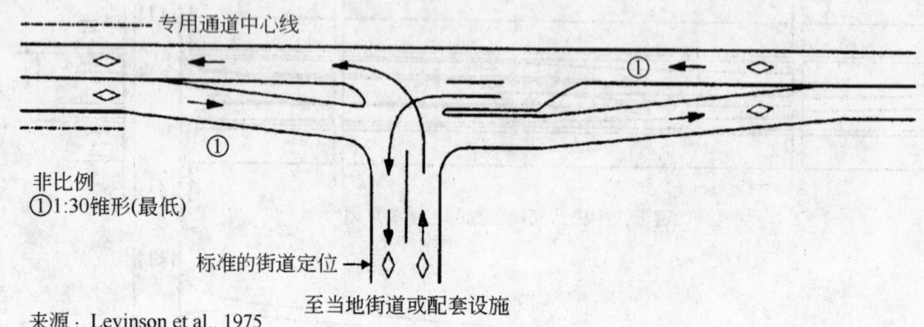

来源：Levinson et al., 1975

图3-27　巴士专用路交叉口的布局样图

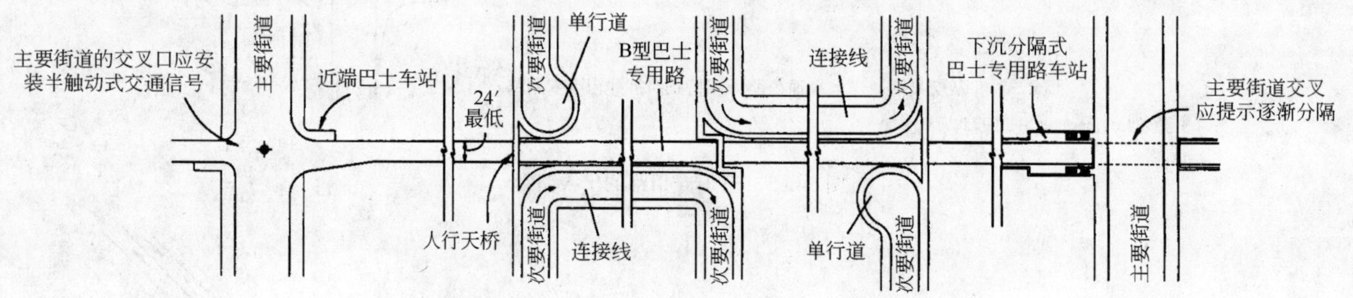

利用单行道或适当的街道连接线来消除与次要街道的交叉

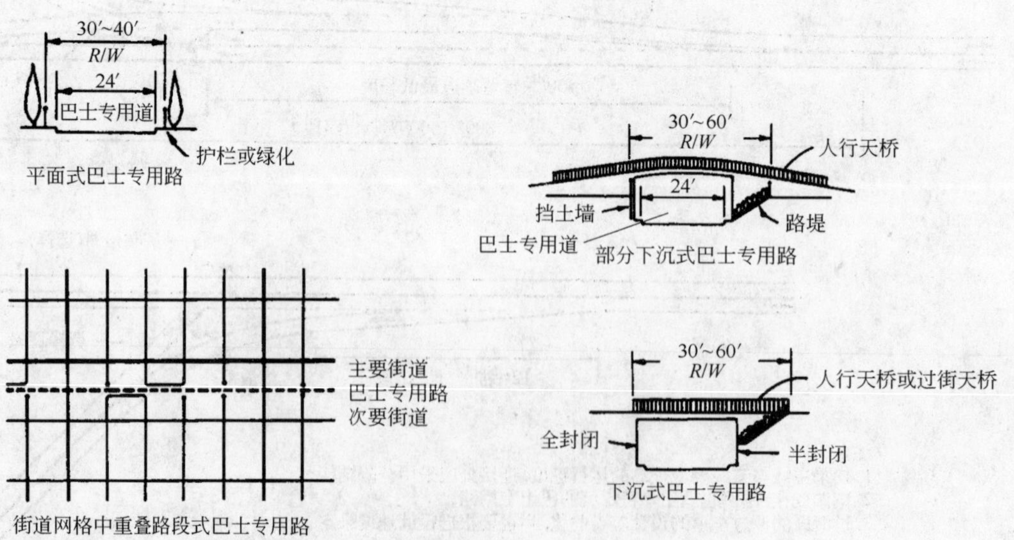

来源：Levinson et al., 1975

图3-28　类型II巴士专用路概念图

路的专用路权。当街道和土地开发呈矩形格状时，获得的路权可能几乎是一整块地。这时巴士专用路便能在同一平面上发展。附近的次要街道应该以环行道路或死胡同的方式隔断，交叉路口应安装信号灯。这种巴士专用路应该与平行的干线公路隔开至少660英尺，目的是为了让彼此在十字路口的信号灯都发挥其应有的作用。十字路口的控制信号应该给巴士优先行驶权利(提前为巴士亮绿灯，延迟亮红灯等)；但是在巴士专用路与其他拥挤的道路相交的地方却不适用。

II型巴士专用路可以应用于新的居民小区和有大型地块开发的区域。巴士专用路可以穿插在住宅区周围，居民在下车后能尽快到家。这样起到了巴士和土地之间的共同协调发展。

3-3.1.5.6 导向巴士专用路

机械导轨式的巴士专用路可以在澳大利亚的阿德莱德、英国的利兹、法国的南锡和卡恩看到。在阿德莱德和利兹，车道的每侧铺上一条特殊的导轨，导轨的宽度正好是巴士两侧的导轮(每侧3个)之间的宽度。导轮与动力操舵装置相连，嵌扣在导轨上。图3-29是一幅典型的横截面。这种20英尺宽的专用通道比常规专用通道占用的路面窄些。

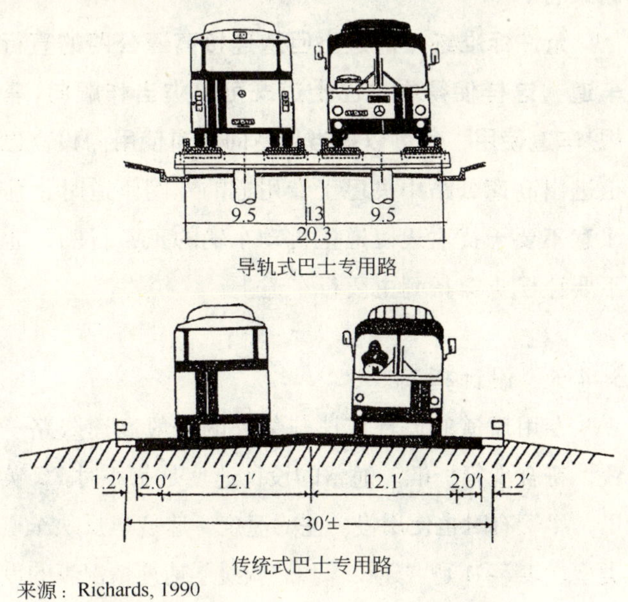

来源：Richards, 1990

图3-29 导轨式和常规巴士专用路的横截面

这种专用通道可以使用装有自动制动机的巴士。它们几乎没有大小限制，只要导轮能够保持同处一个水平面上。巴士进入导轨时的时速为25英里/小时左右，真正运营起来可达到60英里/小时。它们进站时可以进行精确的定位。在南锡和卡恩，导轨被安排在了车道中间，通过与相扣的金属导轮来导引巴士前进。

3-4 高速公路专用通道

高速公路专用通道是一种经济划算的巴士快速交通专用通道。它可以提高巴士服务水平和促进巴士的可靠性。每个巴士车站都设有醒目的标志。它可以开通常规的全天高频率的行车路线，也可在高峰小时采用直达方式，选择哪种方式取决于特定设施的设计和服务需求。

高速公路巴士专用道类型很多，主要根据它们在道路上的位置、车道数量、行车方向和隔离方式来区分。表3-10简要地介绍了几种高速公路巴士专用道，并说明了它们对巴士快速交通系统的适用性。

3-4.1 合适的车辆

关键的政策是巴士专用道是否只提供给巴士使用，或其他高载客车辆也可以使用。美国最初只许运营巴士使用，现在越来越多的高速公路巴士专用道与高载客车辆共享了。这样最大限度地达到了单位时间内单位距离中的载运量，而且它避免了在某些路段患上“空道综合症”。为了不影响巴士快速交通的运营效率，可以具体规定最低服务水平。比如在服务水平降至C级以下时，可以调整高载客车辆承载乘客的标准或考虑择权评价技巧(如高载客量车辆或收费专用通道)。其他有关巴士和高载客车辆共享设施的注意事项还包括：

1. 除非原先高速公路设计已作了考虑，高速公路上的高载客车辆车道位置可能会造成很难设立沿线车站；

2. 停站后巴士在重新进入高载客车辆车道时可能会被延误；

巴士快速交通的高速公路设施选择 **表3-10**

设　施	巴士快速交通应用	
	常规全天候巴士快速交通服务	高峰小时通勤直达运行(不停靠)
专用双车道设施(巴士专用路)[1]		
普通路肩隔离	✓	✓
物理障碍隔离	✓	✓
专用可逆道路		
单车道		✓
双车道		✓
顺向流巴士专用道		
右外侧车道(或路肩)	立交空间很宽的地方一小段	
中央车道		✓
潮汐流巴士专用道		
单车道		✓
双车道		✓
排队超越车道		
巴士专用匝道	补充其他公共交通专用路道	
仪控入口匝道	补充其他公共交通专用路道	

注：1 见本章3-3.1。

来源：Adapted from Texas Transportation Institute et al., 1998

3. 与专用的巴士通道相比，服务可靠性稍逊。

当提供的是“通勤直达服务”(如在波士顿)时，巴士专用道也可供小汽车和中型汽车共用，但需设立线路外巴士快速交通车站和与之相通的T型匝道。

3-4.2　规划和运营考虑

下面是专用通道规划和运营要点：

根据实践，中央和右侧的巴士专用道都是切实可行的。中央巴士道免除了在十字路口设立匝道的麻烦，为巴士提供了通往十字路口的特别路径。但是在设计车站的出入路径时却需要很小心。右侧车道使巴士出入很方便，但却造成了车辆的频繁交织，特别是在十字路口的出口匝道和入口匝道靠近的情况下。

当直达巴士每小时能节省5英里以上的路程时，巴士专用道的长度通常要求至少5英里。例外的情况主要是通向主要干线交叉口、高速公路或河流桥渡等的排队超越车道。

如果现有高速公路的某个方向的行车道已经运载繁忙，那么就不应该把这些行车道改为巴士专用道。最好是另外开辟车道，这样才不至于恶化已有的交通堵塞情况。

如果巴士快速交通通勤服务(如在休斯顿)采用高载客车辆设备，最基本要求就是在专用通道上设立专门的进出匝道通向离线中转站和(或)停车—换乘停车场，而不必在大街小巷不断穿梭装载乘客。

允许标准统一的进出匝道连接高速公路的直行车道，这样使得中央巴士道既可以被当作顺向(常规)车道使用，也可以被当作逆向车道使用。设立巴士进出高速公路中央巴士专用道的专门匝道时，应注意不要干扰右边匝道上机动车辆的正常行驶，也不要让巴士穿行到主要行车道上。

3-4.3　设计指南

专用通道的设计应该与邻近的一般高速公路一致，符合现行标准。通常的设计速度是每小时70英里，尽管有时也使用慢一些的速度。速度也反映车道类型。表3-11是“建议”和“减缓”速度情况下的设计速度。

高速公路上巴士专用通道标准设计速度　表3-11

路道类型	标准设计速度	
	减速状态	建议状态
障碍物分开	80公里/小时 (50英里/小时)	120公里/小时 (70英里/小时)
正向车流	80公里/小时 (50英里/小时)	100公里/小时 (60英里/小时)
逆向车流	40公里/小时 (30英里/小时)	80公里/小时 (50英里/小时)

来源：Fuhs, 1990

3-4.4　专用双向道设施

处于高速公路中央的双行巴士专用路和多用行车道之间可以用一条常规路肩(如圣伯拿的巴士专用路线)或实际障碍物分开。它还可以提供配套设施，如车站、巴士换乘和换乘停车场等。

3-4.5　专用可逆公共交通路道

典型的可逆专用通道与高速公路车道之间是用交通岛或障碍物分开的。它在好几个城市的运用中主要是解决高载客车辆在高峰小时和高峰车行方向上的运营。这些车道也可以用作通勤直达巴士的行车道，它有通向换乘停车场的特别路径，也可能有通向城区许多街道的专门路径。

实际例子有维吉尼亚北部的雪利公路(I-395)——开始是条巴士专用路，圣地亚哥的I-15直达或高容量收费车道和丹佛的I-15直达或高载客车辆车道。最大的运营系统是在休斯顿，那里的“公共交通干线”长达100多英里，连接5条呈辐射状的公共交通走廊。这些专用公路可以包括通往大街小巷和换乘停车场的中途可逆的入口匝道。开放、逆转和关闭这些匝道可以通过人工操作也可自动化控制。

图3-30是一幅横截面示意图。其中，路障—路障之间的最小道路建筑限界是20英尺，尽管出于错车的需要可能会要求调整一下后视镜。如果想顺利错开故障车，建议最小要达到24～28英尺的道路建筑限界。图3-31是休斯顿公共交通干线系统所用的T形匝道。这些可逆匝道提供了进入换乘停车场和巴

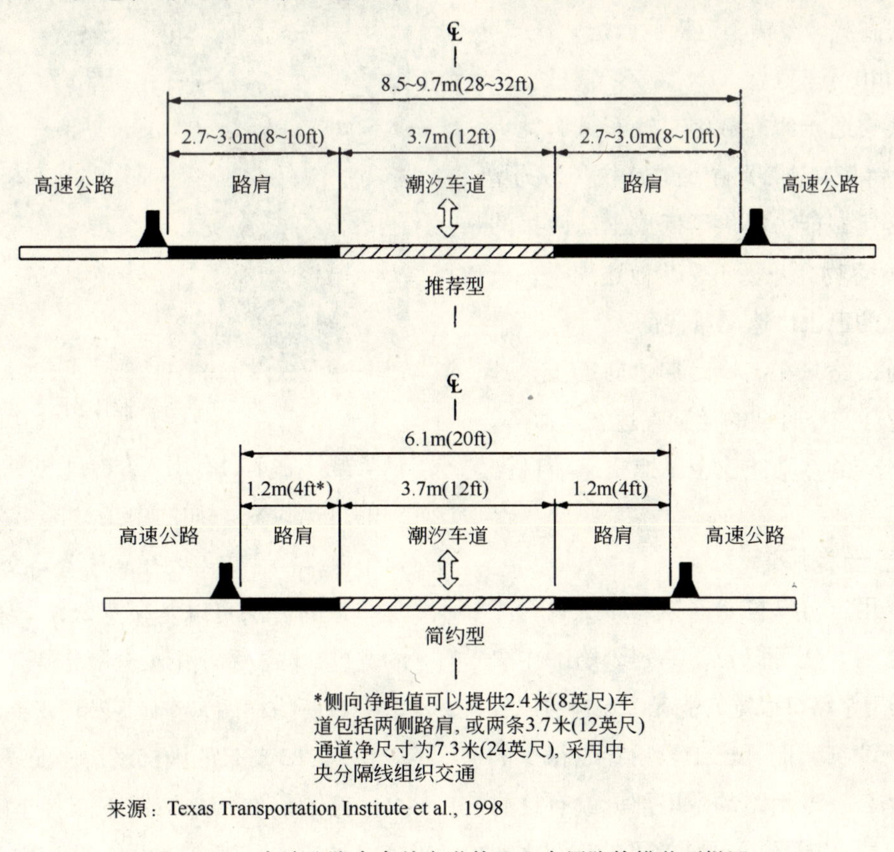

来源：Texas Transportation Institute et al., 1998

图3-30　高速公路中央单车道的巴士专用路的横截面样图

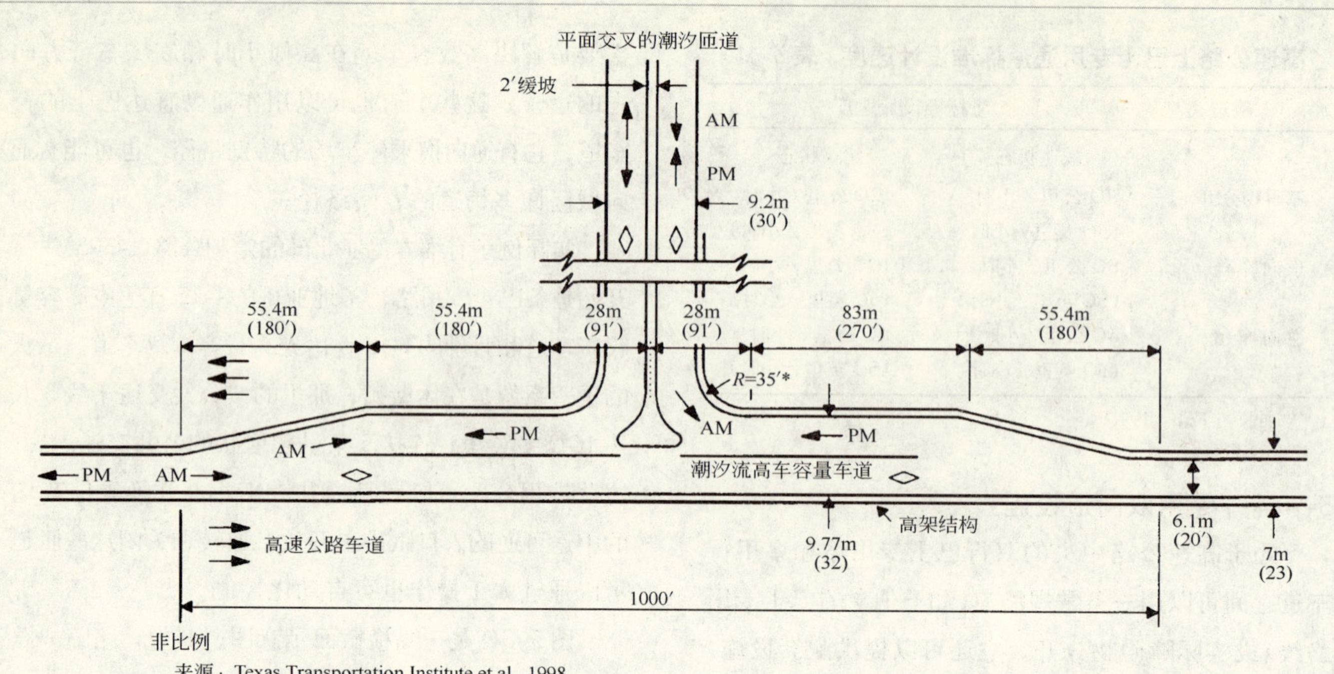

来源：Texas Transportation Institute et al., 1998

图3-31 潮汐“T”形匝道样图

士终点站的直接通道。主要的设计特性有：(1)安排由高架匝道进入主要高载客车辆公路时的加速和减速车道，(2)单独的高载客车辆车道横截面是22～24英尺宽，包括路肩和行车道。

休斯顿的公共交通干线高载客车辆车道有几大优点：(1)充分地取得了高速公路中央的路权，(2)为增加高峰方向的乘客运载能力提供了低成本高回报的方法，(3)用实际障碍物分开，不受其他违规车辆干扰，(4)具有很明显的巴士快速交通特征。

因为专用可逆公路只在高峰时期才向巴士快速交通开放，它更适合高峰时期的通勤直达客运服务，而不太适合全天运营的多功能巴士快速交通项目。

3-4.6 顺向流巴士专用道

顺向流巴士专用道可以位于高速公路主要行车道以外的车道或路肩，还可以位于高速公路的中央车道。外道适用于十字路口很宽的情况，这样可以控制不同方向的车辆冲突，而且巴士只用穿越很少的十字路口。渥太华公交专用路的外围部分就有这样的应用(见照片3-1)。中央车道是最常见的高载客车辆类型。它不会有出入路径上的冲突，但是它要求特别的进出设施。如同中央分隔带分隔的巴士快速交通车道一样，它需要在高速公路交叉口增加车道。增加车道的方法可以是拓宽公路，稍微缩小已有车道的宽度和(或)缩小中央分隔带等。图3-32和3-33都是横截面的样图。车道应为12英尺宽，中央干道还应有2～10英尺的内部路肩，而外道应该有4～10英尺的路肩。在特殊情况下两种车道的宽度和路肩都可以缩小。一般在这些车道和主要行车道之间用实

照片3-1

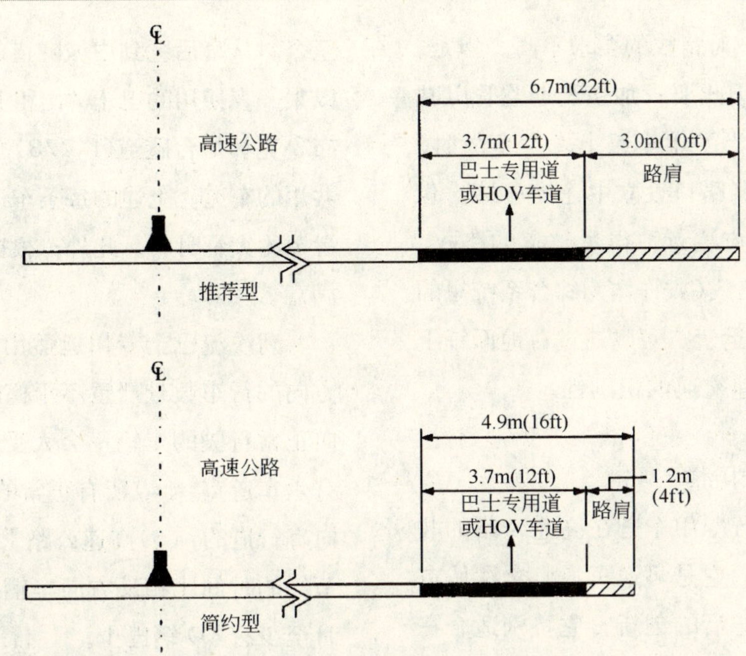

来源：Texas Transportation Institute et al., 1998

图 3-32　高速公路外侧顺向巴士(高载客车辆)专用道的横截面样图

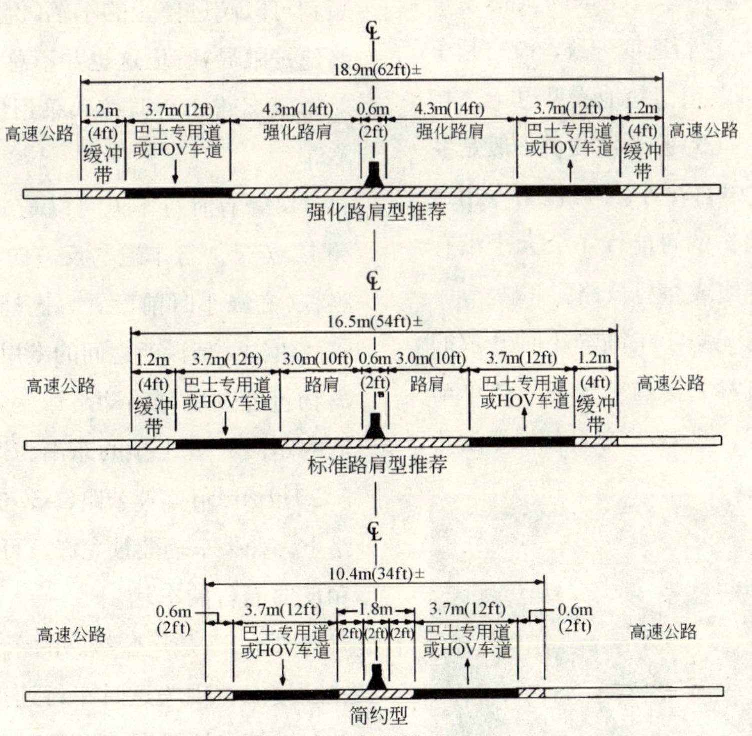

来源：Texas Transportation Institute et al., 1998

图 3-33　高速公路内部的顺向巴士(高载客车辆)专用道的横截面样图

心白色分割线隔开，在车辆需要进出的地方留上空缺。在空间允许的情况下，建议与邻近车道之间的分割线为1～4 英尺。一般正向行车道的进出口是与主要行车道相连的，但是应注意不要与换乘区域隔得太近。

顺向流中央巴士专用道的优点是：相对成本较

低、实施起来快速方便、对路权的要求不高。但是，它常常遇到违规情况，因此要求加强长期监管以减少违规现象——特别是当多用车道上发生事故时。可以在沿线的道路或交叉路口设立中途停车站，但是在交叉路口旁设站时应注意取得足够宽的路权。它主要用于短途的直达路线(或许作为综合系统里的连接枢纽)或快运路线的运营。可以通过在地面铺上不同颜色来增强巴士快速交通的识别性。

3-4.7 潮汐流巴士专用道

巴士快速交通的逆行专用车道在高速公路的非高峰小时行车方向运营。它是可逆车道概念在城市高速道路运用了半个世纪后的创新。它特别适合在上午高峰时期进城和下午高峰时期出城的巴士。目前有单行和双行逆行专用车道。

巴士可以使用单条的逆向车道是因为具备了下列条件：(1)巴士车流均匀，车行速度一致，没有超车的需要；(2)其他驾驶员可以很清楚地看见巴士，特别是车灯亮起紧急信号时；(3)巴士驾驶员一般是经过培训，有很长驾龄和很强自律性；(4)巴士专用道的车辆相对较少，使得撞车的可能性不会大于没有区分行车道的城市交通干线或乡村公路。

纽约和新泽西之间有几条上午高峰小时开放的逆向公交车道。在纽约到林肯隧道一段有一条单车道供巴士专用(见照片3-J)，自1970年开放以来运营至今。从皇后区到中城隧道(I-495)有一条自1971年以来一直使用的巴士/出租共用的车道。布鲁克林到布鲁克林炮台隧道(I-278)之间有巴士/高载客车辆共用的车道。上述的每条车道使用都很频繁，为出行者节约大量时间。此外，根据记录它的安全性也令人满意。

照片3-J　新泽西通往林肯隧道的顺向车道

潮汐流巴士专用道适用于：(1)当高峰小时两个方向的行车数量严重不平衡时；(2)在非高峰行车方向正常行驶的车辆不会太受影响；(3)高速公路至少有六车道宽；(4)所有正常的高速公路进出口都是通向直行道的；(5)高速公路上照明很好；(6)巴士乘客节约的时间比相反方向车辆损失的时间多；(7)每小时至少有40辆巴士。

图3-34是潮汐流巴士专用道的横截面的样图。理想的状态是车道(和缓冲区)都足够宽，宽到巴士顺利可以超过停止的车辆(例如20～24英尺宽的道路建筑限界)。但这也并不总是适用。因此必须采取对车辆运营小心监控和采用快速有效地措施拖走故障车。

尽管有时行车道可以是11英尺宽，但一般应该为12英尺。行车道与反方向车道之间用2英尺宽的路标(高峰小时前设置，高峰小时过后就撤离)来分隔。纽约—新泽西之间的专用通道就是如此。车道隔离物也可以用可移动路障，就像布鲁克林到电池隧道的路段，波士顿的东南高速公路和达拉斯东部的R.C.Thornton高速公路(I-30东)。在8车道的高速公路上，如果车辆数量允许，可以用缓冲道来隔开巴士和反向而行的车辆。

图3-35是运营线路的示意图。收费站提供了自然过渡点，因为这时车行速度慢，实施起来相对容易。过渡点还可以：(1)在未到两条高速公路的连接处的地方设立一条特别的巴士匝道；(2)直接与常规高速专用通道相连。

在过渡的地方和巴士道沿线应该设置足够的标志。在特别路段和高速公路的上跨交叉结构处可以安上悬挂式的专用通道控制信号。

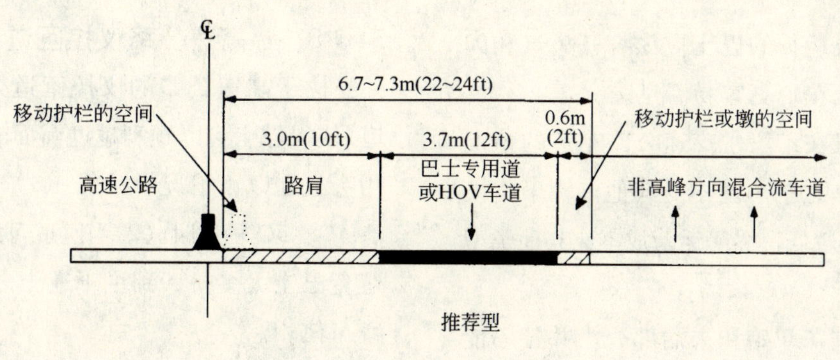

推荐型

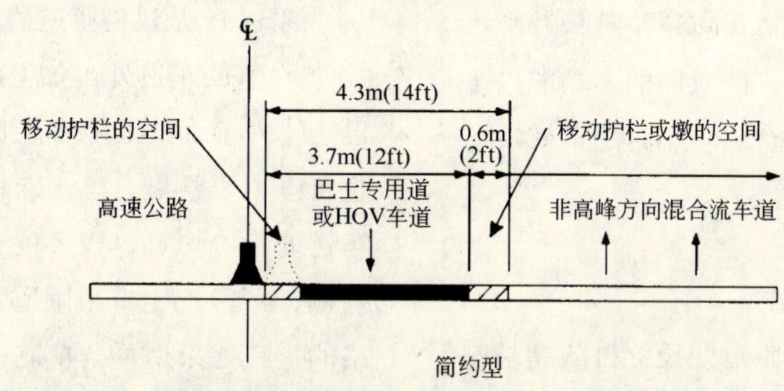

简约型

来源：Texas Transportation Institute et al., 1998

图3-34　逆向巴士道的横截面样图

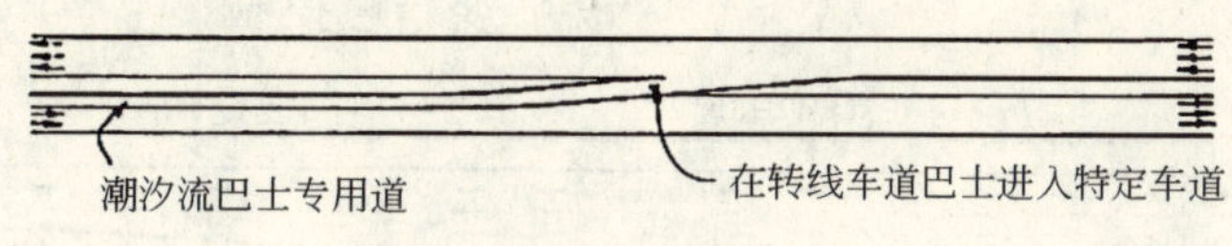

中央式转线车道的转换

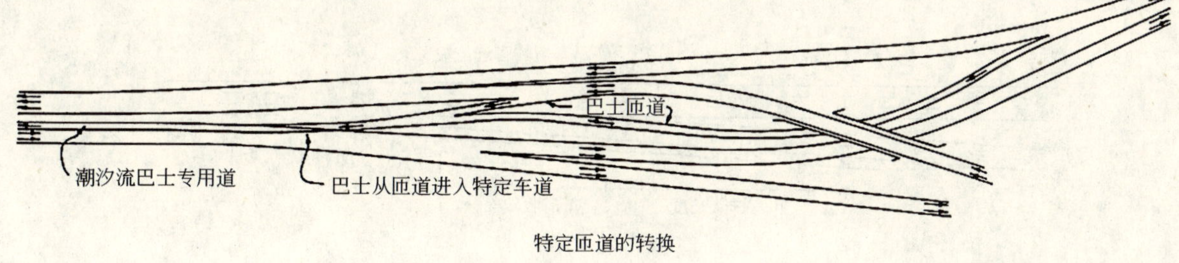

特定匝道的转换

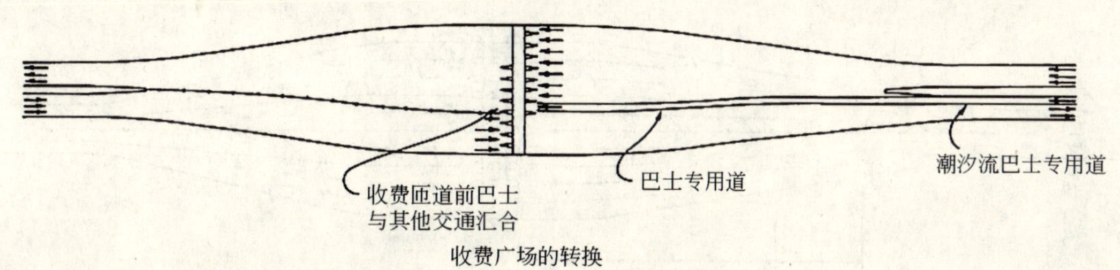

收费广场的转换

来源：Texas Transportation Institute et al., 1998

图3-35　潮汐流巴士专用道的转线部分

在逆向巴士道上运行的巴士应该打开头灯和闪烁装置，以便使对面车辆更容易看见。

可能的时候可以在不增加高速公路车道的情况下安排逆向巴士道。这些车道不受其他车辆干扰或误入，实施起来成本较低，尽管运营成本比其他类型专用通道要高些。

巴士入口被限制在开始和末端部分，并且不能建造车站。因为这种专用通道在高峰小时只开放一个方向给巴士，它不允许全天的双向的多功能巴士快速交通服务，因此它只适合高峰小时的市郊快运或作为排队超越车道来使用。

3-4.8 排队超越车道设施

在高速公路的仪控入口匝道处设立排队超越车道和在通往收费站的路上设置排队超越车道可以提高巴士的行车速度。它是其他巴士快速交通专用通道的可选择性助手。在这里我们且把它可以作为巴士快速交通整体的一部分。

3-4.8.1 高速公路仪控匝道

位于高速公路的仪控匝道处的隔离车道（或匝道）使得巴士可以顺利越过前面的车辆。仪控巴士专用旁道在以下情况中适用：(1)当高速公路上每英里有40～50辆车时，(2)当匝道可以提供足够空间，以避免巴士太多挤回到主干道上去，(3)有平行平面路线可使用。

图3-36是仪控匝道的巴士旁道的示意图。建议12英尺宽的车道外再加上路肩，这样可以使后面的巴士错开前面的故障车；但是在空间有限的情况下也可以不要路肩。巴士专用旁道位于一条仪控混合车道的两边均可，或者位于一条多车道仪控匝道的右侧（下行）巴士专用匝道也行。建议在主要高速公路的入口处采用单条车道。

交通信号控制应该距离高速公路车流相汇的地方远一些，这样才能给予了一般车辆在到达高速公路车道前加速的空间。可以使用提前信号或交通应变信号控制。

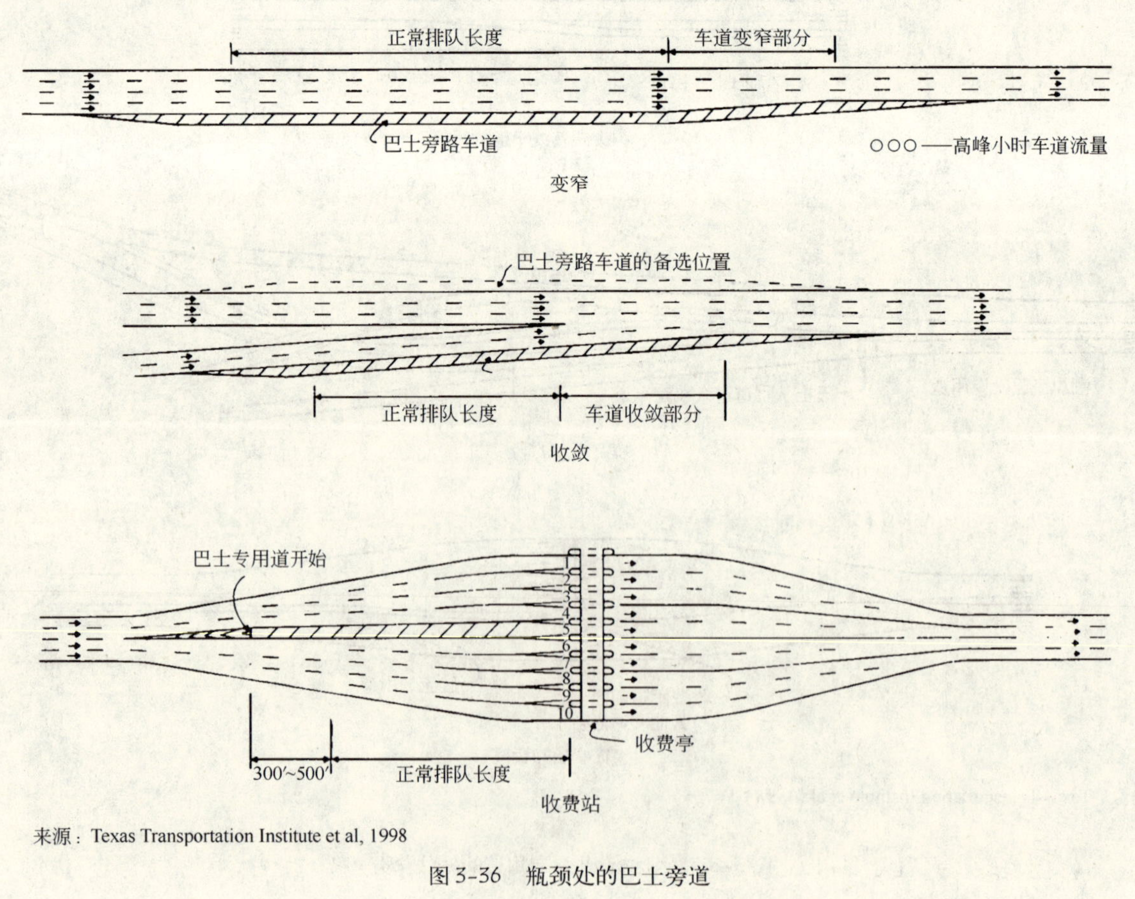

来源：Texas Transportation Institute et al, 1998

图3-36 瓶颈处的巴士旁道

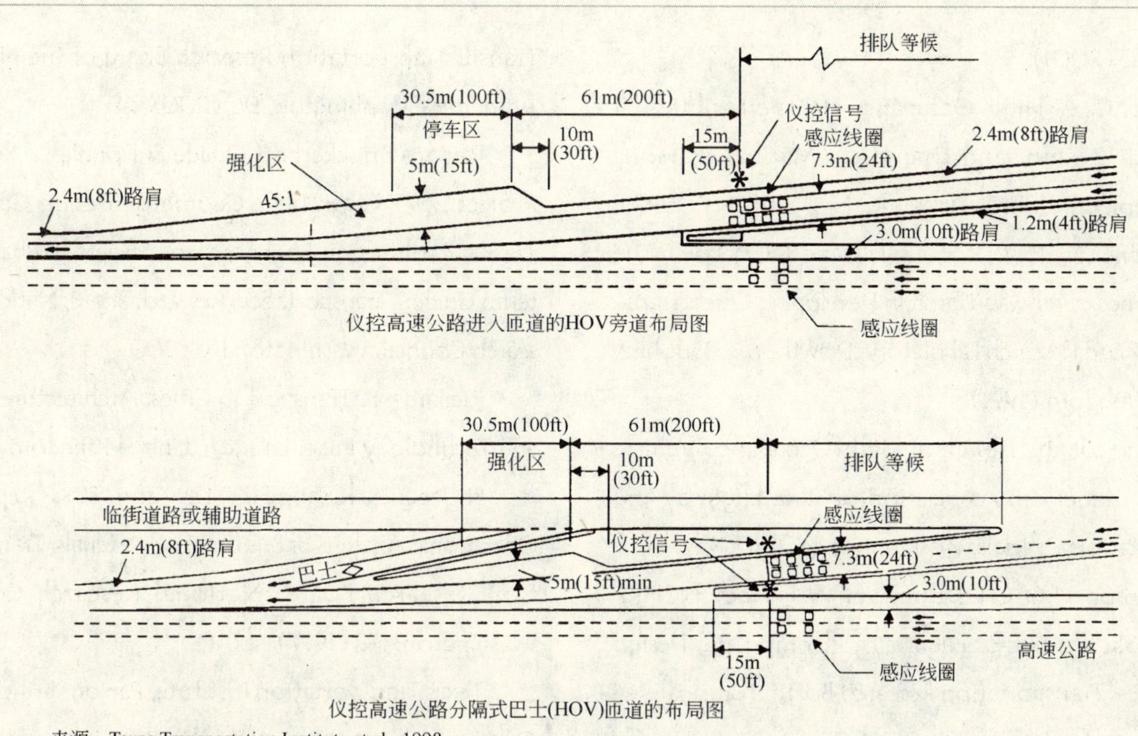

图3-37　高速公路仪控巴士专用匝道的布局图

3-4.8.2　巴士专用匝道

旧金山—奥克兰海湾大桥之间和林肯隧道—港务局巴士终点站之间的高速巴士运营线上采用了特别的巴士匝道。这些匝道适用于：(1)它们所服务的地方都是车行需求多的地方，比如巴士终点站、换乘车站、主要停车-换乘停车场、体育中心或市政中心等，(2)如果用其他方法车辆就会速度很慢、走绕路或行不通。

可以通过两种方法建立巴士匝道：修建专用匝道或将普通匝道转化为专用匝道。选择的主要依据是权衡修建新匝道的成本和对其他车辆关闭匝道后给高速公路和干线运输带来的不良影响程度。匝道设计中应留足够空间以错开故障车。就是说设计中要么采用一条加宽路肩的单车道，要么采用两条车道。

3-4.8.3　堵塞点和收费站

可以在收费站和高速公路汇聚的地方建立特别超车道设施。在美国几座大桥的收费站都设立了专门的排队超越车道。如新泽西的乔治华盛顿大桥，圣地亚哥的科罗那多大桥，旧金山—奥克兰海湾大桥等。排队超越车道应该安排在还未到堵塞地段和收费站的地方。图3-37是一幅排队超越车道的样图。在收费站的排队超越车道可以直接安排收费站的中心车道或右面远端。

3-5　参考文献

A Policy on Geometric Design of Highways and Streets—2001. American Association of State Highway and Transportation Officials, Washington, DC (2001).

Bus Rapid Transit Options in Densely Developed Areas. Wilbur Smith and Associates, U.S. Department of Transportation (February 1975).

Design Criteria for Metro Park and Ride and Transit Center Facilities. Metropolitan Transportation Authority, Houston, TX (2002).

Fitzpatrick, K., K. M. Hall, S. Farnsworth, and M. D. Finley. TCRP Report 65: Evaluation of Bus Bulbs. Transportation Research Board, National Research Council, Washington DC (2001).

Fuhs, C. A. High-Occupancy Vehicle Facilities: A Planning, Design, and Operation Manual. Parsons Brinckerhoff Quade & Douglas, Inc., New York, NY (1990).

Gardner, G. P., P. R. Cornwell, and J. Cracknell. The Performance of Busway Transit in Developing Cities. Transport and Road Research Laboratory, Drawthorne, Berkshire, United Kingdom (1991).

Guide for the Design of High-Occupancy Vehicle Facilities. American Association of State Highway and Transportation Officials, Washington, DC (2001).

Levinson, H. S., C. L. Adams, and W. F. Hoey. NCHRP Report 155: Bus Use of Highways: Planning and Design Guidelines. Transportation Research Board, National Research Council, Washington DC (1975).

Levinson, H., S. Zimmerman, J. Clinger, S. Rutherford, R. L. Smith, J. Cracknell, and R. Soberman. TCRP Report 90:Bus Rapid Transit, Volume 1: Case Studies in Bus Rapid Transit. Transportation Research Board of the National Academies, Washington, DC (2003).

Parsons Brinckerhoff Quade & Douglas. "NCHRP Project 20-7 (Task 135): Geometric Design Guide for Transit Facilities on Highways and Streets — Phase I Interim Guide." Transportation Research Board, National Research Council, Washington DC (2002).

Richards, B. Transport in Cities. Architecture Design and Technology Press, London, United Kingdom (1990).

St. Jacques, K., and H. S. Levinson. TCRP Report 26: Operational Analysis of Bus Lanes on Arterials. Transportation Research Board, National Research Council, Washington, DC (1997).

Texas Transportation Institute, Parsons Brinckerhoff Quade & Douglas, and Pacific Rim Resources, Inc. NCHRP Report 414: HOV Systems Manual. Transportation Research Board, National Research Council, Washington DC (1998).

第 4 章
巴士快速交通的交通工程

交通与公共交通运营的整合是巴士快速交通专用通道规划设计和运营的基本组成要素。交通工程师和公共交通规划师之间的密切合作，对于巴士专用道和巴士专用路的设计、巴士停靠站的布置以及交通控制也是必需的。

好的交通控制和信号设施有助于车辆和行人安全地横穿巴士专用道和巴士专用路，尽量减少对巴士快速交通车辆和一般车辆交通的延误。好的交通控制和信号能保持路边必要的活动，并将道路空间在各种竞争的用户——巴士快速交通、其他巴士、进入路边的一般交通车辆和行人——之间进行适当的安排。交通控制与信号系统项目应使巴士乘客、驾车人或附近地区的用户感到合理。有效的强化项目也是必需的。本章提供各种专用通道的交通工程指南，有关这方面的细节请查看道路工程师研究所的《交通工程手册》。

4-1　概要

由于巴士快速交通专用通道的类型和位置不同，交通工程的专门技术也不一样，这些技术可以分为 4 个方面：(1)交通控制；(2)专门的标志和信号显示；(3)交通信号控制与优先；(4)强化。这些技术的应用见表 4-1。这些技术主要适用于在街道行车的巴士快速交通，也适用于巴士专用路或高速公路巴士专用道与道路和大街的交界处，如交叉路口。

这些技术包括：(1)路缘停车的控制、左转弯、右转弯和单行道；(2)特殊信号和交通信号显示以及(3)交通信号控制，包括巴士快速交通优先。附加的技术包括道路路缘调整，道路几何形状改变以及路面标线。以下是一般的指南：

- 停车标志或交通信号应设在与巴士快速交通线路交叉的街道上。
- 沿巴士快速交通专用通道的路缘停车(全天或高峰小时间)一般应加以禁止。
- 如果不能做到既允许左转和右转而又不延误巴士快速交通，那么，应该禁止左右转弯。
- 巴士快速交通专用通道应有特殊信号标出，告知驾车人员此处有地面巴士专用路交叉口。
- 应该设置专用巴士快速交通交通信号指示设施，特别是在沿中央干道式巴士专用路和超车时，尽量减少驾车人员的困惑。
- 将巴士的红灯停车时间(也是一种延误时间)控制在最小程度。要做到这一点应该：(1)力争最长绿灯时间；(2)交通信号周期时间尽量缩短；(3)巴士快速交通车辆接近路口时，适时地提前和延长绿灯时间。
- 智能交通系统技术可以提高而且更好地将交通工程和控制措施结合起来。这一内容将在第 7 章中较全面介绍。

4-2　交通控制

有关路缘使用、车辆转弯以及街道方向的交通控制，可以在个别的场所、选定的一些路段或者在整

交通工程技术在巴士快速交通中的典型应用 表 4-1

专用通道类型	交通控制				专用标志与信号显示		交通信号控制与优先		强化
	路缘停车限制	右转限制	左转限制	单行道	标志	信号	被动优先	主动优先	
巴士专用路									
隧道									✓
立交					✓		✓[a]	✓[a]	✓
平面结构					✓[b]	✓	✓	✓	✓
超速道路车道									
顺向					✓				
逆流					✓				
巴士斜道					✓				
仪控匝道处的优先权					✓		✓		
干线街道									
中央干道式巴士专用路			✓[c]		✓	✓	✓[c]	✓[c]	✓
路缘巴士专用道	✓	✓	✓	✓	✓		✓	✓	✓
双路缘巴士专用道	✓	✓	✓	✓	✓		✓	✓	✓
外缘式巴士专用道		✓	✓	✓	✓		✓	✓	✓
中央式巴士专用道			✓		✓		✓	✓	✓
逆流车道	✓		✓	✓					
巴士专用路	✓			✓	✓	✓	✓	✓	✓
混合交通运营	✓	✓	✓	✓			✓	✓	✓
排队超越车道				✓	✓	✓	✓	✓	✓

注：

a 仅在巴士专用路入口处。

b 在两条巴士专用路上和横向马路上。

c 允许左转弯时有专用左转信号时间。

个巴士快速交通线路上采用。

4-2.1 路缘停车与上下客控制

在老城区活动频繁和非街道停车空间有限的情况下，路缘停车问题特别尖锐。路缘停车问题主要在中心区、城外商业区以及商店和办公机构林立的街道上，这些地方也是具有良好巴士快速交通市场潜力的走廊，可以采用巴士快速交通专用通道服务。

路缘停车减少了巴士和小汽车可利用的空间，影响邻近车道的通行，降低巴士和小汽车的速度，而且还增加事故的发生。在主要的巴士设施处禁止停车可减少约15%～20%的事故，提高各种车辆的行驶速度。因此，在拥挤的区域内、巴士快速交通路线的沿途以及繁忙的干道沿途，不应该允许停车，至少在车流高峰时禁止停车。但是，对于有‘内部’或中央式巴士专用道的街道沿途，或为了方便乘客设置巴士车站且车流不多的街道沿途，可以允许停车。

路缘停车可以在所有时间里加以禁止或者只是在高峰时间禁止。当巴士快速交通全天都在利用路缘巴士专用道时，可以采用明显的彩色路面来识别车道。通常的规则是，在交通繁忙期间，当车流量超过每小时每车道500～600辆时，路缘停车应该禁止；街道按照“服务等级”E级或者F级运转，汽车速度降为每小时20～25英里，车道需要供巴士或巴士快速交通使用。沿巴士快速交通线路上需要在街道外设置乘客上车区。

4-2.2　转弯控制

在许多情况下，左右转弯会严重阻碍巴士快速交通和一般的车流。在转弯半径较小和主要行人横行道处(通常是车站所在处)，来往行人较多，“右转弯问题”通常很突出。这种情况通常在市中心和老的居民密集区可以见到。但是，左转弯对整个街道系统都会产生影响。左转车辆不仅和对面直行车辆发生冲突，而且会堵住后面的车辆，使交通信号时间分配变得复杂。

由于左右转弯带来的问题，许多城区采用限制左转和右转的措施来保证道路通行能力和减少拥挤。这种控制可以是全天候的、从上午 7 点到下午 7 点或者只在高峰小时控制。从巴士快速交通的角度来说，这些控制是必须的。总的原则是：当转弯导致问题时，应当对转弯加以禁止。在巴士快速交通和其他巴士路线从一条街道转到另一条街道时，通常应该免除对巴士任何转弯的限制。许多社区有这种免除规定。

4-2.2.1　右转弯

限制右转弯适用下列地点：巴士快速交通在混合交通模式，路缘巴士专用道或者“中央式”巴士专用道中运行以及右转弯和人流量都较多的地方。每条道上的行人都要用一定的时间穿过右转弯车道导致冲突的地区；实际上，在这段时间每个行人都在延误每一个右转弯。损失的时间可以确定，每个行人花费的时间由每个信号周期内行人人数和右转弯次数算出。限制右转弯后，赢得的时间可由以下公式近似地求出：

$$\Delta t = rpts/L$$

式中

Δt——每个周期赢得的绿灯时间；

r——右转弯次数 / 周期(峰值 15 分钟)；

p——形成冲突的行人数 / 周期(峰值 15 分钟)；

ts——每个行人所用的时间(如 3～4 秒)；

L——横行道上行人通道数(如 1～4 条)。

根据有冲突的右转弯和人流量所确定的每个周期的时间损失列在表 4-2 内。例如，如果每小时有 300 个行人和每小时 240 个右转弯发生冲突(每个周期 5 个和 4 个)，每次冲突损失 3 秒钟，每个周期大约损失 20 秒，假定人行通道是 3 个。如果转弯被禁止，路缘车道赢得额外的 20 秒有效绿灯时间。这样，为了保证最少有效绿灯时间达到 25% 的周期，在这种情况下必须禁止右转弯。

4-2.2.2　左转弯

如果有受保护的左转弯车道，在沿巴士快速交通线路上的交叉路口，可以允许左转弯。在某些情况

右转冲突和行人流量引起的每周期的时间损失估计　　**表 4-2**

R / Nc 和 P/ Nc 典型值	每条人行道每个周期的时间损失 3 秒钟时(人行道数)			
	1 车道	2 车道	3 车道	4 车道
4	12	6	4	3
8	24	12	8	6
12	36	18	12	9
16	48	24	16	12
20	60	30	20	15
24	72*	36	24	18

注：

对于 60 秒的周期时间损失不应超过 25% 的周期或 15 秒。因此，粗黑线以下的数字不能采用，应该禁止转弯。

* 为超过周期时间；

R 为每小时右转弯数；

Nc 为每小时周期数；

P 为每小时行人数。

下，为这种转弯安排专门的信号相是有必要的。但左转弯一般应该禁止，因为这样转弯要占用一部分直通的车道。占用的车道使车道通行能力减少50%，延误直通车辆并增加事故的发生。在占用的车道上，每个信号周期一个左转弯延误40%的直通车辆。

当巴士快速交通是在中央干道式巴士专用路上运行时，有必要禁止平行道路上左转弯或者为左转弯提供保护信号相位。有多个左转车道时，保护信号相位也是必要的。如果道路格局允许，以及有另外可选的线路，最好在巴士快速交通线路上禁止左转弯。这种禁行使交通信号分时简化行驶，减少排队，改善巴士和一般车辆的车流。在每4分钟1英里的行程中(每小时15英里)，大约有0.5分钟因为左转弯的延误而损失。当左转弯被禁止后，这一路程只要3.5分钟，可以节约12.5%的时间。

还有一些另外的方法来实施左转弯，包括远侧“密执根U形转弯”和“泽西壶柄式弯道”。这两种方法把左转弯转变成右转弯。如果空间允许，应当对这种实施左转弯的方法进行研究。

4-2.3　单行道

单行道可以加快巴士、小汽车和卡车的流动。由于车辆向一个方向行驶，减少了冲突和碰撞，简化了交通信号相位，改善了交通信号进展。单行道在改善安全性和车流方面的优越性已经有很多报道。通常可以减少大约25%通行时间，通行能力可以提高20%～40%，事故可以减少10%～50%。因此，单行道不论是对于混合车道还是巴士专用道，都可以提高巴士快速交通的速度和可靠性。当巴士停靠站间距较远时，巴士可以赶上信号的进展，特别是车站停留时间较短时。在城区街道的路网中，街道狭窄，街区紧靠，有必要采用单行道。

但是，从巴士快速交通的角度来看，单行道也有一些缺点。有以下几个方面：

- 巴士快速交通服务设施在两个平行的街道上，导致不易辨别巴士快速交通的识别性。
- 当车辆活动是在两个单行道之间进行时，这种街道会妨碍路边乘客上车。
- 当车辆活动集中在一边街道，乘客的步行距离增加。
- 巴士可上下客的路缘面积数量可能会减少一半。

有时，这个问题可以通过其中一条街道上的双向行驶来克服(例如在一个逆向车道上一个方向)。图4-1展示如何在中心区单行道路网中利用逆行巴士专用道使巴士能双向行驶。巴士可以：(1)消除3个转弯；(2)减少巴士里程；(3)在一条街上巴士能最大限度出现。

4-3　特殊信号与信号显示

巴士快速交通线路上最好设置特殊信号和交通信号显示。这些设施的安装通常按照《交通控制设施标准手册，千禧版》(2001)的规定进行。

4-3.1　交通标志

巴士和高载客量车辆车道采用的标准菱形标志也要用在巴士快速交通的专用通道上。如《交通控制设施标准手册》(2001)第4章指出的那样，这些标志可以设置在车道上方或者沿道路边缘安装，其间距

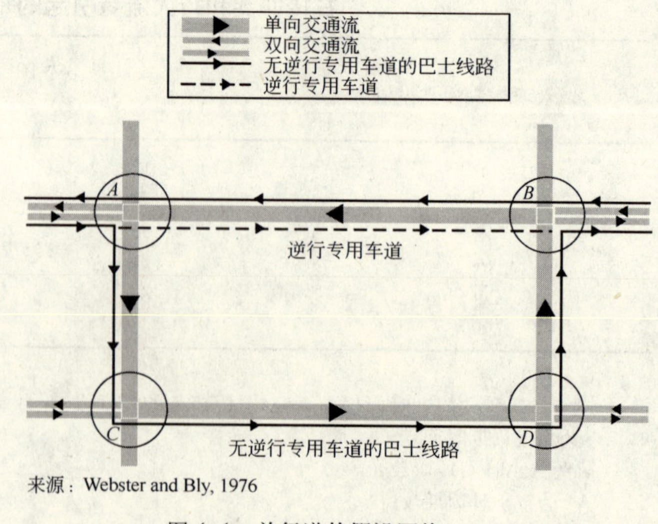

来源：Webster and Bly, 1976

图4-1　单行道的假设网络

要根据工程上的判断来确定，主要考虑车速、街区长度和到邻近交叉口的距离。

《交通控制设施标准手册》(2001)的第 10 章对公路交通在轻轨快速交通交叉路口设置管制和警告标志提供了应用指南，这些标志也可以采用在专用路权的立交巴士专用路或街道中央分隔带上。

这些标志的实例见图 4-2a 和图 4-2b。符号和文字作了修改来表示巴士和巴士专用路，代替原来的轻轨快速交通车辆和轨道。它们的用法一般应与《交通控制设施标准手册》中规定一致。

4-3.2　信号显示

交通信号的显示和位置应当与《交通控制设施标准手册》中规定的一致，也应和地方机构规定一致。如果适用轻轨快速交通车辆"通行信号"显示，也应当用于巴士快速交通。它们可用在下列巴士运营场合：(1)中央干道式巴士专用路沿线，(2)在不同路权地面巴士专用路沿线及(3)排队超越车道。其原因是巴士快速交通车辆实质上是胶轮轻轨快速交通车辆。这些信号显示的例子见图 4-3。巴士快速交通交通信号应当在横、纵两个方向上同一般的交通信号分开，距离至少 3 英尺。

4-4　信号优先

巴士因交通信号而产生的延误要占整个巴士运行时间的 10%～20%，占所有延误时间的 50% 以上。因此，调整信号时间来促进巴士快速交通以及一般的车流将会改善巴士速度和可靠性。其中的理念是尽量减少总的人员延误。但是，有利于巴士快速交通的调整经常是人们所希望的，必须是有选择和谨慎地进行。

巴士快速交通交通信号的控制包括被动的、主动的和实时优先以及优先处理（每种方法的例子见表 4-3）。

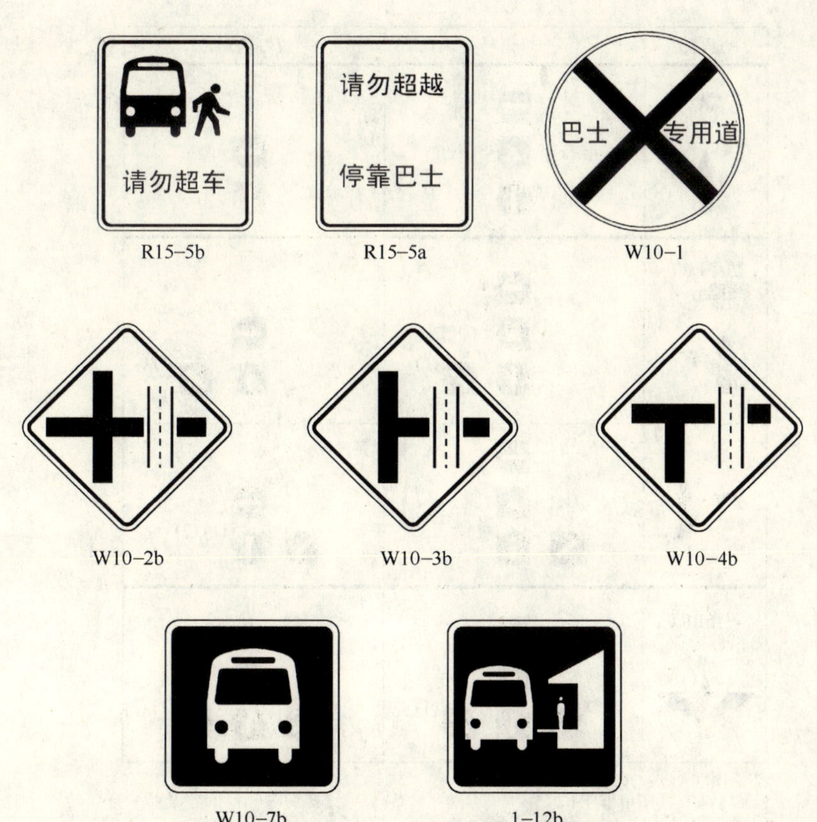

来源：Adapted from Manual on Uniform Traffic Control Devices for Streets and Highways, Millennium Edition, 2001

图 4-2a　巴士快速交通的交通标志

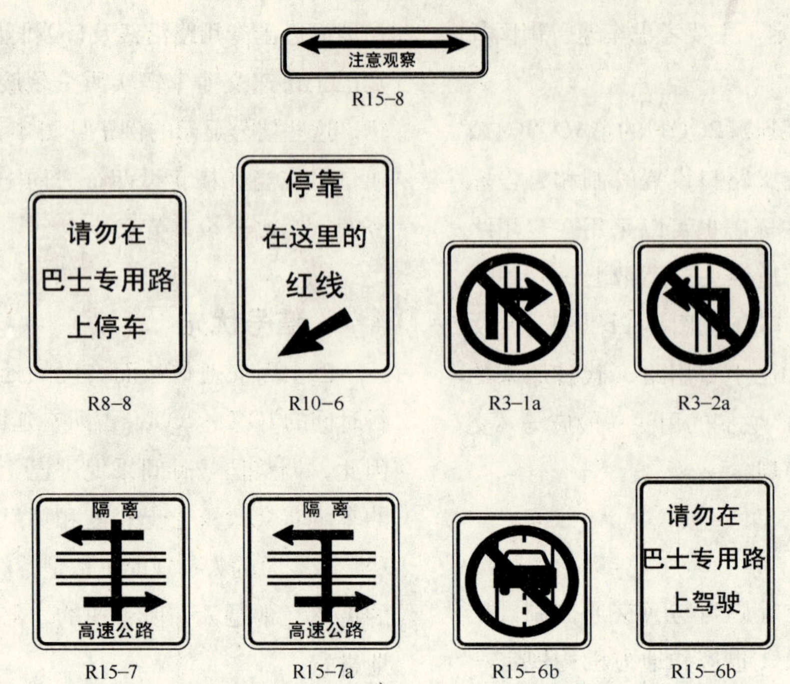

来源：Adapted from Manual on Uniform Traffic Control Devices for Strects and Highways, Millennium Edition, 2001

图 4-2b　巴士快速交通的辅助交通标志

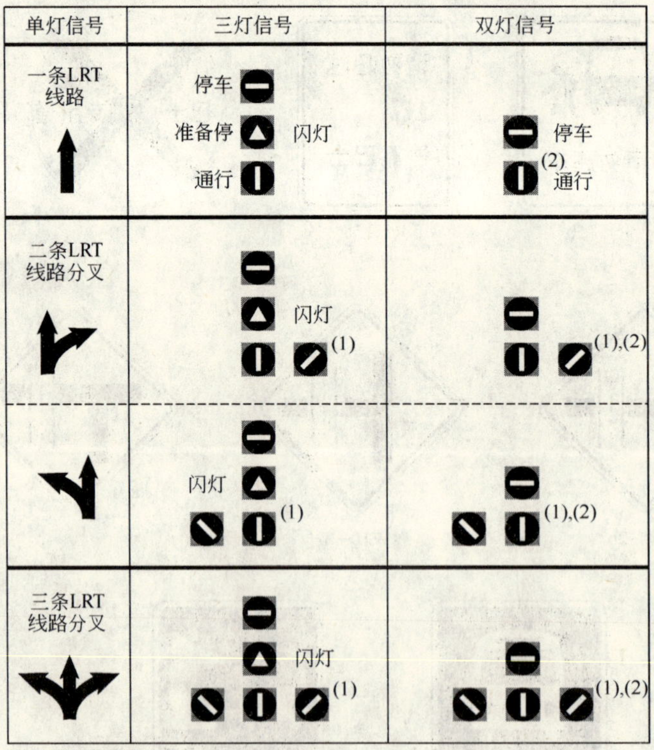

单灯信号	三灯信号	双灯信号
一条LRT线路	停车 准备停 闪灯 通行	停车 (2) 通行
二条LRT线路分叉	闪灯 (1)	(1),(2)
	闪灯 (1)	(1),(2)
三条LRT线路分叉	闪灯 (1)	(1),(2)

注：所有形式为白色
(1) 可以放置在单框中
(2) "通行"灯可以闪灯来表示"准备停车"

来源：Adapted from Manual on Uniform Traffic Control Devices for Streets and Highways, Millenium Edition, 2001

图 4-3　用于巴士快速交通的典型轻轨快速交通信号

巴士信号优先系统　表 4-3

处　理	情　况
被动优先	
调节周期长度	在隔离的交叉口处减少周期长度方便巴士
分割信号相位	在交叉口处，保持原有周期长度，引入专门用于巴士的信号相
区域性时间安排计划	通过信号补偿优先安排巴士前进
旁道仪控信号	巴士利用专门保留车道，专门信号相，或改线到非计量信号
调整信号相长度	增加有巴士的引道的绿灯时间
主动优先	
延长绿灯时间	增加目前巴士信号相的时间
早开始（切断红灯）	减少其他信号相时间，使巴士较早地回到绿灯
专门的信号相	增加巴士信号相
信号相删除	跳跃的非优先信号相
实时优先	
延误优化控制	信号时间变化来减少总的人员延误时间
路网控制	考虑总体系统性能的信号时间变化
抢先占用	当前信号相终止，信号回到巴士信号相

● **被动优先技术**的设计是修正现有的信号操作来提高巴士快速交通速度。信号时间安排应该通过调整信号周期长度和分割，尽量减少相位数，在允许情况下，采用短周期以及沿巴士快速交通线路尽量延长绿灯时间来尽可能减少巴士的延误。

● **特殊信号相位**可以用在巴士快速交通和其他交通发生冲突的地方。可以是预先定时或预先启动。

● **主动优先技术**是在侦测到巴士后调整信号时间。可以为即将到达的巴士在确定的信号周期内提前或者延后干道上的绿灯时间。

● **实时技术**考虑汽车和巴士到达单个交叉口或交叉口网络的情况。目前应用有限，需要专门的设备。

● **抢占**的结果是改变正常的信号相位并造成排队，为到来的巴士提供畅通的道路。由于它影响到信号协调和行人安全，应用时必须非常谨慎。

4-4.1　被动信号优先

被动信号优先在已有的信号系统中修正信号相位，使其更快反应来提高巴士快速交通的速度。

4-4.1.1　相位数

相位数要尽量少。鼓励采用基本的双信号相位操作，避免复杂的多相位控制。这就要求对交叉路口几何形状、交通控制以及信号的分相加以仔细地考虑。专用的行人信号相应该作为例外，而不是规定。

中央干道式巴士专用路要求附加信号相位来避免巴士和小汽车之间转弯时的冲突。在这些情况下，需要较长时间的周期来解决有冲突的活动，并给行人提供足够横过干道的时间。有关信号相方面的一些考虑如下：

● 交通信号的顺序要使干道左转信号紧随着干道沿线的直通信号相位。这样是必要的，可以避免同方向的沿边碰擦——这是几条中央式轻轨快速交通线路沿线曾经出现的事故问题。推荐的信号相位顺序见图 4-4。

● 巴士在信号控制的交叉路口左转弯时，巴士专用路内要提供附加车道。对于左转弯的巴士信号相位安排要提供由巴士启动的有保护的运动。

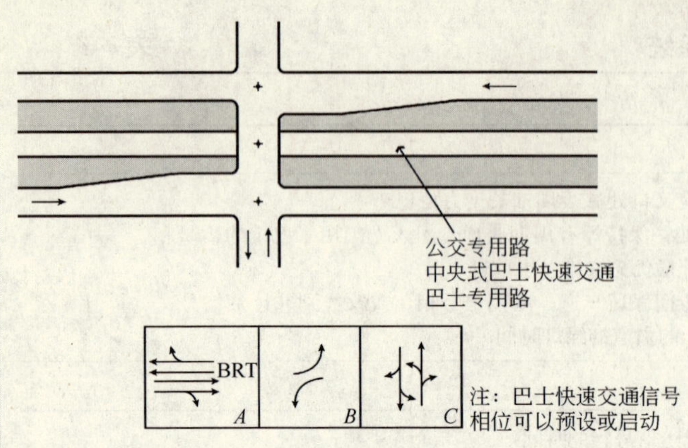

图 4-4　推荐的中央式巴士专用路交通信号顺序

特殊情况下需要专门的信号相位。巴士特殊信号相的几个图例见图 4-5。专门的信号相位在巴士到达时可以是启动的（或抢占），或预先定时的。除隔离的地方，专门的信号相应作为整个背景周期的一部分。

4-4.1.2　周期长度

周期长度应能允许高峰小时车流通过，行人安全过街，在有冲突的车流之间恰当地安排绿灯时间，

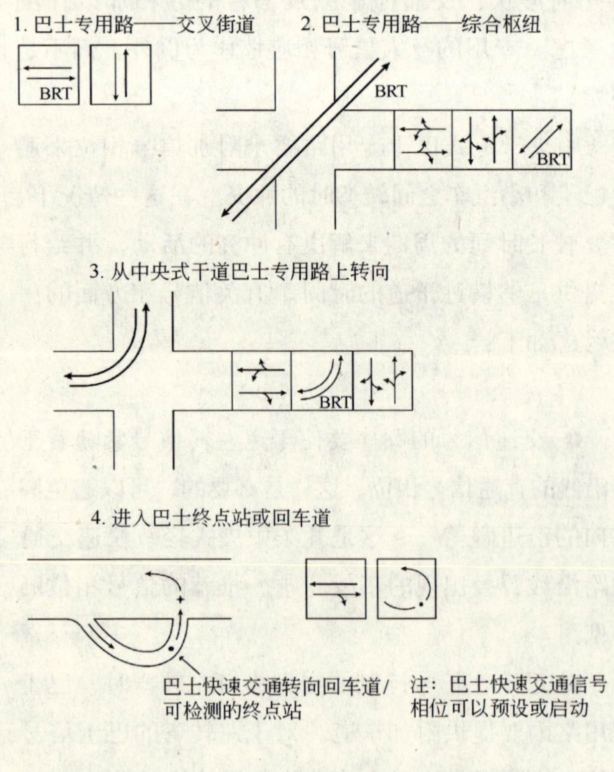

图 4-5　专门巴士信号相举例

在所要求的速度下进行协调。在这个范围内，巴士快速交通线路沿线的周期长度应该尽可能缩短，实用范围是 60～90 秒。较长的周期(120 秒)应限于主要的多车道干道交叉口，桥梁引道，高速公路和复杂的多支线交叉口。有时，较长的周期可能适用于车流高峰时期，以保证干道有较多绿灯时间，允许有较长的车队，减少启动延误的次数。

较短的周期对于巴士来说，可以减少红灯时间 - 特别是在巴士的车道内。60 秒周期的最长红灯时间为 30 秒，多相位运营的 120 秒周期的红灯时间为 60～80 秒。这在英国有相关报告(Gibson, 1996)。

周期长度为 50、60、72、75、80、90、100 和 120 秒时，每小时有“均匀的”周期数。这样，巴士快速交通车辆每天能够以周期到周期为基础按同样时间来计划安排。

4-4.1.3　交叉路口定时

沿巴士快速交通线路的绿灯时间应尽量延长。交叉路口的时间安排应考虑每一个交叉的街道上每一车道相对移动人数，而不是只考虑车辆的移动。这样可以在巴士快速交通线路沿线上提供尽可能多的绿灯时间，同时又能给行人提供足够的绿灯时间横穿巴士快速交通干道。这种方法和传统的信号时间分配方法相反，传统的方法考虑行人在交叉路口横穿每条街道需要的时间，每个交叉路口车辆需要的通行时间，各个信号相位要求及其和沿街其他信号控制点的关系。

4-4.1.4　协调

在交通信号间相距 1 英里左右的情况下，巴士快速交通线路的沿线信号要协调，信号间距为等距离时协调最有效。有些情况下(如沿巴士专用道繁忙的街道)，可以为巴士设置信号。这种做法在渥太华市区实施过，那里的巴士速度平均为每小时 9 英里(在其他城市中心每小时 5～6 英里)。

4-4.2　主动信号优先

在确定的周期内，有交通信号时，巴士主动信号优先可以对驶来的巴士延长或提前绿灯时间。这样它们就能进一步减少巴士快速交通行车时间和运行时间的可变性。这种优先特别适用于在混合交通模式中运营的巴士。它们也有利于巴士快速交通在巴士专用道和中央干道式巴士专用路中运行。

至于其他的巴士快速交通优先处理，巴士快速交通和其他干道沿线节约的总的人员分钟数应当大于交叉道上车辆内人员增加的延误。更具体地说，提前或延长绿灯来增加绿灯时间在下列条件下是合适的：

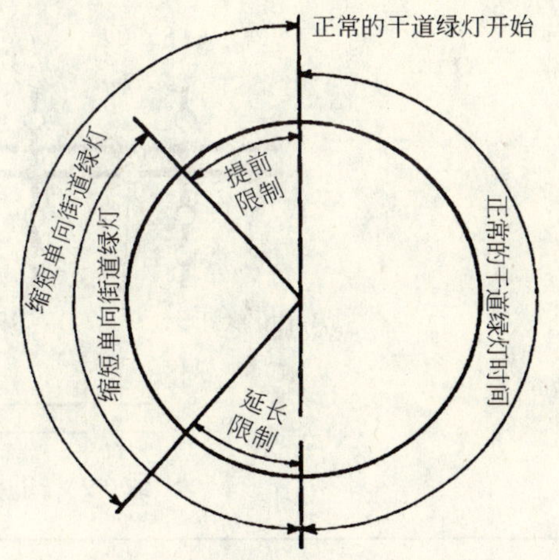

注：
A. 每个周期要求最短侧面街道绿灯时间
B. 如果干道绿灯时间提前，在同一周期中不应再延后
C. 如果干道绿灯时间延后，下一周期中不应再提前
D. 黄灯间隔未显示
来源：Levinson et al., 1975

图4-6　巴士信号优先的概念

● 巴士和小汽车乘客沿巴士快速交通干道节约的人员分钟数超过侧边街道小汽车驾驶人员和乘客损失的人员分钟数；

● 侧边街道绿灯时间可以在减少的情况下仍然有足够的间隙时间给行人；

● 可以控制侧边街道上排队增加。

4-4.2.1　说明

在有信号管理的交叉路口，巴士快速交通车辆可以从提前或延长干道绿灯时间得到优先。巴士接近交叉口时，用各种侦测技术侦测。然后，这一信息传送到主交通信号控制器和地区交通信号控制器。第7章介绍各种车辆侦测技术的技术细节以及它们和自动车辆定位的关系。

巴士侦测应该在巴士到达停车线以前进行。当侦测是在干道绿灯时间内，可以延长干道绿灯时间使巴士赶上信号。如果侦测是在黄灯（间隙）或红灯期间，可以比正常时间提前绿灯时间。这种时间调整通过减少红灯时间来减少巴士最大延误时间。

基本的交通优先概念见图4-6。干道绿灯时间的调整是在主要交通信号周期内进行，以保持干道协调，而且，在同一个街道上还可以防止随后信号采用不同的周期时间。主动信号优先的指南包括以下各点：

● 在每个周期中要求最低的侧边街道绿灯时间。必须提供足够的时间给行人横过主干道。

● 干道绿灯在开灯之前，可以提前到规定的时间或者开灯后延长到这一数量。

● 在同一周期中干道绿灯不应提前和延长。

干道绿灯时间可以增加的长短取决于侧边街道的容量、协调的要求、主导周期长度和干道路面宽度。这些因素对增加绿灯时间的影响显示在图4-7中。绿灯时间在交叉街道流量不大的地方可以最大程度地增加，但是，主要交叉路上的增加量受到限制。交叉路段排队的增加应限制在最低程度。当每个周期都有巴士来到或经常流动时，最好限制绿灯时间的增加量以避免交叉街道上排队。

4-4.2.2　巴士优先

交通信号巴士优先可以减少通行时间和运营时间的变化。一般说来，在中心区大约有四分之一到三分之一通行延误归咎于信号。对于在混合交通中运行的巴士或巴士快速交通，以及在提供巴士专用

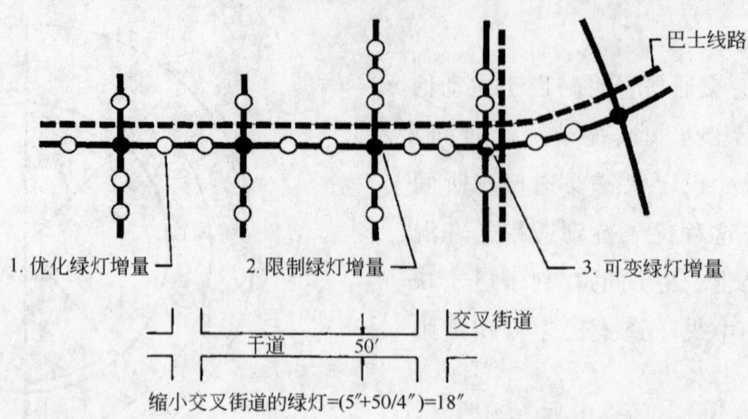

优先的条件	60″ 周期			80″ 周期		
	干道绿灯	干道绿灯范围	支路绿灯	干道绿灯	干道绿灯范围	支路绿灯
1.○最佳隔离交叉解答	33″	33″ ～ 42″	27″	44″	44″ ～ 62″	26″
2.●限制(考虑路络)	30″	30″ ～ 36″	30″	40″	40″ ～ 46″	40″
3.◎可变(巴士优先抢先占用)	30″	24″ ～ 36″	30″	40″	34″ ～ 46″	40″

来源：Levinson et al., 1975

图 4-7　干道上巴士信号优先的概念

车道不切合实际时，交通信号优先特别适用。对于巴士专用道和地面巴士专用路也可提供优先。但是，如果每个周期都有巴士来到(或较频繁时)，增加的绿灯时间的量应该受到限制以避免在交叉路口上排队。

行人量很大时，交叉巴士量为主(有时是相等)，以及经常交岔过多对于市中心交通信号的巴士优先来说获益有限。因此，主动信号优先最佳的可能性是沿巴士快速交通路线的干道上的一些地方，那里，侧边街道信号进展不是显著因素。

多数情况下，绿灯时间的可调节范围很小。如在洛杉矶，绿灯增加时间的最大幅度为信号相位周期的10%。巴士延误的减少对于横跨街道交通的影响微不足道。根据洛杉矶的研究报告，巴士班距不应小于2.5～3.0分钟，以便主要交叉路段从时间损失中恢复过来。这些绿灯(红灯)时间调节可以采取细调的方式，使总的人员延误尽量减小。

4-4.2.3　控制策略

可以采用几种不同的控制策略，通过减少红灯间隔的方式来减少巴士最大延误时间。这些可以是有条件的(无论何时巴士到达指定的窗口)或无条件的(受到某些限制)。各种策略的例子见表4-4。有关技术细节见第7章。一些控制策略介绍如下：

1. 无论何时巴士到达规定的绿灯时间窗口，均可得到附加绿灯时间(无条件的)。

2. 只有巴士迟到时才得到附加绿灯时间。要求将信号侦测和自动车辆定位和控制系统结合起来(有条件的)。

3. 只有在巴士迟到的情况下，提前和延迟才能比较频繁出现，出现频率高于每隔一个周期。这样就要求将信号侦测和主交通信号控制计算机连接起来，就像洛杉矶沿威尔榭和惠蒂尔大道所作的那样。

4. 新的多相控制器(如2070型)可以在每一个信号相期间为巴士提供附加的绿灯时间。它是通过在每个局部交叉路口控制器提供专门的“下一信号相”软件做到这一点的。这一概念的图示和传统的使用方法相比见图4-8。这一概念已经用在盐湖城轻轨快

信号优先控制系统的要素　　**表4-4**

要　素		可能策略的举例
非常恰当	行人净空间隙	改变相位前，允许终止行人间隙和净空间隙
	与救护车辆冲突	允许救护车撤消巴士优先要求
	当前相位的最小绿灯间隙	在为巴士改变相位前，允许清除最小绿灯间隙
	黄灯变换间隙和全红灯净空间隙	在为巴士改变绿灯前，允许清除黄灯变换间隙和全红灯净空间隙
可选	对巴士有选择地反应	只对误点巴士提供优先通行
	对巴士优先要求的反应频率	巴士得到优先处理后，其他巴士不再优先，直到一个完整的周期结束；可能不允许优先的反应过于频繁，至少隔一个周期。
	为巴士保持绿灯时间	为了巴士不能将绿灯延长到超过该信号相分配的最大绿灯时段
	信号优先对信号协调的影响	巴士优先处理后，交通信号在30秒内恢复到协调的计划，甚至可跳越相位

来源：Rutherford et al., 1995

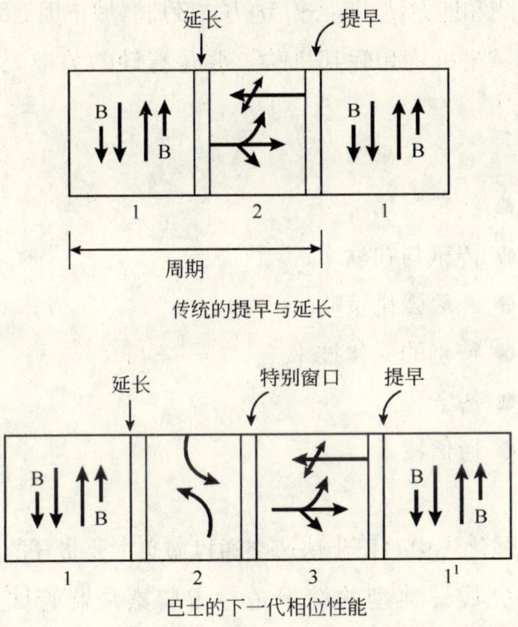

图4-8　传统的和下一信号相信号优先概念

速交通(轻轨交通)线路上。当巴士快速交通在中央干道式巴士专用路上和其他平面巴士专用路上运营时，可以采用这种策略(有条件或者无条件)。

4-4.3　排队超越车道的信号优先和方法

主动交通信号优先可以和排队超越巴士专用道联合采用，以便减少延误而且促使其重新进入交通车流。在干道上，在整个道路长度上没有足够空间设置巴士专用道时，有些机构设置了排队超越。增加了通往交叉路口的短车道，公共交通车辆可以绕过小汽车队伍跑到线路的前面。

这种技术可以用信号排队超越来加以改进，使公共交通车辆在交叉路口比其他车辆早启动几秒钟。允许巴士重新进入一般车道，排在其他车辆前面，防止交叉路口下游瓶颈现象。在美国，有几个城市有这种车道，包括西雅图和圣迭戈。在西雅图，靠近华盛顿大学的太平洋大街和洗涤镇湖大道就有一段路边排队超越车道。在市区第二大道有一条巴士专用排队超越车道作为多街区巴士专用道的一部分。在斯诺霍米什县的机场路高载客量车辆车道也有一个提前绿灯信号。在圣迭戈，传道溪谷区域有信号控制的交叉路口，在右转车道和一般车道之间有一条巴士支路车道(Rutherford et al., 1995)。

和排队超越巴士专用道一起，最好还有一个巴士启动的大约5～10秒提前绿灯指示。为了避免驾车人员混淆，对于巴士运动应采用标准的“公共交通”信号。

巴士优先选通是和信号排队超越车道有关的一种技术。这一技术可以将离交叉口不远的非优先车辆停住，优先车辆(巴士)进入主停车线。当信号转成绿灯，巴士走在非优先车辆前面。巴士优先选通在英国几个城市和瑞士的伯尔尼采用。在主要的信号化交叉口之前设巴士提前区，是为了停靠巴士，使它们比排队的车辆提前进入主交叉口。有一组预先的信号挡住一般车辆，让巴士走到一般车辆队伍的前面。

巴士优先选通和提前区可以达到以下几个目的：(1)当一条巴士专用道结束，这些区可以用来使巴士重新进入车流，(2)当巴士在车站上了一些乘客后，可以在交通信号发出后将巴士跳到队伍的前面，以及(3)可以使巴士跳到其他车辆前面无障碍地穿过一些车道到达左转车道。

图4-9表明，选通技术是如何促进巴士从路缘巴士专用道作左转弯进入交叉路口的。提前区在每个周期至少应能储备两辆巴士(比如100~150英尺左右)。街道交叉口之间街区长度至少400英尺。一般车辆干道交通信号在两个交叉路口同时给出绿灯。启动时，巴士专用道在交叉路段车辆移动的信号相期间获得绿灯。

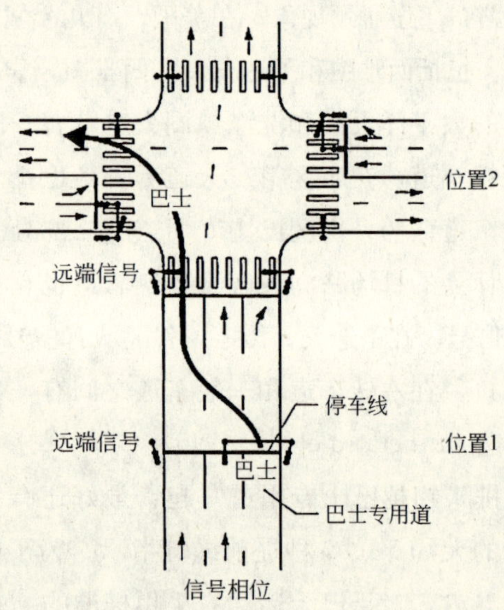

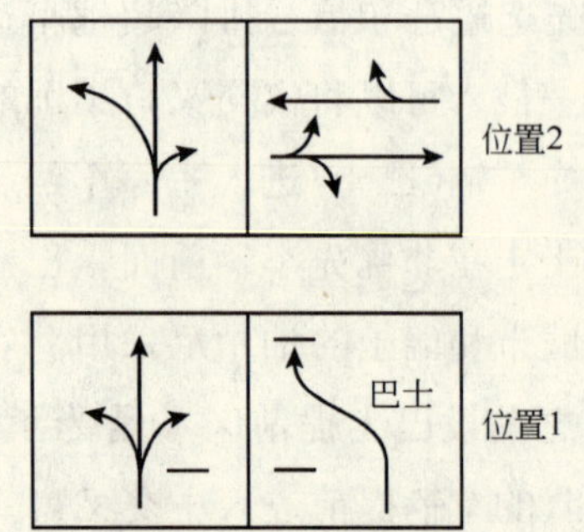

图4-9　从路缘巴士专用道向左转的信号优先

4-5 强化

巴士快速交通项目成功与否很大程度上取决于如何在专用通道上清除不恰当使用道路的小汽车、出租汽车和卡车。公众对破坏规则的感受最终会影响到对巴士快速交通的尊重和支持。因此，有效地强化和监测巴士快速交通专用通道和交通规则十分必要。

4-5.1 强化机构

强化政策、程序和行动涉及各种团体和机构。这些团体包括州交通部、公共交通机构、州和地方警察局、州和地方司法系统、地方市政府、城市规划组织、共享乘坐机构和联邦机构。强化行动的关键元素包括如下：

- 法定当局
- 传讯与罚款
- 一般强化策略
- 特别的强化技术
- 基金
- 通信技术

强化应由对巴士快速交通设施负主要责任的管理机构完成。典型的情况是，市警察局监管城市街道，州警察局监管高速公路有关设施。最好由专门的运输局警察来管理巴士专用路和其他专用通道。强化的类型取决于具体的专用通道的处理。关于各种类型专用通道强化问题和可能的方法的例子列在表4-5中。

有些专用通道的设计由于不同类型运营和驾驶习惯，本身就受到影响。城市街道允许违章的比率应该要比有限入口的公路低得多；为了做到这一点，对城市街道的强化要比对巴士专用路严格一些。

4-5.2 强化策略

在过去的研究中，根据公路和警察巡逻，把强化

专用通道的强化策略　　**表** 4-5

处　理	典型的违章	强化策略
中央式车道，顺向流	未经许可使用专用车道 违章穿越专用车道左转	公共教育与注重强化 逆向违章的识别与强化 利用封闭的左转弯路段，供巡逻车观察，作为逮捕区 公共交通营销和进出巴士专用车道的良好巴士通道设计
巴士专用道，路缘顺向流	违章停车和载巴士专用道内停靠 未经许可使用专用车道 违章左转弯和横穿越逆流车道 行人违章	利用民间机构或警察奖励条款 公众教育与张贴罚款情况 注重初期强化和拖移停车 消极强化和出行时间惩罚 在对向车道上特别强化 持续强化
中央车道，逆向流	未经许可使用巴士专用道 违章左转弯和行人横穿逆向流车道 行人不注意很横穿逆向流车道	自我强化的设计特征 足够的车道标线和标志 在交叉路口集中强化
路缘车道，逆向流	违章停车、停靠或站立 行人和自行车违章行驶	利用监视器在高峰小时强化 利用监视器在高峰小时强化，重罚并拖移违章者
巴士专用街道	未经许可使用巴士街道 行人违章横穿	要求从轻强化
信号优先	未经授权使用发射器 因相位变化驾驶员闯红灯 因巴士驾驶员预期绿灯相位闯红灯	日常交通强化措施

来源：Adapted from Rutherford et al., 1990

战略归在以下三类中的一类：日常执行，专门执行和选择执行。日常执行是随机进行，而专门执行要专门规划，包括小队巡逻和漫游或固定执行巡逻。选择执行将这两种战略结合起来，而将重点放在有问题的地方。最后两种战略只能是短期的，因为成本太高，而且他们不可能对违章率立即产生影响。被动的方法巡逻使违章者改变路线，走曲折的线路；违章着遇到的是行驶时间方面的惩罚。为了加强执行，如果有地方，可以在沿巴士快速交通巴士专用道上设专门的执行区。最好采用对违章者的摄像监视。

巴士专用道上的执行应该包括罚款和拖走两方面。对非法使用巴士专用道和违章路缘停车重罚（如每次违章罚 50～250 美元）。对沿巴士线路和在巴士专用道上非法停车要有积极的拖车计划，立即拖走和扣押违章车辆也是很有效的。

管理受限制的车道内违章者的其他手段有刑罚和公示。除罚款外，有些州还在驾驶证上记录处罚点。公告，例如将处罚信息放在信号系统上，也用来在确定的公路上对驾驶人员进行规则方面的教育。加利福尼亚交通局发现，将罚款情况公布使传讯数量减少到 61%。

在大休斯敦，西雅图和华盛顿特区 / 北弗吉尼亚地区“英雄”计划成了巴士和高载客量车辆车道管制和公众教育一个重要的部分。这一计划允许目击者指认和报告受限制车道的违章者。同时，“英雄”计划提供了教育犯规者的机会。西雅图一份初步评估报告表明，在“英雄”计划确定后，违章率减少了有三分之一。手机使用的普及使这一计划更为有效。

4-5.3　强化技术

有各种各样的技术可以用来监测和强化。有些战略采用了电视显示器直接管制。另外的也许更有争议的强化形式采用摄像警察，违章者会收到有图像的罚款信件。

应用智能交通系统传感器作为强化技术也在探索中，这种技术通常依靠自动车辆识别。达拉斯的试验系统中，HOVER系统显示结合自动车辆识别、视频摄像和红外机器技术的前景。在波特兰、俄勒冈已对自动车辆识别进行了运营试验，对注册的结伴小汽车和巴士发放车辆识别卡，在入口坡道时可以读出。北弗吉尼亚和加利福尼亚采用各种声响和图像技术来检测违章情况，然后通过邮件发出传讯。得克萨斯运输研究所正在研究采用路边阅读器的方法。乔治亚工学院正在研究采用扫描射线侦测仪来确定小汽车内人数的方法。这些和智能交通系统有关的战略主要用在巴士专用路和快速道路的巴士专用道上。采用彩色路面(例如新西兰和爱尔兰用绿色，巴西和日本用黄色，法国用褐红色)表明可以减轻执行问题。

4-6 参考文献

Final Report, Los Angeles Metro Rapid Bus Demonstration Program. Los Angeles County Metropolitan Transit Authority, Los Angeles, CA (July 2001).

Gibson, J. "Effects of a Downstream Signalized Junction on the Capacity of a Multiple Berth Stop." Proc. 24th PTRC European Transport Forum. London, United Kingdom (September 26, 1996).

Levinson, H. S., C. L. Adams, and W. F. Hoey. NCHRP Report 155: Bus Use of Highways: Planning and Design Guidelines. Transportation Research Board, National Research Council, Washington DC (1975).

Manual on Uniform Traffic Control Devices for Streets and Highways, Millennium Edition (《交通控制设施标准手册》). U.S. Department of Transportation, Federal Highway Administration, Washington, DC (2001).

Pline, J. L. (ed.). Traffic Engineering Handbook (5th ed.). Institute of Transportation Engineers, Washington, DC (1999).

Rutherford, G. S., R. K. Kinchen, and L. J. Jacobson. "Agency Practice for Monitoring Violations of High-Occupancy-Vehicle Facilities." In Transportation Research Record 1280, Transportation Research Board, National Research Council, Washington, DC (1990) pp. 141-147.

Rutherford, G. S., S. MacLachlan, K. Semple. Transit Implications of HOV Facility Design, WA-RP-3961-1. Prepared for Federal Transit Administration by Washington State Transportation Center, Seattle, WA (September 1995).

Shen, L. D., et al. At Grade Busway Planning Guide. Center for Urban Transportation Research, Florida International University, The State University of Florida at Miami, Miami, FL (December 1998).

Webster, F. V., and P. H. Bly. Bus Priority Systems. (Published on behalf of the NATO Committee on the Challenges of Modern Society.) Transport and Road Research Laboratory, Berkshire, United Kingdom (1976).

第5章
巴士快速交通车站及相关设施

巴士停靠站、车站、终点站以及换乘停车场等设施，都是乘客出入巴士快速交通系统的关键地点，因此，要具有方便、舒适、安全，便于残疾乘客使用等特点。在丰富和美化周围环境时，它们还应具有显著的识别性。

巴士快速交通与轻轨交通都可在不同的专用通道上运行，它们在城市道路上多拥有专有或半专有路权，因此，巴士快速交通车站及其相关设施与轻轨快速交通在设计上有类似之处。同时拥有这两种公共交通方式的城市(如鲁恩和巴黎)都为各自的巴士快速交通和轻轨快速交通采用基本相同的车站设计。由于巴士快速交通具有灵活性及运行环境多样性的特点，在设计其设施时必将面临特殊的机遇与挑战，这些机遇与挑战是轻轨快速交通和其他固定轨道交通模式在设计过程中不会遇到的。

本章重点从巴士快速交通特征入手，提出在规划、设计车站及其相关设施时要注意的主要事项。

5-1　系统设计与城市设计的融合

巴士快速交通相关设施的设计要点之一，在于需在外观上体现自身服务的识别性和一致性，同时又需因其服务区域的特点不同而存在差异。在设计巴士快速交通设施时应注意如下几个方面：

● **车站内乘客使用的设施需要高质量设计。**高质量的设计能够使公共交通服务在公众心目中树立良好的形象，特别是对乘客使用的设施(如月台遮雨篷、候车座位及照明设备)进行精心设计尤为重要，因此，应当引起巴士快速交通系统的特别关注。为乘客修建的设施应避免过于简陋(如遮雨篷太小、照明度不够、标志牌过小、娱乐休闲设备缺乏等)，将会降低自身对公众的吸引力。

● **巴士快速交通是城市规划的组成部分。**要使巴士快速交通道路完全融入城市环境并非易事，但我们应当看到，它们可以为城市环境带来不小的益处——给乘客以舒适感的新颖设施，如装饰物和休闲小径，大大丰富和改善了街道景观(如图5-1所示)。新建巴士快速交通线路可能需要对街边原有的照明设备、人行道和其他街道设施进行重建或替换，以便形成统一而新颖的设计风格。奥兰多的巴士快速交通道路可作为设计范例(如照片5-A所示)。

图5-1　与城市环境相融合的巴士快速交通车道

照片5-A 美国奥兰多

● **巴士快速交通系统组成部分之间的一致性和可调节性**。除了需要树立质量高、安全性能好的形象外，巴士快速交通专用通道及车站还应体现自身的识别性，使快速交通服务引人注目，并且深入人心。实现这一点的前提是以统一的外形、材料、色彩来修建巴士快速交通系统的相关设施，如遮雨篷、标志牌、路面、供乘客使用的街边休闲设施，甚至还需统一车辆的外观。鲁恩的巴士快速交通道路在丰富城市环境的同时，又保持了自身的一致性(如照片5-B所示)。

照片5-B 法国鲁恩

● **设计需因环境而异**。鲜明、统一的识别性对巴士快速交通服务来说固然不可缺少，但同样重要，甚至更为重要的是系统相关设施的设计，需因服务区域不同而有所差异。巴士快速交通服务区域大到可以横跨整个城市，小到可以渗透至极小的街区，因此设计风格应具有足够的灵活性，以便与各种特点不同的街道协调一致。规划者应对具体的工程点进行具体的分析判断，从而使系统自身的一致性与因环境而异的灵活性相协调。

● **公共交通与土地使用之间的关系**。与其他公共交通一样，巴士快速交通线路和车站位置的设置应有利于当前及以后的土地使用。总的说来，公共交通在人口较密集的综合性开发地区最为适宜。因为，一方面这些地区的客流量大，另一方面，这有利于公共交通线路和车站的建设与土地资源的开发更有效地结合。需要提醒的是，在将废弃轨道转变为巴士快速交通线路时，应考虑到这种路权可能无法用于人口密度较高的地区和街道。

● **公众参与**。在选择车站位置及设计车站的过程中，应密切关注周围社区的发展步调，与之相一致。公众的支持对巴士快速交通设施的建设位置选择，以及设计理念的完善都起着至关重要的作用。

5-1.1 车站位置及间距

巴士快速交通车站的位置及间距在很大程度上影响载客量和运营速度，因此，它们是运营规划中应当首先考虑的问题之一。以下基本的车站设计原则应引起设施规划者关注。

一般情况下，车站之间的间距应尽可能大，主干线路尤其如此，这是提高运营速度和减少运行时间的关键所在。然而应注意的是，车站间距应随线路类型、发展密度以及乘客到达车站方式的不同而有所差异(如需了解具体车站间距，请参见表5-1)。通常，在城市中心地区，乘客以步行方式达到车站；而在市郊，乘客多驾车抵达车站。但需要注意的是，这

巴士快速交通车站间距　　表5-1

乘客到达车站的主要方式	间距(英里)*
步　行	0.25～0.33
乘巴士	0.5～1.0
驾　车	2.0

注：*1英里合1609米

并非固定不变的规律，因为巴士快速交通车辆可能会运营在各种大小不一的街区中，一条单独的路线也可能会在小型街区设立联络公共交通服务[注：联络公共交通服务指的是将小型街区的乘客运送至城市中心(或临近中心)地区巴士快速交通主干道的服务]。

车站应主要分布在客源较为集中的区域，如商业区、大型办公楼群所在地、就业中心地区、高校和中学所在地、文化和娱乐中心以及主要的住宅区，并且应当建在主要公共交通路线或主要干道与巴士快速交通线路的交汇处，车站规划过程中还应考虑为乘客提供安全的候车环境。

5-2　车站设计

本节主要分析巴士快速交通停靠站、车站和终点站的设计过程中可能会遇到的普遍问题，其中包括车站的运营规划、售票系统、供乘客使用的娱乐休闲设施、照明设备、乘客安全保障设施的设计以及无障碍设计等方面问题。月台的设计特点将在5-3节进行介绍。

5-2.1　运营规划的观点

巴士快速交通车站和导轨的设计在很大程度上要受车站运营规划的影响。巴士快速交通具有灵活多样的特点，因此规划过程中面临的某些问题和挑战可能是其他固定导轨公共交通形式所不具有的。其中有两点需要引起注意：

● **月台的要求**：车站与终点站的设计需与车辆运营规划相一致。设计中应重点考虑的因素包括运营过程中月台停车泊位的设置数量(需将临时停车考虑在内)以及服务的具体类型(如服务类型可以决定某条路线的车辆是按指定顺序进站停泊还是自由进入停车泊位)。

● **超车道的通行能力**：巴士快速交通既提供停站少的快速直达服务，也提供站站停服务。因此，有必要在车站设置超车道以供快速巴士车辆绕过其他滞留在车站的车辆。超车道是巴士专用路必要组成部分，同时，在路面宽度允许的情况下，也可在中央干道式巴士专用路上设置。如车辆是在路缘车道上行驶，可将邻近车道作为暂时的超车道。在空间有限的情况下，可以将车站设计为带有超车道的交错式远端月台车站(如图5-4所示)。

5-2.2　收费

车站供乘客使用的设施的设计会在很大程度上受售票方式的影响。与普通公共交通模式不同的是，巴士快速交通常会采用车下售票的形式来减少车辆在车站的停留时间，并通过多门上下车方式为乘客提供便利(多门上下车方式的应用在车流量及人流量较高的情况下尤为重要)。车下售票可通过以下任一方式实现：

● **入口管制**。将车站分为未购票区域和已购票区域两部分。乘客购票后方可通过十字转栏或其他控制设备进入已购票区域。为防止他人入内，已购票区域通常以收费隔离栏隔开。这种管制方式比较适合巴士快速交通的立交路线及其他某些运行方式，但对于街内车站来说，实行起来有一定难度，因为将收费隔离栏设在街道中央会影响美观，与周围环境格格不入。波哥大是在街内车站设置入口管制的城市之一。需注意的是，如要将已购票区域设在路缘专用通道上，操作难度极大。

● **预付费**。乘客在乘车之前提前购票(购单程票或多程票皆可)，并在上车之前出示相关证件或票据以证明车费已预付。这种方式需要值勤人员对乘客是否购票进行检查，其优点在于不需设置收费隔离栏，缺点是将增加工作人员的负担，并且会提高运营成本。

5-2.3　乘客设施

车站设施过于简陋可能会降低巴士快速交通系统对乘客的吸引力，因此需修建舒适的、可供乘客娱乐休闲的设施，这一点应得到足够重视。这些设施包括：

● **月台遮雨篷**。所有巴士快速交通车站和停靠站都应配备遮雨篷。遮雨篷的长度应尽可能与整个月台的长度相当，以便能在车辆进站后起到遮蔽车门的作用。车站可以采用简易的活动型遮雨篷，但最好能够使用体积较大、经久耐用，能够带给乘客舒适感的专用遮雨篷。(如照片 5-C 所示：洛杉矶快速交通系统所用遮雨篷)。遮雨篷应起到遮阳、挡风和避雨的作用，并且应当至少一面装有挡风屏(寒冷气候条件下应至少三面都装有挡风屏，见照片 5-D)。在高寒地区，应考虑使用定时辐射加热装置，尽管此类装置不易维护、易遭破坏，且会提高车站运营成本。遮雨篷的顶部应能将雨雪导离流向靠车辆的一面。应尽可能使用经久耐用、易于维护、不易受损的材料。遮雨篷的具体设计尺寸请参见本章 5-2.6。

● **乘车信息**。所有巴士快速交通停靠站和车站都应向乘客提供统一的乘车信息，其具体内容如下：

照片 5-C　月台遮雨篷(美国洛杉矶)

照片 5-D　月台遮雨篷(加拿大温哥华)

● **标志物及图示**。巴士快速交通车站标志物、公共交通路线图以及街区地图应以统一形式出现在车站显著位置，它们应与普通公共交通车站的标志物、图示有所区别。如需在车站添置广告物，应在位置及外型上与提供乘车信息的标识区分开，以免引起混淆。如条件允许，可为有视力残障的乘客提供可触摸标识及有声信息。

● **智能交通系统信息显示**。下一班车到达时间、系统运营时间表以及车辆延误情况，这样一些信息都应在车站入口处和月台上通过电子字幕向乘客及时、准确地提供。此类设施很受乘客欢迎，因此应当给予足够重视。

● **街道设施**。停靠站和车站应尽可能地配备座椅、休息靠栏和垃圾桶供乘客使用。

● **其他便利设施**。停靠站和车站还可以为乘客提供自行车停靠架、自动售报装置和公用电话等其他能够向乘客提供便利的设施。这些设施应当安置在车站入口处和月台上的固定位置。规模较大的站点、封闭型车站或终点站应考虑提供自动饮水机、候车室、自动取款机，以及食品饮料柜台、报亭、自助食品店等零售服务设施。

5-2.4　照明

车站的建筑设施、月台、人行通道、行车道和车辆停泊区都必须配备足够的照明设备，这是巴士快速交通车站安全、可靠、吸引乘客的重要措施。所有照明设备都应持久耐用，且不易受损。露天月台的照明度需达到5英尺烛光，设有顶棚的月台应达到10～15尺烛光。照明设备类型的选择及照明度的控制应与车站周围的设施协调一致。如需进一步了解如何在停车区域、街道及人行道配备照明设备，请参考北美照明工程协会的《公共道路照明值》（1987）和美国国家公路与运输协会的《停车换乘设施设计指南》(1992)。

5-2.5　安全与保安

车站是否设有乘客安全保障设施、车站能否给乘客带来安全感，将大大影响到系统可否安全运营以及公众对公共交通系统的接受度。由于巴士快速交通停靠站和车站可能会延长开放时间，且许多车站可能没有工作人员值勤，乘客安全保障设施因此就显得格外重要。

可视度是乘客安全保障最重要的因素之一。月台上的乘客应能视野开阔地看见四周环境，且月台内外的人都能看见月台上乘客的一举一动；月台所设位置应保证月台上的乘客与街道上的车辆行人互相看见对方；人行通道上避免设置急转弯和死路；月台遮雨篷应呈透明状，以确保能够从外往里看；在设有值勤人员的车站，应保证整个月台及与之相连的通道在值勤人员的视野之内；在安置装饰物时应考虑它们对可视度可能产生的影响。另外，设置足够的照明设备也是保证乘客安全的基本条件之一（照明设备的设计在5-2.4部分已提及）。

具体的乘客安全保障设备包括闭路电视监视器和位置醒目的紧急呼叫设备。需要强调的是这些设备对上一段提及的设施应起到补充作用，而非替代作用。

5-2.6　无障碍设计

巴士快速交通车站应当为残疾人出入车站提供便利。在美国，车站的设计必须严格遵守《美国残疾人法案环境无障碍指南》(ADAAG, 2000)中的相关规定。车站设计人员需熟悉相关设计原则，使通道宽度、轮椅所占空间、坡度、障碍处理及标志物的设计和安装位置符合标准。《美国残疾人法案环境无障碍指南》第10章对交通设施的设计进行了专门论述；以下是作者对其中公共交通设施部分的内容所作的归纳(某些辖区可能要求更高)，因此，除《美国残疾人法案环境无障碍指南》外，各州及地方的设计标准也应纳入参考内容：

● 月台遮雨篷部分应与按照《美国残疾人法案环境无障碍指南》标准铺设的通道相连，以方便残疾乘客进出，并且遮雨篷内应具有至少30英寸长、48英寸宽的地面面积。

● 如需为使用轮椅的乘客上车提供提升或衔接装置，应在登车处留有长96英寸(与车门垂直方向)、宽60英寸(与车门平行方向)的空地，以供此类装置使用及轮椅运行。空地的坡度不可超过2%(车门垂直方向)。

● 新标志牌的制作需在高度、长宽比例、涂料颜色的使用及色彩对比上符合《美国残疾人法案环境无障碍指南》相关标准(巴士运行时间表的制作除外)。

5-3　巴士快速交通月台特点

巴士快速交通月台的设计种类繁多、要求复杂。本节将指出在设计各种不同类型月台时需注意的环节，其中包括月台大小、停车泊位、月台高度以及月台与车门衔接处的设计。

5-3.1　停车泊位量与月台尺度

一般说来，月台的长度由停车泊位的数量决定，停车泊位越多，月台越长。而停车泊位的数量又取决于巴士停靠的班次数量。停车泊位所占空间的大小标准在附录 A 中有所标注，在此标准基础上，为安全起见，最好留出一定的多余空间。巴士专用路车站的月台一般设 2～3 个乘客登车点，而终点站和重要联运站通常设有更多登车点，因为终点站和联运车站将作为多条线路的终点及起点站。

5-3.2　月台宽度

月台宽度一般由以下因素决定：《美国残疾人法案环境无障碍指南》标准、客流量和(立交线路间)竖向流动的乘客量。建议路缘车站月台和巴士专用路边侧月台的宽度至少为 10～12 英尺，中央月台为 20～25 英尺。月台应能够容纳交通高峰小时每 15 分钟 1 班的客流，并具有 5～10 年的规划远景。车站应保证在下一班或下几班车到达之前，已下车的乘客能够及时离开月台，并且月台应有足够的面积来容纳乘客，避免造成拥挤，特别是在车站设有售票设施的情况下。设计者应参考《行人规划与设计》一书，以便了解行人步行规划方面的详细信息。附录 B 中将会提及客流量和车站服务质量等问题。

5-3.3　停车泊位类型

停车泊位的设计在很大程度上受到专用通道的类型及服务计划的影响。后者的影响尤为明显，因为相关设施必须与既定的运营计划相一致，才能确保巴士在不受其他车辆干扰的情况下自由进出停车泊位，从而准时进、出站。当然，基于班距运营的线路无需这种灵活性。在任何情况下，站内行车道需具备足够的宽度，以便当有车辆出现故障时，其他车辆能顺利绕过。

对于大多数巴士快速交通系统的中央式车站来说，停车泊位呈直线排列更合适。除开行车道的宽度，它一般另需占用 11～12 英尺宽的空间。呈直线排列泊位的方式又可分为两种：第一种，也是较典型的一种方式是车辆排成一条直线进出站，即车辆按进站时的顺序出站(如图 5-2 中第一幅图所示)。两辆停泊车辆之间的距离应保持在 5～10 英尺，照此计算，2 辆 60 英尺长的铰接巴士就需占用总和为 130～140 英尺长的两个停车泊位。这是最节省空间的安排方式。停车泊位布置的第二种方式要求车辆从相邻的行车道进入泊位，这就使得车辆能够在不受其他车辆干扰的情况下自由进出泊位(如图 5-2 中第二幅图所示)，但这种方式对驾驶员的驾车技术要求较高，且需要修建长度更大的月台。

浅锯齿状月台(如图 5-2 中第三幅图所示)，同样允许车辆自由进出泊位，这种停泊方式较适合用于终点站。如停泊车辆长度为 40 英尺，那么除开超车道，此类泊位需占用至少 19～20 英尺宽的槽状空间；如停泊车辆是长度为 60 英尺的铰接巴士，则停车泊位大约需要占用 23～25 英尺宽的槽状空间。

一般说来，直角槽状式停车泊位在城际交通运营中较少使用，并且在巴士快速交通及其他公共交通运营模式中也应避免使用，因为它要求巴士倒车后才能离开泊位。此类停车泊位，一般仅在某些班距较长的巴士停靠的大型终点站，同时停泊空间不足的情况下使用。

5-3.4　边侧月台构结构

月台位置及高度的选择有几种不同的方式。表 5-2 列举出了部分巴士快速交通月台的设计特点，可供参考。设于线路两侧的边侧月台位置可以相对，也可呈交错状。它们各自的设计特点如下：

- 位置相对的边侧月台一般用于设有立交行人通道的巴士专用路。
- 呈交错状的边侧月台多用于平面交叉巴士专用路、中央干道式巴士专用路以及大多数的路缘车道，特别是在设有红绿灯的交叉路口处。此类月台可以防止车辆右转向时与其他车辆发生冲突，且有利

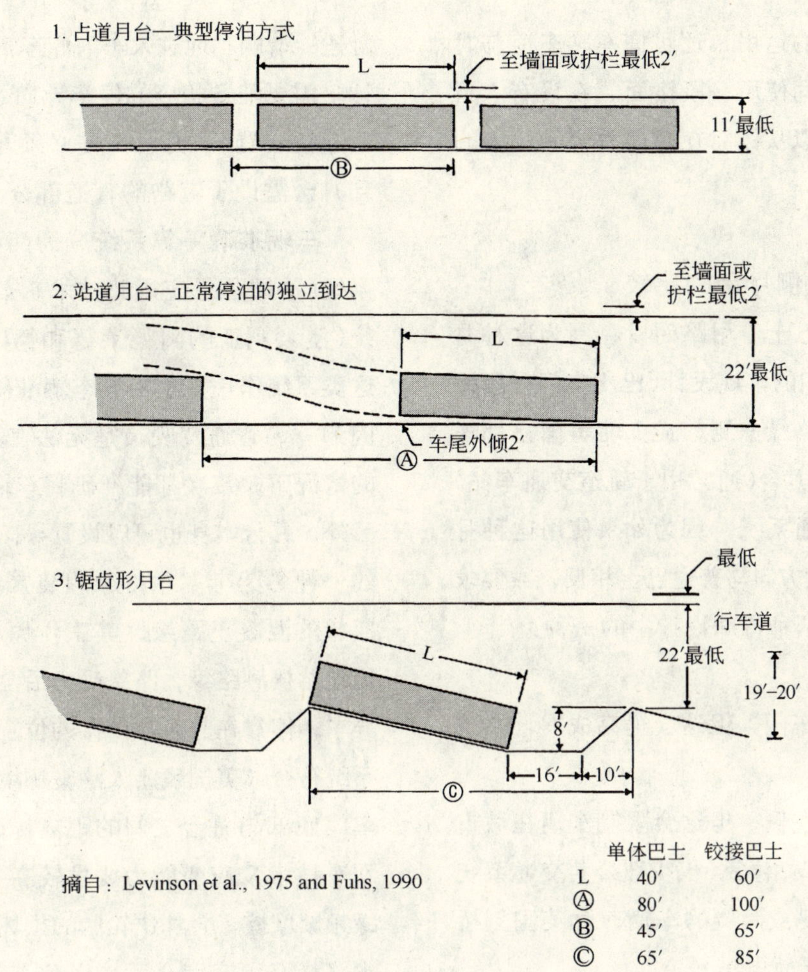

图5-2　月台停泊方式设计图样

部分道路沿线车站月台的设计特点　　**表5-2**

城市／道路种类	月台位置	长度（英尺）（巴士）	月台高度	通行道	非停靠车辆车下售票系统
巴士隧道					
波士顿（银线）	边侧	220(3)	低	有限	有
西雅图	边侧	(2)	低	有	无
巴士专用路					
布里斯班	边侧	(2～3)	低	有	无
迈阿密	边侧	(2～3)	低	有	无
渥太华	边侧	180(3)	低	有	无
匹兹堡	边侧	120～240	低	有	无
中央式主干巴士专用路					
贝洛奥里藏特	边侧	1～4	低	有	无
波哥大	中央	130～490	高	有	有
库里蒂巴	边侧	80(4)	高	有	有
基多	边侧				
	中央	(1)	高	无	有
圣保罗	边侧	2～3	低	有	无

来源：Levinson et al., 2003

于交通信号优先技术的运用，还可使左转车道与月台的车辆停车泊位共同使用一段路面。在设有人行横道的车站，行人可以从停靠在对面月台的巴士的后部到达对面月台。

5-3.5　中央式与边侧月台的比较

边侧月台通常沿巴士专用路而设，因为这种月台的设计符合巴士车门的常规设计(巴士车门一般设在行驶过程中车身靠路缘一侧，或如北美国家那样设在车身右侧)。中央月台(通常用于轨道交通车站)很少用于巴士快速交通系统，因为如果使用这种月台，就要求车辆的行驶方向与普通巴士相反，或要求车辆的车门采用以下两种特殊设计中的一种：

- 车身两侧都设车门，但这会提高成本，并减少座位量。
- 车门设在车身左侧，但这会限制车辆在城市街道行驶以及在普通车站停靠(仅少数公共交通系统采用这类车门设在左侧或两侧的车辆，如英国剑桥和美国马萨诸塞州的无轨电车)。

如果上述弊端能够得到克服，中央月台可以使车站供乘客使用的设施得到更有效的利用(特别是楼梯、电梯等竖向流动设施)，并且可以缩小车站所占空间。

5-3.6　月台高度与车辆界面

同车下售票系统一样，月台与车门之间衔接处设计的好坏，也会大大影响乘客的乘车感受和上下车速度。水平登车将月台边缘与车辆地板之间的平面距离和垂直距离都减到最小，这不仅加快了乘客上下车速度，而且能方便使用轮椅的乘客不必借助升降装置或其他辅助设施就可以顺利上车。《美国残疾人法案环境无障碍指南》要求，在轮椅通过固定通道上车时，车门底部与月台边缘之间的平面距离不可超过3英寸，垂直距离不可超过5/8英寸。虽然不必完全按照要求执行，但这一标准可以保证乘客最舒适、最顺利地进入车内。车辆和月台如按此标准设计，需要配备相应的停车导向系统(或可收放的吊门或连接装置)，月台高度必须与车辆地板高度相符，且月台需设于道路的直道部分。

车辆准确停靠系统分为两种，一种是光学导向系统(法国鲁恩应用此技术)，另一种是机械导向系统(澳大利亚的阿德莱德和德国埃森应用该技术)。这类系统作用在于引导车辆准确地与月台边缘衔接，因为一名普通驾驶员是无法在不依靠任何引导技术的情况下，每次都能准确将车辆停靠在指定位置的。另外，月台本身也可以设置导向装置，如现在正研制的一种名为卡塞尔路缘的装置。它是一种表面上呈凹状的混凝土路缘，其工作原理是驾驶员在进站后用轮胎接触路缘，路缘受力后会相应地作出反应，引导车辆停靠在与月台衔接的位置。经测试，这种导向系统符合《美国残疾人法案环境无障碍指南》要求的车门底部与月台之间的距离标准，但它对驾驶员的驾车技术及应变能力要求较高，并且由于车轮与路缘频繁摩擦，会加快轮胎的损坏，这一定位系统还要求路缘必须高度合适，以免与车轮上的螺母发生摩擦，并影响车门开关。

高月台车站多用于重轨快速交通系统，在轻轨交通系统中，也偶尔得到使用。尽管波哥大、库里蒂巴和基多等城市的巴士快速交通线路仍使用高月台车站，但越来越多的城市倾向于使用低地板车辆以解决车门底部需与月台高度一致的问题。与低月台相比，高月台建设费用高、占用空间大(因为进站口需配备长度更大的斜架装置以供轮椅进入)、影响美观，并有可能要求车身作出相应改装。另外，高月台会使巴士快速交通的服务效率受到限制，从而降低巴士运营的灵活性。

低月台车站已越来越普遍，随着更多低地板车辆投入运营。低地板车辆的地板一般需高于行车道路面12～15英寸(一英寸合2.54厘米)，因此，与地板高度相当的低月台更符合普通街道的构造特点。虽然《美国残疾人法案环境无障碍指南》未明确要求在低月台上设警示线，但由于低月台仍比普通人行道高，因此最好能够使用。

车辆自带升降装置作用在于当残障乘客从普通路缘高度的人行道和月台上车时为其提供便利。这种设备比较常用，但并非最佳选择，因为它会使停车时间延长，对系统运营的准确可靠性产生多方面影响。并且它们需要精心维护才能确保服务可靠。

连接装置的作用在于没有安装停车导向系统的情况下将车辆地板与月台连接，以方便乘客无障碍上下车。在使用此装备时，要求驾驶员先将车辆尽可能靠近月台边缘，然后放下连接板将车辆地板与月台相连。同升降装置一样，可收放的连接板也会影响停车时间且需要定期维护以保证其服务可靠性。

5-4　车站结构

本节主要介绍不同类型的巴士快速交通车站。车站的结构一般受以下因素影响：专用通道的类型；发车频率和运营计划；车辆类型、长度及车门设计；公共交通运营规划；售票方式。车站结构应简明统一，主要分为以下3类：

- 巴士专用路车站或沿线车站
- 联运车站和终点站
- 混合交通街道普通停靠站

5-4.1　巴士专用路车站

常见的巴士专用路或中央式车站通常沿下列线路设置：

- 包括中央快速线路在内的立交巴士专用路；
- 将中央保留线路、限制型路缘车道或与路缘车道相邻的车道作为街道巴士专用路（见第3章）。

5-4.1.1　立交巴士专用路车站

立交巴士专用路车站（如布里斯班、渥太华、匹兹堡等城市）在车站内的每个方向设有超车道（图5-3可供参考）。它主要具有如下特点：

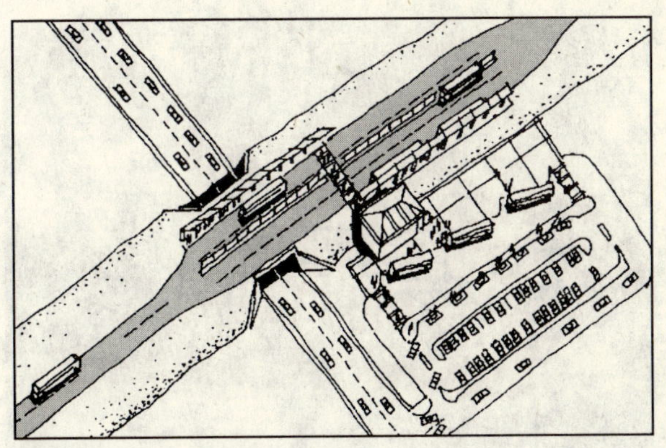

图解版权：Keith Hudson. AIA

图5-3　立交专用路车站的设计方案

- 车站为4车道，其中2条车道供非停靠车辆通过车站使用，一条供车辆停泊用，剩下1条作为供快速车辆行驶的超车道。
- 车站两头的公路坡度之比不能小于1∶30。
- 中央设4～5英尺宽的隔离区以限制或防止行人横穿道路。
- 12～15英尺宽的边侧月台。
- 若条件允许，可在车站修建建筑物，内设楼梯、电梯等供乘客竖向流动的设施以及售票系统，同时提供零售服务。此类建筑物可设在巴士专用路上，也可设于专用路一侧（如图5-3所示）。

巴士专用路为立交路时，为安全起见，必须对行人进出月台进行严格管制。设在线路垂直上方、连接两侧月台的立交行人通道能够很好的解决这一问题（如照片5-E所示，于布里斯班）。该通道一般通过楼梯、电动扶梯或电梯两侧月台连接。

如无法提供立交行人通道，可使用交错式远端月台，但此时设于道路中央的隔离区需相应留出开口，以供连接两侧月台的人行横道穿过。为确保行人安全，铺设人行横道时需将预计的车辆运营速度、车流量大小、乘客数量及乘客视距等因素考虑在内，以便确定准确的铺设位置。如将楼梯和电梯设在月台的一端，那么包括超车道在内，车站宽度可至少设为

照片 5-E 立交行人通道（澳大利亚布里斯班）

75 英尺。然而，若将此类设施建在月台中央更为合适，但这需要扩大车站宽度才能实现。

图 5-4 向我们展示了巴士专用路车站的另一种设计方案（如正在规划中的哈特福德新大英线）。图 5-4A 中，交错式月台设计使得巴士专用路和车站拥有 4 车道、48 英尺宽。这种设计减少了土地占用面积，在巴西各大城市的中央干道式巴士专用路上得到了广泛使用。图 B 为我们提供了半交错式月台设计方案。这种设计在每个方向提供超车道，宽度为 76 英尺。人行横道连接两个月台尾部相对的部分，人行横道上设有两个行人岛，以避免行人与过往车辆发生冲突；也可在行人岛上设置隔离栏，以防止违章穿越。这种半交错式月台对行人的安全更加有利。

5-4.1.2 高速路巴士快速交通车站

巴士快速交通可以与其他交通形式共同使用高速公路，或单独使用专用的中央线路或路肩间道。沿线高速路车站一般设在与主车道隔开的附属线路上，这样可以避免巴士与其他违章行驶的车辆发生碰撞，并防止行人进入主车道。附属线路宽度应为 24 英尺，以便正在行驶中的巴士能绕过故障车辆。站内应设距离足够的供车辆减速和加速的路段，以避免进站减速时影响其他车辆的行驶速度，并确保在出站加速时能够快捷地进入行车道。减速道与总道宽的比例不低于1∶30，加速道与总道宽的比例不低于1∶40。如巴士专用路与高速车道完全分隔，可增设车流超车道来提供快速服务，在这种情况下，车站宽度应增加 25 英尺。

如图 5-5 所示，高速路车站既可使用边侧月台，也可使用中央月台，具体取决于车流量和车门的设计方式。但由于大多数高速路车站如果修建边侧月台，就需使用带有楼梯（或电动扶梯）和电梯的立交行人通道以供行人进入月台，那么如果修建中央月台就可以免去这些设施的费用。

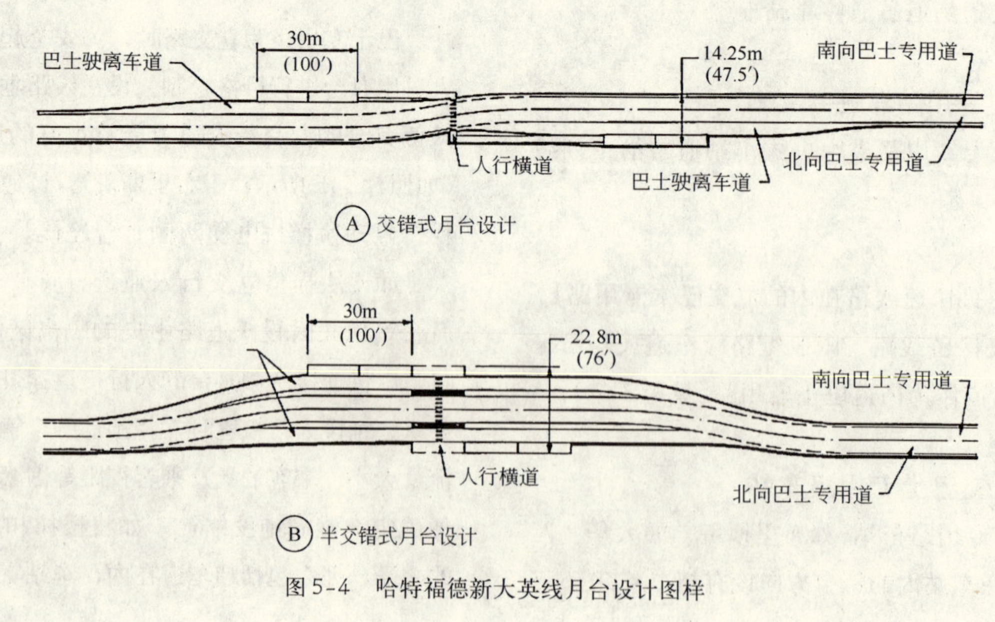

图 5-4 哈特福德新大英线月台设计图样

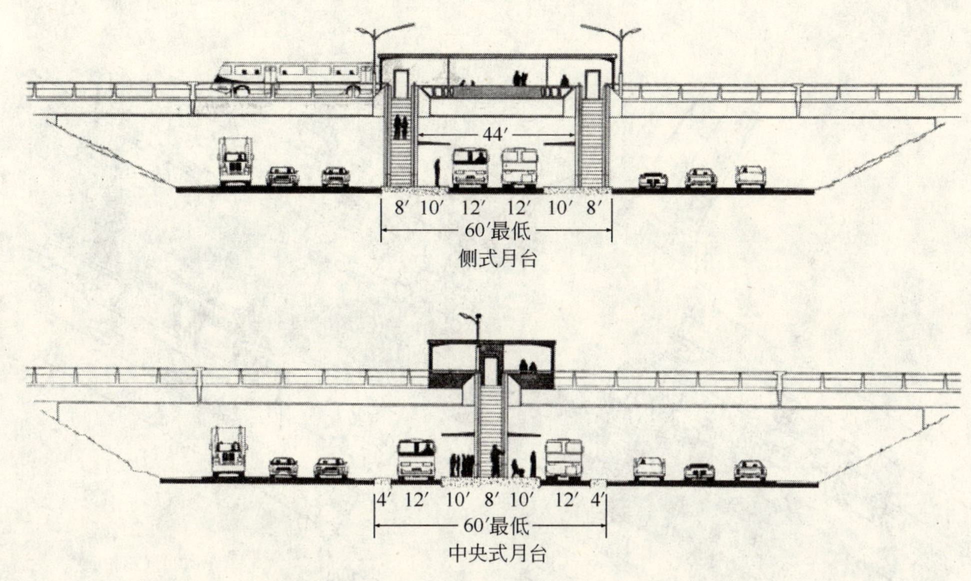

图 5-5　高速公路上的巴士快速交通车站

在某些情况下，修建与高速路相邻的道外车站更合适，原因是它设计简单，且不需修建行人通道，因此建设费用相对较低。然而这种车站不及中央式车站之处在于它会降低巴士快速交通的运营速度。道外车站可以作为初始运营阶段的选择，随着系统的发展，如有足够的客流量和资金作为保证，可以再用设计更加优良、合理的道内车站取而代之。如条件允许，应设有供巴士快速交通车辆进站的专用匝道；如无法实现，在客流、公共交通车流、交通状况等因素允许的前提下，车辆可与其他交通模式共用匝道，借助其中某一段距离进入车站。

5-4.1.3　中央干道式巴士专用路车站

中央干道式巴士专用路的优点在于它能在外观上与其他交通模式清楚区分，运行准时可靠，并且建设费用适中。但车辆在此线路上左转需有严格控制（通常依靠红绿灯），或通过改道运行和禁止运行来加以管制。中央干道式巴士专用路上的车道和月台的设置将受街面宽度及整个交通运营状况的限制。行人需通过人行横道进入中央干道式巴士专用路车站。人行横道应尽可能设在装有红绿灯的交叉路口。这种车站月台的设计主要有下列 3 种：

● 边侧月台设在交叉线路的路口远端，如图 5-6 所示。这使得路口近端的左转车道与月台相邻，并且它通过交通信号优先得以顺利运作。只有在设有红绿灯的交叉路口才允许车辆左转。行人需通过月台末端的人行横道进入月台。边侧月台的弊端在于如交叉路口不设信号优先，巴士往往需要在交叉路口停两次车，一次遇红灯停车，另一次进站停车。

● 中央“岛式”月台可设在交叉路口的一侧，也可设于两侧（如图 5-7 所示）。月台宽度应至少到达 20 英尺。乘客通过可能设有售票系统的行人通道进入月台。该设计要求车身两侧或左侧设车门的巴士能够进行逆向行驶。中央“岛式”月台设计同样使车辆难以左转。

● 设有超车道的街区中段车站可在路面宽度允许的情况下使用。如图 5-8 所示，3 车道路段中的 2 条双向车道可以作为行车道，人行横道连接到月台尾端。

5-4.1.4　路缘巴士快速交通车站

路缘巴士快速交通车站将路缘作为乘客上下车的地点，其优点在于建设成本低、占用车道少、方便乘客进出，并且容易融入街道环境。然而，这种车站

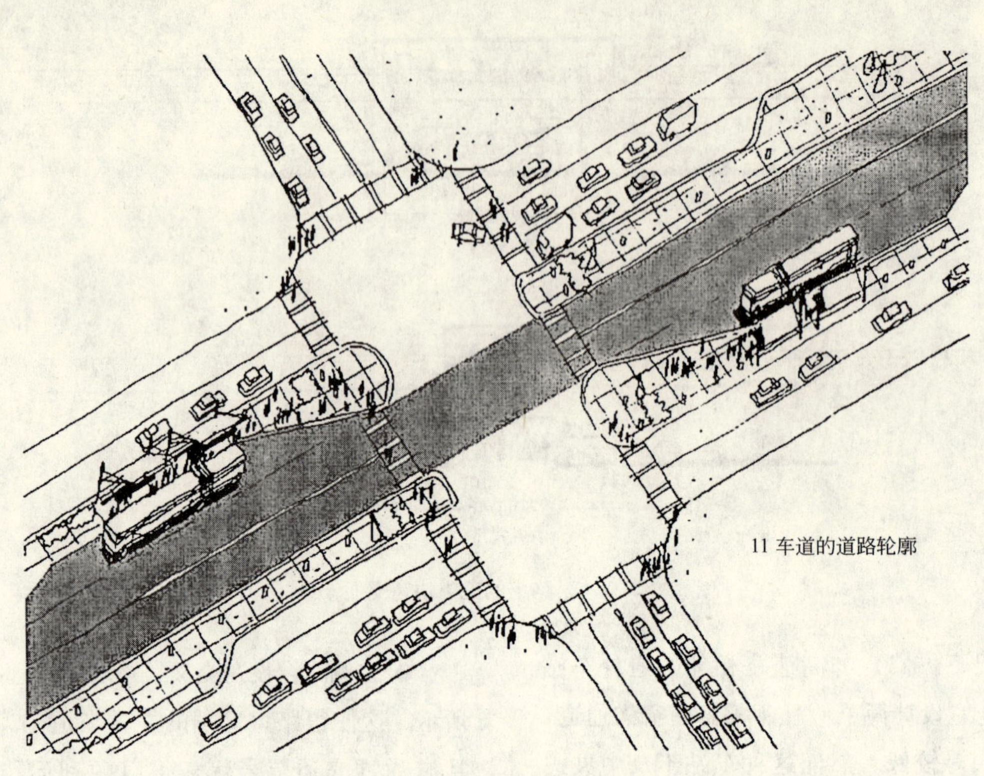

图 5-6　道内车站,边侧月台

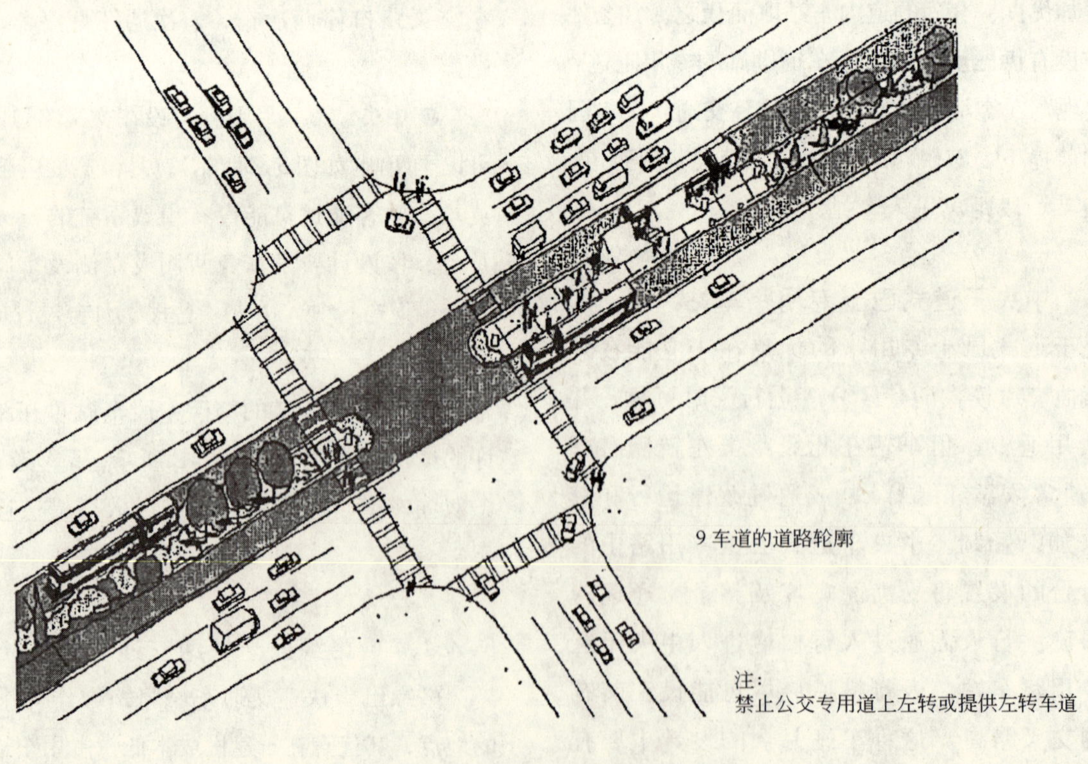

注:
禁止公交专用道上左转或提供左转车道

图 5-7　道内车站,中央月台

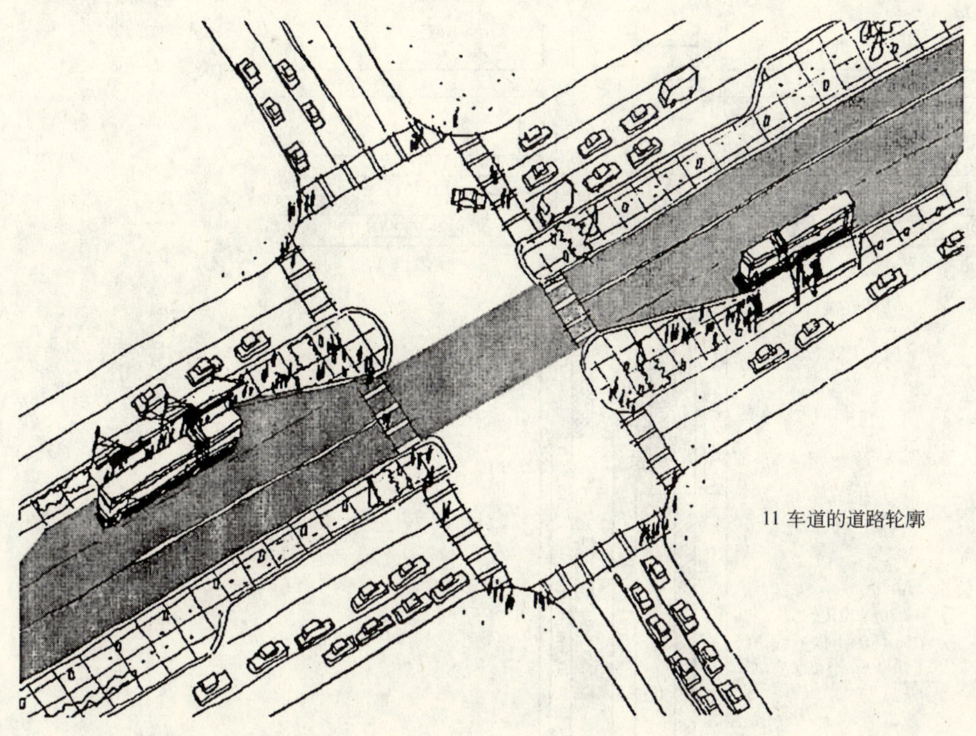

图5-8　道内车站，设有超车道的边侧站台

虽不会影响车辆左转，但可能会造成车辆无法右转。限制型路缘车道由于会不利于保证系统运营的准确可靠性而难以得到使用。街边商家可能会反对路缘车站的修建，因为巴士及月台遮雨篷会遮挡或阻碍其门面，影响其正常经营；另外，限制型巴士快速交通车道可能会对相邻车道车辆的运行、车辆停泊及乘客上下车造成影响。公共交通协作研究项目报告19《巴士停靠站的位置设计》(Texas Transportation Institute,1996)非常全面地为我们提供了路缘巴士停靠站的设计方案。

如图5-9所示，路缘车站可设在交叉路口的近端或远端，也可设在街区中段。表5-3为我们指出了路口近端、路口远端及街区中段这3种车站各自的优缺点，以下是对其内容的简要归纳：

● 路口近端车站在巴士车辆拥挤但交通整体状况较好，并且允许某些车辆在交通高峰小时可在路缘停车等条件下较常见。对巴士驾驶员来说，从这种车站重新驶入行车道更加容易，特别是在交通高峰小时允许路缘停车时。路口近端车站主要的不足之处在于它可能导致行车道上的右转车辆与出站的车辆发生冲突。

● 远端停靠站(如图5-10所示)在巴士可以使用专用路缘车道、高峰小时(或全天)禁止路缘停车及车辆具有交通信号优先权等条件下较常见。而这些情况都是巴士快速交通运营过程中很有可能出现的。

● 街区中段停靠站在实际运用中较少出现，它一般仅设在实行多线运营的商业区，因为多线运营要求设置较长的上下车区域，长度甚至有可能延伸至整条街区；它也可设在由于长度过大而需要在其中部上车的街区. 。如出现两条公共交通线路相交的情况，可在交叉路口的近端或远端设置车站，以减少换乘乘客的步行距离。

在实施以上设计方案时，应考虑采取延长路缘、增设停车泊位等办法来方便乘客进出站(如图5-10所示)。对路缘空间的充分利用为乘客提供了便利，同时也保证车辆得以在路缘停车。然而车站为乘客

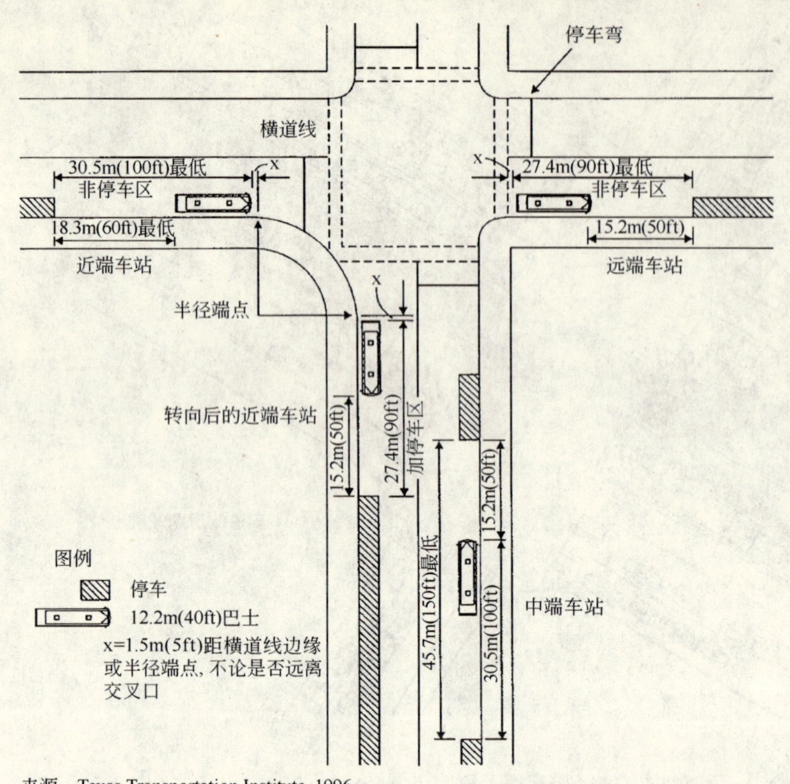

来源：Texas Transportation Institute, 1996

图 5-9　路缘车站

路口近端、远端和街区中段车站各自的优、缺点　　表 5-3

车站位置	优　点	缺　点
远　端	● 减少右转车辆同巴士的冲突 ● 通过设置路缘车道可增大右转车辆通行量 ● 减少在通过交叉路口时由于视距不足造成的问题 ● 行人可从巴士后部通过人行横道（具体情况取决于车辆停泊点与交叉路口之间的距离） ● 由于车辆可以在交叉路口内的路段就开始减速，因此通过交叉路口后的减速距离得到缩短 ● 交叉路口在设有红绿灯的情况下造成车流之间的间隔，这对巴士有利 ● 车辆需直接通过交叉路口进站停车，这有利于促进交通信号优先的实施	● 高峰小时滞留的巴士过多可能会导致交叉路口堵塞 ● 可能会对与公共交通线路相交的线路上行驶的车辆形成视距障碍 ● 可能会对穿越街道的行人形成视距障碍 ● 车辆遇红灯停车后又在路口远端车站再次停车，这不仅降低自身的运行速度，而且对其他车辆的运行造成影响 ● 由于其他车辆驾驶员预先并不知道巴士在遇红灯停车之后又在路口远端再次停车，可能会发生追尾事故 ● 当巴士在行车道上停车时，可能会出现其他车流滞留交叉路口的情况
近　端	● 在路口远端车流拥挤的情况下，巴士可以避免与之与发生冲突 ● 乘客可以从离人行横道较近的地点上车 ● 宽阔的交叉路口使得车辆有足够的空间驶离路缘 ● 避免上文提及（路口远端车站缺点一栏中）的两次停车的可能性 ● 车辆遇红灯停车时乘客可以上下车，司机可以看清迎面驶来车辆（包括可能为自己带来客源的车辆）	● 增大巴士与右转车辆发生冲突的可能性 ● 停站车辆可能会影响路边的交通监控装置运作，并对穿越街道的行人形成障碍 ● 巴士进站后，可能会在视距上影响行驶于边侧街道上的巴士右侧停靠 ● 增大行人在穿越街道时由于视距不足发生问题的可能性 ● 使公共交通信号优先复杂化，并且，如果车站设在停车道或右转车道上，车站的运作效率会降低，需借助超车信号帮助
街区中段	● 减小给其他车辆和行人带来视距障碍的可能性 ● 为候车区的乘客提供较为宽松候车空间	● 延长了禁停区域的长度 ● 可能致使乘客违章穿越街道 ● 对于需穿越交叉路口到达车站的乘客来说，步行距离较长

来源：Texas Transportation Institute, 1996 (adapted)

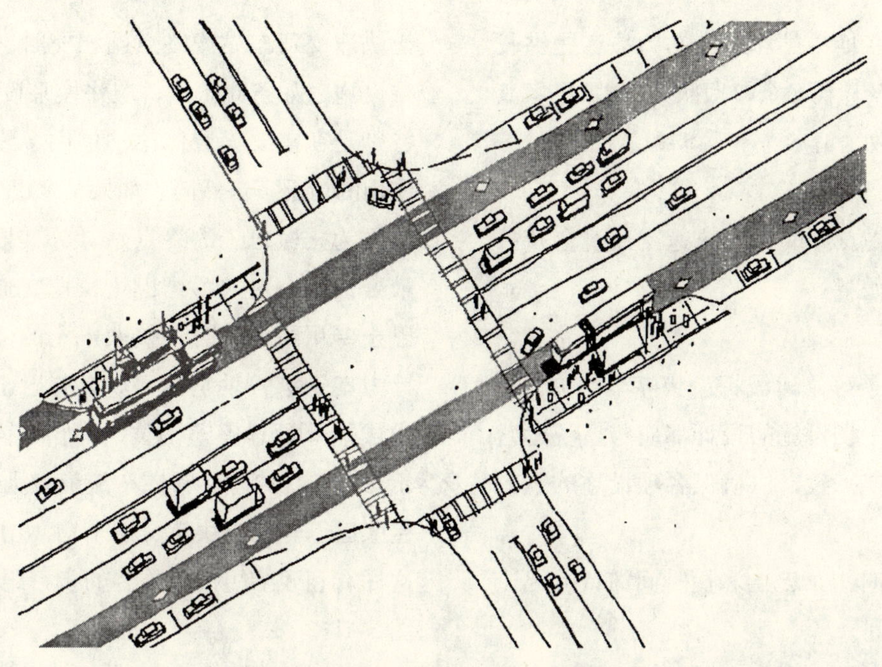

图 5-10　路口远端路缘车站设计图

提供的设施会因为人行道空间有限而相应受到限制。因此，月台遮雨篷和街景美化设施应设在合适的位置，以免阻碍行人。停靠站应保证地面铺设完好，排水功能强，照明设施齐全，并且车站需与人行道相连。

在公共交通车流拥挤的情况下，应修建具有多停车泊位的停靠站。在高峰小时车流量达到每小时 60 辆的情况下，如每趟车需停 30 秒，则每个月台应设 2 个停车泊位；如需停 60 秒，每个月台设 3 个泊位(参见附录 A)。每个停车泊位需为普通长度的车辆提供除车身以外 50 英尺长的额外空间，为铰接式车辆提供 70 英尺长的额外空间。

5-5　换乘站和终点站

换乘站和终点站对于巴士快速交通系统的巴士专用线路及沿线车站来说，是非常重要的组成部分。它们能够确保整个系统的有效运营，因为它们不仅方便乘客转车，而且连接了各条公共交通线路，同时又起到简化巴士快速交通和地方普通公共交通服务模式的作用。在巴士快速交通线路分布较稀疏的地区，终点站和换乘站可以简单地设在街道以内，然而大多数巴士快速交通终点站和换乘站都建在街道以外，它们的规模大小不一，可以小到仅设不到 5 个停车泊位，大到设有成百上千的停车泊位。

在换乘站和终点站设计过程应注意以下事项：

● 尽可能明确地划分巴士快速交通车辆、接驳巴士和私人汽车的区域，并保证巴士快速交通车辆具有优先进站的权利。

● 无论是在巴士快速交通系统内换乘，还是系统与其他交通模式之间的换乘，其换乘设施都可设在巴士快速交通路线的一侧或两侧，但最好设在通往市中心的车道一侧。

● 应尽量减少换乘乘客的步行距离，并尽可能避免乘客在步行过程中与车辆发生冲突。

● 以下设施可以优先靠近乘客上车区域：(1)乘客步行区，包括《美国残疾人法案环境无障碍指南》标准通道；(2)自行车区域；(3)接驳巴士区域；(4)下车换乘的乘客短时间停车区及摩托车区域；(5)出租车和高容量车辆区域；(6)停车换乘的乘客长时间停车区。

● 如在人口密度较低的地区接驳公共交通服务

超过实际所需，可在换乘站和终点站为乘客提供长时间的停车服务，以替代多余接驳服务（如需了解其他相关信息和规划数据请参考本章5-6节）。

设于换乘站和终点站的巴士快速交通月台及接驳月台的设计要点如下：

● 在终点站，最好修建浅锯齿状停车泊位，以便车辆自由进出。一切设施的设计都应与系统运营的整体规划保持高度一致，以确保各项设施的有效运营。

● 需为乘客临时上下巴士和短时间滞留的巴士提供足够的停车空间。

● 经验表明，每个停车泊位每小时需能承载6辆巴士进行停泊。当巴士快速交通与其他相连的普通公共交通线路之间可以任意相互换乘时，停车泊位应具有更大的载运能力。但每个停泊点载运能力不可超过2～3条公共交通线路。如超过，需增设停车泊位。

● 在空间有限或巴士数量不多的情况下，巴士可以在同一地点上、下乘客；如巴士数量较多，上、下乘客则需安排在不同区域，因此，待乘客下车后，车辆需通过临时区域到达上车区域等候乘客上车。

5-5.1 换乘站

当普通公共交通线路与巴士快速交通路线在巴士快速交通车站或终点站相交时，需提供相应的换乘设施。如条件允许，应将换乘设施设为非街道式，特别是在需要设置停车泊位供多线运营的接驳巴士使用的情况下。然而，如果某个巴士快速交通车站并非作为接驳巴士的终点站，为其设置的停车泊位则最好设为街道式。当巴士快速交通沿专用的或立交巴士专用路运营时，接驳巴士的停车泊位有两种设计方案：第一种是按常规在与巴士专用路相邻的街内或街外设置停车泊位（街外停车泊位如图5-3所示）；第二种方案（常在车流量较大的情况下使用）是接驳巴士与巴士快速交通车辆共用月台或立交设施，这样有利于缩短换乘乘客的步行距离（两种方案详见图5-11）。

5-5.2 巴士快速交通终点站

终点站可设在巴士快速交通路线上，也可设在路线以外，这通常取决于线路的具体类型。所有巴士快速交通终点站需为车辆提供足够的回车区域，且最好为乘客修建报亭、食品饮料柜台以及干洗店等服务设施。（图5-12中所示即为典型的设在沿线路上的终点站）。非街道式巴士换乘站（或称“公共交通中心”）通常设在距市中心4～10英里的区域，其规模大小取决于该车站所连接公共交通路线的数量以及可能换乘的客流量。图5-13为我们提供了设在线路外小型终点站的图样，其中包括零售区及乘客候车区。

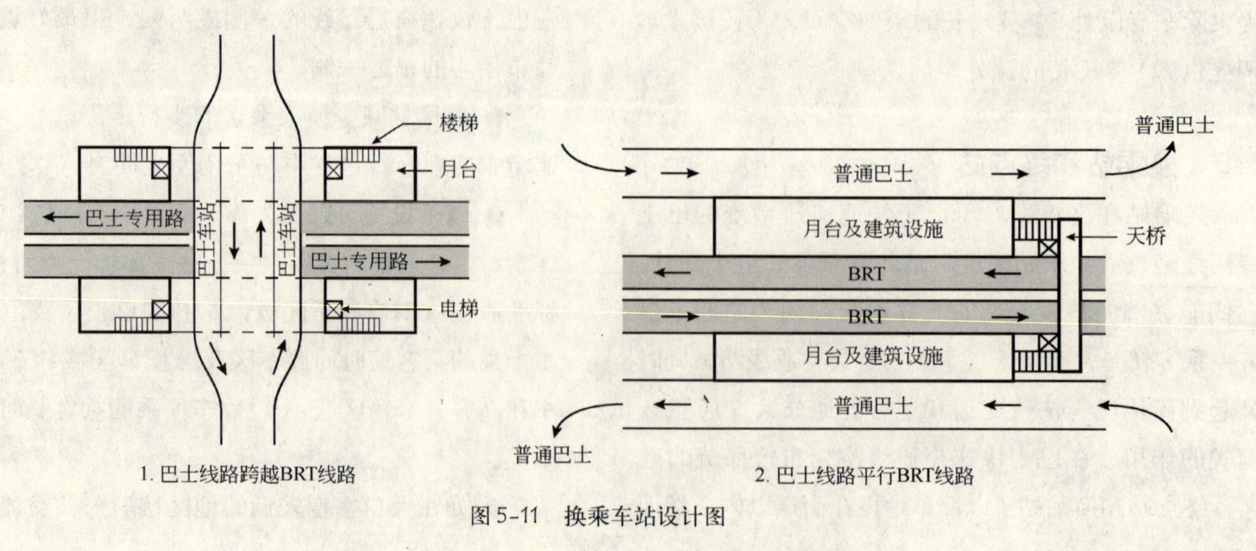

图5-11 换乘车站设计图

图 5-12　设于路线以内的终点站

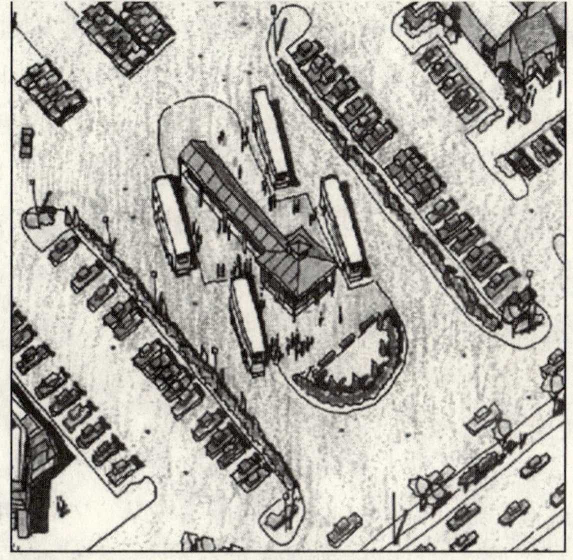

图解版权：Keith Hudson. AIA

图 5-13　设于路线以外的小型终点站

5-5.2.1　中心区终点站

在通往中心区的路况较好，而中心区内又常出现大面积交通堵塞的情况下，可在这些区域修建大型的终点站，以供通勤和快速巴士使用。修建此类终点站的另一个前提是终点站应距离主要的就业中心不远，并且中心区与其他区域间需要有良好的辅助公共交通服务。中心区终点站如能连接高速公路，并建在商业中心及就业中心附近（而非黄金地段），就可以确保快速车辆在交通高峰小时运行。此类终点站的参考范例包括：纽约和新泽西港务局设于曼哈顿的225个停车泊位的终点站、旧金山37个泊位的终点站以及设于波士顿54个泊位的南站终点站（如照片5-F所示）。

中心区终点站适用于停站少的高速运营，但它并不适用于高频率巴士快速交通运营。其缺点在于建设和运营费用高；车辆停留时间较长和操作比较麻烦；无法提供直达服务，乘客还需另外换乘；乘客步行距离较远；巴士入站拥挤。因此，如巴士能在商业中心区的街道或巴士专用路上停泊，将更有利于巴士快速交通的运营。

照片 5-F　MBTA 南站换乘中心

5-6 停车-换乘设施

当乘客离车站较远或与需乘坐的公共交通线路不相连时，应考虑为其修建停车-换乘设施。停车-换乘设施通常用来为乘坐通勤巴士的郊区乘客提供停车服务，其中部分设施也可提供非高峰小时停车服务。它能够节省乘客的出行时间，同时又可以扩大巴士快速交通系统的服务区域。乘客驾驶小汽车到达停车场后再换乘巴士，这有利于(1)扩大巴士快速交通服务的市场，(2)减少对接驳巴士的需求，(3)扩充巴士快速交通车站的间距。停车-换乘场所最好实行免费停车或低收费停车政策。高峰小时巴士快速交通服务班距需控制在10分钟以内，并且，通往市中心的行车时间应至少缩短5分钟。停车-换乘设施在为使用巴士快速交通的乘客提供服务时，乘客停车换乘的费用可以计入车费中，也可另外单独计算。在地价不高，并且乘客距离公共交通主干道较远的情况下，为乘客设置室外停车场比提供接驳公共交通服务更经济实惠。在修建停车-换乘设施时应考虑如下因素：

● **修建地点**。在选择修建地点时应注意如下问题：地点应引人注目，空间开阔且易于进出；乘客驾车从穿城公路或环线公路可以方便到达停车-换乘场所；位于易堵车的地段之前，以便驾车乘客避开交通堵塞；巴士应尽量避免重复。

● **场所大小**。停车-换乘设施的车位数量应与车站的客流量一致。通勤轨道及快速轨道公共交通路线运营的经验告诉我们，停车位数量不足会对车站的客流量产生一定影响。每个停车位应平均能够供1.2~5位乘客使用，具体数目取决于接驳或相连公共交通线路数量的多少。实际设置的停车位最好多于预计所需车位的10%~15%，以供备用。每英亩地可以修建125个停车位(即每个车位占地400~450平方英尺)。每个停车场内所设车位一般不超过800个，特殊情况下可设1200~1500个，以便将乘客进出停车场的步行距离控制在400~600英尺以下。如车位数量超过800个，在设计停车场时应尽可能考虑减少乘客的步行距离。还应注意的是，车位总数量的1%~3%应设为短时间停车车位，它们所在区域应与通勤车辆停车区域相隔开，但如能得到有效调度，它们也可在午间供其他车辆使用。

● **设计中应注意的其他事项**。停车-换乘设施应为步行进入巴士快速交通车站的乘客提供便捷畅通的通道。并且同换乘站一样，它需为乘客提供方便的下车换乘设施，并确保在上下班两个短暂高峰小时满足大多数车辆的停车需要。在规划过程中应考虑尽可能地减少巴士、小汽车和行人之间的冲突。因此，当停车位超过500个或需要收取停车费时，最好为巴士和小汽车设置不同的停车场入口(图5-14为停车-换乘设施的参考设计图样)。

5-7 辅助设施

巴士快速交通系统的辅助设施包括巴士驾驶员的福利设施、车辆的维修点和停车场以及道路维护设施。通常，这些设施中的大部分或全部都集中在同一区域。

工作人员福利设施(MSF)的大小和构成各有不同。最小的可以小到仅在出城线路的末端为驾驶员提供简易的卫生间；较大一些的可以提供淋浴、存物柜、餐厅和换班休息室；最大的甚至还包括驾驶员培训以及监督管理人员、调度人员工作的场所。此类设施最好能与终点站、车辆维修点及停车场设在相同位置。

维修与储存设施(MSF)通常是大型的综合性建筑。即使在公共交通部门已经建立巴士维修点的情况下，巴士快速交通系统仍应拥有自己的车辆维修及存放场所，因为巴士快速交通车辆可能会因为数量较大而超出公共交通部门所设维修点的服务能力，并且，由于使用的是特殊的专用车辆(如铰接巴士)，它们与普通巴士有一定差别，因此对维修车间的大小及设备会有不同的要求。

维修与储存设施占地面积较大，可用作公共交

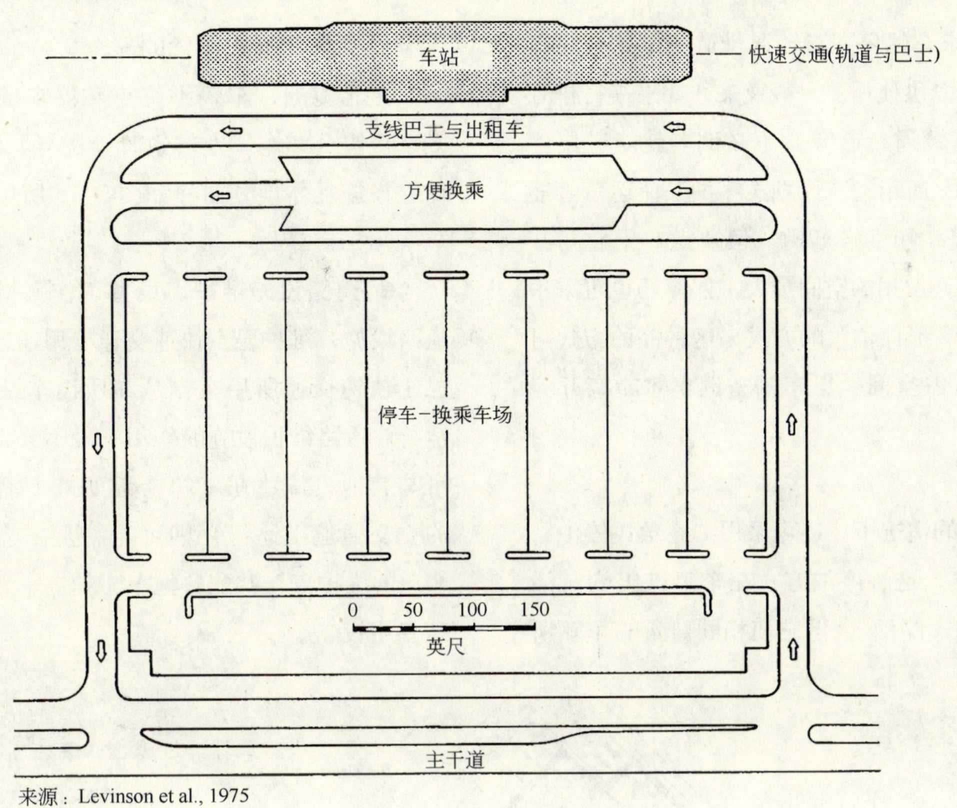

来源：Levinson et al., 1975

图5-14　换乘停车场设计图

通线路早、晚发车地。它们可以与工业用地及其他形式的大规模开发保持一致。应当注意的是，维修与储存设施应尽可能保持与周围环境协调一致，如能得到细致的设计规划，它可与住宅区及其他设施有机地融合在一起。

常规的巴士系统倾向于将MSF建在邻近其服务区中心的位置，然而巴士快速交通系统出于自身特点，更有可能将维修与储存设施设在主要出城线路的末端，以便车辆可以在维修与储存设施处发车。

下列是关于巴士快速交通的维修与储存设施主要组成部分的简要介绍：

● **服务区域**。车辆服务区域为车辆提供加油、加水、内外部清洗等日常服务，它通常是封闭或半封闭设施。如车辆使用的是车内售票系统，所收票款还将在该区域统一上缴。该区域所设位置应保证结束运营的巴士在进行夜间存放前能够直接进入服务区域，这是所有夜间存放点在建设过程中都应注意的问题。

● **维修设施**。维修设施定期对车辆进行检修。维修点设有维修车辆泊位、零部件仓库间、车辆蒸汽清洗室和电池存放室，同时还需配备油漆间(其中包括预备区和油漆区)、收件区以及发件区、监督和管理人员办公室、员工更衣室及卫生间。

● **车辆大修区**。车辆大修区对车辆的推进装置、传动装置及其他主要部件进行维修。由于此类大修情况出现几率较小，因此多在公共交通部门设立的维修站点或其他维修厂进行维修，而巴士快速交通的维修与储存设施较少设置大修区，如需设立，应修建相应的维修车间以及电工车间、散热器修理车间、传动装置车间、木工车间、车内装潢车间、焊接车间、金属加工车间、制图室、热能清洗车间和玻璃加工的车间。大修区内还应专门设有收件区以及发件区、储藏室、餐厅、存物柜及卫生间等设施。

● **巴士停车场**。巴士停车场需占用较大的室外空间，其具体大小取决于车辆的停泊方式。系统运营者可采用与传统停车场相类似的泊车方式，即“计划式停泊”，它要求车辆停在车辆通行道旁，并且可以随时进出停车场以供使用。一般说来，如果横行排列的车辆斜停于车辆通行道旁，不必倒车就能进出停车泊位(如图5-15所示)。“计划式停泊”使运营者能够更加灵活地调度和维修车辆，但缺点在于它与其他停泊方式相比，占用的空间最大。停车场也可采用另一种被称为“V形停泊”的方式，这种停泊方式可以缩小停车场所占空间，但车辆需倒车才能离开停车泊位。

在空间有限的情况下，还可采用“叠层式停泊”，即车辆相互紧挨。这种停泊方式在车辆进出的灵活性上不及“计划式停泊”，但它使相同数量的车辆所占空间仅为计划式停泊的三分之一。

在北美洲，车辆维修点和停车场所有设施的规划都应符合“车辆左转逆时针运行”的规则(维修与储存设施具体规划图样如图5-15所示)。

● **道路设施维护**。设置工作人员及相应设备的道路设施，维护巴士快速交通专用通道及车站。如果巴士快速交通所用车辆是在所设车站较小的街道上运行，道路维护设施的作用一般不会特别突出，它们可与其他设施建在一起。但如果车辆是在车站较大的立交通道上运行，则可能需要在这些道路上设置相应的维护点，并配备拖车、扫雪车和工作人员用车等专用设备。

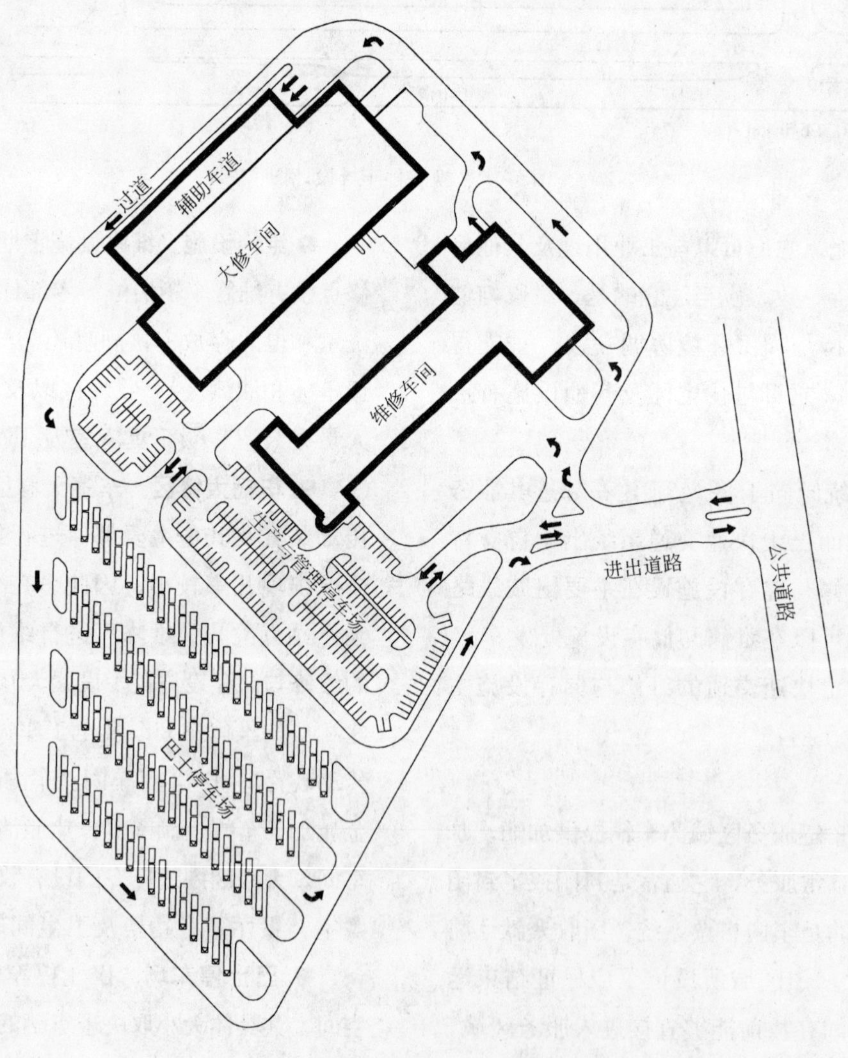

图5-15　车辆维修点及停车场设计图

5-8 参考文献

Americans with Disabilities Act Accessibility Guidelines. The Access Board, Washington, DC (September, 2002). www.accessboard. gov/adaag/htm/adaag.html.

Fruin, J. J. Pedestrian Planning and Design. Elevator World, Mobile, AL (1987).

Fuhs, C. A. High-Occupancy Vehicle Facilities: A Planning, Design, and Operation Manual. Parsons Brinckerhoff Quade & Douglas, Inc., New York, NY (1990).

Guide for the Design of Park-and-Ride Facilities. American Association of State Highway and Transportation Officials, Washington, DC (1992).

Kittelson and Associates, Inc. TCRP Web Document 6: Transit Capacity Manual and Quality of Service Manual (1st ed.). Transportation Research Board, National Research Council, Washington, DC (1999).

Levinson, H. S., C. L. Adams, and W. F. Hoey. NCHRP Report 155: Bus Use of Highways: Planning and Design Guidelines. Transportation Research Board, National Research Council, Washington DC (1975).

Levinson, H., S. Zimmerman, J. Clinger, S. Rutherford, R. L. Smith, J. Cracknell, and R. Soberman. TCRP Report 90: Bus Rapid Transit, Volume 1: Case Studies in Bus Rapid Transit. Transportation Research Board of the National Academies, Washington, DC (2003).

Parsons Brinckerhoff Quade & Douglas. "NCHRP Project 20-7 (Task 135): Geometric Design Guide for Transit Facilities on Highways and Streets — Phase I Interim Guide." Transportation Research Board, National Research Council, Washington DC (2002).

Pline, J. L. (ed.). Traffic Engineering Handbook (5th ed.). Institute of Transportation Engineers, Washington, DC (1999).

Texas Transportation Institute, Parsons Brinckerhoff Quade & Douglas, and Pacific Rim Resources, Inc. NCHRP Report 414: HOV Systems Manual. Transportation Research Board, National Research Council, Washington DC (1998).

Texas Transportation Institute. TCRP Report 19: Guidelines for the Location and Design of Bus Stops. Transportation Research Board, National Research Council, Washington, DC (1996).

Value of Public Roadway Lighting. Illuminating Engineering Society of North America, New York, NY (1987).

第6章
巴士快速交通车辆

由于多种原因，对巴士快速交通车辆的设计和选择必须谨慎，从对乘客的吸引力到运营和维护成本，车辆对公共交通系统性能的各个方面都有很大的影响。车辆设计对运营速度和服务的可靠性将产生重大影响，从而影响载客量和其他相关效益，如缓解交通拥挤、提高空气质量和增加运营收入，车辆的机械性能对运营成本和维护成本也有着显著的影响。因此，合理的车门和车身内部设计（如低地板、宽通道和多车门）可以充分减少车站停靠时间和提高运营速度，这样既能减少车辆、驾驶员和管理机构的数量，提供与众不同的服务，又能提高客流量和增加运营收入。

作为乘客和潜在乘客广泛关注的巴士快速交通的一大特色，车辆设计还影响公众对整个系统质量的理解。巴士噪声、气体排放物、维修状况和美学造型都影响公众对巴士快速交通的感觉。虽然不如时间和成本在选择交通方式的作用那么大，但车辆的印象和“标记”会影响乘客尝试巴士快速交通系统的意愿，尤其是那些可以选择使用私人小汽车的乘客。由车辆提供的系统标记和识别性也能传递重要的乘客信息，如服务线路和车站。

巴士快速交通提供的服务可以通过外观（如彩绘图案和颜色）和设计获得其独特的车辆识别性。独特的车辆识别性不仅可以为系统做广告，而且还能告诉众多不常乘坐本系统车辆的乘客（大约占快速交通系统乘客总数的35%～40%）在哪里可以乘坐系统车辆。车辆设计还可以补充地图、交通标志和其他的信息来源，以便能进一步提高公共交通客流量。

在废气和噪声排放及振动方面，巴士快速交通车辆是环保的。巴士快速交通服务，顾名思义是非常快捷和频繁的，这就要求在高峰小时巴士发车时间和班距要足够短，以便为散客提供服务。有些专用路上运营多条线路，尤其在中央商务区附近（如匹兹堡、迈阿密、布里斯班和渥太华），每小时有150～200辆巴士通过。如果服务频繁达到这个程度，就要特别注意降低车辆的废气排放和车内噪声，因为噪声太大会影响乘客对旅行质量的感受，进而影响客流量。此外，噪声排放也会对车站和专用通道附近产生影响。

由于技术和“软件”因素对巴士快速交通系统全面成功至关重要，于是使越来越多的欧洲和北美制造商致力于开发适合巴士快速交通的专用车辆。这些车辆通常都有非常独特的外观（就好象轻轨快速交通车辆），能营造出独特的非巴士的车辆识别性。巴士快速交通车辆也可以纳入某些形式的导向功能（如机械的、光学的或电磁的）来提高乘客舒适性和方便。这些车辆也可以使用复合热力发动机－电力推进系统来提高环保性能，还可以通过车内布置和车门配置有效服务于市场需求强烈的快速交通系统。照片6-A和6-B是具有上述特性的专业化的巴士快速交通车辆实例。

6-1 载运能力与服务水平

要让投资巴士快速交通系统像投资其他快速交

图片版权：Irisbus of North America

照片6-A　伊萨巴士西维斯为北拉斯维加斯林荫大街通道设计的车辆，内华达州，拉斯维加斯

图片版权：Bombardier

照片6-B　运行在法国南锡的庞巴迪GLT无轨电车

通一样成功，系统的不同组成部分包括车辆在内，必须整体工作。巴士快速交通车辆的规划和设计必须依照系统其他组成部分的特征来设计，这些组成部分包括专用通道、车站、服务计划，智能交通系统的应用和车费的收取。因此，巴士快速交通车辆的特征既是这个规划和方案的来源，又是其规划和设计的结果。速度、可靠性、载客量和成本方面的车辆特征会影响服务的整体水平，包括：

- 外廓尺寸
- 内部布局
- 车门
- 通道宽度
- 地板高度和平整度
- 推进系统
- 导向
- 外观和识别性

关于巴士快速交通车辆特征的详细技术资料，参见附录E。

6-1.1　一般指南

以下指南将有助于规划和设计开发中，制定巴士快速交通车辆开发的技术条件：

- 车辆应通过所提供服务的类型（如本地车对直达车或混合）及所服务客运市场的性质（如短途、非工作、非家庭的出行与长途从家到工作场所的出行）来设计并最终确定的。标准包括长度和宽度（行业标准尺寸）和车内布局。车内布置包括座位（数量、尺寸、型号、结构和定向）；轮椅的位置（数量、定位和定向）；以及推进系统（功率、扭矩、噪声、气体排放物、最高速度和加速度）。
- 车辆应以舒适的承载标准配备足够的载客能力，该载客标准是以预期的客流量水平和计划的服务结构和频率为基础的。长度在12.2～13.75米（40～45英尺）（单体车）到25.5米（82英尺）（双铰接车）之间的车辆的运营服务非常成功，可以列入考虑范围。
- 车辆应是环保的、舒适和使用方便的，并且对乘客有很强的吸引力。其他的理想特征还包括有空调、良好的采光、全景窗户以及为乘客提供视听和实时的下一车站信息。
- 上下车的设施应方便快捷。除非有技术水平允许的上下车设备（如快速展开的坡台或桥板），在高月台车站，如（在库里蒂巴、波哥大和基多）使用，否则车厢地板最好不超过距地面38厘米（15英寸）。
- 应当为乘客提供足够数量、充分宽敞的车门，特别是在提供车下收费服务的情况下。一般来说，车厢内每隔10英尺就应有一个车门。目前市面上既有双侧门车辆，又有单侧门车辆，可以在双面月台车站和中央月台车站使用。
- 运行质量对提供巴士快速交通服务的车辆来说很重要，因为它影响乘客对质量的整体感受，特别是载有大量站立乘客的巴士快速交通车辆。电子传动系统越来越多的被使用于巴士快速交通专用车辆，因为它们能消除液力－机械传动引起的突然换档。

● 为站立乘客和座位乘客提供的空间总和应根据所服务客运市场的性质决定。在其他条件相同的情况下，座位的数量和总的载客量成反比。但大多数经营者会避免让乘客站立的时间超过20～30分钟。

● 宽阔的通道和足够的流通空间可以减少乘客滞留时间、提高实际使用的载客量，尤其是铰接车的后部。通道宽达86厘米(34英寸)的专用的低地板巴士快速交通车辆是可以买到的。

● 有成本效益的巴士推进系统也是可以得到的。这种推进系统可在实质上消除微粒排放，在其他方面也同样环保。包括带有自洁式催化转化器的“清洁柴油机”、各种有内燃机和电动机的混合动力推进系统，以及以压缩天然气为燃料的、火花点火的内燃机。与老式柴油机相比，这些推进系统不仅大大减少排放物，噪声也小得多，而且有更好的加速性。

● 考虑到巴士快速交通服务的强度和他们在整个交通系统的重要性，巴士快速交通车辆在运营服务中的表现是值得肯定的；其中断服务的故障率也低于平均值。

● 导向系统，包括机械导向和电子导向，可在车站提供类似轨道交通的上下服务，减少路权要求，并且提供比只能舵控(由驾驶员通过方向盘驾驶)的车辆更舒适的旅行。

● 成本的计算要考虑使用周期，因为最初计入购置成本的部件(如导向系统、混合动力驱动、不锈钢车架和复合材料车身)实际上会降低以后的运营成本并提高客运收入。一些专门的巴士快速交通车辆的设计寿命据说比传统公共交通设备要长(如20年对12年没有结构大修)

6-1.1.1　外廓尺寸

巴士快速交通车辆的外廓尺寸，也包括重量，在大多数地方要受到各州机动车辆法和对公路系统行驶车辆的地方规定的限制。车辆不能超过2.6米(102英寸)宽、18米(60英尺)长，毛重不超过7,273千克(16,000磅)。虽然某些车型可以得到豁免(如比许多合乎法律规定的双挂车和汽车列车要短的双铰接巴士)，但大多数巴士和巴士快速交通车辆符合这些规定。实际规定的车辆基本规格参见表6-1。此表包括地板高度、车门通道、座位数的范围和服务设计目的的最大载客量等基本信息。按照标准，巴士的总高自路面测量为3.4米(11英尺)，车顶有储油槽的低地板压缩天然气，巴士的高度则为4.6米(15英尺)。

照片6-C展示的是来自洛杉矶快速地铁系统的一辆常规低地板巴士。照片6-D展示的是一辆混合动力13.8米(45英尺)低地板巴士。照片6-E展示的是温哥华98路B线使用的常规低地板铰接巴士。照片6-F展示的是欧洲(如阿姆斯特丹、荷兰、法国南锡)和南美(如库里蒂巴)越来越广泛用于快速交通服务的常规的、长24米(80英尺)低地板双铰接巴士。

美国和加拿大典型的巴士快速交通车辆尺寸及载运能力　　表6-1

长度	宽度	地板高度	车门通道数	座位数（包括轮椅区域的座位）	最大载客量（坐位加站位）
40英尺(12.2米)	96～102英寸(2.45～2.6米)	13～36英寸	2～5	35～44	50～60
45英尺(13.8米)	96～102英寸(2.45～2.6米)	13～36英寸(33～92厘米)	2～5	35～52	60～70
60英尺(18米)	98～102英寸(2.5～2.6米)	13～36英寸(33～92厘米)	4～7	31～65	80～90
80英尺(24米)	98～102英寸(2.5～2.6米)	13～36英寸(33～92厘米)	7～9	40～70	110～130

图片版权：Los Angeles County Metropolitan Transportation Authority

照片 6-C 北美客车工业的传统巴士— 12.2 米（40 英尺）、低地板、压缩天然气（洛杉矶地铁快速巴士）

图片版权：North American Bus Industries

照片 6-D 混合型 13.8 米（45 英尺）低地板巴士

图片版权：New Flyer of Canada. Ltd

照片 6-E 新飞人公司的传统低地板巴士— 18 米（60 英尺）、低地板铰接巴士（温哥华 98 路 B 线）

图片版权：Van Hool

照片 6-F 传统低地板巴士— 24 米（80 英尺）双铰接、低地板

6-1.1.2 座位与站位密度

巴士快速交通车辆的载客量等于座位数和站位数之和。这个载客量密度必须和服务计划、所服务客运市场的性质和运营环境相一致。根据美国公共交通研究委员会的《公共交通能力和服务质量手册》(Kittelson & Associates, Inc., etal, 1999)，一个标准的城市公共交通座位占地约 0.5 平方米（5.4 平方英尺，18 英寸 × 27 英寸）。根据国际公共交通联会的规定，高峰小时的站位平均密度为每平方米 4 人或约每人 2.7 平方英尺。在各种车型的方案分析和主要投资研究中，联邦公共交通管理局手册规定的站位密度是每平方米最多 3 人（每人 3.7 平方英尺）。

这些密度标准适用于典型的城市服务。在这些服务中，站立乘客的站立时间比规定的时间长度（通常为 20 ~ 30 分钟）要短。约翰 · 弗鲁因在《行人规划和设计》(1987) 一书中提到，在每平方米 3 人的密度下，乘客不会有身体接触的可能；更重要的是，还有足够供乘客自由走动的空间。

每平方米 3 个站立乘客的密度标准可以使巴士快速交通车辆内部的乘客分布比较平均，并且可以使车站停靠时间减少到最短。这个站立乘客密度是标准高峰小时的标准高峰时段的平均值。根据美国的实践经验，高峰小时高值（通常为 15 分钟）的密度（定义为“拥挤”负荷），大约是每平方米 4.2 人，比平时高出 40%。

车门数量和位置对座位的数量有很大影响。在低地板巴士中，轮舱、油箱和发动机伸入车厢的程度也会影响到座位的数目。如果旅程相对较长，乘客站的时间达到甚至超过规定的最长时间（如在高载客车辆车道和 / 或中转线上运行的较长的“月票快车”线路），站立乘客密度最好低一些。在某些情况下，当车辆是在混合交通线路上高速行驶的话，从安全角度出发，最好为所有的乘客都提供座位。

由于巴士快速交通系统都有舵控和导向两种控制系统，车辆可以在任何专用通道环境中行驶。在混合交通的公共街道和公路上，巴士快速交通车辆的外部尺寸是相对固定的。宽度应少于2.6米(102英寸)。单体车的长度不超过12.2～13.75米(40～45英尺),单铰接长度不超过18.3米(60英尺),双铰接的长度不超过25.5米(83英尺)。

在指定的巴士快速交通车辆中座位和站位混合是所服务客运市场的功能特征之一。标准公共交通运营政策规定乘客站立的时间一般不超过20～30分钟。

如果大多数旅客的旅程都超过20～30分钟(如连接传统的中央商务区和相对密度较低的郊区的巴士快速交通线路),车辆安装的座位数量应该尽量的多。长度为12.2米(40英尺)的标准低地板巴士应安装40～44座,长度为18米(60英尺)的铰接车应安装55～60座,长度为24米(80英尺)的双铰接应安装65～75个座。根据的残障法案的要求,这些标准是建立在部分座位位置会用来放置轮椅的设想上(如果座位有辅助设备能向上倾斜变形,每3个座位就应有一个轮椅位置)。

一些使用巴士快速交通车辆的线路涉及到车程较短、乘客流动较大的城区交通走廊(如北拉斯维加斯林荫大道)。在这样的情况下,由于多个原因,站位的空间就应该比坐位的空间大。首先,较少的座位数量可以最大限度的提高同一车辆的运载能力,因为座位乘客占的空间要比站立乘客占的空间多一些。其次,较少的座位可以使内部空间更开阔,从而使车辆内部的通行更容易。垂直于车辆侧壁安装的座位不但会减少站位的空间,还会使车辆内部通行更加困难,尤其是在车门附近的区域。

不通畅的车内通行的实际后果是导致到站服务时间的延误,因为这会使车厢内部的乘客下车困难,并且使上车的乘客难以到达车厢内部,从而造成车门附近区域的拥挤、降低车辆有效的载客能力。由于以上的原因,一些在乘客流通量很大、旅程较短的高密度线路上(如拉斯维加斯林荫大道和法国鲁恩)投入使用的巴士快速交通系统都使用车门附近区域不是座位,而是站位面积相当大的车辆(见图6-1和图6-2的底盘设计)。图中显示的最大载客量是以表中的车辆规格为基础的近似值。最大载客量是座位和站位的数量之和(站位数量是站位面积除以站位密度之结果)。

图表中的数字采用的是高峰平均站位密度每平方米3人(大约为每人3.7平方英尺),这是典型的美国快速交通服务规划惯例。具体车辆尺寸规格见附录E的表E-1。

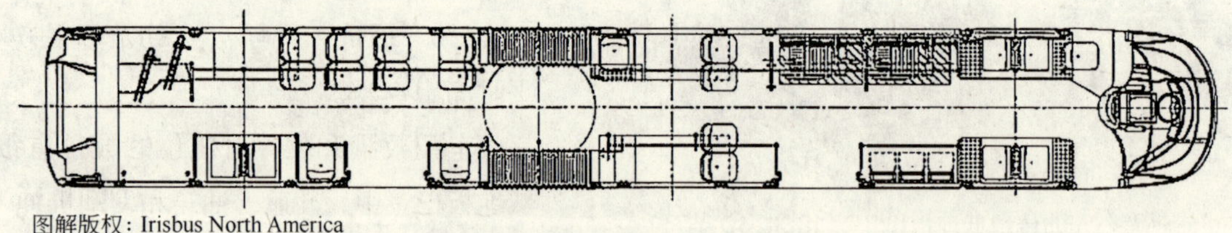

图解版权:Irisbus North America

图6-1　长度为18米(60英尺)的拉斯维加斯林荫大道伊萨巴士西维斯巴士快速交通车辆地板布置,专为乘客流动较大、车程较短的城区交通走廊配置

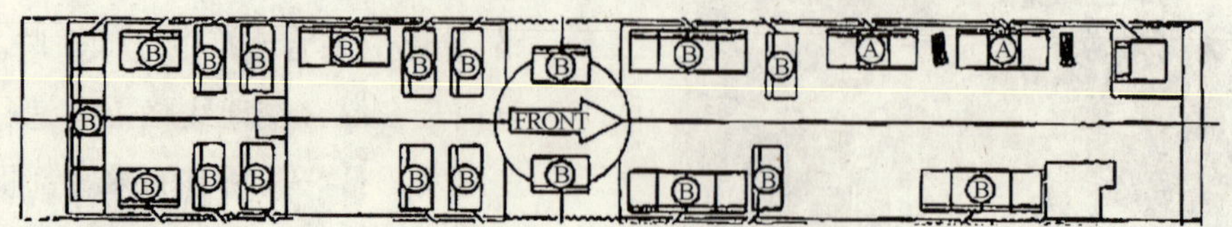

图解版权:New Flyer of Canada, Ltd.

图6-2　长度为18米(60英尺)的渥太华交通系统低底盘新飞人巴士,专为中央商务区到郊区的标准辐射交通走廊配置

6-1.1.3　车门

如果车下收费(甚至不是车下收费)，车门越多、越大、乘客服务时间就会越短。多个车门还可以使车厢内的乘客分布比较均匀，从而充分利用车厢内的空间。如果是上下客车门分开的情况，每扇门至少要有51厘米(20英寸)的宽度，如果通过同一车门上下客，车门至少要有76厘米(30英寸)的宽度。单门最窄的宽度是由《残障法案》颁布的轮椅可达性决定的。在为同时上下车客流量很大的客运市场提供服务的时候，需要最大限度的增加车门数量并且每个车门宽度不小于1.07~1.22米(42~48英寸)，以减少乘客服务时间。

由于座位总是连着车外墙的，一辆车不可能既有最大数量的车门(如12.2米(40英尺)长的车辆有3个车门，18米(60英尺)长的车辆有4个车门)，和最大数量的座位。用于乘客流量大、密度高的城市通道的拉斯维加斯车的地板设计(见图6-1)就说明在车门数量和座位数量之间一定要有适度的折中。这可以和图6-2中用于渥太华交通系统的标准铰接车的原理图相比较。图6-2展示的车辆有着几乎相同的规格，但座位和门的数量分别是54个和3个(2个对开门和1个单开门)。

拉斯维加斯车门周围的区域比渥太华车门周围区域要宽阔得多，因此其车内的通行更加畅通。尽管这两种车的外部规格基本相同，但是一种车辆有7个上下车通道和32个座位，而另一种车辆有5个上下车通道和54个座位。

照片6-G展示的是波哥大千禧交通系统的车辆，它们被用于具有地铁载客要求(即单向每小时超过27,000乘客)的走廊。这张照片显示的是：世界上最繁忙的、有沿线停车点的巴士快速交通系统，使用几个多开车门以实现快速上下车。

图片版权：TransMilenio website

照片6-G　在地铁载客要求的通道上(哥伦比亚波哥大千禧交通系统)使用多通道门巴士快速交通车辆来实现快速上下

6-1.1.3.1　车门数

美国用于上下车通道数量的经验是：在从高密度城市中心到低密度郊区的辐射通道上，巴士快速交通车辆每10英尺的长度至少要有1个车门。在密度高、同时上下车乘客量大的交通走廊上，应保证车辆有多个车门。在同样长度的车辆对快车线路来说，乘客都在早高峰小时下车，晚高峰小时上车，集体上下的车站也只有少数几个，较少的车门就合适了。

一部分传统巴士和专用快速巴士的车门是在左边(如哥伦比亚的波哥大和巴西的库里蒂巴)或在两边。这样是为了使车辆能单独使用中央月台，如南美系统，或配合使用岛式月台，如美国的克利夫兰。中央月台车站比较受欢迎，因为其快速交通车站的右侧空间较窄。中央月台减少了发售多种车票的售票机和平面转换设备，例如电梯或自动扶梯的需要，它们还使安全的提供变得容易。

图片版权：Irisbus North America

照片6-H　为密集的都市走廊配置的长18米(60英尺)的巴士快速交通车辆，有7个乘客通道(3个双开门和1个单开门)

多通道供乘客流动的高地板巴士的乘客服务时间 表6-2

（每位乘客的时间，秒。适用于在给定车站上车的乘客总数）

可用车门通道	上下[1]	前门下	后门下
1	2.5	3.3	2.1
2	1.5	1.8	1.2
3	1.1	1.5	0.9
4	0.9	1.1	0.7
6	0.6	0.7	0.5

注：

在有站立乘客的情况下，上车时间会增加20%。低地板巴士的上车时间会减少20%，前门下车时间减少15%，后门下车时间减少25%。

1 所有的数据都假设采用车下收费方式。

来源：Kittelson and Associates, Inc., 2002

关于车门通道对上下车时间的影响，见表6-2。增加一到两个车门通道会减少40%的上车时间，每个乘客由2.5秒减少到1.5秒。在前后门下车时间也同样减少。照片6-H展示的是一辆为乘客流量大的城市走廊设计的巴士快速交通车辆。这辆长度为18米(60英尺)的车的主要特点是有7个通道(3个双开门和1个单开门)。

6-1.1.3.2 车门位置

设计车门位置的主要目的在于确保乘客均衡地上下车。在其他因素相同的情况下，车门的位置应该把巴士快速交通车辆划分为载客量和通行距离比较平均的几个部分。在这方面，两个因素具有灵活性。首先，有车下收费装置的巴士快速交通车辆，不用在车辆的前桥部分安装车门，交付现金车费给驾驶员。第二，某些100%低地板车辆可以在车辆后桥部分安装车门。如果不考虑收取车费的方式，车门的安装应该保证不会使个别车门(如前门)被过多或过少的使用，因为这样会延长乘客服务时间和到站停靠时间。

6-1.1.3.3 车门类型

在北美车辆上使用的基本车门类型有4种：摆动门、双折门，平拉门和枢轴门(有些国家的巴士还采用滑门)。下面对各种车门进行说明，对其在巴士快速交通的应用性做一个评估。

摆动门：这种门绕各个车门外部的一根垂直轴承旋转，打开时向外，位于和车辆垂直的位置。虽然在巴士快速交通车辆上用作宽阔的双开门，这种车门便于安装和拆卸，但它可能会导致车辆在靠近车站月台边缘的地方不能进行安全操作。图6-3展示的是摆动门的原理图。

双折门：这种在车辆中间和车辆外部垂直边缘装有铰接的车门使用非常简单，历来被用于要求车门宽阔的地面电车和巴士上。同样的，把它们应用于巴士快速交通也是很理想的。它的缺点在于双折门开的时候车门会突出于车身以外，这样就限制了车辆与月台边缘接近的距离。车门面板非常狭窄(只有打开的门宽度的四分之一)，这样就限制了可利用的车窗空间(除去框架占用的面积)，也限制了日照时间内车通道区域的采光。图6-4展示的是双折门的原理图。

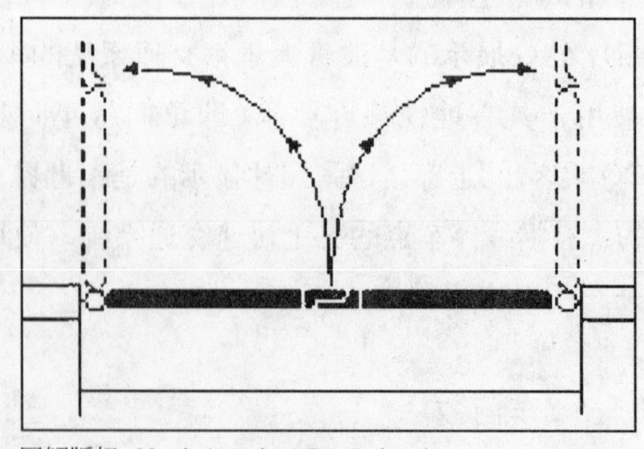

图解版权：North American Bus Industries

图6-3 可以两面推拉开关的车门

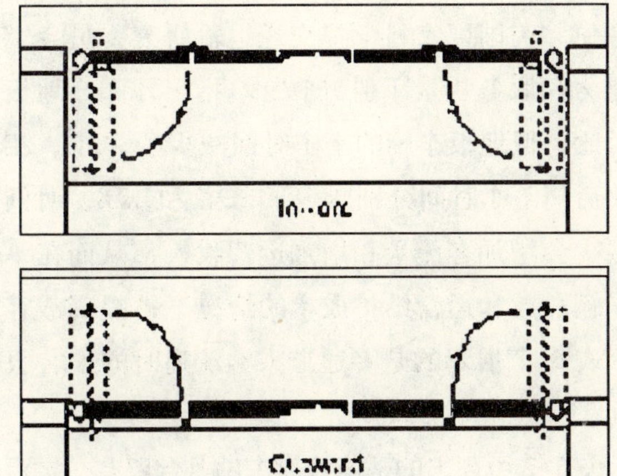

图解版权：North American Bus Industries

图 6-4　双折门

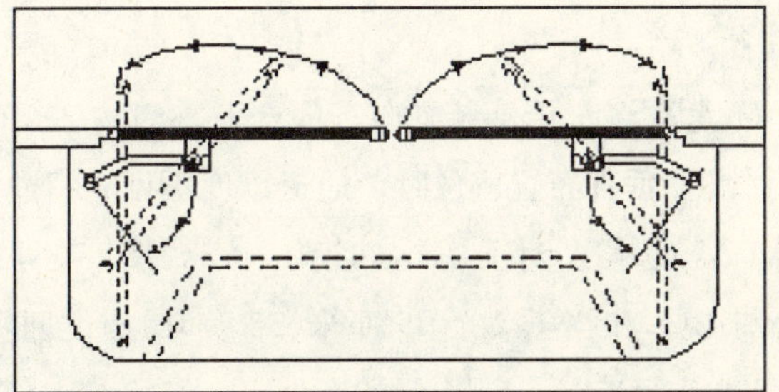

图解版权：North American Bus Industries

图 6-5　平拉门

平拉门：通过相对复杂的铰接装置，平拉门向外旋转，打开时和车的边缘在同一平面上。这种车门打开后有非常宽阔的供乘客上下车的空间，所以它们被广泛用于机场停机坪与候机楼间乘客往返的摆渡车。这种车门的缺点在于结构复杂、较难维护。平拉门的原理见图 6-5。

枢轴门：这种车门绕车门内的一根垂直的枢轴承旋转。由于相对比较简单，它们经常被使用于现代巴士。它们使用于巴士快速交通的不足之处在于展开车门的时候，车门会占据车内的空间，这样就限制了站位的空间并可能产生安全隐患。图 6-6 展示的是枢轴门的原理图。

滑门：这种车门通常用于美国铁路快速交通工具，虽然他们也被用于日本载客量大的巴士和其他使用日本巴士的亚洲国家。这些车门在需要 1.2 米（4 英尺）宽阔车门的情况下非常实用，因为它们打开时既不会向外伸出也不会向内缩进。这种车门的缺点在于它们的开关装置非常复杂。

以上说明和评估表明：双折门、枢轴门和滑门最适合北美巴士快速交通系统。

6-1.1.4　通道宽度、地板高度和地板平整度

通道宽度、地板高度和地板平整度也会影响到车辆的载客量。大多数传统低地板车辆的后桥轮舱（铰接巴士的第 3 和第 4 轮轴）之间的通道宽度至少达到 60 厘米（24 英寸）。限制这个通道宽度的主要是双车轮（车轴每端有 2 个轮胎）的宽度、车轴承悬架系统的几何形状以及必须不妨碍传动系统部件的运动。

一些巴士快速交通专用车辆加宽、加强的轮胎内安装有中心电动机。这种周围安装座位的构造留有更宽的通道（最窄的宽度也达到 87 厘米[34 英寸]），这样就使得车内通行更容易，乘客服务时间更短，还可以减少车站停靠时间。除了无踏步的上下车装置，非常宽阔的通道也是使重轨系统的乘客上下车时间低到每人 2 秒的原因之一。即使采用车下付费制，在街道上行驶的轻轨快速交通上下客时间大约也是每

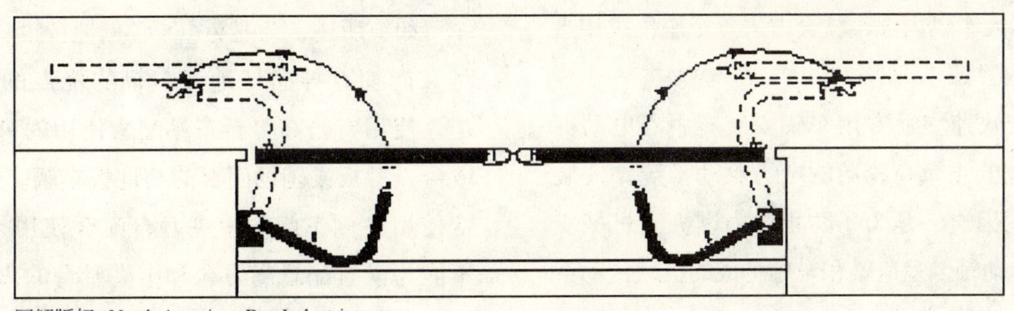

图解版权：North American Bus Industries

图 6-6　枢轴门

人3秒。

不考虑汽车传动装置向车内凸入，当按2+2(与车身侧壁)垂直布置座位时，通道宽度不可能超过60厘米(24英寸)。对于一个宽度为2.6米(102英寸)的车辆来说，相当于2个89厘米(35英寸)座位厢和2个1.5～2厘米(4～5英寸)的车壁。

6-1.1.4.1 地板高度

地板高度有3种选择：高、100%低，以及部分低。公路上行驶的长途汽车和发动机置于地板下面的老式巴士，其地板高度一般高于路面61厘米(24英寸)到89厘米(35英寸)。高地板车辆的应用，对于要求绝对最高载客量和座位数多的巴士快速交通系统来说，是有其好处的。但是，高地板车辆需要较长的上下车时间，除非它们都装有和车站高月台配套使用的快速展开的坡台、桥板或辅助门翼(如大量使用巴士快速交通系统的厄瓜多尔首都基多、巴西的库里蒂巴和哥伦比亚首都波哥大)。

100%低地板的车辆最大的优点是上下车时间短，而且后桥部分还可以安装一个门。但是，即使是在使用比较小巧的车轮和轮胎的情况下，100%低地板的设计都会被伸入车厢的轮罩占去4～8个座位。100%低地板设计的另一个缺点是机械装置和电气装置以及油箱的位置，如果把它们置于车辆内，会占用空间；如果放在车顶上，又不便于维护。最后一个缺陷是安装传统的机械传动系统的困难。传统机械传动系统包括发动机、液力离合器装置、传动轴、分动器和半轴。在100%低地板车辆中，仅仅因为发动机和传动装置伸入车辆内部，就会占去4个座位或相当面积的站立位置。

许多巴士快速交通专用车辆安装有中心电动机和有特别加宽的重负荷轮胎的电力驱动系统。安装这种系统的原因之一是为了防止由内燃机、机械变速箱、万向传动轴、差速器和车轴构成的机械传动系统在组装方面出现的困难。

前面已经说明，低地板车辆使乘客上下车更快捷方便。美国国家科学院交通运输研究委员会《交通能力和服务质量手册》(1999)指出，和高地板车辆相比，低地板车辆的上车时间减少了20%。相应的前后门下车时间分别减少了20%和25%。时间上的减少会增加客流量和增加运营收入，从而在不增加车辆总数和运营维护成本的情况下，提高载客能力。表6-2展示的是多通道乘客流通时的乘客服务时间。

表6-2中列出的是与停靠车站月台留有一定距离的、传统舵控巴士的乘客服务时间。许多巴士快速交通专用巴士都可以提供和月台齐平的、短距离的上下车设施。这些车辆上的导向系统，不管是电磁原理、光学原理还是机械原理，都能让车辆准确地“停靠”在车站。使用这些导向系统停靠车站时，车辆和月台的距离会小于《美国残障法案》规定的轨道交通车辆的最大距离(约3英寸)。为这种导向系统的低地板车辆提供服务的车站的月台会稍微高一些(约11～14英寸高，而不是6英寸的普通高度)，这样就能实现直接由月台到车内地板的上下车服务。

在月台与车厢地板同等高度的车站，导向车辆的上下车时间与重轨或轻轨快速交通系统的上下车时间差不多，约比表6-2显示的传统巴士的上下客时间短每人1秒。除了缩短平均乘客服务时间，这种直接由月台到车内地板的上下车服务，还可以大大缩短残疾乘客或带有婴儿车或童车乘客的上下巴士快速交通车辆的时间。上述方法与宽阔的通道结合起来，可以大大缩短服务时间，并提高运行时刻表的可靠性。

如上所述，为避免100%低地板设计的缺点，同时又能拥有导向低地板车辆的优点的另一个方案是，使用有与高月台车站配套使用的可快速展开的坡台、桥板或辅助门翼的高地板车辆。这种方法(通常使用左侧车门和中央月台配合使用)的缺点是它不能为没有配置高月台和中央月台的离线车站提供服务。这个缺陷可以通过在车辆两侧设置车门和踏步来解决。不过这样会减少座位的数量；并会延长停站时间。

6-1.1.4.2　地板平整度

目前有两种可应用于巴士快速交通的低地板车辆：100%低地板车辆和高低混合地板车辆（通常是65%～70%的低地板）。100%低地板车辆的优点是：

- 站位容量不会因为有踏步而减少；
- 无踏步会降低乘客意外摔倒的可能性；
- 车辆后部的流通性会更好，从而能更好地利用这个区域，这对大型铰接车尤为重要；
- 车厢内部乘客流通更容易，这样就能减少到站停靠时间，更好地利用车辆的载客能力；
- 在车厢的后部还可以加装一个门，这样在特定的情况下可以减少到站停靠时间。

100%低地板车辆的主要缺陷是，和部分低地板车辆相比起来，由于轮毂罩、动力传动系统和油箱等其他本来置于车厢地板下面的装置要占据相应的面积，车厢的空间就相对减少了。此类装置可以部分置于车顶，但这样又会不方便接触，引起维护困难，增加维护成本。照片6-I展示的是一个100%低地板车辆的内部视图。照片6-J展示的是洛杉矶快速地铁系统使用的、一辆长度为12.2米（40英尺）、带有踏步的车辆。

图片版权：Irisbus North America

照片6-I　100%低地板巴士快速交通车辆的后视图

正如照片6-K所示，宽阔无踏步的通道方便通行，易于通往较长铰接车的后部。照片6-L展示的是通过光学导向系统实现准确停靠，实现与月台齐平

图片版权：Los Angeles County Transit Authority

照片6-J　长12.2米（40英尺）、压缩天然气、部分低地板（70%）与后部加高的北美客车工业的巴士，洛杉矶快速地铁巴士

图片版权：Translohr, France

照片6-K　宽阔的无踏步通道方便通行，易于通往较长铰接车的后部

图片版权：Sam Zimmerman and Irisbus North America

照片 6-L　光学导向系统实现无踏步上下车

照片 6-M　巴西沃尔沃的双铰接高地板巴士快速交通车辆，车门开启时较低的一侧带有上下“桥板”(库里蒂巴)

的无踏步上下车服务。

另外一种巴士快速交通专用车辆有门翼或桥板，在车辆进入高月台巴士快速交通车站的时候，快速从车辆中展开。这些桥板可以提供和月台齐平的上下客服务，从而使乘客服务时间缩到最短，这是高月台地铁和一些轻轨快速交通系统的特点。到目前为止，这种车辆只在南美巴西库里蒂巴和圣保罗的 18 米长的单铰接车、24 米长(80 英尺)双铰接车和厄瓜多尔首都基多的 18 米长(60 英尺)的车辆上使用。在巴西库里蒂巴使用的车辆，如照片 6-M 显示，在车门的下部有上下车的桥板。投入这种应用的车辆集导向低地板车的轻松上下客服务和有高速优点的高地板车辆的载客能力于一身。这种设计的缺点是，如果没有组合门，车辆只能在与其地板相匹配的高月台车站使用。

6-1.2　主要物理特征

6-1.2.1　巴士快速交通推进系统

巴士快速交通车辆推进系统会影响到系统工作性能、乘车质量、环境(包括噪声和气体排放物)、对乘客和其他人的吸引力、运营的可靠性、总成本以及财务可行性。越来越多不同种类的推进系统正在投入使用或开发中，尤其是投入巴士快速交通系统应用。最基本类型的推进系统有 4 种。最普遍的是内燃机，通常是柴油机(压缩点火)驱动液力 - 机械变速箱。

第二种广泛应用的推进系统是电动车辆或无轨电车。无轨电车通常靠架空的接触系统(架空线)提供电力来驱动车载电动机或电动机组。当然，许多其他发送配电和采集系统也在开发和使用。

第三种系统具有“双模式”动力。其中典型的是投入西雅图中央商务区公共交通走廊使用的 18 米(60 英尺)长的铰接双动力车，以及将会投入到南波士顿公交专用路使用的车辆。通过一个独立内燃机(如柴油机、压缩天然气或燃气轮机)，通过架空线路电力来驱动的电动机提供动力，这些车辆拥有充分的服务能力。

第四种，也是最复杂的推进系统，是热能 - 电(热能部分可以是柴油机、压缩天然气或燃气涡轮)混合动力推进系统。顾名思义，混合动力推进系统车辆既有热能推进系统又有电力推进系统，它们也有车载储能器。车载储能器一般是电气的(电池或超级电容器)，尽管带有飞轮的机械系统和带有气动储能器的液压系统在过去的混合使用中都是成功的。

这种车载储能器允许热机在其最高燃烧效率和最低排放物范围工作，并且可以提供高的峰值能量和加速度所需的动力。这就减少了发动机工作的压力，允许它变得更小和更轻，大大降低了噪声和废气的排放量和燃料的消耗。车载储能器还可以利用制动回热减少燃料消耗和制动器磨损。

6-1.2.2　内燃发动机

如果选择传统巴士应用于巴士快速交通系统，内燃机是常见的，也是最可能选用的动力设备。内燃（如清洁柴油和压缩天然气火花点火）发动机驱动一个连接有4速、5速或6速的自动变速的变速器，然后再连接到传动轴。标准输出功率在250～350马力；当然，如果是在山区行驶的铰接车，就要采用450马力以上的发动机。

减去交流发电机和空调压缩机等附属装置的消耗和传动系统的摩擦损耗，传输到车轮的净功率比总功率要小得多。目前发展的趋势是，随着车上电气装置（如电动，而不是直接由发动机驱动的空调）数量的增加，要求车辆能为交流发电机提供更多的动力。

许多运营商通常都使用以压缩天然气为燃料的内燃机来降低排放量。不过，压缩天然气发动机的燃料消耗和成本要高得多，维护成本也要高一些，因为到目前为止，它们主要采用火花点燃，并且是节流（相对于非节流）压缩点火柴油机。它们还需要昂贵的专门车库、维护和燃料添加设备。

在过去20年里，为了减少排放量，对柴油发动机的改造已取得了重大的进展。电子控制的、带有废气循环装置的“电传线控”清洁柴油发动机，大大减少了微粒、碳氢化合物、氮氧化物和一氧化碳的排放量。

目前，电子控制的清洁柴油发动机使用的是低硫柴油、自洁式催化转化器、电子控制的液压机械变速箱结合。可以有比压缩天然气火花点火发动机低的微粒和碳氢化合物排放，虽然它的氮氧化合物排放量略高。在6-2节中对此有详细的介绍。

现代火花点火的压缩天然气发动机的微粒排放量较低，并且噪声比柴油机要小一些，但是总重量要重一些（高压燃料箱的运营和维护成本较高，每辆车的购置费用大约$50000）。与清洁柴油机车辆相比，它们还有额外的添加燃料的基础设施费用。

将来，清洁柴油机使用催化式排气净化器，允许用低硫燃料和压缩天然气点火（或柴油混合物），有希望完全消除排放物。这是一个规划和项目开发问题。同时，虽然仍然会有额外的基础设施费用，但是对压缩天然气发动机的改进（如：对天然气－空气混合气进行非节流柴油燃料压缩点火）将会大幅度降低压缩天然气运营成本。

6-1.2.3　全电动无轨电车

另一个经过几十年运营考验的、普遍使用的推进系统是全电动无轨电车。它通过架空的接触线提供电力来驱动电动机，这些电动机可以通过反转来制动车辆（这样能减少制动器磨损），并且为其他可能再同时加速的车辆提供回收电力。与只有一根接触电线的有轨车辆（因为轨道提供了地线）不同的是，无轨电车是从两根电线获取电能，一根火线和一根地线。无轨电车有时带有车载储能器或动力生产装置，通常是电池或一个小的辅助发动机加发电机，这样它们就可以做脱离架空线路的短距离运行，以便绕过障碍物或在中央推进系统出现问题的时候着手维护设备。

过去数年来，有过许多通过不同于可见的、突出的架空线路电线的技术来为有轨电车、轻轨电车和无轨电车分配和汇集电力的实验。这些非标准的分配和汇集的技术包括地下管道和第三电线的接触，这个接触是通过街道的狭槽伸展到电车底部的“犁”进行的。虽然这个方法从外观讲要优于架空线路电缆，但是它的造价和维护费用比较昂贵，存在安全问题，并且还会对消防和公用事业的维护等其他城市功能造成影响。

为巴士快速交通车辆馈电的一个新途径是在意大利开发的，被称做“流系统”。它由带绝缘接触板街面的地下管道组成。这些板只有与底部装有滑动触盘靴的巴士快速交通车辆接触时才会产生作用，十分安全。当车载强力磁体从电缆沟里预制的防水绝缘的容器框结构中举提起一根连续的柔韧电缆时，能量就被释放出来。这样，它就能通过地下把能量传输给路面的触盘靴。虽然这项技术还没有在大范围的服务中接受验证，但是它已经在意大利城市的里雅斯特检验过了。到现在为止，速度被限制在每小时33公里(20英里)以下。

应用于巴士快速交通系统的、利用外部电源的全电动无轨电车的最大优点是在噪声和气体排放两方面是环保的(至少在线路附近区域)，以及由于其很高的功率和扭矩输出的大加速率。现代电动车辆还有一个特点是比传统的多档液力-机械变速箱的内燃机车辆平滑得多的加速度和减速度。

无轨电车通常还有在交通工具中最高的功率——重量比率，能最有效地将动力通过高牵引力橡胶轮胎转移到路面上。照片6-N展示的是厄瓜多尔首都基多的无轨电车，这是一辆全电动无轨电车。带有电力牵引装置的车辆的起动力矩和在任何给定转速(RPMs)下的输出功率总是比同体积和同重量的内燃机更高。电车的加速度和爬坡的能力也非常好，因为直流电动机的最大牵引力在每分钟转数为零的时候就产生了。

图片版权：John Cracknell

照片6-N　全电动无轨电车，Trolebus(厄瓜多尔基多)

与此形成对比的是，柴油发动机必须要旋转到每分钟2000转时才能产生最大扭矩，如果要在较低的转速和较小的起动力矩的情况下让发动机驱动车轮，就必须使用离合器。电力牵引的另一个好处是可以同时为多套车轮提供动力，这样在行驶路面较滑的情况下就可以产生更强的牵引力。

作为一个实际的问题，电动机在较低的转速下获得较热力发动机高扭矩的优势应用有限。在车上有站立乘客的时候，正常加速度率一般不应超过每秒1.3米。否则，乘客就需要用过多的力气保持平衡，这样会让他们感到不舒适。不论动力如何，任何型号的车辆都能达到每秒5米的紧急制动速度。

电力牵引使得在静止状态下产生较高的加速度成为可能，这在需要频繁起步和停车的时候非常有用。然而，当不需要快速起动和停车，而需要高速前进时，这个优点就不那么有吸引力了。在维持较高转速的时候，不管是电力牵引还是内燃机牵引都可以达到最大加速度。电动车的最后一个优点是，由于其振动较小，所以，大多数系统(包括电动机，空调系统，所有的电子装置和组件以及车身)都比同样的热机车辆的使用寿命长。

无轨电车的缺点是建造和维护成本较高，基础设施的视觉干扰和供电的不变通性(由于需要通过代价高昂的如架空的接触线路等途径供给电力，由此产生范围受限制的固定的基础设施)。这种不变通性可以通过两种途径克服。

克服无轨电车供电不变通性的一个途径是：在最重视加速性和环保(特别是低噪声)的地方，应采用全电动无轨电车提供站站停车服务和轻轨快速交通式的服务。直达车和有限停靠的服务就可以由热机车辆来提供，因为这些车辆不需要与架空接触联系，也不需要其他的外部能源。另一种克服无轨电车供电不变通性的途径是采用在线和离线都可以提供充分服务的双模式车辆。

6-1.2.4　双模式(双动力)热-电驱动

双模式车辆将无轨电车和可以独立提供完整服务的内燃机(如：柴油机，压缩天然气或燃气涡轮)结合在一起。双模式车辆因此拥有无轨电车和使用内燃机的普通巴士的双重优点。在预定线路的轨道上，尤其是城中心，车辆就从架空接触线路获取电能。西雅图中央商务区巴士隧道使用的车辆就有这种性能。

有两种双模式铰接车的配置方法。第一种是，一根车轴由电动机驱动，其他的由内燃机和传动装置(如在西雅图)驱动。这是最直接的配置方法，但是这种方法有缺点。因为它必须有两套完整的驱动装置，这样会使车辆变得沉重。同时，也排除了多车轴同时驱动的可能性。

第二种双模式配置法是利用一个内燃机和一个电机或交流发电机(代替架空接触线)，提供电能给电动机或电动轮，这样就可以避免既需要电动机，又需要机械传动装置的缺点。这种动力装置既可以当作无轨电车使用，也可以当作柴-电车辆使用。有了这个方法，车辆的公共交通质量得到大幅度改善，因为全电力驱动消除了与液力-机械传动关联的往往生硬的换档变速，不过这类车辆相对于其他的结构车辆而言，燃烧效率较低。

内部生成电能或外部(通过架空接触线路)提供电能后，就可以像轻轨车辆那样为多个车轮提供能量了，这是一种在美国拉斯维加斯，法国南锡，美国波士顿(如照片6-O所示)使用的方法；现在瑞士洛桑使用的也是这种方法。也可以将电动机安装在一根单独的车轴上，来为两个车轮提供动力，这是无轨电车的典型解决方案；或者根本不要车轴，将电动机直接置入车轮轮毂内。当电动机被置于车轮之内时，必须设计宽的轮胎和车轮。

将电动机置入车轮轮毂内是所有巴士快速交通车辆采用的方法，也是造成成本昂贵的一个重要因素。轮毂电机的使用意味着车辆中心的底盘可以非常低，这样就有非常宽的通道、100%低地板、在后轴部位也可以安装一扇门。缺点是这种发动机非常昂贵，系统也会很重。照片6-P展示的是在巴士快速

图片版权：MBTA

照片6-O　尼奥普兰AN460LF18米(60英尺)双模式、柴油-电动巴士快速交通车辆，南波士顿公交专用路计划采用

图片版权：Irisbus North America

照片6-P　带有轮毂电机的驱动轴，这使得宽阔的通道和100%低地板成为可能

图片版权：Berkhof Jonckheere

照片6-Q　混合动力巴士快速交通车辆

交通车辆使用的带有轮毂电机的驱动轴。

双模式车轮对公共交通运营很有吸引力，因为它们不但像有车载原动力的传统巴士一样能自由行动，同时也结合了无轨电车的优良性能和环保优势。双模式车辆的主要缺陷是它们的重量和成本。将在南波士顿公交专用路使用的尼奥普兰车辆的估算成本远超过每辆100万美元；与之相比，一辆标准柴油机，70%低地板的铰接车成本仅为50万美元。双模式车辆也比传统巴士要复杂一些。传统巴士只需要对一台内燃机和一台行之有效的液力-机械传动装置进行维护，而双模式车辆需要更多的维护和更高的成本，因为它们的部件更多一些。在决定将这种类型的车辆用于特定的巴士快速交通系统中使用时，必须进行比较评价，这就涉及到成本、复杂性、可靠性、可维护性、重量、燃料消耗和加速性能。

6-1.2.5 有能量存储的混合动力驱动

混合驱动系统是将双动力车辆(如：柴油机，压缩天然气火花点火或燃气轮机驱动的发电机和交流发电机)和车载电池组或超级电容器等能量存储介质相结合。真正的混合驱动的巴士快速交通车辆比只有一个简单热能-电力驱动而没有能量存储介质的(在这种车辆中，热能是由柴油，汽油或压缩天然气提供的)车辆的工作性能要好。

一个带有能量存储介质的混合动力车辆可以使用功率较小的发动机，因为发动机可以在一个稳定得多的负荷下运行。当需要较强动力的时候，就可以从存储介质中获得额外的动力。与此相反，当巡航或滑行时，发动机可以对能量存储介质进行再充电。制动时的回热也可以对存储介质进行再充电，还可以减少制动器磨损。

混合驱动车辆还有防止噪声和空气污染的优势。由于不再需要发动机以很高的转速来达到足够的加速度或爬坡，最高噪声也就降低了。防止空气污染(和燃料消耗)的优势源于发动机有更稳定的负荷。在较小的操作范围内，将发动机的排放物和燃料消耗调整到理想状态比在较大范围内容易得多。这是混合动力推进系统的一种特殊优势，即使混合系统中有柴油机，这个优势仍然存在。

在上面提到的双模式车辆中，混合车辆可以使用两种推进系统装置中的任何一种，但它们不一定需要架空线。可以供混合系统使用的第三种双动力结构需要一台内燃机、一台电动机或发电机和一个机械传动装置，这些部件都装在一个传动轴上。这个方法和本田英赛特和本田市民汽车使用的方法非常接近，作为一种双模式车辆的替代方法正在西雅图运营服务中进行测试。第三种双动力装置比其他装置多出了驱动电动机或发电机的重量，还有液力-机械传动装置的分级变速的缺点；然而，它的燃料使用率和加速度比其他的结构要好一些。

6-1.2.6 燃料电池

现在正在全世界范围内做示范运转的燃料电池，在实现商业化以后，会成为巴士技术明显的突破，尤其是对于巴士快速交通车辆来说。在有催化剂的时候，燃料电池使用氢气和氧气直接产生电能，不需要其他任何发动机和发电机/交流发电机。目前有两种获得车辆燃料电池的基本途径，一种是使用放置在高压汽缸(压强达到350巴)里的氢气，另一种是使用化学方法在车载重整装置里分离液烃燃料如甲醇而得到氢气。

水蒸气是使用纯氢气作为燃料的车辆的唯一排放物，这是对内燃机排放的、不完全燃烧产生的烃、一氧化二氮、一氧化碳和二氧化碳等温室气体的改进。对于交通行业和整个巨大的汽车产业来说，燃料电池技术可望成为环境保护方面的一个突破，因为它可以用许多再生物质产生的氢气为燃料。除风扇噪声以外，燃料电池巴士是非常安静的，它甚至比许多小汽车更安静。

使用燃料电池的车辆还需要克服的障碍包括：

- 获取氢气的需要(如果氢气的制取在城市中

心地带进行，可能非常昂贵，还可能对环境造成污染）；

● 如果使用随车携带的液态烃（如甲醇），就需要更高效、更廉价、更轻便、更耐用的重整装置；

● 在全北美范围内需要一套新建的提供氢气或甲醇的基础设施；

● 足够的车载燃料储备能力，以满足充分的运营区域需要，而不必考虑燃料的多少；

● 需要减少以上运营的初始成本和日后的运营与维护成本。

要将这项技术商业化并使其购买价格具有竞争力，还需要一段时间，但专用车辆的设计保证了最终向使用燃料电池技术的转化。

6-2　排放

按照巴士快速交通应用规定的服务标准（在一个高峰时段的一个单点上要通过 200 辆或更多的车辆），噪声和废气排放是车辆规划和设计的重要参数。这两项都常常被引用作为巴士快速交通系统应该让位于轻轨快速交通系统的原因，因此这两项指标都是非常重要的设计车辆、选择车辆的标准。

6-2.1　废气排放

在减少来自橡胶轮胎车辆的废气排放方面，已取得了巨大的进步。在前几代机械控制柴油机的基础上，柴油机已经得到很大的改进。根据《康涅狄格州巴士动力技术的研究报告》（Werle,2001），当代的四冲程、电子控制柴油机的微粒排放量比 1994 年前的柴油机的排放量减少了三分之一（只是早期二冲程发动机的 15%）；另外，氧化氮、一氧化碳和碳氢化合物的排放量也要低得多。

图 6-7～图 6-10 是在巴士快速交通车辆和高端传统车辆上（如压缩天然气和清洁柴油混合机）越来越多使用的动力技术的图解，这种动力技术在过去十年中，使各种污染物排放量大幅度减少。柴油机混合使用低硫燃料和持续不断地改进技术（如催化转化器）可以将微粒排放量减少到几乎不能被发现的水平，将碳氢化合物臭氧初级粒子的排放量减少 70%；它们还可以大量节约燃料，使燃料使用率提高 30%。

在大量投入使用时，这种使用低硫燃料和催化转化器的环保柴油机的购买成本不会比其他同类产品昂贵许多。它们每英里的运营成本只比现在使用的传统柴油机多几美分（以及略高的燃料成本），并且可靠性相同。最环保的柴油机汽车（那些带有补燃

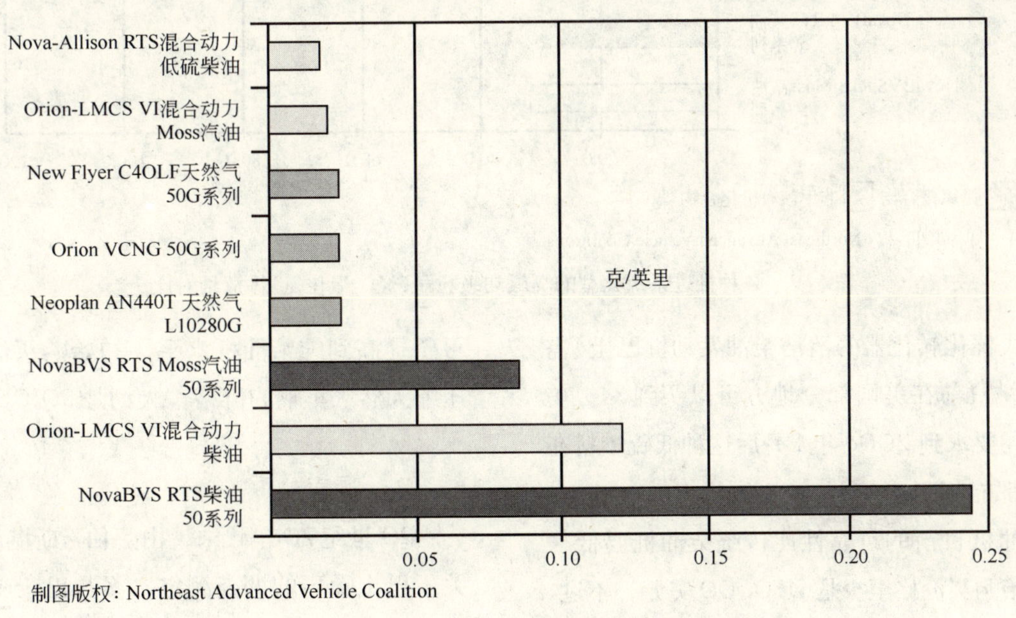

图 6-7　各种推进系统类型的微粒排放量对比

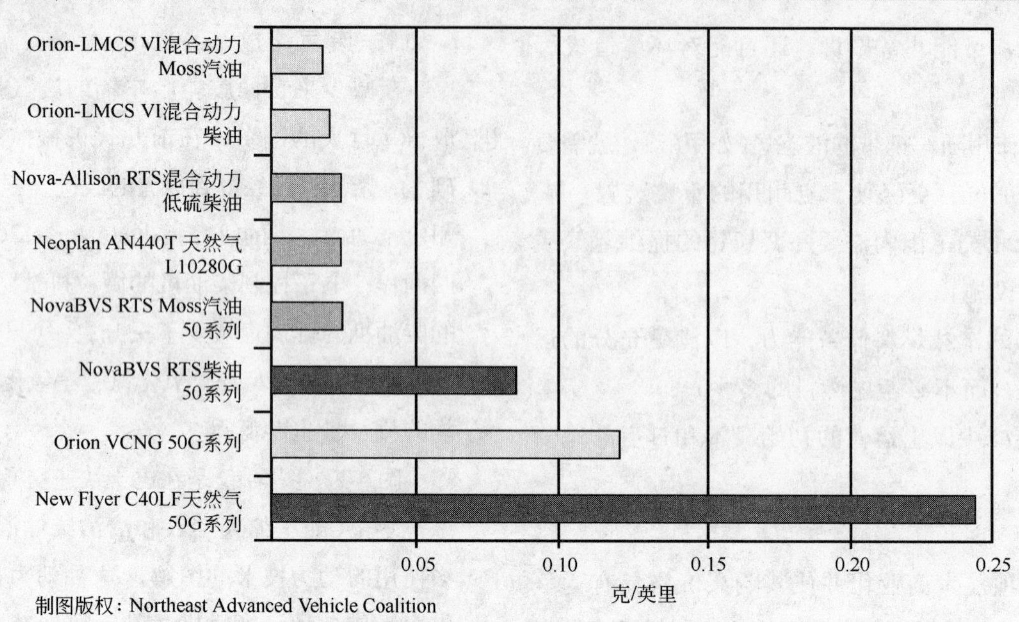

图 6-8　各种推进系统类型的一氧化碳排放量对比

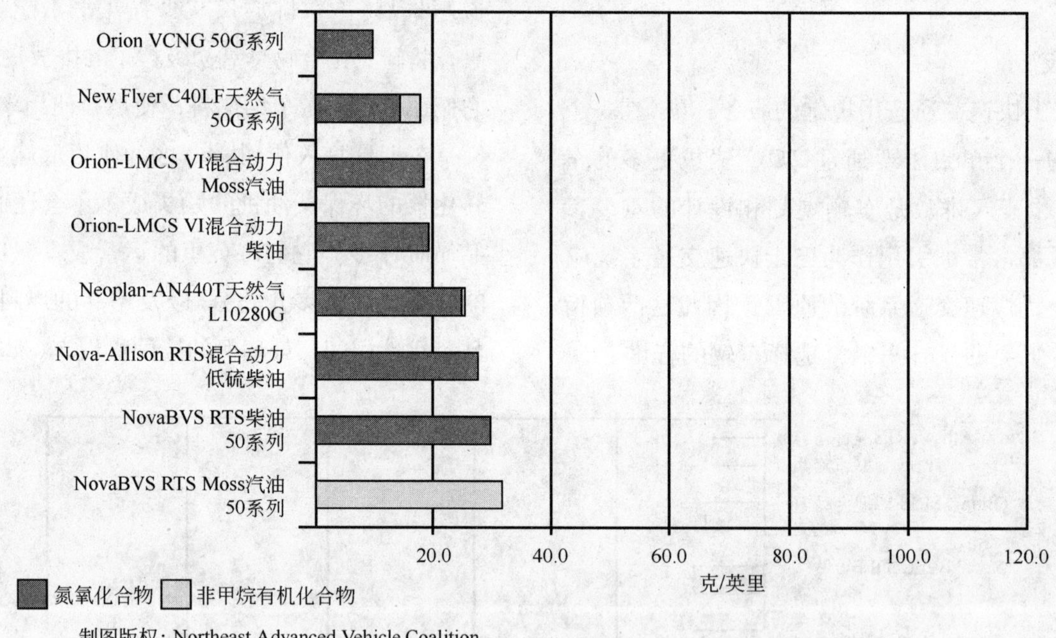

图 6-9　各种推进系统类型的臭氧初级粒子（烃、氧化氮）排放量对比

技术、自洁式催化转化器的清洁柴油发动机巴士）需要的低硫燃料目前在美国部分地方可以买到，但美国国家环保局要求到 2006 年 1 月后这种低硫燃料在所有的地方都能买到。

混合柴油机目前的可靠性比传统柴油机要低一些，而且初始购买价格至少是 $150000 美元。不过，当越来越多的此类车辆投入使用后，它们的可靠性可望提高到纯柴油机水平，初始购买价格可望降到压缩天然气车辆的价格，大约是 50,000 美元。

6-2.2　噪声

20 世纪 70 年代末，由萨伯－斯堪尼亚做的一个关于巴士噪声的调查测定，多数巴士噪声是由和柴油机有关的一些特性造成的，而这些特性可以非常

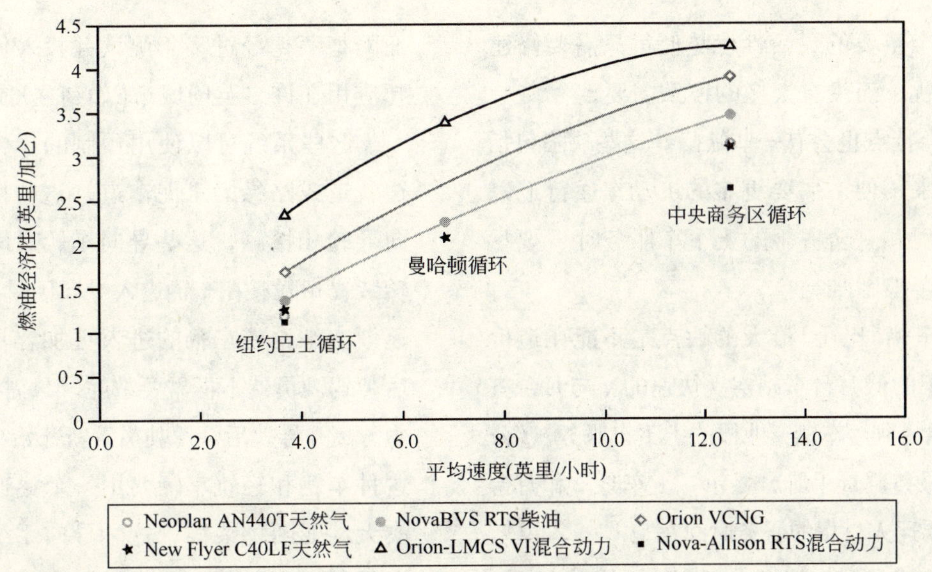

图 6-10　各种推进系统类型的燃料节省对比

容易地加以克服。巴士噪声的主要来源是：

- 机械噪声(如高压缩比使得活塞在各自的汽缸内摆动移动，被称为“活塞撞击声”)；
- 由于喷入高压燃料产生的柴油机敲击声；
- 风扇噪声；
- 进气噪声；
- 排气噪声(有限的问题)；
- 轮胎噪声。

萨伯能够将巴士的噪声降到和现代小汽车差不多、甚至更低的程度(在全加速时、与车辆侧面距离 10 米的情况下测量为 78 分贝)。他们通过一些较小的改变来达到这个目的，如使用较大的、转动较慢的风扇，使气流指向车辆的后部进入车辆尾旋；使用一个大一些的消声器；使用电子控制的“多喷射器”来注入燃料；或者把发动机装进隔声材料中，尤其是发动机下部，这样来减少从公路反弹回来的机械噪声。一项独立的联邦公共交通管理局车辆研究项目得出了相同的结论，并设计出了一个降低噪声的、只需要 $10000 美元的配件，这个配件可以将噪声降低 5～10 分贝。

这是 20 年前关于上一代动力技术的情况。现在的四冲程、清洁柴油机巴士快速交通车辆、低压压缩天然气火花点火发动机和燃气涡轮(独立的、或者是与电动机 / 有能量储备负荷校正的混合驱动器结合的)可以使噪声控制更简单，因为发动时的基本噪声排放更低了。这里主要的结论是，由于各种实际目的，噪声排放可以被减少到(在多数巴士快速交通应用中)不明显的程度，设计者和执行者应该将噪声标准列入他们的计划书和采购文件中。

6-3　导向系统

在橡胶轮胎运输车辆中，尤其是用于快速交通的车辆，一个很重要的进步是使用了先进的智能交通系统技术来提供横向，甚至是纵向的车辆导向。这种和过去巴士机械导向技术(如欧邦)截然不同的系统，消除了对昂贵的物质基础设施的需求，因为这个导向系统是建立在对电磁标志或着色标志进行电子探测的基础上的。这种系统对路权要求、乘客舒适度、速度、到站停靠时间和可靠性的结论是非常可信的。

橡胶轮胎、舵控巴士快速交通车辆可以在任何专用通道环境运营，从和普通交通车辆混合的专用通道到完全按等级分开的巴士专用路，如地铁公共交通线路。这个重要的灵活性优势使得只需要修建最少的专用导轨，而没有太多的换乘需要。

当然，这个特点也会有一些缺陷。这些缺陷包括可能给乘客带来不便、需要更多的机动车通行道以及驾驶员为实现和月台齐平的上下车服务时，要尽量靠近车站月台很困难。

传统舵控车辆（巴士）最大的缺点是不能在造价便宜、方便施工的低月台车站实现快速的、与月台齐平的车站-月台-到-车辆-地板的上下车服务。《公共交通能力和服务质量手册》显示，上车时，和月台齐平的、不需要逐人付费的服务时间在是1.1~2.6秒，下车时间是1.4~2.0秒，混合上下车时间是2~3秒。

虽然这些数字和表6-2显示数字的差距部分是由于车门的宽度和车辆内部构造导致的，更重要的原因是由于乘客们在上下车时必须上下踏步。实际上，《公共交通能力和服务质量手册》显示的高地板轻轨快速交通车辆的上下车时间（每个乘客3.4秒），和与月台齐平的重轨铁运系统相比（每个乘客2秒），要高得多。

为了克服这些缺点，近年来出现了很多为巴士快速交通车辆提供跟踪精确度的技术，这些技术通常和铁轨快速交通模式有一定的联系。如果车辆停在离路缘较远的地方，需要乘客先下到公路然后再上车，那么，低地板巴士也会导致上下踏步。因此，橡胶轮胎交通工具，尤其是用于快速交通的车辆的一个重要进展是使用先进的智能交通系统来提供横向导航，这样就可以支持精确靠站，还可以提供纵向控制（如起步、停止和保持安全车距）。这些系统可以提供更舒适的行车，并且对轨道车辆的通行要求降到最低；更重要的是，它们提供与月台齐平的上下车服务，这样就减少了车辆的到站停靠时间。

6-3.1 机械导向系统

近期第一个开发的巴士机械导向系统是"欧邦"系统，其导向方法和飞机场的橡胶轮胎自动快速运送车上使用的导向方法相似，已在德国埃森、澳大利亚阿德莱德经过多年测试并投入使用，类似的非欧邦应用在许多英国城市（如利兹）使用。

这些系统可以使用预制的、带有较低的垂直侧边轨道或路缘的水泥车道，这些侧边轨道或路缘侧向导轮相接触，这些导向车轮又同车辆舵控系统空转装置相联。在车辆进入导向区时，这个部分的导轨逐渐变细，使车辆的进入更加容易。一旦进入导轨后，驾驶员就不再需要掌舵，只需要提供动力和制动力。离开导轨后，驾驶员重新开始掌舵。在德国埃森，这种车辆和轻轨车辆共用一个隧道。在德国埃森和澳大利亚阿德莱德，这种导向系统已经成功运作了多年（德国埃森已经停用），安全记录很好，问题很少，而且乘客满意度也很高。

近来另一个横向机械导向技术是在车行道上使用一个导向铁轨或中心金属导向凹槽。在这个导向铁轨方法中，铁轨和导向车轮或导向槽轮相接。在每对车轮上放置有一个槽轮。在导向槽轮系统中，导向和安置在巴士中线的带轮胎的臂状物相连。在这两种情况下，巴士在导向区域以外的区域运行的时候，车辆的接触机械装置可以收回去。

这个导向方法在巴士快速交通专用车辆上的具体使用上存在一些不同之处。例如：在一些车辆上，所有的轮轴都旋转以提供全轮操纵来简化精确靠站和减少旋转的范围。另一个车辆在连接处有固定轮轴，可以使所有的车轮旋转并沿同一条路径行驶。轨行系统可以命令复杂的制动或解除制动机械装置启动或停止和车辆底盘相联的轮轴的运行，这由车辆是否是在导轨上行驶决定。在运营服务方面，这两种车辆都在巴黎郊区的瓦尔-德-马恩现场通过了大范围的测试（Ventejol,2001）。

机械导向系统的优点是有序的行驶线路、准确停靠站、安全性高、简洁和在恶劣行车环境下车辆的耐用度。缺点包括附加的车辆重量和进行工作所必需的额外基础设施费用（如建设垂直的导向表面或嵌入公路的车道）。除了复杂的行程图外，在车辆进入和离开导向车道区域的时候，可能也会产生困难。

导向车辆常常需要路权，就是说要用一些系统（如欧邦）把它们同其他交通车辆分开，除预定区域之外，其他车辆不能在路上穿行。照片 6-R 显示的是巴士快速交通车辆上的导向装置。照片 6-S 显示的是法国南锡使用的带有导向车道的专用通道。照片 6-T 显示的是澳大利亚阿德莱德欧邦机械导向系统使用的专用通道。这张照片展示了供导向轮行驶的垂直路缘的使用。

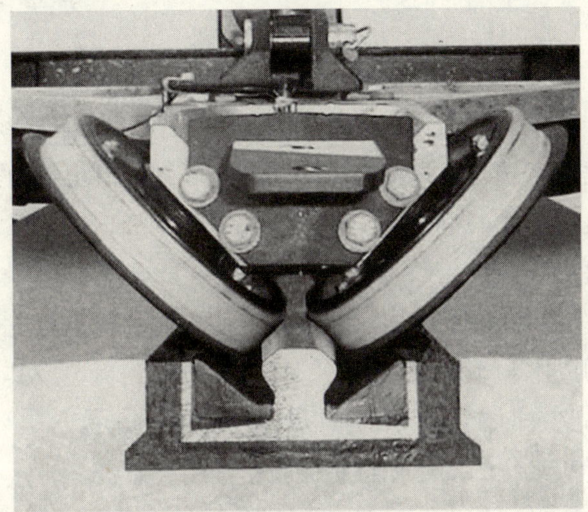

图片版权：Translohr, France

照片 6-R　在巴士快速交通车辆和轨道上的导向装置

图片版权：Bombardier

照片 6-S　庞巴迪 GLT 车辆采用的并入导向磁轨的专用通道（法国南锡）

照片 6-T　机械导向欧邦系统采用带有垂直导向堤的专用通道（澳大利亚阿德莱德）

6-3.2　光学导向

另一个横向导向技术是使用一个安装在车辆仪表盘上的摄影机来获取车辆位置参数。它通过将绘制在车行道上的平行条纹和车辆横向位置进行比较，将相对位置数据传输到计算机上；在系统被启用的时候，这个计算机通过一个伺服电动机对车辆进行控制。

即使在绘制路线被另一个车辆、树叶或冰雪部分遮盖的时候，这个摄像系统也可以照常工作。这个系统易于准确控制轨迹（约 5 厘米），还提供准确倒车通行和狭窄街道上无误驾驶的可能性。它还能够将车辆在车站停车的侧向偏差控制在严格的范围内。这样就能够防止车辆在高速进出车站时轮胎与路缘发生摩擦，也不需要为残疾乘客准备上下车用的、费时的斜坡或升降装置。这个特征可以使只有舵控装置的车辆的到站停车时间大大减少。

光学导向系统避免了与机械导向系统相关的车辆重量问题，并且基础设施成本也很低，因为除了喷涂在车道上的条纹，没有其他的物理设施。在光学导向系统下，驾驶员可以在任何时候启动车辆。而且，这些系统也可以在慢车快车混合车道上运营，因为它们使驾驶员驾驶车辆进出车站变得方便。

光学导向系统在一些巴士快速交通专用车辆上使用。正如照片 6-U 所示，仪表盘上的摄影机和公路

图片版权：Irisbus North America

照片 6-U　带有安装在车辆仪表盘上的摄影机的巴士快速交通车辆，和作为光学导向系统主要组成部分的绘制在公路上的条纹

图片版权：Sam Zimmerman

照片 6-V　光学导向系统中带有虚线的巴士快速交通专用道路（法国鲁恩）

上绘制的虚线是光学导向系统的主要组成部分。照片 6-V 显示的是法国卢昂的巴士快速交通专用道，这里也有光学导向系统使用的虚线。这个系统在巴黎经过瓦尔－德－马恩交通项目充分的测试，并且自 2001 年起在法国卢昂和克莱蒙费朗投入使用。即将使用伊萨巴士西维斯车辆的拉斯维加斯的巴士快速交通系统计划在 2003 年的秋天开始使用这个系统。

伊萨巴士西维斯系统使用的光学导向系统有一个缺点，由于它转弯的方式和只有一个导向 / 舵控车轴的传统铰接车相似，与所有车轮都在同一条车道上行驶的车辆相比，它在转弯的时候就需要一个更宽的区域。大多数轨道巴士快速交通车辆都有相同的情况。光学导向还缺乏刚性的物理导向的安全性。高速行驶时，建议使用 20 厘米（8 英寸）高的安全限制物，这样备用导轮能够在系统故障时接着运行。在交叉路口也可能会出现问题，因为在这里专用路的导航线可能会和其他交通标志交叉，这样可能使系统无法正确识别。其他的安全问题还包括可能模糊导航线的冰雪和对绘制条纹的故意破坏。

6-3.3　电磁学和其他电子导向系统

一些公司为巴士快速交通开发了电磁导向系统。这些系统是通过埋在公路路面的磁铁或有电流通过线缆形成的电磁场与车辆的相对位置数据来为车辆提供导向。

和机械系统相比起来，这些系统的优点是它们的成本和车辆重量更低，以及在有冰雪覆盖或其他公路表面情况时，仍可以从磁场中得到数据。但是，这些系统的安装和维护比光学系统要昂贵一些。

到目前为止，用于巴士快速交通的导向系统都提供侧向导向，这种导向往往被驾驶员所忽视。每辆车上都必须有一个驾驶员来发动车辆，给车辆加速和停止车辆。提供纵向控制（如从一个车站启动到另一个车站停车）的系统正在开发之中，并正在荷兰艾恩德霍芬试用。一旦探测到车前有障碍物（如一辆停着的车辆）就可以自动刹车、减速等适应能力的巡航控制系统，已在卡车上使用，并将应用于巴士快速交通系统。

6-4　造型

不是只有运营特性才能决定巴士快速交通系统，车辆和物理基础设施的匹配性同样映射出实际形象。这个形象可以通过增加一些特别的特征和良好的服务得到提升，如准确停靠站和实时到站信息。正如在第 8 章里详细描述的一样，一个巴士快速交通系统的形象在最初的概念规划和设计阶段应当仔细培育。

由于多种原因，这个形象对于系统的最终成功是非常重要的。一是通过提供一个比慢速巴士系统更能察觉的“高质量体验”来吸引乘客。二是培育独特形象和识别性，原因是使用系统本身来做广告和传递关于线路设置和时刻表的信息。当乘客看见形象独特的车辆在某线路上停靠某些车站的时候，这个系统何时在何地提供服务的信息就一同传递出去了。

正如一些成功的例子所示，并不一定都是要以一个有轨车的形象出现才能成功。美国波士顿的MBTA银线，洛杉矶的快速地铁巴士和澳大利亚布里斯班非常成功的东南巴士线路都成功地使用了非常好看的近期模型传统铰接车和单车，这些车辆并不像有轨车。这些系统都使用独特的外观来定义各自系统的形象和识别性。这样一个“品牌”外观可以把巴士快速交通系统的巴士和普通巴士区分开来。这个外观应该和其他巴士的外观不同，但是必须和巴士快速交通车站、终点站的外观以及海报、图表和其他印刷材料的图案相匹配。

这样，巴士快速交通车辆的品牌外观就强化了巴士快速交通服务的系统性。照片6-W显示的是在澳大利亚布里斯班的东南巴士线使用的长度为12.2米(44英尺)的巴士。

在2003年，至少5家欧洲巴士制造商(伊萨巴士西维斯、庞巴迪、尼奥普兰、先进公共交通系统和团斯劳尔)设计并生产了和轻轨车辆在外观、内部构造和其他特点(如导向系统)相似的巴士快速交通专用车辆。在欧洲和南美，沃尔沃正在开发巴士快速交通车辆，在北美，新飞人和北美客车工业都有制造巴士快速交通车辆样机的计划。

显示巴士快速交通车辆特征的例子包括它们的大外型和独特的形状(长度13.75～25米［45～80英尺］)、大的全景乘客窗户、曲度很大的前挡风玻璃、几个多通道门、侧向导向和准确停靠站；噪声小的热-电混合动力推进系统、以及有驾驶员座位设在中间的选择方案。比较起来，南美的专用车辆和传统巴士在外形上更相似，虽然在功能上有很大的不同(如能在车辆停站时快速展开的车辆地板-到-车站-月台的桥板)。在南美，更强调购买成本和功能性，而不是形象。

照片6-X到照片6-Z展示的是巴士快速交通车辆独特的、现代的形象范例。照片6-X显示的是一辆长18米(60英寸)双模式磁轨导向模式巴士快速交通车辆。照片6-Y展示的是一辆长24米(80英尺)、电磁导向、混合动力推进系统的模式巴士快速交通车辆。照片6-Z展示的是一辆长13.8米(45英尺)的混合动力巴士快速交通车辆。

图片版权：IBarry Gyte, Brisbane, Australia

照片6-W　在布里斯班东南巴士专用路上的萨伯“欧迷你”城市巴士

图片版权：Translohr, France

照片6-X　长18米(60英寸)、双模式、磁轨导向的现代巴士快速交通车辆

图片版权：Berkhof Jonckheere

照片6-Y　长24米(80英尺)混合动力、电磁导向的现代巴士快速交通车辆

图片版权：North American Bus Industries

照片 6-Z　长 13.8 米（45 英尺）的混合型巴士快速交通车辆

图片版权：Bombardier

照片 6-AB　胶轮列车的内视

车辆的内部结构也应该漂亮，这样可以和车辆的外观相配合。全景的曲面窗使设计良好的采光、吸引人的内部设计这项任务变得更加容易。舒适、软垫和可以较大程度倾斜的椅子，也可以提高乘客对车辆形象的认可度。当然，即使是公共交通专用车辆，功能性始终比外观更重要。

快速便捷的上下客和车内流通，仍是巴士快速交通车辆最大限度缩短到站停靠时间的基本要求。独特的巴士快速交通车辆内部布局通常包括车门附近较大的站立和流通空间。这些设计可以让乘客上下车和在车内的通行更加轻松，还可以作为放置婴儿车、童车、购物车和轮椅的地方，并且可以提供一个符合整个社区要求的高质量的系统形象。照片 6-AA 和照片 6-AB 展示的是两辆巴士快速交通车辆的内部结构。

图片版权：Translohr, France

照片 6-AA　团斯劳尔巴士快速交通车辆的内视

所有美国的公共交通巴士都被赋予符合残障法案精神的特征。因此，和所有的巴士一样，他们都装上了自动标志和音频通告系统来预报停靠车站。由于为巴士快速交通服务专门设计的车辆能够提供快速便捷的上下客服务，来容纳大的客流量，所以它们更受到残障乘客的欢迎。

虽然行驶在干线上的巴士快速交通车辆的情况比较特殊，在干线外，它们也可以有大量的连接线和/或分线。它们很可能会为车上的公众提供附加的信息，包括关于下站信息和换乘路线信息的实时视频音频播报。

6-5　购置问题和成本

美国制造的适合巴士快速交通服务的巴士一般是铰接低地板巴士。当然，也使用长度 12.2 米（40 英尺）的单节车，如洛杉矶的快速地铁系统和波士顿的银线。如果不考虑车辆的大小，巴士快速交通使用的车辆通常和当前正在生产中的车辆相似，所以目前的价格可以作为参考。

实际购置的时候，更详细的要求可能会产生更高的价格。例如，巴士快速交通运营可能需要能够达到最高输出功率的发动机和最高加速度的传动装置，或三套、四套双通道门。又如，巴士快速交通运营也可要求要有最大座椅的豪华内部结构。

由于巴士快速交通专用车辆目前只在欧洲和

南美生产，所以部分产品并不符合美国的购买标准。但是，至少有一家运输代理商，就是内华达洲拉斯维加斯的民主区公共交通公司已经获得产品预发售证书，目的是提供一个展示的场地。定货量会影响价格和制造业的积极性。随着购买量的上升，对卖方来说，就会使产品更好地适应美国买主的要求。

在欧洲和美国之间存在着观念上的差别，这些差别会影响到购买的价格。在比较欧洲制造、欧洲销售的车辆和欧洲制造、出口到美国的车辆时，应该考虑到这些差别。欧洲制造商趋向于出售更多标准化模块（不包括公共交通专用车辆）。其销售的巴士用在一些标准化模块间的选择来表示运营商采购的差别选择被限制在输出功率和传动装置、空调输出能力、次要的内部细节和其他一些有限的变化方面。比较起来，在美国，一个经销处到另一个经销处的车辆配置区别更大一些，包括从不同制造商处购买的发动机，不同的车轴，不同的车门布局，不同的目的站标记和其他电子装置。

购置方式的多样化使成本提高了，主要是由于供应品采购较小，又需调整不同生产线。表6-3显示的是巴士快速交通车辆的典型购买价格。由联邦公共交通管理局代理经手的美国购置常常包括对车身和底盘12年的保修以及其他或长或短的对动力传动系统组成部件的保修。保修成本在欧洲总是被看作为运营成本的一部分，但在美国，这些多半被看作是资本的一部分。

使用周期成本也是购置任何车辆之初的一个重要选择因素，而且使用周期成本很大程度上受到设计寿命和设计工作周期的影响。例如，不锈钢车身的典型设计寿命为20年，而传统低碳钢构造的运输车辆的保证寿命是12年。电力推进系统应该比机械装置寿命长一些，通常为30年。在专用通道上提供巴士快速交通系统服务的车辆应该比装载同样数量乘客但在车站停靠次数较多的车辆寿命长一些。

用仔细比较的方式研究保修条款的不同之处，并从美国价格中减去保修成本。一条经验是额外留出50000美元作为压缩天然气推进系统的备用款；一旦混合车辆投入生产，至少200000美元的保险费才达到混合车辆最低附加费的标准。

与巴士快速交通专用车辆相关的联邦公共交通管理局的购置问题是，他们是否应该被作为巴士对待。如果作为巴士，就要符合美国阿尔图纳测试，并且有12年的寿命；如果是作为有轨车辆，则有不同的保修寿命。

截止到本书出版印刷，这个问题还没有完全解决。但是同等对待巴士快速交通经费和有轨模式经费（提高载客量和提高乘客吸引力）的全面投资政策的变化能够在消除这些差别方面起作用。联邦投资有关的问题在第9章有更全面的说明。

巴士快速交通车辆的标准购买价格（单位：美元）　　**表6-3**

车辆类型／特点	价　格
60英尺长的传统柴油机低地板铰接巴士	500,000～600,000
60英尺长的铰接无轨电车	900,000～950,000
60英尺（18米）长的带有导向系统	1,000,000～1,600,000
内燃机—电子推进系统或混合推进系统的巴士快速交通车辆	
40英尺长的传统低地板巴士	300,000～350,000
复合保险费	100,000～200,000
压缩天然气保险费（只是车辆）	50,000～100,000
电子（光学、电磁学）导向系统	100,000

6-6 参考文献

Fruin, J. J. Pedestrian Planning and Design. Elevator World, Mobile, AL (1987).

Kittelson and Associates, Inc., Texas Transportation Institute, and Transport Consulting Limited. TCRP Web Document 6: Transit Capacity and Quality of Service Manual. Transportation Research Board, National Research Council, Washington, DC (January 1999).

Kittelson and Associates, Inc. "Update of the First Edition, Transit Capacity and Quality of Service Manual" (TCRP Project A-15A). Unpublished Draft (October 2002).

Ventejol, P. "Trams and Rubber-Tyred Guided Vehicles," Savior Faire, 37 (April 2001) pp. 14-19.

Werle, M. J. A Study of Bus Propulsion Technologies Applicable in Connecticut. Connecticut Academy of Science and Engineering, Hartford, CT (2001).

第7章
智能交通系统的应用

巴士快速交通服务应快捷、可靠和安全。巴士应准时运行，其运行应受到监控，时刻表的调整应迅速完成，巴士到达车站时应通告乘客，车站上下车服务应迅速方便。智能交通系统可以达到这些要求并大大提高巴士快速交通的运营质量。智能交通系统的应用是对巴士专用通道、车站、车辆和所有巴士运营的重要补充，它们可以决定巴士的运行能否提前、准点或延误；监控巴士的运营；提高车辆安全性。它们可以为巴士快速交通车辆在交通信号控制的十字路口提供优先、使收费迅速、并且提供导向和准确停靠站。理论上，巴士快速交通可借鉴轨道快速交通利用的智能交通系统技术。

巴士快速交通智能交通系统的主要组成要素包括：

- 自动车辆定位和控制(AVLC)，包括提供安全与保安
- 乘客信息
- 交通信号优先
- 自动乘客记数
- 电子收费
- 车辆导向与控制

图7-1显示的是智能交通系统的组成要素如何协调巴士运营的。表7-1提供将智能交通系统应用于巴士快速交通的可能性。大多数巴士快速交通系统都使用智能交通系统，成功应用智能交通系统于巴士快速交通系统的地方，如洛杉矶，智能交通系统各组成要素已经成为该系统的组成部分；而且智能交通系统的应用范围广阔，功能全面。

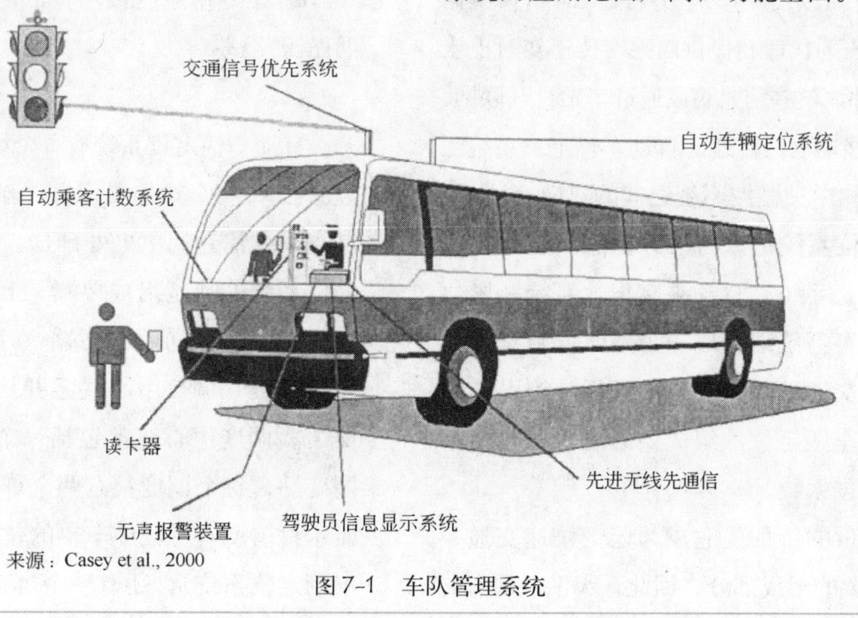

来源：Casey et al., 2000

图7-1　车队管理系统

智能交通系统技术应用与巴士快速交通系统的可能性 **表7-1**

● 自动车辆定位系统可以提供信息，以便改进时刻表，跟进和减少同路线车辆班距
● 自动车辆定位系统可以提供中心控制来保证支线车辆和高速车辆的快速调动
● 实时乘客信息系统可以通过广告亭、自动标示牌和互联网为家里、办公室或车站提供最新的信息
● 自动随车信息系统（视频和音频）可以为车站、换乘点和地方景点的乘客提供信息。也可以通过这种系统提供新闻、天气预报和其他对乘客有帮助的信息
● 自动交通信号优先控制系统可以提高巴士在交叉路口的运行速度
● 视频监控和隐蔽的紧急系统可以保证车上的乘客、载客地点的乘客和停车地点的乘客的安全
● 电子乘客记数系统可以提供关于巴士车站的可获取的现成信息，通过车辆、时间或线路方向等查询方式
● 传感器可以监控机械和电子系统，确保能够发现问题，并且以最短的系统中断保证需要的置换车辆被及时送出
● 自动停靠站系统可以加快上下客时间，提高便利度和减少到站停留时间
● 适应式持续速度自行保持装置或自动导轨运行可以减少同路线车辆班距，提高服务速度
● 自动坡道控制系统可以加快在高速公路或专用车道上行驶的巴士的速度

本章介绍智能交通系统技术的主要类型及其在巴士快速交通系统上应用。资料来源是《先进公共交通系统：技术发展水平：2000年更新版》（Casey et al., 2000）；国家交通学院的《交通智能交通系统：解决真正的问题》（Draft Participant's Manual, 2002），《先进公共交通系统技术的效益评估》（Goeddel，2000），并在这些资料的基础上有所扩展。

7-1 自动车辆定位

自动车辆定位是巴士快速交通车队管理不可缺少的部分。巴士跟踪系统通过自动车辆定位来查明巴士在街道网络的位置，它提供对巴士行动的实时监控、对巴士班距的控制、更准确的时刻表（包括更有效的定时换乘）、以及在车辆出现故障时指挥维修人员的能力。它还为代理商提供向乘客传递实时巴士时刻表信息的条件，这些信息可以通过车站、互联网、个人电子助手和移动电话传递。自动车辆定位系统还允许巴士驾驶员和中央监控系统之间的双向交流。

自动车辆定位系统可以将乘客信息系统、交通信号控制器的辨认系统、自动乘客记数系统和紧急情况无声安全报警系统结合成一个整体。自动车辆定位还允许公共交通机构监控公路上行驶的巴士的机械状况。自动车辆定位的组成要素通常还包括某种方式的管理报告系统。

自动车辆定位的特征使它成为巴士快速交通系统中一个非常重要的组成部分。因此，大多数现有的或设计中的巴士快速交通系统都包含有自动车辆定位系统。

对公共交通机构和巴士快速交通系统来说，自动车辆定位的优点包括：

- 改进调度和运营效率；
- 改进全面服务可靠性；
- 在服务中断的情况下，如车辆故障或意外塞车时，能够更快做出反应；
- 在犯罪行为威胁的情况下，能够更快地做出反应（通过驾驶员的无声报警系统）；
- 以更低价格提供关于路线规划的广泛信息，包括载客量和出行方式信息；
- 在专用通道被堵塞的时候，可以快速实现变更巴士路线。

自动车辆定位系统有3个组成要素：（1）车辆定位方法；（2）将车辆位置信息传输到中心的途径；（3）储存、操纵信息的中央处理器。照片7-A是自动车辆定位系统的典型组成要素。自动车辆定位系统通常配置有一个移动数据终端，这个移动数据终端可以让驾驶员和调度中心联系并获取对实时状况的直接反馈。调度中心通常包括一个或多个有工作人员的调度站，每个调度员有两个屏幕：一个有数字地图，显示目前所有行驶中车辆的位置和状况（适用于自动车辆定位系统），还有一个屏幕显示各种信息，包括

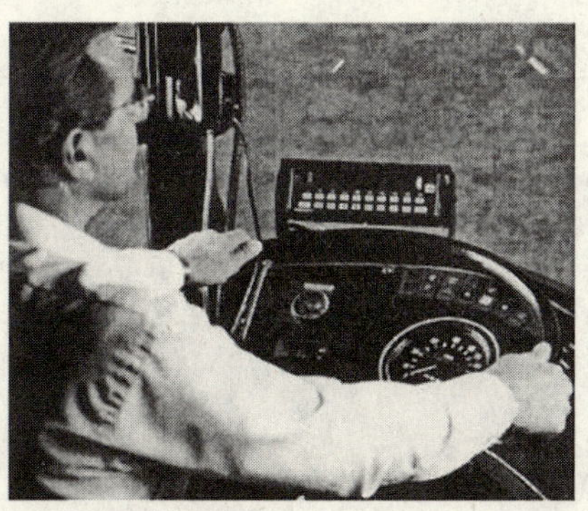

驾驶员与移动数据终端

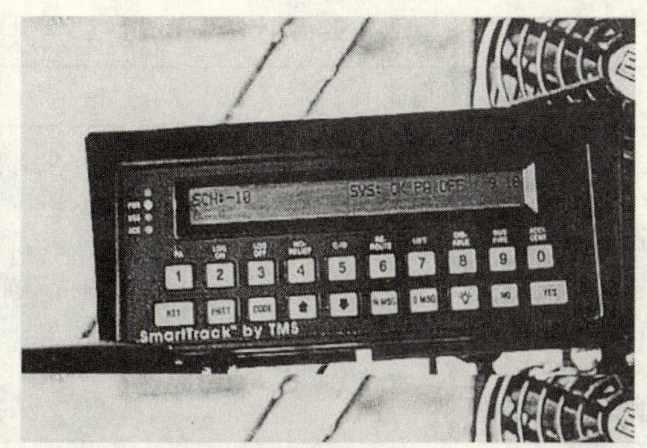

移动数据终端

调度中心

自动车辆定位调度中心

来源：Casey et al., 2000

照片 7-A　智能交通系统技术的应用

和其他驾驶员进行的交流信息。

7-1.1　定位技术

选择定位技术在很大程度上取决于特定机构的具体需要和系统要安装位置。定位技术通常采用以下方式之一，也可结合使用：

- 全球定位系统
- 路标和里程表内插法，主动式和被动式
- 航位推算
- 基于地面的无线电，如罗兰远程导航系统

各种可用定位技术的优点和缺点列入表 7-2，后面还有一个主要技术的说明。

7-1.1.1　全球定位系统

全球定位系统是运用最广泛的定位技术，占美国自动车辆定位系统的四分之三。图 7-2 提供一个在不能接收全球定位系统信号时，采用全球定位系统与里程表内插法的自动车辆定位系统范例。全球定位系统通过卫星来对地球表面的物体进行定位。就像罗兰远程导航系统一样，全球定位系统通过三角测量法来对物体进行定位。全球定位系统的优点是以较少的设备覆盖很大的区域，一辆汽车只需要一个车载装置来探测高空卫星。缺点之一是在峡谷、中央商务区系统的“城市峡谷”和隧道里使用全球定位系统技术可能会遇到麻烦。安装一个航位推测传感器可以克服在这些盲区使用全球定位系统技术的困难。

一个新兴系统是精确度为 3～10 米的全国动态差分全球定位系统技术。在美国海岸，主要水路、夏威夷和波多黎各等地方都可以使用这个系统。阿卡迪亚国家公园交通系统已经对自动车辆定位系统进行了测试，这个自动车辆定位系统使用的是全国动态差分全球定位系统技术。

定位技术大纲 表7-2

技　术	运行方式	优　点	缺　点
路标和里程表（主动式）	路标（信标）安放在线路沿途的某一地点，每个路标都传送出一个独一无二的信号，行驶车辆通过阅读信号来确定自己的位置（车辆通常在两个路标给出的数据之间，通过里程表显示的数字得出一个估算值）车辆将定位数据送回调度中心	● 经测试确认的技术 ● 位于车辆下方 ● 没有盲点或不受到干扰 ● 精确度可重复性	● 在自动车辆定位运行的地方都需要路标 ● 在线路和辅助客运系统以外无效
路标和里程表（被动式）	每辆车都向各个位于线路沿途某一地点的路标（或路标读取附在车辆上的异频雷达收发机）传送出独一无二的信号路标把车辆的位置传送到调度中心	● 经测试确认的技术 ● 可能减少系统需要的专用无线频率的数量	● 在自动车辆定位运行的地方都需要路标 ● 只在车辆驶过路标时才对车辆定位 ● 在线路和辅助客运系统以外无效
全球定位系统和动态差分全球定位系统	在轨道内的一个卫星网络将信号传送到地面，每辆车上的特殊接收器读取得到的信号并通过三角运算法来定位。如果管理机构预料阅读全球定位系统间信号的时间比较长，他们可以通过里程表的显示数或大范围的航位推算来进行补充	● 可在能够接收全球定位系统信号的地方运行。 ● 不需要购买、安装或保养路边装置 ● 非常精确（特别是动态差分全球定位系统） ● 每辆车的成本较低	● 信号可能被高大的建筑物、树荫、隧道或天桥阻塞 ● 可能发生多条 - 线路错误
地面无线电（如罗兰远程导航系统）	地面的无线电塔发出信号。每辆车上的特殊接收器读取得到的信号并通过三角运算法来定位。作为补充，地面无线电可以通过里程表的显示数获取信号接收之间的内插值	● 可在任何能接收信号的地方运行 ● 不需要购买、安装或保养路边装置 ● 较低的资金和保养成本 ● 比较精确	● 可能被山或高大的建筑物遮挡 ● 在美国的覆盖不完全 ● 月服务费用比较高
航位推算	车辆用里程表和指南针来测量新旧位置（已知的）的距离 如果车辆不在公路上，航位推算一般使用“对比地图”- 对比位置作为补充航位推算还通过另一个定位技术的（如路标或全球定位系统）显示数作为补充	● 如果用路标作为补充，不需要或需要较少的安装、购买和保养成本 ● 相对便宜一些 ● 在车辆上可以自给自足	● 如果没有补充技术，不像其他定位技术那样准确 ● 距离的远近会对精确度产生影响 ● 需要方向指示和对比地图对离线的车辆的位置进行跟踪

来源：Adapted from Casey et al., 2000

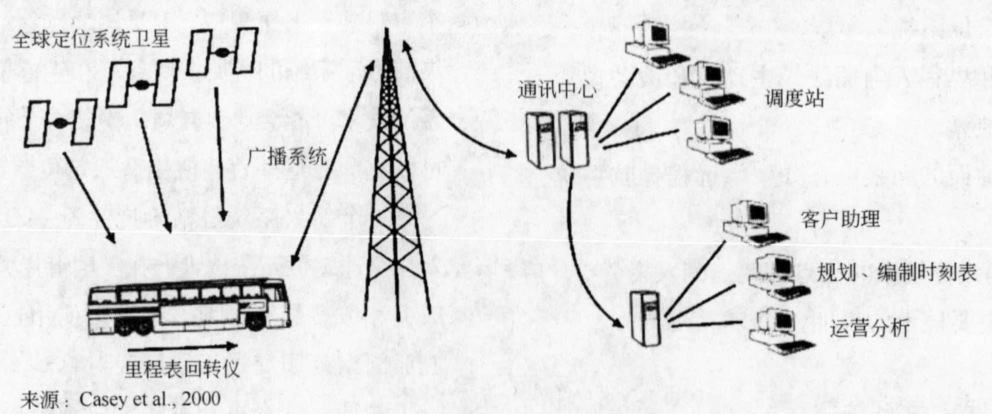

图7-2　公共交通运营机构使用的自动车辆定位系统原理图

7-1.1.2　路标／传感系统

这个系统使用固定传导路标，可以被过往车辆探测到。路标的无线电信号被用来确定车辆的位置，然后将其传送到中心控制定位系统。

在没有路标的时候，巴士通过里程表测量车辆同上一个路标之间的距离。巴士的定位通过无线频率传送到中央处理器，随即更新调度员的信息，这样调度员就可以和驾驶员的行车进行沟通。

7-1.1.3　航位推算

这个技术使用巴士里程表和车载的指南针来计算车辆的位置。从某地出发后，系统会对已行进的距离和行车的方向进行计算，然后通过对比储存在车内的公路线路图数据库，对估算出的新位置数据进行调整。它还通过读取策略性安放的路标发送的信息，来更正累积的定位误差。

7-1.1.4　罗兰远程导航系统

这个系统最初是为美国海岸巡逻队开发的。事先安装好的底盘无线电会发射出能够被装有罗兰远程导航系统接收器接收的信号，接收器接着就可以确定信号的方向。巴士会收到几个无线电发出的信号，并通过三个参考点和三角测量法来确定它们的位置。当然，区间地形可能会导致一些问题和盲点。

7-2　乘客信息系统

智能交通系统可以在出发前、车站、停靠站和终点站，或车上为乘客提供动态的（实时）信息。许多和有轨交通系统有关的自动乘客信息特征可以而且应该应用于巴士快速交通系统。巴士快速交通的乘客信息系统应该包括所有使乘客了解巴士快速交通服务的方法。可利用的信息类型以及提供信息的方式都很重要。两者都会影响到公众对这个系统以及使用这个系统的方便之处的了解。巴士信息系统还可以影响巴士快速交通在公众中的形象和客流。

旅客信息可以是静态的（如交通时刻表，车费和路线）或动态的（如晚点和实际到站和离站时间信息）。一个完整的巴士快速交通信息系统应该有多种静态和动态的旅客信息。而且，每种信息应该可以通过多种途径传播，包括时刻表显示亭，电话和静态信息显示器，临时信息显示牌，广播、电视，掌上电脑装置，家用电脑和可以接收动态信息的移动电话等。实时信息通常可以分为3种：(1)出行前信息；(2)停靠站、车站和终点站信息；(3)车内信息。

7-2.1　出行前信息

大多数北美巴士快速交通系统都是以电话为基础的信息系统，可以为乘客提供时刻表和线路信息。系统可能还有自动电话系统，可以通过电话键区的输入来提供信息。大多数公共交通机构也通过互联网来发布旅程计划信息。

一些巴士快速交通系统已经有了先进的实时系统，可以为乘客提供巴士何时到达和出发的实时信息。一些系统甚至可以提供巴士实际的行驶位置。这些信息是通过固定电话和移动电话、信息亭的互动计算机终端、互联网到移动计算机、个人数字助理和其他装置提供的。

7-2.2　停靠站、车站和终点站信息

车站和终点站至少要提供线路号码、静态时刻表信息和线路图。一些巴士快速交通系统，如波士顿银线，洛杉矶快速地铁、渥太华公交专用路系统、布里斯班东南公交系统和温哥华的B线，都在车站提供实时信息。

乘客信息可以通过视频显示器或临时信息显示牌传送，这由具体应用和安全需要决定。在有很多信息需要显示，或需要通过彩色和图表来对各种选择进行解释（如终点站）的时候，可以使用显示器。在只有少数车辆的信息要显示，或存在安全问题的时候（在偏远的巴士停靠站），可以使用临时信息显示牌。

乘客也可以通过移动装置、个人数字助理和其他无线电装置从信息输入处获得信息。

图 7-3 显示的是纽约城用来提供交通情形、巴士返回情况、时刻表、天气、旅游和停车等信息的服务区域旅客信息网。这个系统在主要巴士终点站和交通中心都有安装。一个 20 亭的系统成本是 $130 万。图 7-4 显示的西雅图北门交通中心使用的交通屏幕。这个屏幕标出了巴士路线、目的地、预定的发车时间和装卸点以及发车情况。

最近，洛杉矶和温哥华投入使用的巴士快速交通还增加实时的“下一班车”发车信息。临时信息显示牌提供下一班车的实时信息(见照片 7-B)。用于轻轨、重轨或市郊轨道系统的实时信息系统，如临时信息显示牌或视频显示器，都可以应用于巴士快速交通系统，车站和交通中心提供乘客信息。西雅图的金县地铁就在该几个交通中心安装了可以显示实时巴士发车信息的视频显示器。

照片 7-B　洛杉矶的快速地铁，车下乘客信息

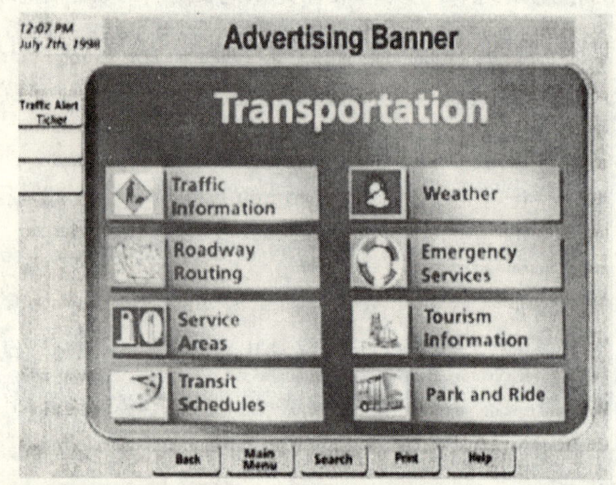

来源：Casey et al., 2000

图 7-3　信息触摸屏

Applet Viewer: its.app.twatch.applet.TransitWatch

Applet

METRO

Northgate TC

10:48 AM
Tue Mar 02

Route	Destination	Scheduled	At Bay	Depart Status
5	Downtown Seattle	10:45 AM	6	On Time
16	Northgate	10:41 AM	2	On Time
16	Seattle Ferry Term	10:42 AM	6	Bus Departed
16	Northgate	11:01 AM	2	No Info Avail
16	Seattle Ferry Term	11:02 AM	6	On Time
41	Northgate	10:44 AM	2	Bus Departed
41	Downtown Seattle	10:50 AM	5	27 Min Delay
66E	Northgate P & R	10:55 AM	2	On Time
66E	Downtown Seattle	10:55 AM	5	On Time
67	Northgate P & R	10:41 AM	2	18 Min Delay
67	UW Campus	10:42 AM	5	Bus Departed
67	Northgate P & R	11:11 AM	2	1 Min Delay

Save Time. Buy a Metro Pass. 624-PASS

Last update: Tue Mar 02 10:47:43 PST 1999

来源：Casey et al., 2000

图 7-4　北门交通中心的交通屏幕滚动显示范例

7-2.3　车内信息

传统的车内信息系统由印刷时刻表和驾驶员通知组成。技术上的改进已经可以通过自动录音或其他形式的信息显示来播放下站通知。这些系统也可以播放换乘机会信息和地方名胜信息。一些系统还附带广告，这样就可以降低成本。

少数巴士快速交通系统已经在车辆上安装了自动报站通告，包括波士顿银线、渥太华公交专用路系统，匹兹堡巴士专用路系统(在部分巴士上)、布里斯

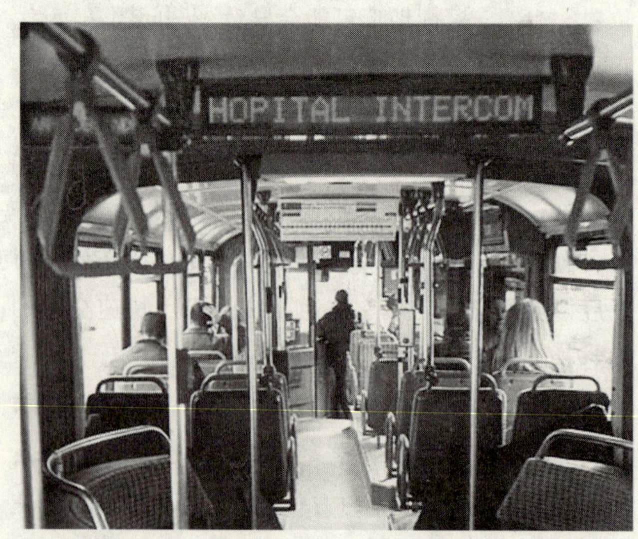

照片 7-C　巴黎市郊瓦尔德马恩(瓦尔德马恩列车)的实时乘客信息

班东南巴士专用路、鲁恩巴士快速交通系统，还有库里蒂巴中央巴士专用路系统。照片7-C显示的是巴黎的车辆提供的乘客信息，这个车辆使用的是瓦尔德马恩巴士快速交通系统。

7-2.4　总结

巴士快速交通系统应该提供旅行前计划信息、车站信息和车内信息。巴士快速交通的乘客在工作时、在计算机上或使用无线装置的时候应该可以访问旅程安排和实时系统信息。到达车站后，实时信息应该告诉乘客系统目前的状况。最后，车内自动录音或信息显示应该提供到站信息。乘客应该在旅程的各个阶段都得到关于巴士路线的实时信息。

7-3　交通信号优先

交通信号优先是一个当巴士到达交叉路口或在其他特定情况下(如：巴士晚点)，优先为巴士提供信号的智能交通系统技术。正如第4章节描述的那样，对信号进行优先排序可以减少巴士晚点的平均数和变化性，同时对交叉路口的交通产生最小范围的影响。应用于巴士快速交通优先的信号数量不断增加。洛杉矶、温哥华、鲁恩的巴士快速交通系统以及美国圣克拉拉22路和克利夫兰的欧几里德大街开发中的巴士快速交通系统都提供(或将提供)对巴士快速交通车辆的优先选择。

7-3.1　技术

巴士可以通过几种方式和交通信号沟通，包括音速或光学脉冲。一种有望在将来被应用的技术使自动车辆定位系统和交通信号之间的双向交流成为可能。信号优先选择的基本步骤包括巴士呼叫、在巴士和交通信号之间交流、然后执行交通信号控制信息(可以改变交叉路口记时系统、并提供优先选择的信号记时系统)。执行信号优先选择需要交通信号控制器，这个控制器必须能够辨别巴士的优先选择呼叫和应急车辆的优先呼叫；正确的控制规则系统非常重要。

世界大多数城市都使用大范围的系统体系机构，来保证巴士优先。从为巴士提供地方优先的异频雷达收发机和基于标记的系统，到更整体化的自动车辆定位/统一交通控制系统，这些系统在复杂性和功能性方面不断发展。为了改进巴士的规律性和可靠性、提高运营速度，后一种系统常常提供实时车队管理信息、到站乘客信息和遇到交通信号时的“有区别的”巴士优先。

表7-3列举了各种探测技术的优点和缺点。许多早期的装置使用光学扫描或连接到具体地点的环行探测。图7-5展示的是光学和标记优先选择系统。

有使用全球定位系统来执行定位功能的趋势。这个趋势使巴士优先系统和主要城区交通控制系统成为整体。图7-6显示的是自动车辆定位如何同控制器上的信号优先建立联系的。

和自动车辆定位有关的中央系统通过两种基本方法来完成。第一个方法，巴士探测被传递到一个交通控制中心，然后一个计算机信息被传送到地方信号控制器。第二个方法，全球定位系统定位和时刻表跟进信息被送到交通控制管理中心，并且一个优先要求被提交到交通控制中心。在两种情况下，地方信号控制器会接收到批准优先或拒绝优先的信息。以下是几个例子。

7-3.1.1　温哥华98路B线

温哥华98路 B线快速公共交通系统是首先使用Novax Bus PlusTM系统(《Bus PlusTM交通信号优先系统》，未注明出版日期)之一。事先安装在车辆上的异频雷达收发机可以发出红外线优先信号，系统可以确认指定车辆是否是优先车辆。选定的交叉路口附近安装的路边设备能够探测到巴士，然后将信号传递到主设备。以便提供及时的超弛装置到交通信号控制器，这样就可以加快指定巴士通过选定的交叉

各种车辆探测技术的优点和缺点 表7-3

技术	供应商	特点	优点	缺点
低频RF (100到150kHz)	MFS；侦测系统/LOOPCOM 通过Vaper的Vaper VECOM 通过LSTS的Vaper VECOM	使用车辆上有发射器的感应无线电技术和其他标准线圈探测器或埋入公路的天线	发射器不贵，便于移动或更换	信息的发射可能会被积聚的污垢或金属头上的冰雪干扰
无线频率 @900~1000MHz	TOTE/AMTECH；AT/COMM	发射器厂家编程或用随车键区做界面 使用车辆顶部或侧面的发射器金属片和安置在路边或高架线路；一直以来用做通行费的收取，机动轨道车和集装箱运货物身份；需要FCC注册	发射器不贵，便于移动或更换；可以发射很多信息	信息发射可能会被积聚的污垢或金属头上的冰雪干扰
展频无线电	自动伊格尔信号/跟踪系统；Econcile/EMTRAC	在频率光谱上较宽的范围内清除窄频带；用带有定向天线的发射器和优先车辆都有的电子自动指南针，还有安装在每个交叉路口的全向天线的接收器	可以发射很多信息	在巴士定位方面不如其他无线频率技术准确；可能会被天气影响；可能昂贵一些
红外线	西门子/HPW红外线	使用路边的路标来接收、读取信号；是欧洲巴士优先系统最常用的自动车辆定位技术	在欧洲被证实很好	对于提供精确车辆信息的可靠度有限；从车辆发出的信息有限；需要瞄准线
视频	有ALPR软件的Racal通信视频	安装有高级执照盘辨认软件的摄影机		需要瞄准线
光学	3M/Opticom	使用附在交通长途汽车上的光（信号）发射器以及和高优先度应急车辆不同的频率	如果交叉路口安装有Opticom紧急优先装置，很有优势	提供精确车辆信息的可靠度有限；从车辆发出的信息有限；需要瞄准线
车辆跟踪	IBM/维斯塔系统；TDOA和FDOA跟踪系统	用到达时间差和到达频率差来定位和跟踪从车辆发射器发出的无线频率		建筑物可能会阻碍信号；也许不能为信号优先处理提供精确的定位信号

来源：Transit Priority Systems Study—Summary Report," 1994

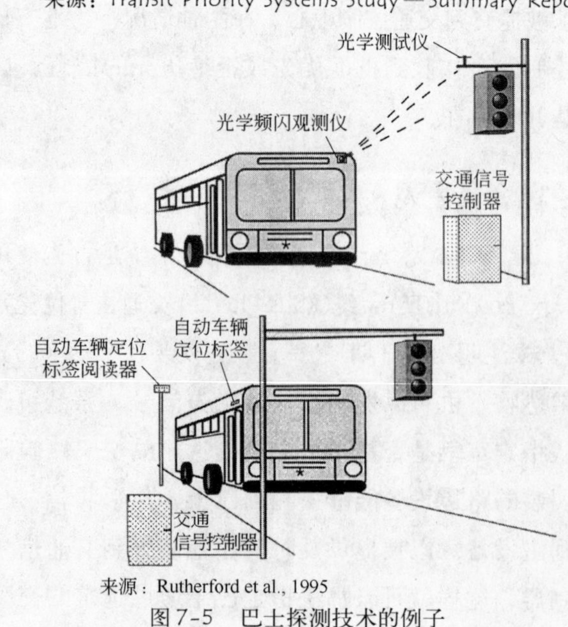

来源：Rutherford et al., 1995

图7-5 巴士探测技术的例子

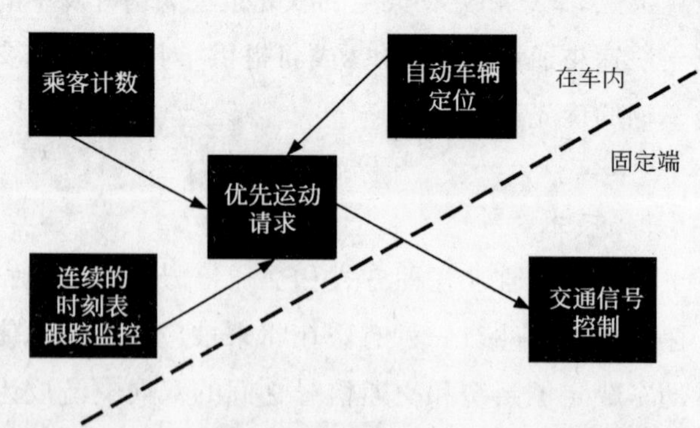

来源：ITS for Transit: Solving Real Problems, 2001

图7-6 自动车辆定位系统的交通信号优先处理

路口的速度(《Bus PlusTM交通信号优先系统》，未注明出版日期)。照片7-D显示的是一辆巴士在左转弯时取得优先。

图7-D　自动车辆定位系统的交通信号优先处理

7-3.1.2　洛杉矶公共交通优先信号系统

洛杉矶快速地铁的公共交通优先系统为埋入公路的天线线圈和安装在巴士上的发送器提供通信。信息被送到城市控制中心，从那里信息又被传递到单个的控制器上。

洛杉矶威尔榭-惠蒂尔和文图拉大街的巴士快速交通线路的巴士优先系统会给予晚点巴士额外的绿灯时间(Levinson et al., 2003)。在大多数信号控制的交叉路口，巴士都会得到优先；当巴士驶近的时候，可以提前通过或得到10%的信号周期延长。周期长度从70～90秒不等；在少数地方，周期会更长一些。在重要的交叉路口，绿灯的延长只能每隔一个周期一次。为了防止驾驶员通过加速来延长绿灯时间，提前到达的巴士没有优先。

这个系统的运行是建立在埋入公路的天线线圈和安装在巴士上的发送器之间通信的基础上的。使用线圈和异频雷达收发机的自动巴士探测的设计确保可以减少巴士晚点、保持车距，同时将对交叉路口交通的影响减到最小。洛杉矶中央城区交通控制系统的实时通信是每秒一次。

这个系统的一个主要目标是保持统一的同一路线上行驶车辆间的班距。公共交通优先系统是由洛杉矶城市交通部设计并执行的。这个方案自2000年6月24日投入使用以来，已经引起全国范围的注意，并且大大的改进了两条快速地铁走廊的交通运营质量。

公共交通优先系统是在城市自动交通监控(ATSAC)系统基础上的改进。这个概念被洛杉矶都市交通主管部门认同，并成为其快速地铁工程的一个不可缺少的部分。这个系统在洛杉矶、文图拉大街和威尔榭-惠蒂尔大街的两个快速地铁走廊沿线超过211个交叉路口被使用。

公共交通优先系统还包括对快速地铁线路沿线选定巴士候车亭的动态乘客信息显示牌的控制。这些可见度高的发光二极管显示牌告诉旅客下一班快速地铁巴士的估计到达时间。这个到达时间信息是系统根据巴士的实际运行速度计算出来的，误差不超过1分钟；此信息随即被传递到各个车站，使用的技术类似于移动电话使用的技术。

洛杉矶快速地铁也采用自动交通监视和控制技术。项目中每个信号控制的交叉路口都安装有线圈探测器，这个线圈探测器是作为自动车辆定位传感器使用的。这些植入公路的传感器会接收到安装在车辆下面的一个小异频雷达收发机发出的无线频率信号。装有独特异频雷达收发机的巴士驶过线圈探测器的时候会被探测到。这些线圈被连接到每个交叉路口的交通信号控制器内部的一个传感器单位，通过交通信号控制器每辆巴士的识别代码被传送到市政厅城市ARSAC中心的交通优先管理计算机，然后进行跟踪和时刻表比较(见照片7-E和照片7-F)。

照片7-E　洛杉矶快速地 铁，中央控制室

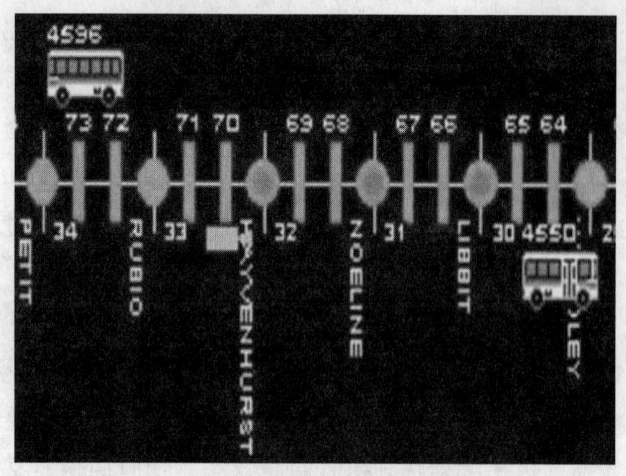

照片 7-F　洛杉矶快速地铁控制中心的巴士定位显示

一旦公共交通优先管理器收到巴士识别和定位信息后，计算机就可以决定交通信号优先的需要。如果巴士在时间或空间上早于预定的班距，就不需要再提供交通信号优先处理。但是，如果巴士在时间或空间上晚于预定的班距，市区的交通信号控制器就应该为巴士提供优先、使车辆赶上预定的时距。此外，连接洛杉矶县都市交通主管部门调度中心和ATSAC中心的实时数据链被用来获取每日巴士任务分配，以便进行时刻表比较。

每个交叉路口的交通信号控制是由模型2070控制器提供的，这个控制器装有洛杉矶商业区特别为该项目开发的技术发展水平软件程序。一旦模型2070交通信号控制器收到交通优先管理器发出的要求，它就会执行4种交通信号优先行动中之一，这是由信号控制器接收到和背景周期有关指令的时间点决定的。以下是这4种交通信号优先类型：

● **绿灯提前优先**是在巴士驶近红灯的时候准予的。这时，红灯信号时间被缩短，绿灯的转换比通常要快。

● **绿灯延伸优先**是在巴士驶近一个快要转为红灯信号的绿灯信号时准予的。绿灯信号时间延长直到巴士穿过交叉路口。

● **自由保持优先**用来保持绿灯信号，直到巴士在没有并列(自由)运行的情况下，行驶穿过交叉路口。

● **定向呼叫**会启动某个选定的交通状态，这个状态可能在通常情况下不会被激活。这个选择一般会在要超车行驶或优先左转弯的时候使用。

7-3.1.3　巴士优先系统的效益

通过减少平均晚点时间和在交通信号处的晚点变化性，巴士优先系统为巴士快速交通系统带来效益。调查结果显示各种形式的巴士出行时间都有所减少。

联邦公共交通管理局提交的研究：洛杉矶县都市交通主管部门筹备、联邦公共交通行政部门总结的一份研究报告对24个信号优先工程(Casey et al., 2000；Goeddel，2000)进行了分析。主要结论如下：

● **佐治亚州的亚特兰大**：这个项目覆盖了25辆在同一条线路上的巴士。它缩短了驶近车辆在红灯信号处的停留时间。整条进城线路的平均行驶时间由缩短红灯停留时间前的41.8分钟到变化(33%的下降)后的28分钟。出城方向，时间由缩短红灯停留时间前的33.1分钟到变化(16.9%的下降)后的27.5分钟。

● **马里兰州的安阿兰德尔县**：这个测试包括12辆巴士和14个交叉路口。结果显示一个52分钟的旅程可以节省10分钟。

● **华盛顿州塔科马城的皮尔斯公共交通**：这个3.1英里长的工程覆盖了11个交叉路口，运行了15辆巴士。结果显示平均节省了6%的出行时间。

● **加拿大安大略省的多伦多公共交通委员会**：这个研究对象包括通行超过210个交叉路口的10辆巴士。在高峰时段的出行时间节省了2%~4%。

近期研究最近交通信号优先为巴士带来的效益有：

● **洛杉矶**：在洛杉矶威尔榭-惠蒂尔大街和文图拉大街沿线的快速地铁巴士总出行时间减少了25%；单方向的优先就占减少时间的30%——约占总出行时间的7.5%。在横向交通方面，延迟的时间有所增加，这个情况不可以被忽视。(《Bus PlusTM交通信号

优先系统》)

● **俄勒冈州波特兰城**：TriMet在4号巴士路线和104巴士路线沿线的58个交叉路口都安装了巴士优先系统。在晚点时间超过90秒的时候，巴士就可以得到选择性优先。调查结果显示运行时间减少了5%～8%。使用的技术是TriMet巴士调度系统(一种自动车辆定位系统)。先由随车全球定位系统卫星接收器确定巴士位置，然后开动光学通信发射器发出优先请求。所有的应急车辆都有一个“高度优先”设置，可以忽视交通中的低优先设置。

● **西雅图金县**：2000年，金县交通部在雅佳大街长达2.1英里的线路上实现了信号优先。车辆可以在九个交叉路口当中的五个得到优先。系统硬件包括巴士上的Amtech RF无线频率标记。早高峰时段在雅佳大街交叉路口的平均延迟时间减少了12秒(13%)。在提供优先的交叉路口，巴士平均延迟时间减少了5秒——对于得到优先的巴士来说，减少了24%～34%。巴士优先使在边道行驶的车辆的延迟时间减到最少；所有从边道驶出的车辆都只需要等候一个信号周期的时间(《总结报告》，2001)。

● **德国布雷默顿**：巴士服务区域的105个交叉路口设有交通信号优先，使车队的规模缩小了10%。

● **德国汉堡**：为旺斯贝克市场快速交通车站提供服务的巴士线路沿线都设有交通信号优先。巴士的行驶速度和可靠度都得到了提高(见图7-7。)高峰时段的总的巴士速度从每小时20.8公里提高到每小时26.0公里，提高了25%。非高峰时段的巴士速度从每小时22.3公里提高到每小时31.3公里，提高了40%。

信号优先前，通过茹德格日和谢夫特克威的交叉路口的平均时间为85秒；32%的车辆需要100秒。信号优先后，平均通过时间减少到43秒。信号优先前的通过时间变动范围是90秒，信号优先后变动范围是50秒——运行时间变化性大幅度下降了。

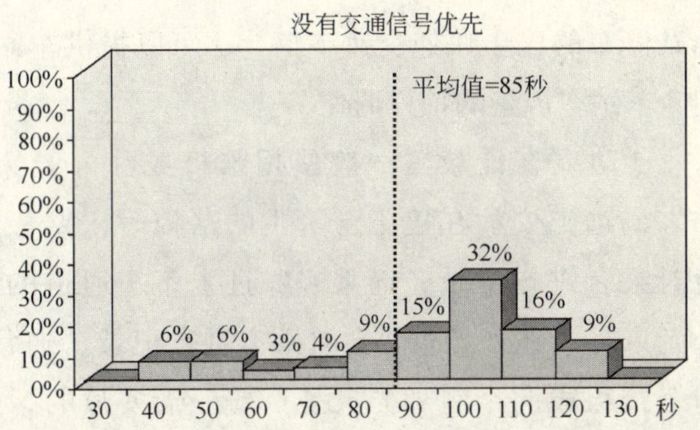

注：图表的绘制基于德国汉堡两个巴士车站之间的运行时间

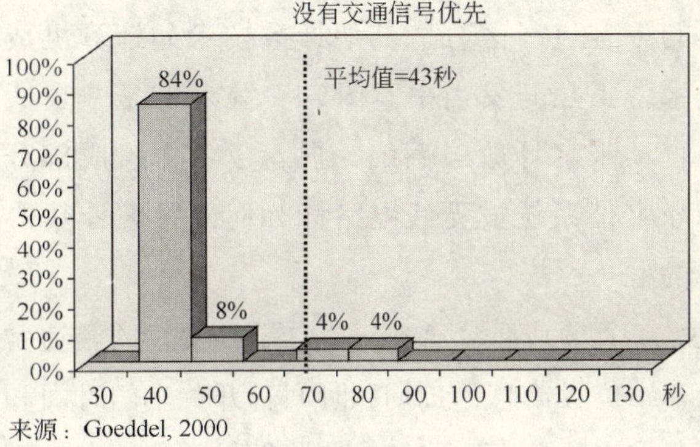

来源：Goeddel, 2000

图7-7　德国汉堡Todigalles车站和Schifteker Weg车站之间运行时间的分配

7-4　自动乘客计数器

当乘客上下车的时候，自动乘客计数器(APCs)自动计算乘客的人数。这些系统被用来开发或改进巴士时刻表或设计、支持巴士服务变更(表7-4)。由于减少或消除了对人工验票员的需要，这些系统可以大幅度降低收集乘客人数信息的成本。自动乘客计数器不仅可以提高获得信息的数量和质量，对于

自动乘客记数系统的应用　　**表7-4**

收集到的信息的使用	系统数目
建立／评估／调整运行时间／小时刻表	14
设计／验证线路变更	13
评估市场策略	3
预算的预期营运收入	1
确定车队需要	2
监控驾驶员业绩	3
确定车站设备的位置	5
NTD(前15节)报告	6
其他	2

注：基于调查的25个营运单位。

来源：Baltes and Rey, 1998

站站停车的巴士快速交通车辆，还可以提供车站-到-车站客流量的抽样调查。

自动乘客计数器一般使用踏板或红外光束。乘客们踏上安放在巴士台阶上的踏板时，踏板就会对乘客进行记录；而乘客穿过上下车通道的红外光束时，红外光束也会对乘客进行记录。通常，两个踏板或两个红外光束是一前一后安放的，这样上车乘客触发它们的顺序和下车乘客触发它们的顺序正好相反，自动乘客计数器可以对上、下车的乘客进行区分。其他计数技术如计算机成像技术，正在开发当中。图7-8显示的是一个假设的自动乘客计数器系统，展示了各个组成部分如全球定位系统或无线电路标如何同乘客计数器联系的。

每个车站都会建立一个电子档案，内容通常包括车站位置信息、日期和时间、开关车门时间和上下车乘客数量。这些记录按照行程分类；在被下载到中央设备上进行进一步的处理、并用于运算、规划和管理前，通常这些记录会被储存在车辆上。理想的方式是将自动乘客计数器系统连接到同一营运商使用的自动车辆定位系统上，以便准确识别车辆位置。

7-5 电子收费卡

通过提高乘客方便度和运营效率，付费方式会影响到巴士快速交通运营的全面成功。新式收费系统可以保留住老客户并吸引新乘客；复杂的方式会限制客流，并且妨碍巴士的运营。付费方式还会对巴士驾驶员产生直接的影响：一些方式非常费时、使人感到混乱，也容易引发驾驶员和乘客之间的争执。

除此以外智能交通系统电子收费系统可以通过某种媒介收集可用于规划和运营的客流量信息。使用这些系统的公共交通机构使收费更灵活、减少收取成本和盗窃、还利用预先付费的周转零钞和减少逃票情况来提高营运收入。表7-5列出了各种收费方式的优点和缺点，包括现金和代币、纸券和票证、磁卡和“智能卡”。智能卡是最受欢迎的选择；随着成本的下降，智能卡会越来越受欢迎。

过去6、7年里，电子收费系统的使用得到迅速的推广；一些调查提供的资料证实了这一点。联邦公共交通管理局提供的一项关于公共交通先进技术效益的报告引用了一些调查结果，这些结果表明：1996年到1999年期间，运营调度增加了96%；同一时期的计划付费系统增加了265%(Goeddel, 2000)。

7-5.1 卡的种类

用于收费的智能卡有几种，包括借记卡、信用卡和磁卡。根据上面引用的联邦公共交通管理局

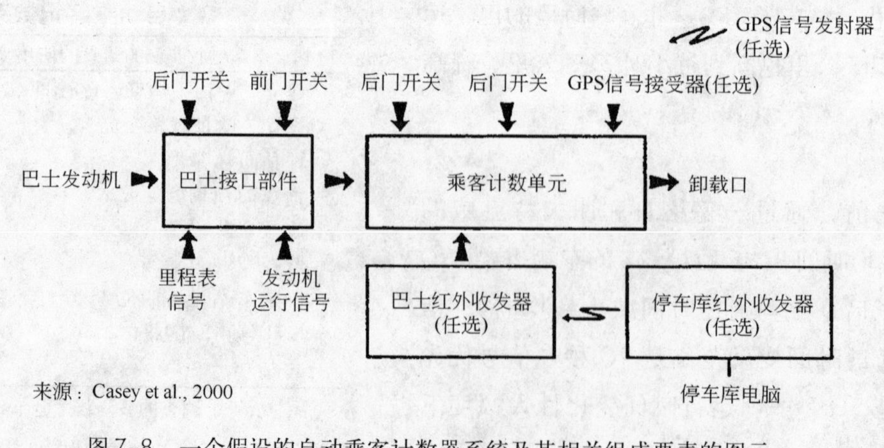

来源：Casey et al., 2000

图7-8　一个假设的自动乘客计数器系统及其相关组成要素的图示

车费介质的优点和缺点　　**表7-5**

优　点	缺　点
现金和代金券 最简单的付费方式 使用最广泛	**现金和代金券** 支付过程最贵的方式 容易引发盗窃 容易遭遇欺诈行为 目前的现金和代金券收费装置很复杂
纸券和票证 购买票据不贵 可与其他付费技术相结合 如磁卡	**纸券和票证** 比较容易遭遇欺诈行为 劳动密集型 预先印制的票据需要作为现金保管
磁卡 经过论证的技术 便宜的工具 可以和印刷品结合 支持大量使用	**磁卡** 需要复杂的设备 需要较好的保养 容易遭遇资料意外清除 和智能卡相比，更容易遭遇欺诈行为
智能卡 安全的数据传送 不需要和遥控装置连接 更大的记忆能力 可以进行复杂的安全确认计算操作（微处理机插件） 非常可靠 不容易遭遇欺诈行为	**智能卡** 成本——不允许单次乘坐

来源：Casey et al., 2000

报告：实际使用或规划当中的卡的分配情况有以下几种：

- 未知：14%(还没有选择)；
- 磁卡：35%；
- 智能卡：40%
- 借记卡：4%
- 信用卡：7%

7-5.1.1　磁卡

磁卡在1972年首次使用于旧金山海湾地区快速交通地段，使用磁卡不必将现金投进收费箱。乘客只要将卡片扫过读卡机，磁条就会自动储存磁卡的余额或仅仅显示磁卡是否有效。这种磁卡的优点是技术简单、记录经过证实的和乘客上车前购买的可能性。

7-5.1.2　智能卡

智能卡正在代替磁卡成为许多新近投入使用的收费系统的选择。这种外观与标准信用卡非常相似的卡片有一个可编程的存储芯片，可以执行几种功能：保留指令和价值、自动监控和创建账单记录。

智能卡有几项磁卡没有的优点。它的记录不会被意外清除；能够通过一个唯一电子内部序列号被识别；不能被复制。此外，通过用无线电信号接触收费装置的某个部位，智能卡还可以对车费进行记录。一些智能卡系统还使用建立在距离基础上的车费分类，收费装置读取乘客上下车划过智能卡后，可以计算出准确的车费。

7-5.1.3　信用卡和借记卡

小额财务交易正在引起信用卡公司的注意。将信用卡和借记卡作为交通费用收取的方式有很多优点。它们的使用可以为公共交通机构避免车费卡片销售的成本、广告的成本、记账的成本，公共交通机构也不需要承担因欺诈行为带来的责任。这种装置还能够将潜在客源市场提高到所有信用卡持有者，包括不常乘车者和来自交通服务地区以外的游客。

信用卡和借记卡的缺点大多是制度方面的，因为上市公司和私人公司过去还没有这种类型的合作。被使用的信用卡和借记卡可能包含两种系统，一种是用于正常交易的磁条，另一种是用于交通系统交易的遥控芯片。

7-5.2 效益

为华盛顿都市地区公共交通主管部门做的一个研究得出结论：电子收费系统支持多个目标，包括：

- 通过更快速的上车服务减少了出行时间；
- 改善了与使用同样卡片地区的合作；
- 创建了使用一种卡片的无缺陷交通网络；
- 得到改进的运营效率；
- 由于更多的方便和减少了混乱，提高了潜在的客流量。

收费技术带来的财务优势见表7-6。

7-6 车辆导向

目前可用的或正在开发当中的智能交通系统技术的设计目标是帮助驾驶员更安全地行驶，在某些情况下自动控制车辆在车道上的位置。这些技术可以应用于整个专用通道，也可以仅仅应用于需要准确停靠站在车辆和月台之间留出很短距离的车站。全体导向应用包括隧道和狭窄的专用通道，这些准确停靠站和防止车辆碰撞的技术对巴士快速交通系统是很有益处的。

7-6.1 严格机动/准确停靠

准确停靠站技术可以将巴士精确的放置在路缘或停靠月台相应的方位。驾驶员可以将巴士驶进停车区，然后再转为自动控制。传感器不断测量同路缘的前后横向距离，以及和公交停车区边界相对的纵向距离。通过制动设施和发动设施，驾驶员可以在任何时候取代这个系统；驾驶员应该对整体情况进行监控，并在必要的时候（如果有行人走到了巴士前面）采取紧急行动。巴士停靠稳后，系统会停止、打开车门并返回到人工控制。在开发这些系统的时候，充分考虑到了残障人、老人和小孩的上下车的安全问题。

导向系统可以是机械的、光学的、电磁的或电线导向系统。数十年来，许多欧洲制造商都在开发导向巴士作为火车以外的第二种选择。1970年，戴姆勒奔驰为德国联邦政府开发了欧邦。马特拉开发出了光学导向系统，这种系统遵循于一条绘制在公路上的线路。庞巴迪使用的是公路中心下面的单一导向系统。

7-6.2 机械导向

机械导向系统利用的是连接到车辆的车轮之间的直接接触，和对车辆进行导向的某种路缘。车轮被连接到操纵机构，操纵机构会根据车辆和路缘的位置来做一些调整。自20世纪70年代以来，机械导

电子收费介质的财务优势 表7-6

增加运营收入	降低成本
减少处理时间和传统收费介质的使用，从而增加客流	采用电子收费介质减少现金和钱币的处理： - 减少或免除现金和钱币的收集（如收币箱或收费口）
与其他方式或运营公司，可以促成更多的乘客折扣以增加客流量和营运收入	- 大额车票的销售减少了购买次数
提高交易数据而可能共享营运收入的公平分配，还提供查账索引，防止发生雇员偷盗行为	自动收取车费的方式减少了人工成本
提高乘客信息而优化车费、时刻表和公共交通服务	使用没有机械部件和可动部件（如：票证传送机）的产品提高设备的可靠性，减少了保养成本
提高介质的安全性而减少欺诈行为的发生	

来源：Casey et al., 2000

向系统就在英国的利兹、德国的埃森和澳大利亚的阿德莱德应用于欧邦系统。在利兹，机械导向被应用于超车行驶，由于技术原因。在埃森(这个系统现在已经停止营运了)，欧邦系统曾经和轻轨快速交通公司共用路权。在阿德莱德，选择欧邦系统是因为欧邦系统需要的路权窄一些；另外欧邦系统还可以减少高架建筑物处的横截面(约22英尺，见照片7-G)。照片7-H显示的是在英国利兹，使用机械导向系统的巴士快速交通导轨。

7-6.3　光学导向

这种技术利用摄像机和其他相关的设备读取公路上绘制线条的位置，然后将车辆保持在规定的车道范围以内。关于使用这种导向技术的车辆的例子见照片7-I、照片7-J和照片7-K。

照片7-G　阿德莱德的BRT导轨

照片7-H　利兹的巴士快速交通导轨

照片7-I　到站的"光扫描器"车辆

照片7-J　巴士快速交通车辆上的光学导向系统

照片7-K　巴士快速交通车辆到站时的准确停靠站

7-6.4　电磁导向

这种技术使用的是安放在导轨表面或钻入公路的磁带或磁栓。车辆携带有一个传感器，可以测量信号强度并通过此信息计算出巴士的横向位置。加利福尼亚大学的先进公共交通与公路合作（PATH）实验室多年以来一直致力于开发这项技术，并且已经做过几次成功的演示。

7-6.5　电线导向

这种方法是将一根通有电流的电线埋进公路。电流会形成一个可以用来导向的磁场，这个方法和电磁导向系统相似。法国南锡的庞巴迪 巴士快速交通车辆就是使用位于专用通道中间的轻型磁轨对车辆进行导向的。当使用内燃机动力在其他路权上行驶的时候，车辆也可以像巴士那样行驶。

7-6.6　全球定位系统

全球定位系统导向系统可以对车辆进行定位，误差在2到5厘米以内。对车辆进行定位，要求精确了解车行道的位置。如果数字地形空间数据库能够提供详细的车行道图示，就可以使用这种车辆导向技术。

7-7　防止车辆碰撞系统

到目前为止，已有几种防止车辆碰撞系统和防止巴士与其他车辆相撞的方法。有关的性能规范也在完善中。到2002年止，这类系统还没有投入实际使用的。

7-7.1　车道变更和合并

这些系统就各种危险，特别是车辆盲点中的、导致多起事故发生的危险向驾驶员提出预警。更先进的方法是：根据行驶在相邻车道的车辆的位置和速度，向驾驶员提供这些车辆的相关信息，以及这些车辆是否会对车道变更或合并构成危险的信息。

7-7.2　防止碰撞

有关技术可以帮助防止巴士快速交通车辆前后的碰撞。车上的雷达能够探测到交通车辆靠近其他车辆的情况，并向驾驶员发出警告或自动减缓车辆的速度，避免事故的发生。交通车辆后面张贴的警示可以减少巴士后面的碰撞。

7-8　车队

20世纪80年代，在芝加哥公共交通步行街上运营的人工调度车队现在仍然在一些南美城市运营。在车队运行中，电子技术使得巴士间的班距非常短，实际上就像火车一样行驶在公路上。对运营在少数偏僻的站点和中心城市之间的高速度的、载客量大的巴士快速交通快车来说，这种技术是非常实用的。

7-9　效益和成本总结

表7-7是对各种先进公共交通系统项目所带来的综合效益的总结。巴士快速交通系统也有相同的效益(《自动车辆定位》，2000)。与自动车辆定位、乘客信息、收费、交通信号优先和车辆导向相关的效益在下面的篇幅中有所论述。

7-9.1　自动车辆定位

一些公共交通营运商已经指出自动车辆定位系统可以减少资本投入和运营成本并增加客流量。在密苏里州的堪萨斯城，堪萨斯城市地区交通主管部门成功地减少了7辆服务线路的车辆，节省1,575,000美元的投资成本(每辆巴士225,000美元)。在整个美国，自动车辆定位系统和计算机辅助调度系统已经减少4%～9%的运营成本。

报告说运营成本减少的北美营运商包括：

- **佐治亚州，亚特兰大**。由于对时刻表跟进和出行时间调查的需要减少了，都市交通地区地方交通主管部门每年在运营成本上节省150万美元。

先进公共交通系统总结项目效益概况　**表7-7**

车队管理系统	● 提高运输和安全度 ● 提高运行效率 ● 改进公共交通服务和时刻表跟进 ● 改进公共交通信息
运行软件和计算机辅助调度系统	● 提高运输操作效率 ● 改进公共交通服务和乘客方便度 ● 改进对ADA要求的遵循
电子收费系统	● 增加公共交通乘客量和营运收入 ● 改进公共交通服务和社区范围内的能见度 ● 改进乘客方便度 ● 改进对ADA要求的遵循
交通智能车辆主动性	● 提高对乘客安全的保证度 ● 减少公共交通车辆的保养和维修成本 ● 改进对ADA要求的遵循

来源：Casey et al., 2000

● **安大略省，伦敦城**。对每个时刻表的跟进调查都表明，自动车辆定位系统为伦敦城交通节约了40,000～50,000美元。

● **密苏里州，堪萨斯城**。通过缩小车队规模（应用自动车辆定位系统的结果），堪萨斯城市地区交通主管部门实现了每年节约189,000美元的维修成本以及215,000美元的人工成本。

● **马里兰州，巴尔的摩**。由于自动车辆定位系统的应用提高了运营效率，公共交通行政部门可望在运营的第4～6个年头，通过购买、运营、保养较少的车辆，节约成本200～300万美元。

● **弗吉尼亚州，威廉王子城**。由于使用了自动车辆定位系统，波多马克和帕哈诺库交通委员会估计每年节约成本870,000美元。

● **俄勒冈州，波特兰**。根据对TriMet服务类型中有代表性的8条公共交通线路的分析，TriMet的自动车辆定位/计算机辅助设计系统估计每年节省了190万美元的运营成本。

一些营运商也报告了自动车辆定位系统带来的其他效益。以下是其中的一部分：

● **科罗拉多州，丹佛**。由于使用了计算机辅助设计和自动车辆定位系统，当地交通地区1995年到1996年的客流增加了5.1%。带有无声报警功能的自动车辆定位系统减少了33%对巴士乘客的袭击。据报告，计算机辅助设计和自动车辆定位系统的使用减少了乘客投诉、提高了9%～23%的巴士运营性能。

● **威斯康星州，密尔沃基**。密尔沃基县级公共交通系统1993～1997年客流量增加了4.8%。公共交通机构认为这是使用了计算机辅助设计和自动车辆定位系统的缘故。

● **安大略省，多伦多**。公共交通委员会估计自动车辆定位系统所带来的服务方面的改善会将客流增加0.5%～1.0%。

● **俄勒冈州，波特兰**，TriMet根据自动车辆定位提供的数据对线路的车辆班距和运营时间进行调整后，从1999年秋天到2000年秋天，一条线路1周内客流增加了450人。

7-9.2　乘客信息

改进的乘客信息系统会给许多公共交通机构带来效益。以下是其中的一些例子：

英国伦敦，伦敦交通系统的ROUTES是一个计算机控制的线路规划系统，估计它为巴士公司带来130

智能交通系统技术的成本　　表 7-8

子系统 / 单位成本成分	IDAD No.	使用期限 7 年	投资成本		运营和保养成本（每年千美元）		注　释
1. 信息服务 /	ISOO4		低	高	低 175	高 250	2 个员工 @$50-75K。供应者劳动　工资成本满载
2. 车辆定位界面	TROO7	20	10	15			车辆定位界面
3. 公共交通中心软件，整合	TROO2	20	815	1720	6	12	包括车辆跟踪和时刻表安排，数据和信息储存，时刻表调整软件，实时旅程信息软件和一体化
4. 电子收费箱	TVOO7	10	0.8	1.5	0.04	0.075	车载收费系统 DBX 处理器，车载收费箱和智能读卡机
5. 自动计算机和处理器	TVOO5	10	0.1	0.15	0.002	0.003	车载行程报告和数据储存
6. 公共交通中心硬件	TROO1	10	15	30			包括 3 个工作站

注：成本是项目 2，4，5/ 车辆的成本。

来源：Joint Program Office for Intelligent Transportation Systems, 2002

万美元、为地铁系统带来 120 万美元、为铁路系统带来估计为 100 万美元额外营运收入。

芬兰赫尔辛基，在关于安装在电车线路和巴士线路上的实时车辆到达时间显示系统的乘客调查中，16% 的电车乘客和 25% 的巴士乘客反映由于安装了这个显示系统，它们更多的选择乘坐这条电车和巴士线路。

意大利都灵，一个对到站信息提供系统的民意调查显示，75% 的乘客认为这个系统非常有用。

7-9.3　收费

收费系统可以通过减少逃票行为、降低人工成本和高效的运营，从而达到节约。如地铁卡系统每年为纽约城市交通线节约 7,000 万美元。

7-9.4　交通信号优先

交通信号优先系统通常可以节约 7%~10% 的出行时间，尽管也有报告表明能够节约更多的时间（详见 7.3 节）。

7-10　成本

表 7-8 是关于以智能交通系统单位成本数据为基础的投资成本和运营成本的一个总结。这个总结以每辆车为单位列出了车辆定位界面、电子收费箱、自动计算机和处理器的成本。一般来说，自动车辆定位系统的成本每车为 8000 美元，而高级乘客信息系统的成本每车为 2,000~7,000 美元。公共交通协作研究项目的一项研究显示，全球定位系统的自动车辆定位系统的成本每辆车为 13,700 美元。电子收费系统目前的成本为每辆车 7,000~12,000 美元。

7-11　参考文献

A Survey to Assess Lane Assist Technology Requirements (Draft Report). Metro Transit Minneapolis and University of Minnesota, ITS Institute, U.S. Department of Transportation, Federal Highway Administration (December 19, 2002).

Automatic Vehicle Location: Successful Transit Applications: A Cross-Cutting Study: Improving Service and Safety. FHWA-OP-99-022/FTA-TRI-11-99-12. Joint Program Office for Intelligent Transportation Systems, FTA (2000).

Baltes, M. R. and J. R. Rey. "Use of Automatic Passenger Counters Assessed for Central Florida's Lynx."

CUTRLines Newsletter, Vol. 9, No. 1 (1998).

"Bus Plus? Traffic Signal Priority System." Novax Industries Corporation, New Westminster, British Columbia, Canada (n.d.). www.novax.com/products/media/Novax_BusPlus.PDF.

Casey, R. F., et al. Advanced Public Transportation Systems: The State of the Art: Update 2000. DOT-VNTSC-FTA-99-5. U.S. Department of Transportation, Volpe National Transportation Systems Center (December 2000).

Chada, S., and R. Newland. "Effectiveness of Bus Signal Priority — Final Report." National Center for Transit Research, Center for Urban Transportation Research, University of South Florida (June 2002).

"Final Report — Ranier Avenue South Transit Signal Priority Field Evaluation." King County Metro, Seattle, WA (January 2001).

Goeddel, D. L. Benefits Assessment of Advanced Public Transportation System Technologies. DOT-VNTSC-FTA-00-02. U.S. Department of Transportation, Volpe National Transportation Systems Center (November 2000).

Greschner, J. T., and H. E. Gerland. "Traffic Signal Priority: Tool to Increase Service Quality and Efficiency." Proc., Bus and Paratransit Conference, Houston, TX, APTA, Washington, DC (2000)

ITS for Transit: Solving Real Problems (Draft Participant's Manual). National Transit Institute, Rutgers University, New Brunswick, NJ (September 2001).

ITS for Transit: Solving Real Problems (Draft Participant's Manual). National Transit Institute, Rutgers University, New Brunswick, NJ (September 2002).

Joint Program Office for Intelligent Transportation Systems, U.S. Department of Transportation. ITS Unit Costs Database. www.benefitcost.its.dot.gov/ITS/benecost.nsf/ByLink/Costho me. Accessed March 30, 2002.

Klous, W. C., and K. R. Turner. "Implementing Traffic Signal Priorities for Buses in Portland." Presented at Transportation Frontiers for the Next Millennium, 60th Annual Meeting of the Institute of Transportation Engineers, Las Vegas, NV (August 1999).

Levinson, H., S. Zimmerman, J. Clinger, S. Rutherford, R. L. Smith, J. Cracknell, and R. Soberman. TCRP Report 90: Bus Rapid Transit, Volume 1: Case Studies in Bus Rapid Transit.

Transportation Research Board of the National Academies, Washington, DC (2003).

Okunieff, P.E. TCRP Synthesis of Transit Practice 24: AVL Systems for Bus Transit. Transportation Research Board, National Research Council, Washington, DC (1997).

Multisystems. Intelligent Transportation Systems: Regional Bus Study. Washington Metropolitan Area Transit Authority, Washington, DC (August 2001).

Rutherford, G. S., S. MacLachlan, K. Semple. Transit Implications of HOV Facility Design, WA-RP-3961-1. Prepared for Federal Transit Administration by Washington State Transportation Center, Seattle, WA (September, 1995).

"Transit Priority Systems Study—Summary Report." Parsons Brinckerhoff Quade & Douglas. Prepared for Intercity Transit (July 1994).

第8章
巴士运营和服务

巴士快速交通服务要保持清晰、直接、频繁和快速等特点，服务设计应满足现有乘客的要求并不断吸引新乘客，售票方式应确保乘客快速上下车，市场营销应强调巴士快速交通的独特性和加深人们对其特点的印象。本章阐述有关巴士快速交通运营的指南。

8-1 一般指南

现将巴士快速交通服务规划、收费和市场营销的一般指南如下，当然，特殊情况需特别对待：

1. 服务类型和频率应与城市结构、专用通道的类型、潜在市场和可用资源相一致。

2. 服务应当简便、易理解、直接和高效。既需点对点的服务(直达服务)，也需要简便、全天高频率的服务，而且两种服务之间的比例应协调。

3. 通常情况下，宁愿线路少些，发车频率高些，也不愿意线路有很多发车间隔长的线路。

4. 如果往返运行一次的时间在2小时内(最多3小时)，可考虑直达服务，至少用于基本上站站停靠的线路。

5. 巴士专用路的线路结构应以基本的站站停靠运营为主，辅助以直达巴士(或限制停站数量)、接驳车和连接服务方式。

6. 基本的站站停靠服务应为全天，从早上6:00到午夜，每周7天，直达巴士服务应在每周工作日的全天或在高峰小时内运行。

7. 基本的巴士快速交通服务频率在高峰小时为5～10分钟1班，其他时间为12～15分钟1班。

8. 在可以取得路权的情况下，巴士应全部或部分地安排在有专有路权上。

9. 应给警车、消防车和急救车等紧急车辆准备出入通道。

10. 在交通车辆符合安全要求的地区内，巴士快速交通的专用通道可为各种公共交通运营商使用。

11. 在不减少运行时间、降低服务可靠性或巴士快速交通独特性的情况下，巴士快速交通线路可与备用高速车道中的高载客车辆共用专用通道。

12. 如果巴士快速交通车辆线路由单位或私人承包运营时，需要制定专门的公共巴士快速交通运营规则。库里蒂巴(巴西东南部城市)的实践证明，由公众来监督私人运营公共交通项目是行之有效的，该市首创的“公私互动”带来了高效优质的巴士服务。

13. 售票应与系统的其他组成部分统一运作，但不必采取完全一样的收费方式。

14. 收费系统应支持多门上下车，至少在高峰小时的主要车站如此。提倡车下收费(更佳)或车上多点购票。

15. 市场营销应以宣传巴士快速交通特性为主，这些特性包括巴士快速交通的速度优势、可靠性、服务频率、覆盖范围以及舒适性。

16. 塑造自身统一而又独特的形象，使巴士快速交通产生深入人心的品牌效应。应在宣传小册、地图以及时间表和乘客须知上体现其独特的品牌、颜色和图案，这是十分关键的一点。

8-2　运营设计

巴士线路、频率和服务的时间应反映专用通道的类型、交通走廊中主要活动的位置、市场机会和可用资源。

8-2.1　服务类型和时段

各种专用通道上巴士快速交通服务类型的运营时机和运行小时数(运行时段)如下(请参见表8-1):

● 在主要交通干线上提供基本的站站停靠运营,限制超车(如温哥华)。这种服务线路可与传统的市内巴士线路相互补充(如洛杉矶)。

● 高速公路沿线可提供混行车道和备用车道两种类型的车道并开通直达巴士服务。这种服务可全天候运营(如芝加哥的湖岸直达道),或者只在高峰小时运行(如休斯顿的公交专用路)。

● 在车站附近有超车道的巴士专用路上,可开通站站停靠服务,辅以在高峰小时或全天运营的直达巴士服务项目。市内接驳和连接服务线路可服务于巴士专用路车站。这种组合服务既细化了运营项目,同时为月票乘客提供了快速和免费换乘的乘车服务。直达站可根据预计的客流量、"乘客集散地"的大小和站与站之间的距离进行设定,以保持较高的平均车速。洛杉矶的快速地铁便将直达服务与沿街专用通道的慢车服务组合在一起。

● 迈阿密南部大德巴士专用路每天运营17小时,渥太华的巴士系统每天运营22小时,匹兹堡的巴士专用路每天开通17小时。因而建议巴士快速交通每天提供的服务至少应从早上6:00至午夜。

建议各类服务项目的服务时间如下:

● 基本的站站停靠服务——全天候(典型的是早上6:00至午夜),每周7天。

● 直达服务——繁忙路线上每周工作日的高峰小时,即早上7:00至下午7:00 。

● 通勤直达服务——工作日的高峰小时。

● 接驳服务——全天,通常是每周7天。

● 连接服务——全天,通常是每周7天。

服务类型和时段　　**表8-1**

主要运行路道	服务类型	服务时间		
		工作日	周六	周日
干线街道	站站停靠	全天	全天	全天
混行车道	连接巴士线路	全天	全天	全天
巴士专用道	巴士线路			
中间巴士专用路(没有错车道)				
高速公路				
混行车道	局部区域不停靠	全天	全天	无
巴士/高载客量车道	通勤直达	高峰小时	无	无
巴士专用路	站站停靠	全天	全天	全天
	直达服务	白天或高峰小时[1]	无	无
	接驳服务	白天、全天或非高峰小时[1]	白天	
	连接巴士线路	全天	全天	全天

注:

全天:一般为18~24个小时;

白天:一般从上午7:00~下午7:00;

高峰小时:一般为上午6:30~9:00和下午4:00~6:00。

1　非高峰小时的接驳服务和高峰小时的直达服务。

在某些情况下，“接驳”服务可在非高峰小时运作，在每周工作日的高峰小时内替换为直达巴士服务。直达巴士服务通常应限制在工作日运营。

8-2.2　服务频率

现有巴士快速交通系统发车频率的变化取决于城市条件、客流需求和服务类型。下面是发车频率方面的实例：

● 南迈阿密大德巴士专用路上高峰小时服务有3条快线，每条线路的发车时间频率为15分钟。

● 渥太华巴士车站停靠的95路和97路公交专用路线路，每条线路的汽车发车频率在高峰小时为4~5分钟1班，在非高峰小时为5~6分钟1班。

● 匹兹堡东区的站站停靠服务，在高峰小时按4~5分钟1班，非高峰小时10~12分钟1班运营。

各种巴士服务类型的服务频率应根据市场需求确定。各种类型巴士快速交通服务的建议指南详见表8-2。

巴士快速交通的干线服务应保持频繁的发车频率，这样就不用再印制时刻表。要达到这样的频率，白天的基本的站站停靠服务和直达巴士服务需要10~12分钟1班。如果巴士快速交通线路上同时运营两种服务（如有限停站的巴士快速交通服务和市内巴士同时服务，或巴士快速交通直达服务和站站停靠服务同时服务），为减少印制乘客时刻表的麻烦，建议联合发车频率在高峰小时为5分钟1班，基本时间内为6~7.5分钟。连接服务和接驳服务的频率应反映客流市场需要，不应超过30分钟。如果服务频率超过15分钟1班，则需要检查班距。

服务频率，特别是高峰小时快线的服务频率，应取决于客流量。这些线路上，40英尺长巴士的目标客流为30~50个乘客，而60英尺长巴士的目标客流量为45~75个乘客。若预计客流量大于建议最少的客流量，通常选择接驳服务而不选择直达服务方式。

8-2.3　线路长度

应避免巴士快速交通的线路过长，以确保服务的可靠性。理想的状态是，巴士快速交通往返一次的时间不超过2个小时；3个小时被视为最大限值。若线路主要针对的是闹市区的乘客，则该线路到闹市区的距离范围为10~20英里。更长的线路可采取直达巴士方式或在巴士专用路和高速公路上运营。

8-2.4　服务模式

应根据每一巴士快速交通环境的特定要求制定服务计划，各种类型可根据需要自由组合。巴士快速交通的一个重要优点是能提供直达服务，原因是服务单位较小。能够提供直达服务也就意味着可减少换乘次数和增加吸引乘客得机会。然而，这种“点对点”服务应解决好与全天高频率、简单方便的服务之间的矛盾。

典型的服务频率　　表8-2

服务类型[1]	频率（最小）[1]			
	高峰小时	中午	晚上	周六－周日
站站停靠车（基本服务类型）	5~8	8~12	12~15	12~15
直达	8~12	10~15[2]	无	无
支线	5~15[2]	10~20	10~30	10~30
月票乘客直达	10~20	无	无	无
连接服务车线路	5~15	5~20	10~30	10~30

注：1 每条线路；

2 运行时。

若巴士快速交通在其专有路权上运营，则最佳的服务模式是全天候的站站停靠服务辅助“重复”的、只在高峰小时中针对特定市场的直达巴士服务。这种服务类型出现在迈阿密、渥太华和匹兹堡。在高峰小时内，完全重复线路可作为开往巴士快速交通车站的接驳线路。良好的连接服务时刻表和通信设备是至关重要的，特别是在那些接驳巴士的班距长的线路。

当巴士客流量增加时，可将某些重复服务线路转换为接驳线（或区间巴士）的方式来增加干线行车频率。应在车站换乘，这类车站有舒适的环境并在设计上可减少步行距离和行路障碍。

巴士快速交通线路应尽可能直接服务于主要客流，如工作场所、购物中心、医院和教育中心等。线路应低于自驾小汽车出行距离的120%。这可减少总的出行时间和避免道路拥挤造成的时间耽误，减少在拥挤区域的调头，并能在闹市区提供足够数量的停车点。

8-2.4.1　线路数量

巴士快速交通的主要优越性是可提供点对点的直达服务，原因是与轨道交通系统相比巴士快速交通的基本服务单元相对较小。这样换乘次数普遍减少，但对选择性乘客的吸引力却增大了。这种运行的灵活性明显表现在现有巴士专用路上的行车服务。现举例如下：

- 南迈阿密大德巴士专用路上有3条快线（其中1条线路全天运营）和2条站站停靠线路。
- 渥太华的公交专用路系统的95路和97路提供22小时站站停靠的服务，其余64条线路中有些在高峰小时提供直达服务。
- 匹兹堡南区的巴士专用路有6条快线和10条站站停靠线路。东区有36条线路，其中1条线路是站站停靠的干线。西区有14条线路。

提供的点对点服务应解决好与简便的、全天高频率服务之间的矛盾。关键的一点是保证透明的服务和清晰的线路。

通常情况下，宁愿路线少而发车班距短也不愿路线班距拉得过长。因而，服务线路应尽量最少。单独运营服务的数量应取决于所有巴士都必须停车的地方的可用停车泊位数。在这些地方，通常平均2～3条或更少线路分享一个停车泊位。按每个车站有3个停车泊位计算，这就可满足6～9条巴士快速交通线路的使用需要。若城市中心覆盖了好几条街道，则可增加运营服务。

一般情况下，每条主干线的支线不应多于2条。这样乘客才能清晰地了解情况，并能方便计算每条支线所需的合理发车频率。重复线路只在需要时加以应用。

高峰小时的最大行车数量主要受以下因素的约束：(1)必须满足巴士客流的需求；(2)要减少巴士堵塞；(3)保持线路的清晰；(4)控制运营成本；(5)在运营约束条件范围内工作。要一一满足这些要求便可能需要将实际运营的巴士数量削减到比允许运营的要少。例如在库里蒂巴，高峰小时中央巴士专用路站站停靠服务的行车班距为90秒，而在平行街道上均有直通直达。当汽车的行车班距短时，发车班距时间表能起到良好的作用。

8-2.4.2　直达服务

在条件容许的情况下，应鼓励设置快线，至少是主要的巴士快速交通服务。快线可覆盖多个区域而无需换乘，减少巴士的运行时间和汽车在城市中心区域的转弯次数。巴士快速交通路线的各个相连路段的发车频率、路线长度和运行时间应协调一致。如渥太华和匹兹堡的公交专用路就提供了直行服务。有些直达服务可能需要在高峰小时的市中心调头。这些线路可在并非巴士快速交通主要干线的街道上调头。这可更好地服务于乘客并减少巴士快速交通站点拥挤造成的耽误。

8-2.4.3　专用通道的范围

典型的巴士快速交通服务是在各种专用通道上

服务。当然也可延伸到专用导轨范围之外，只要这类道路是安全可靠的和能持续高速运营的。巴士快速交通线路的外廓路段和在某些情况下的中央商务区布局可利用现有的公路和街道。这些街道包括巴士专用道，应适当改变直行图形、标识牌和人行道标记以提高巴士快速交通的效率、效能和同一性。在渥太华，半数以上的公交专用线路实际上是在公交专用路上运营。在匹兹堡，东区汽车线路半数以上的乘客来自巴士专用路的范围之外的区域。因此，巴士快速交通的一个总原则是：线路里程的40%～50%应在巴士专用路或备用的高速公路上。

8-2.5　服务设计概念

服务类型示意图见图8-1～图8-6。

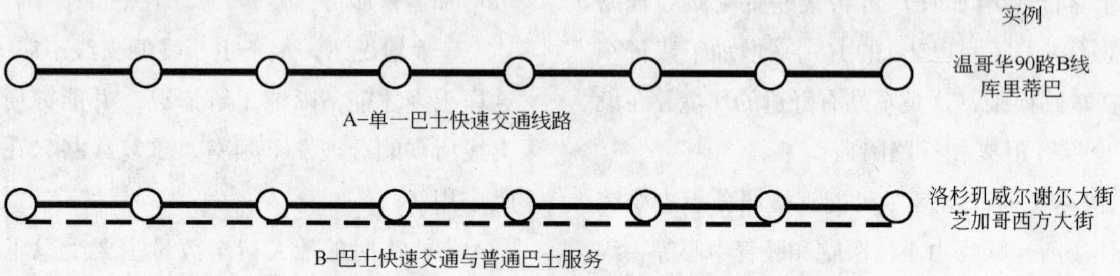

实例

温哥华90路B线
库里蒂巴

A-单一巴士快速交通线路

洛杉矶威尔谢尔大街
芝加哥西方大街

B-巴士快速交通与普通巴士服务

图8-1　主要街道巴士快速交通运营方式举例

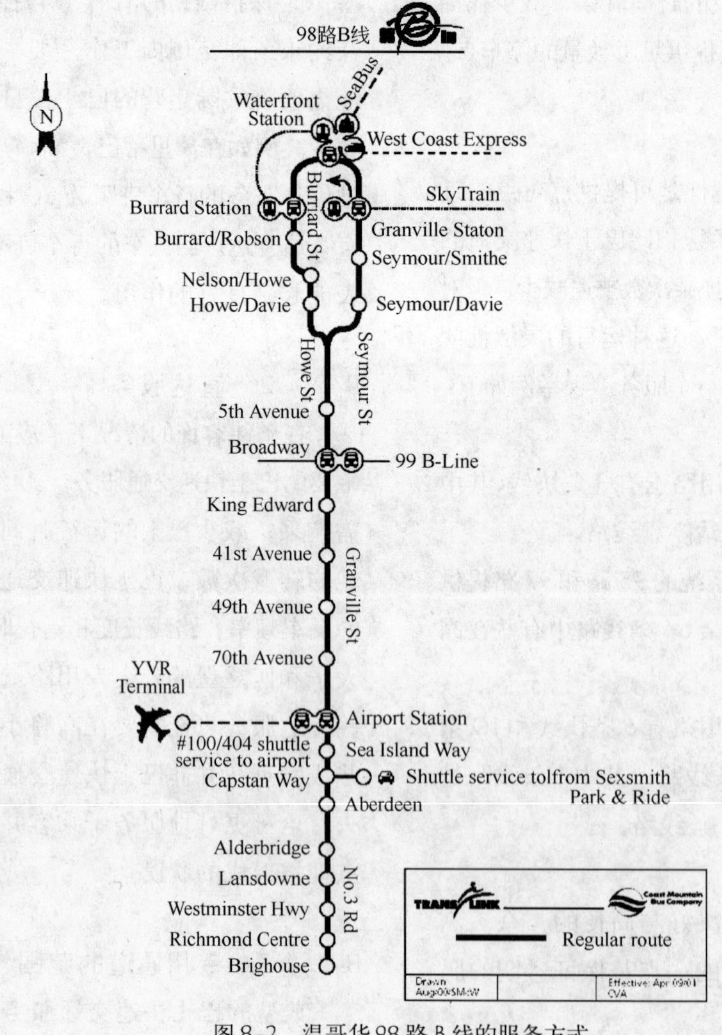

图8-2　温哥华98路B线的服务方式

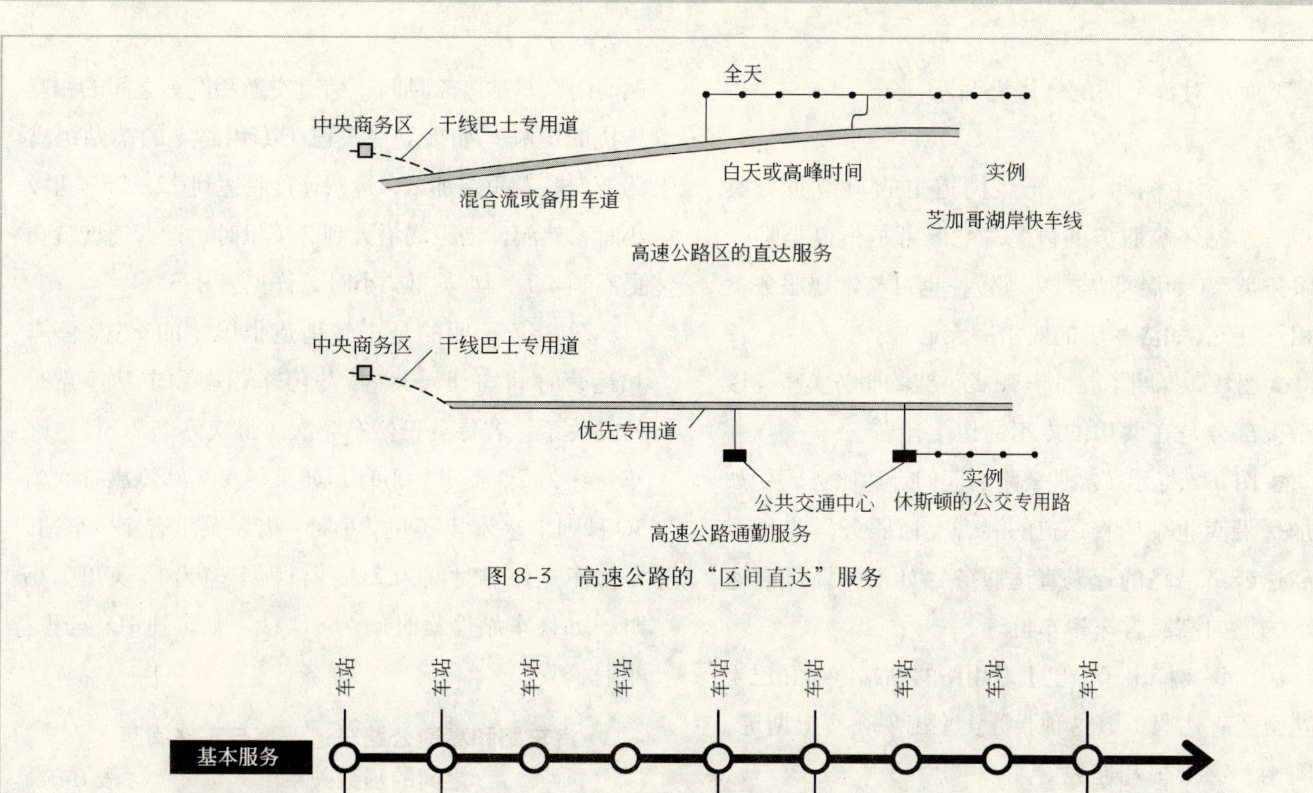

图 8-3　高速公路的“区间直达”服务

图 8-4　站站停靠运营和直达巴士快速交通服务重复

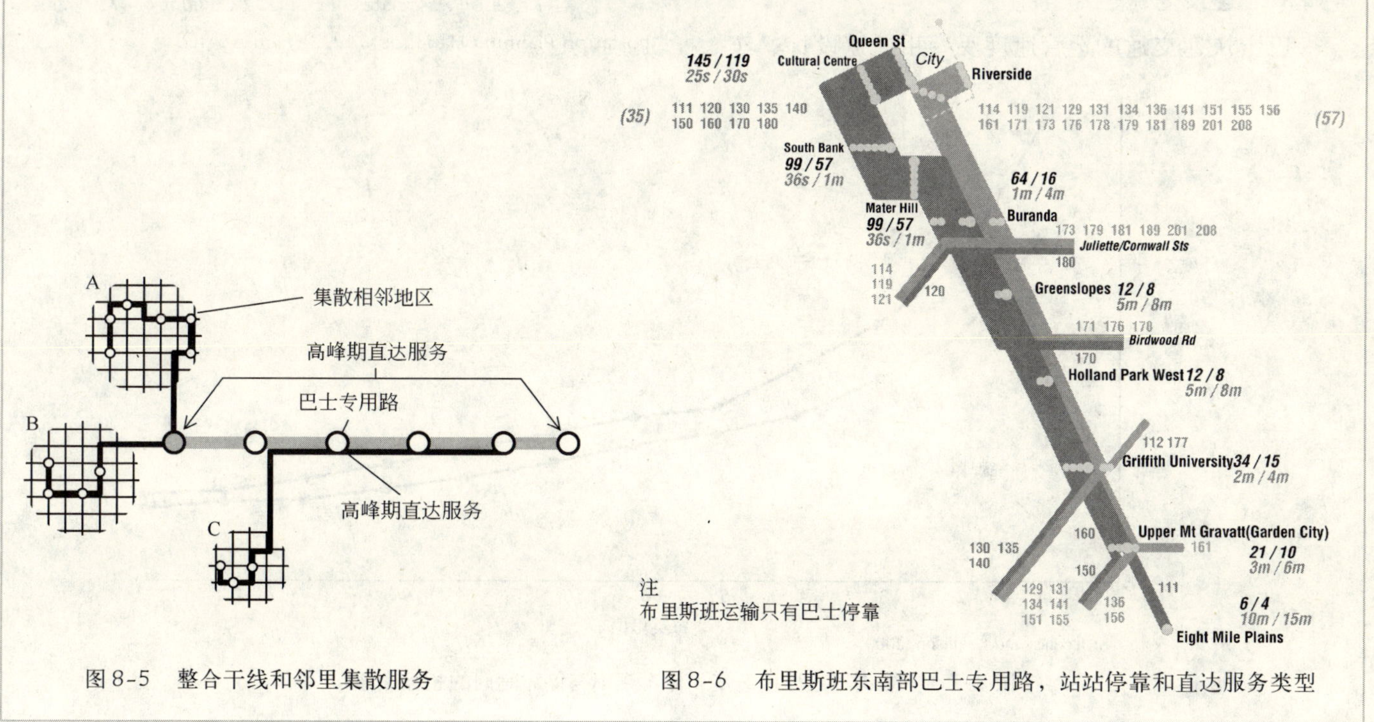

图 8-5　整合干线和邻里集散服务

图 8-6　布里斯班东南部巴士专用路，站站停靠和直达服务类型

下面是对每个图的具体说明：

● 图 8-1 标明了在干线街道上的典型服务类型——站站停靠服务的情况。它既可是街道上唯一的服务类型（如温哥华的 98 路），也可与常规服务类型相互补充（如洛杉矶的威尔逊大道）。

● 图 8-2 标明了温哥华 98 路 B 线的服务类型，该线路大部分是在共用的专用通道上运营。

● 图 8-3 标示了高速公路的区间直达服务，例如芝加哥沿南北湖岸直达道的混合交通服务。也显示了高速公路沿路的通勤直达服务，如沿休斯顿高速公路的逆向高载客车辆车道。

● 图 8-4 标出了沿巴士专用路的站站停靠和巴士快速交通直达服务。这种服务类型出现在布里斯班、迈阿密、渥太华和匹兹堡。

● 图 8-5 标明的是长途干线服务和相邻集散的整体服务情况。

● 图 8-6 显示了沿布里斯班东南公路的站站停靠和直达服务方式，这个系统的服务类型的独特之处是在城市中心设置 2 个单独的终点站。

8-2.6 速度考虑

巴士快速交通的运营速度受专用通道设计、车站间距、车站停靠时间、街道交通和汽车之间的相互干扰的影响。如果立交式巴士专用路上的车站距离为 1/2～1 英里，那么，运营速度将达到 22～25 英里/小时；然而，当距离增大到 2 英里时，运营速度就会提高到 40～44 英里/小时，详见表 8-3。

图 8-7 标明的是干线街道上巴士的车速（停车和运营时间均计入其内）与停车频率和车站停靠时间的关系。若每英里停车 2 次，每次停车 20 秒，则车速约为 20 英里/小时，如果每次车站停靠时间为 30 秒则车速为 15 英里/小时。若每英里有 4 个车站，每次车站停靠时间为 20 秒，则车速为 13 英里/小时，如果车站停靠时间为 30 秒，则车速 10 英里/小时。

汽车路和高速公路车道速度与车站间距之间的函数关系 表 8-3

车站间距（英里）	每英里停车	车速（英里/小时） 20 秒停车	30 秒停车
0,25	4,0	18	16
0,50	2,0	25	22
1,00	1,0	34	31
1,50	0,7	42	38
2,00	0,5	44	40

来源：Kittleson Associates, Inc., 2002 (Exhibit 4-47); Transportation Planning Handbook, 1992 (Figure 5-10)

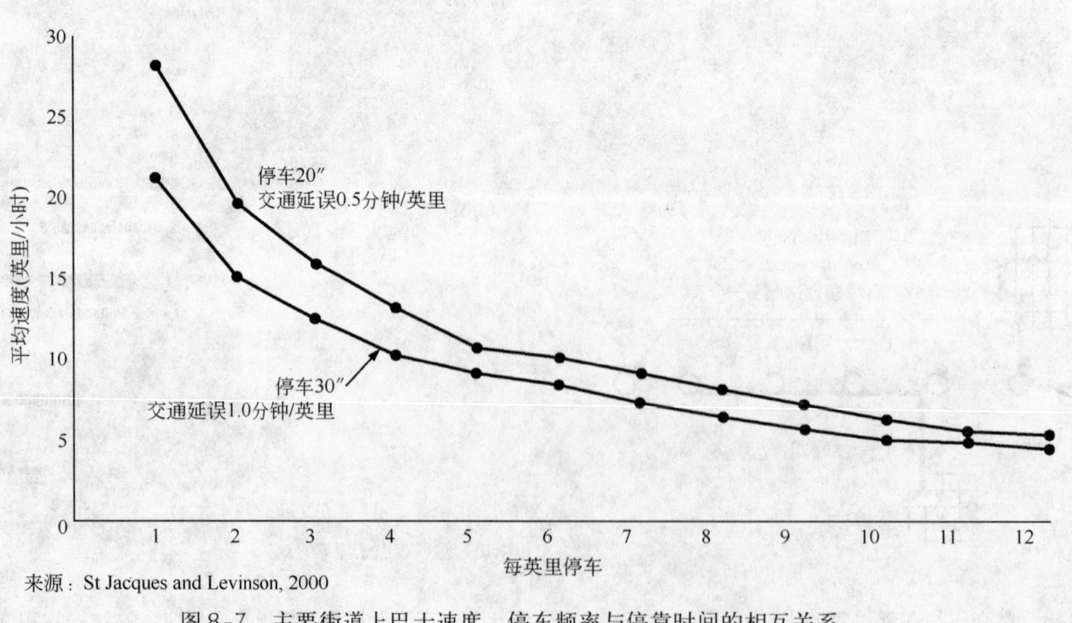

来源：St Jacques and Levinson, 2000

图 8-7 主要街道上巴士速度、停车频率与停靠时间的相互关系

各种车站间距、车站停靠时间和运营环境的高峰小时行车速度　　表 8-4

A. 基本行车时间速率(分钟 / 英里)

平均车站停靠时间	每英里停车								
每次停车（秒）	2	4	5	6	7	8	9	10	12
10	2.40	3.27	3.77	4.30	4.88	5.53	6.23	7.00	8.75
20	2.73	3.93	4.60	5.30	6.04	6.87	7.73	8.67	10.75
30	3.07	4.60	5.43	6.30	7.20	6.20	9.21	10.33	12.75
40	3.40	5.27	6.26	7.30	8.35	9.53	10.71	12.00	14.75
50	3.74	5.92	7.08	8.30	9.52	10.88	12.21	13.67	16.75
60	4.07	6.58	7.90	9.30	10.67	12.21	13.70	15.33	18.75

B. 附加的行车时间损失(分钟 / 英里)

中央商务区				
	不能右转的车道	右转延迟的车道	交通堵塞车道	混合交通流
典型的	1.2	2.0	2.5～3.0	3.0
汽车信号调整	0.6	1.4	N/A	N/A
比停车更多频率的信号	1.7～2,2	2.5～3.0	3.0～4.0	3.5～4.0

中央商务区主干道出口		
	汽车道	混合交通
典型的	0.7	1.2
范围	0.5～1.0	0.8～1.6
备注：		

注：可从 A 和 B 部分的附加值获得推荐的预计行车总时间。将总的行车时间比率转换为预计的平均速度再除以 60 便得出每小时的英里数。在车站停靠时间所示值之间的插入值是以直线行驶为基础的。

来源：Kittleson Associates, Inc., 2002

表 8-4 所示是各种干线专用通道、车站间距和车站停靠时间对巴士快速交通速度的影响。在车站间距、车站停靠时间和交通条件有变化的情况下，该表为预计车速和对比车速提供了数字依据。表的 A 部分显示了停车频率和车站停靠时间增大情况下的行车时间比率(分 / 英里)是如何增大的。表的 B 部分列出了与公路位置和类型以及交通信号管制有关的今后调整情况。“不能右转弯的车道”的数据只应用于中央干道式巴士专用路。

人们有一个共识是：实际上最大的车站间距可获得较快的运营速度。例外的是在中央商务区，这里要求车站距离短，以避免车站停靠时间长。影响巴士速度的另一个因素是车辆拥挤造成的相互干扰。表 8-5 中的数据可用来调整由表 8-4 得出的预计车速和计算巴士之间的干扰。因而，若某个车站的容量为 100

根据巴士相互干扰得出的减速系数　　表 8-5

巴士停车泊位 车流量与容量之比	系数（减速系数）
< 0.5	1.00
0.5	0.97
0.6	0.94
0.7	0.89
0.8	0.81
0.9	0.69
1.0	0.52
1.1	0.35

来源：St. Jacques and Levinson, 1997

辆 / 小时，而实际车量为 90 辆时，在车量不大的车站内行车速度应为车速的 69%。

从巴士快速交通方面来看，需要运营的汽车线路为系统容量的 80% 或更少，以便将巴士拥挤降到最低程度。例如库里蒂巴，主车道上运行的车辆 40

辆/小时确保准点的可靠性和避免巴士拥挤。

8-3 收费

巴士快速交通收费政策是服务规划的重要组成部分，包括2个主要方面：票制和如何收费。

8-3.1 票制

售票应与系统的其他组成部分统一运营，但不必采取完全一样的收费方式，票制应尽可能简单。

8-3.1.1 一票制

巴士快速交通的收费可与其他巴士服务的收费方式相同。一票制便于乘客理解和方便乘客在连接服务（或接驳）车与干线巴士快速交通之间换乘。

8-3.1.2 附加费

巴士快速交通线路可收取附加费，特别是在与其他线路服务差别较大的情况下。基本原理是一项需收取附加费用的服务项目的成本，远远高于常规服务的成本。附加费常用于一些城市（例如纽约城和休斯顿）的直达巴士线路，它还适用于巴士快速交通高速运营在立交巴士专用路的情况。这可以是直达票价或长途乘客支付较高票价的区间票。然而，以区间为基础或以长途为基础的车票会使收票过程复杂化，并使在车站的车站停靠时间更长。

8-3.2 收费方式选择

世界各地已有多种巴士快速交通收费方式，下面是一些实例：

● 某些南美城市（波哥大、库里蒂巴和基多）使用类似于地铁的检票门和栅栏并通过较高的月台（平台）上车（见照片8-A）。

● 欧洲系统通常使用的是过后验票，这可避免车上收票（见照片8-B）。

● 大多数北美巴士快速交通系统是在车上售票。例外的是波士顿的银线（在建），是在地铁站预先购票。

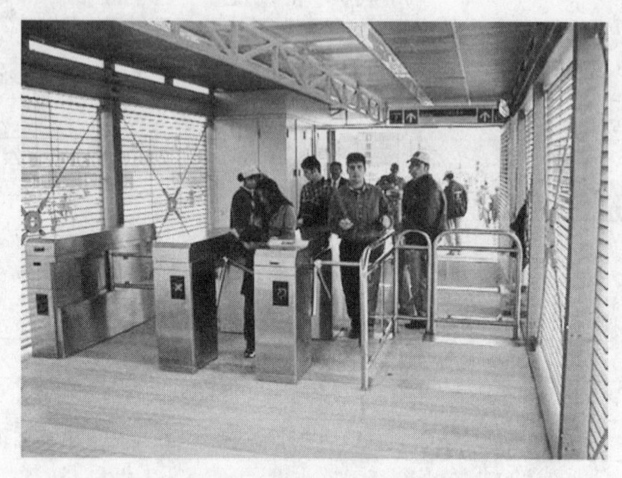

照片8-A 巴西库里蒂巴的检票口

照片8-B 法国瓦尔-德-马恩交通项目的检票系统

通常，美国和加拿大的巴士快速交通系统的售票方式是最薄弱的环节。解决这一问题所作的努力往往由于服务类型和某些车站上车客流量太少而依然不能解决。毫无疑问，大多数系统的售票方式均需要改进。主要宗旨是使乘客感到最大程度的方便舒适和减少车站的停靠时间。多门快速上下客可通过车下购票(更好)或车上多门购票来实现。确保主要乘车点快速上车是至关重要的，特别是在高峰小时。

8-3.2.1　车下售票

车下(车辆外)售票方便乘客，且能利用所有车门上下车，减少乘客服务时间、车站停靠时间和运营成本，可用不同的方式来实现：

预购票。乘客预先购票，然后通过十字转门或栅栏门上车，消除车上购票现象。乘客通过所有的车门上车，这样，车站停靠时间减少到最低程度。在巴士专用路沿线的主要车站使用这种售票方式是可行的。然而，这种购票方式也有不少缺点：(1)路缘上车位置的检票门侧面通道不够宽畅；(2)设备成本较高；(3)需要协助大量乘客(每天至少上车75到100人次)上车的设施。因而，在某些乘客量少的巴士快速交通车站实行预购票是不可行的。

辅助月台人员。在繁忙车站的上车高峰小时，可由专人在巴士的中间和后门处收票。这种方法无需大的资金投入，但会增加运营成本。

售票机和验票。乘客可用车站月台上的售票机购票，而后通过所有的车门上车。在欧洲，每个车门附近都有售票机。验票后生效。建议至少设置2台机器在车下售票，以便因一台机器出故障时不影响售票。设备需要有电、通信线路和遮雨篷。

验票。在使用售票机、月票或智能磁卡的地方就需要验票。这种制度要求乘客在必要时出示有效车票或通行证。验票员随车检验车票并对违章者作适当处罚。1980年以来，售票机和验票已在北美新运营的轻轨线上成功应用，减少车站停靠时间的优点要胜过巴士快速交通线路上附加的验票成本。

免票区。免票区可用于上车乘客高度集中的市区。可是，尽管其应用非常符合中央商务区区内短途运行的需要，但免票区会损失从巴士快速交通干线乘客中得到的实质性收入，并增加车站停靠时间，从而导致乘客时间的延误。

8-3.2.2　车上售票

车上售票方式适用于低客流量的车站和非高峰小时，免除了在人行通道和车站上设立专门售票设施的麻烦。

传统的车上售票。传统的车上售票把乘客限制为单门上车。这就导致收费时间延长，特别是在车票制度复杂的情况下。改进方式是使用双通道门；有票证(车票卡)的乘客使用一道门，现金付费乘客使用另一道门。

出入站口付费。这种售票办法可减少市中心车站上的停靠时间，这在匹兹堡的巴士专用路系统已成功应用了几十年。

周期票证。使用周票或月票可有效地减少停靠时间。持有票证的乘客可通过3门铰接汽车的各车门上车，但需要对乘客进行随车检查以查处违章者。这种方法应用在渥太华的95路和97路巴士快速交通线路。据报道，渥太华95路和97路巴士快速交通线路主要车站的车站停靠时间为30秒以下，而波特兰、俄勒冈和纽约城的车站停靠时间为1分钟以上(见表8-6)。

智能磁卡。第7章所述及智能交通系统的智能磁卡技术可同时在车上支付票款和从多个车门上车而不会增加收入损失。乘客上车时可快速使用磁卡，如照片8-C所示。磁卡通过无线的频率传输在一个闭路系统中工作。该系统无需电池，也无需遥控，含有只读元件、独特序列号、方便插取和车费的存储特性。

所选城市的汽车在下午高峰小时的性能 **表 8-6**

	第五大道 波特兰	第六大道 波特兰	第2街 纽约城	阿尔贝特街道 渥太华	商业街道 圣·安东尼奥	市场街道 圣·安东尼奥
车道类型	双车道	双车道	路缘车道	路缘车道	路缘车道	路缘车道
每英里停车	10	10	8	5	10	6
15 分钟间隔时间情况下的每小时巴士流量						
范围	76~164	88~112	16~52	100~164	56~100	80~108
中间值	136	96	26	132	80	96
15 分钟间隔时间情况下的车站停靠时间（秒）						
范围	10~65	8~55	19~78	15~27	10~32	23~30
中间值	29	32	29	18	22	26
平均变化系数	0.52	0.54	0.57	0.59	0.81	0.57
15 分钟间隔时间情况下的编制行车速度（英里 / 小时）						
平均速度范围	2.6~4.7	3.7~4.2	4.4~8.0	9.1~12.8	4.2~6.3	6.0~7.0
标准偏差范围（英里 / 小时）	0.5~1.5	0.9~1.5	0.2~2.7	1.3~3.6	0.6~1.5	1.0~2.3

来源：St. Jacques and Levinson, 2000

照片 8-C　智能交通系统的智能卡技术，华盛顿主要都市区的运输管理

8-3.3　设计考虑

售票设备应充分减少等候、处理和排队时间。包括的因素如下：

- 每个车站、上和下、全天和高峰小时的客流量；
- 当车辆到达或出现不可预见的突发事件时的拥挤；
- 到达和出发客流的冲突；
- 售票策略；
- 需要的和可用的实际空间；
- 公用通道；
- 潜在的破坏行为。

8-3.3.1　车站停靠时间的含义

在单门通道的情况下，各种车票支付方式需要的时间的影响列于表 8-7。预先每个乘客购票时间为（每门）2.5 秒，单程票、代用币或者磁卡所需的时间为 3.5 秒，而准确找补、刷卡或插卡的服务时间为 4 秒以上。预先购票和磁卡能让乘客多门上车，并可减少服务时间。这 2 种上车方式比较如下：

各种售票方法所需时间 **表 8-7**

方　式	所需时间（秒 / 乘客） 观察范围	推荐的认可值
上　车		
预先购票*	2.25~2.75	2.5
单程票或代用币	3.4~3.6	3.5
智能磁卡	3.0~3.7	3.5
准确找补	3.6~4.3	4.0
刷卡或插卡	4.2	4.2
下　车		
前门	2.6~3.7	3.3
后门	1.4~2.7	2.1

注：

有站立乘客时的上车时间增加 0.5 秒 / 乘客。

低地板巴士的上车时间减少 0.5 秒 / 乘客和前门下车时间减少 1.0 秒 / 乘客。

* 包括不收费、周期票证、免费换乘和出口购票。

预先购票时间　　1.8 秒

智能磁卡时间　　2.4 秒

因而，若按每车有 10 个乘客上车计算，车站停靠时间如下(设定的是车门不均衡使用)：

单门通道	双门通道
准确找补 40 秒	N.A.(不适用)
智能磁卡 35 秒	24 秒
预先购票 25 秒	18 秒

8-4　巴士快速交通服务的市场营销

巴士快速交通服务的市场营销主要有 2 个目标：即在整个系统所用的所有巴士快速交通主题进行市场协调的情况下，突出巴士快速交通的独特性和建立统一的系统形象和同一性。与公共交通市场的其他任何形式一样，巴士快速交通的市场营销活动应以人为本并强调产品、推销和价格。市场营销活动及其要素的实例示于图 8-8 和图 8-9。主要的市场营销要素可归纳为形象、信息和促销。

8-4.1　形象

巴士快速交通的市场营销应建立巴士快速交通的公众形象和突出在速度、可靠性和同一性方面的独特性。应为巴士快速交通建立专门的商标同一性。

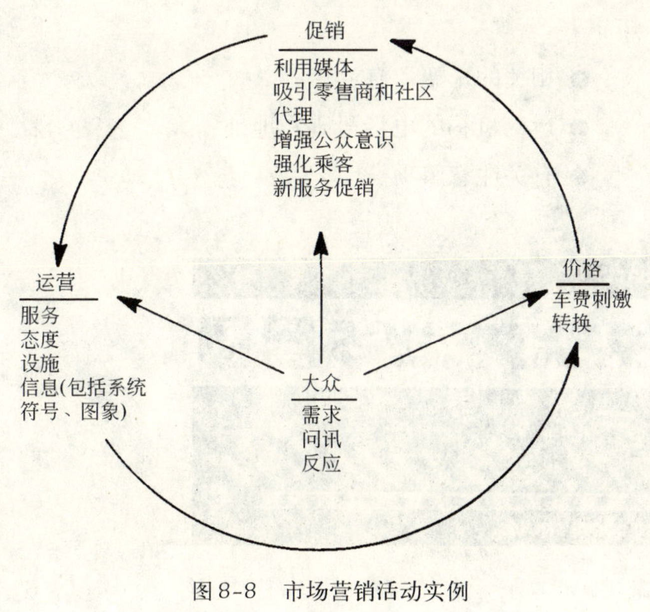

图 8-8　市场营销活动实例

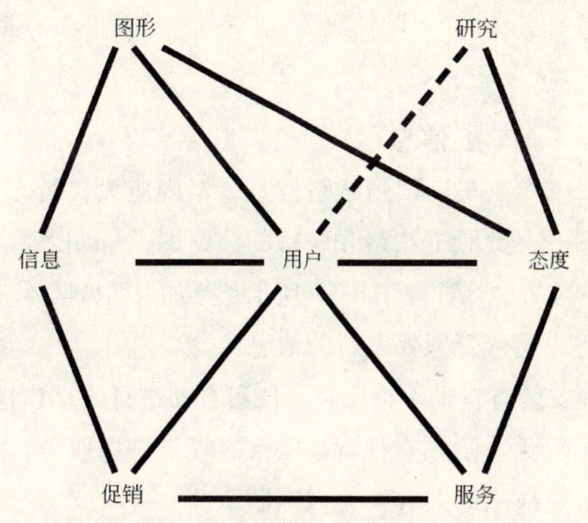

图 8-9　主要市场营销环节的关系

在这方面做得很好的实例有洛杉矶的地铁直达、檀香山的城市直达和波士顿的银线线路。应在车辆、车站和宣传材料上凸显其独特的品牌、颜色搭配和其他特别图案。

8-4.2　乘客信息

乘客信息是巴士快速交通市场营销的中心内容。线路和服务的识别性以及车辆的设计和图案是乘客信息的两个重要方面。

8-4.2.1　线路和服务的识别性

巴士快速交通线路应能清晰地标识名称、编号和其他项目。有符号，比如“快速”标志应出现在车辆侧面并要有终点站标志。在开通了不同巴士快速交通运营服务的情况下应增加“限站停”，“站站停靠”或“直达”等字样。若只有一种服务类型，例如沿干线公路，则要有“快线”的字样。

8-4.2.2　车辆设计和图案

车辆应有特殊的标记、色彩，在设计上应区别于普通的服务巴士。车辆的色彩也可用在系统的时刻表、地图、小册子和信息资料上。例如洛杉矶的地铁直达车辆是红色(使人联想到太平洋电气化铁路的红色车)；波哥大、库里蒂巴和基多使用的是特殊车辆；而法国的鲁恩使用的则是形象特殊的伊萨巴士西维斯车辆。

8-4.3 车上信息

应能在车上读到线路信息。车内应设置行车线路图——类似于铁路和轻轨的线路图，标明停靠车站的位置、名称。图 8-10 所示是芝加哥西城区 49 号直达线运营管理处发行的信息卡。

安装有自动车辆定位系统可自动进行停站广播。为无听觉缺陷或有视觉缺陷乘客提供广播服务，为有听觉缺陷的乘客补充视频显示。

8-4.3.1 路边信息

如第 7 章所述，除显示信息外，还应在车站、月台和车站建筑物内提供自动到站信息。在信息显示中使用的信息应收录巴士快速交通的标识语或名称，并包括巴士快速交通(和系统)的线路图以及时刻表，邻近的地图显示引人注意的有关特性、运行时间和了解进一步信息的关键电话号码。在主要车站可设置传统的电话信息中心和交互式的声音响应系统。

8-4.3.2 站外信息

在沿每条巴士快速交通线路线的关键位置，应设置配有时刻表台架和其他相关信息的巴士快速交通信息亭，在某些情况下可用橱窗(或保持正面)展示。

8-4.3.3 互联网

互联网已形成主要的交流和市场营销媒体。因此，互联网可用来发布有关巴士快速交通服务的信息，以及乘客如何利用这些信息到达目的地，这些信息可清晰地加入公共交通机构的网页。

8-4.3.4 地图、时刻表和小册子

巴士快速交通乘客信息应清晰地表达巴士快速交通的色彩和标识语主题。也可显示“乘坐快速”之类的主题信息来突出巴士快速交通服务的特性。

系统地图。系统地图应采用铁路交通线路显示的相同方式，标示巴士快速交通线路和车站。图 8-11 为巴士快速交通线路的地图实例。各巴士快速交通车站均清晰标示，连接服务线路和其他慢车线路均在其终点站和必要时在沿线用编号注明。地图折叠时，其正面应包括地图的覆盖面，应有相应的颜色代码和常用信息。根据系统的情况，应提供线路信息和巴士快速交通线路简图。

系统地图应为每条线路显示以下信息：

- 线路编号；
- 线路名称；
- 线路终点；
- 工作日，周六和周日的首班车和末班车时间；
- 工作日，周六和周日，早高峰小时，中午基本时段、晚高峰小时和通宵(如果运营)的服务频率；
- 相关的车票信息；
- 运营机构的电话号码和地址；
- 有关注意事项。

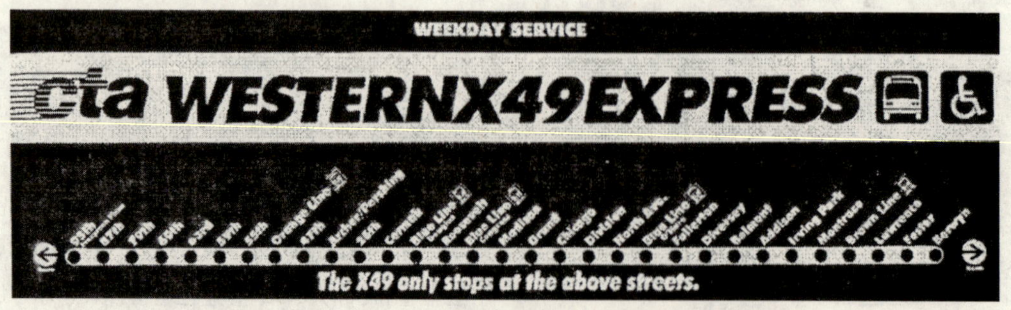

图 8-10 线路信息的简化显示实例

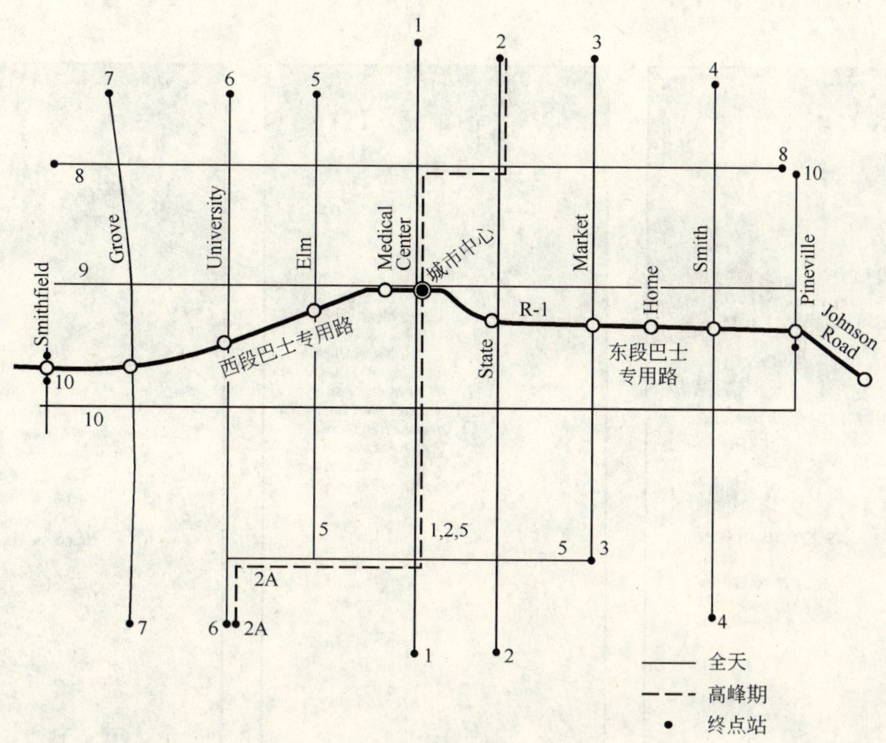

图8-11　有巴士快速交通线路的巴士线路系统图实例

地图上的某个地方可用于刊登广告。

乘客时刻表。折叠时，时刻表的尺寸应为6英寸×4或8英寸×4英寸。首页应包含线路名称和编号，简明地图（若可能）和显示巴士快速交通主题的版面。表达有这些特性的时刻表示于图8-12。色彩应强化巴士快速交通车辆的主要色彩。图8-13为匹兹堡的行车时刻表实例，时刻表显著地标明了服务类型、线路编号和沿途车站。

信息小册子。信息小册子应告知乘客服务的导入和变化，以及巴士快速交通特性的整体信息。图8-14是温哥华和布里斯班的信息小册子。图8-15是有专门主题，例如"乘坐快速"的推销小册子实例。"快速阅读新闻"也可用来宣传其优势。

8-4.4　促销程序

促销程序有3个相关方面：(1)广告与公众信息；(2)服务创新；(3)价格刺激。这些程序应锁定现有和潜在巴士快速交通乘客的不同市场方面。目标是解答有关巴士快速交通服务的问题并说服潜在的乘客

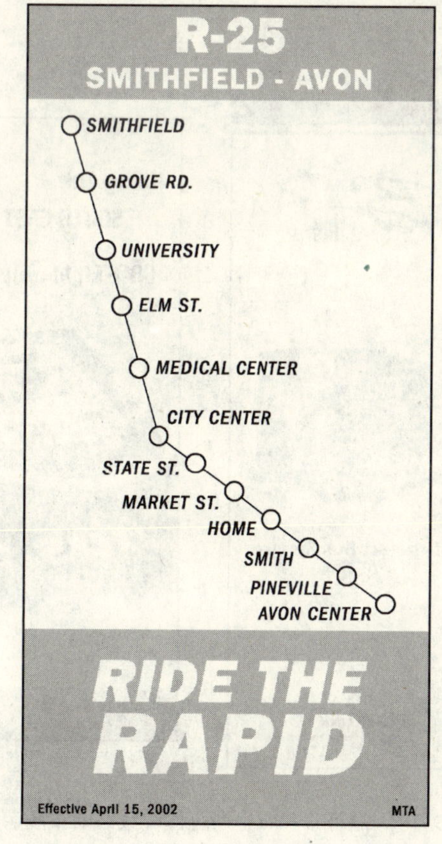

图8-12　巴士快速交通线路时刻表图例

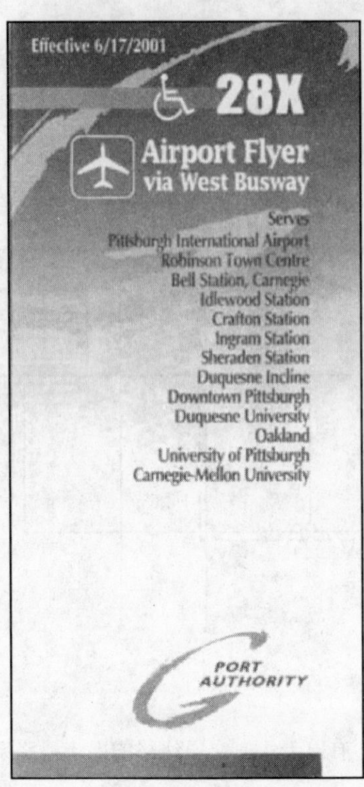

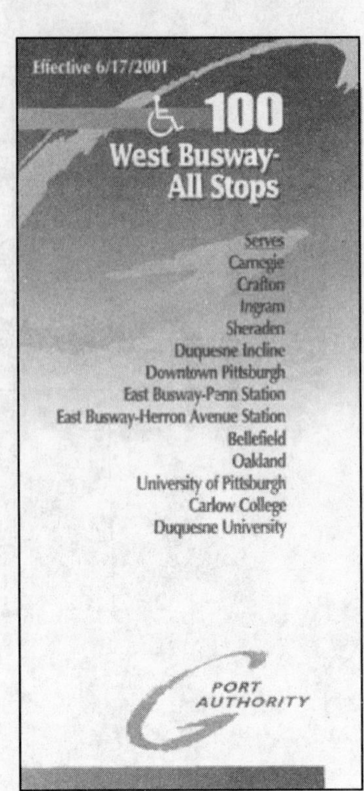

图 8-13　匹兹堡公交专用路的市场营销资料

图 8-14　温哥华和布里斯班汽车线路的市场营销资料

节省时间
节省辛苦
节省金钱
乘坐
快速交通

你节省的
时间
可以计算
乘坐
快速交通

上　学
的
安全方式
乘坐
快速交通

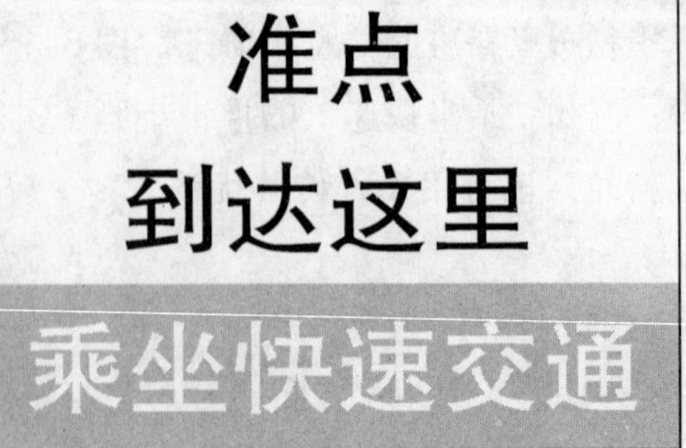

图 8-15　巴士快速交通市场营销主题实例

使用这种服务类型。

8-4.4.1 付费广告

描述巴士快速交通服务特性的市场营销方式包括电视和电台广告、新闻媒体广告和海报之类的户外广告。

8-4.4.2 联合促销

鼓励与非竞争性商业机构之间开展联合促销。这种例子包括在快餐外卖中免费赠送出行优待券，在相关产品的电台广播中提及巴士快速交通。

8-4.4.3 服务创新

巴士快速交通“购物专车”服务和体育事件，或国际性大会的服务均是巴士快速交通市场营销活动应考虑的服务创新事项。

8-4.4.4 票价刺激

各种票价刺激也是巴士快速交通市场营销活动的组成部分。巴士快速交通运营的最初几天可实行免费乘车；这种运营规定使最初几天的客流量很大，布里斯班东南线路投入运营时就是如此。折扣周票和月票，巴士快速交通车票和停车费联票，圣诞节前的购物期间，对老年人在非高峰小时出行免费乘车也是应考虑的票价刺激政策。

8-5 参考文献

Kittelson and Associates, Inc. “Update of the First Edition, Transit Capacity and Quality of Service Manual” (TCRP Project A-15A). Unpublished Draft (October 2002).

St. Jacques, K., and H. S. Levinson. TCRP Report 26: Operational Analysis of Bus Lanes on Arterials. Transportation Research Board, National Research Council, Washington, DC (1997).

St. Jacques, K. R., and H. S. Levinson. TCRP Research Results Digest 38: Operational Analysis of Bus Lanes on Arterials: Application and Refinement. Transportation Research Board, National Research Council, Washington, DC (2000).

Transportation Planning Handbook (1st ed.). Institute of Transportation Engineers, Washington, DC (1992).

第9章 巴士快速交通系统的财务与实施

实施巴士快速交通系统，要求清楚地了解其效益与成本、可用基金，以及财务、开发和运作巴士快速交通项目的不同机制，巴士快速交通的规划与开发过程和其他交通方式相似。然而，由于巴士快速交通系统具有不同于其他快速交通方式的特征，包括运营的灵活性与开发过程的分阶段性，因此有几个与巴士快速交通系统开发相关的独特实施问题。

开发巴士快速交通系统时，必须确定系统规划、设计、建设、运营方式，以及整体交通系统整合的方法。巴士快速交通的开发，应当与至关重要的乘客要求和可用资源的每个阶段同步进行，另外，由于巴士快速交通系统可以在不同类型的专用通道(即巴士专用路或区域街道)上运营，许多机构都会参与该系统的实施与经营，从而使得开发巴士快速交通项目的机构更为复杂。本章阐述开发与实施巴士快速交通系统的指导方针，包括效益与成本、财务渠道、机构安排、政策问题和项目交付机制方面的信息。

9-1 概要

通过参考世界上巴士快速交通系统的经验，制定实施巴士快速交通系统的几条基本指南，这些指南包括下列各项：

1. 巴士快速交通系统应当在路线结构、服务协调性和收费等方面与其他交通服务融为一体。

2. 整体系统效益——通过节省出行时间、节省运营成本和土地开发效益来测量——往往随着运营速度的提高而增加。然而，高速度往往要求车辆运营在高开发成本的巴士专用路上。

3. 只要出行时间节省和客流稳定、市场条件适宜，巴士快速交通就能产生实质性的土地开发效益。

4. 巴士快速交通系统可以通过联邦、州和地方政府，以及私营部门来筹措资金。

5. 在特殊情况下，尤其是在主要交通车站附近，价值获取、效益设想和其他公私合作企业能对公共基金进行适当补充。

6. 在某些情况下，交通部门、城市运输部门以及国家运输部门，必须协同工作，共同规划、设计和维护巴士快速交通系统，必须强调密切合作与协调。

7. 大多数巴士快速交通系统都是按传统的设计建设模式开发的，然而，对于主要的整合性项目来说，也可采用选择性项目交付策略，如设计-建设-运行-维护模式(如国际轨道系统经验所示)。

8. 由于其灵活性，巴士快速交通更适合逐步开发，每个阶段都应包含一系列优良组合的巴士快速交通要素，应能产生有形效益。并应及早采取措施来维护公共利益和支持。

9. 像其他快速交通系统一样，巴士快速交通系统的设计应尽可能成本效益化，然而，规划师不应通过排除关键系统要素及其组合“抄近路”，即便这样做仍能够保证发挥巴士系统的最小功能。抄近路会大大降低整个巴士快速交通系统能够实现的潜在效益。

10. 巴士快速交通巴士专用路的设计应考虑到将来根据需求增长或客流量增加而转换为轨道交通的

可能性。

11. 仔细设计停车与土地使用方案，以增强巴士快速交通的运营效果。

9-2　效益与成本

效益与成本，应根据通过的区域、节省的出行时间和建设类型，对每一条巴士快速交通线路进行评估，可利用现有的巴士快速交通经验作为指导方针。

9-2.1　效益

巴士快速交通系统效益——主要归功于出行时间更快，频率更高和可靠性更好——即增加客流，减少运营成本，耗油量少，更安全和更好的土地开发效益。

9-2.1.1　客流

据报告，巴士快速交通系统的客流增长幅度从20%到80%不等，如表9-1所示。客流的增长反映交通服务的运营效果扩大、减少出行时间、增强了系统标识和标记的效果。总之，这些增长幅度清楚地表明巴士快速交通系统可以吸引和保持新的、可自由选择的乘客。

有证据表明，巴士快速交通的许多新乘客以前是自驾车人员，另外由于巴士服务的改善，人们出行更加频繁。例如，在休斯敦，以前不乘坐公交专用路系统乘客增加30%，由小汽车转移过来的乘客数高达72%。在温哥华，20%的新巴士线路乘客以前使用汽车，5%是新出行，75%是从其他巴士线路转来的。

报告的乘客增长幅度　　**表9-1**

应　用	乘客增长幅度	备　注
洛杉矶	+30%	>2年，罢工
迈阿密	+80%	>4年
布里斯班	+60%	>18个月
温哥华	+20%	>1年，罢工
波士顿	+50%	>开通后5个月

来源：Levinson et al., 2003

在运营初期，巴士快速交通的客流增加幅度高达100%以上，例如，迈阿密-大德南美-1交通走廊的交通乘客数，从1996年南迈阿密-大德巴士专用路开通前的日出行量约7,000人次，提高到目前的14000人次。在檀香山，客流从走廊巴士线路日出行量3,000人次提高到城市快车开通后的6,500人次/日。

在洛杉矶的威尔榭、惠蒂尔和文图拉大道实施地铁快速巴士，交通走廊式巴士总乘客量分别提高了20%和50%。地铁快速巴士运营的三分之一以上是新出行量，主要是线路开通前根本不使用快速交通的出行者。在威尔榭至惠蒂尔的交通走廊，目前的地铁快速巴士日出行量在60,000人次以上，这个数量目前还受到40英尺巴士(容量制约)将由60英尺的铰接巴士取代方案，目前正在采购。

9-2.1.2　节省出行时间

据报告，在先期巴士快速交通条件下，有记载的出行节省时间列于表9-2，节省时间涵盖了城市街道运营的23%～32%和巴士线路或备用高速公路运营的47%。与先期巴士快速交通条件相比，巴士专用路通常每英里节省2～3分钟，包括停站时间。干线街道上的巴士专用道一般每英里可以节省1～2分钟。在以前特别拥挤的巴士线路上节省的时间最多，例如在匹兹堡，在高峰时间每英里可节省出行时间多达5分钟。

出行时间节省举例　　**表9-2**

运行路线类型	报告的增加量
巴士专用路、高速车道	32%～47%
巴士隧道——西雅图	33%
主要街道巴士专用路/巴士专用道	29%～32%
系　统	**报告增加量**
波哥大	32%
阿雷格利港	29%
洛杉矶地铁快速巴士	23%～28%

来源：Levinson et al., 2003

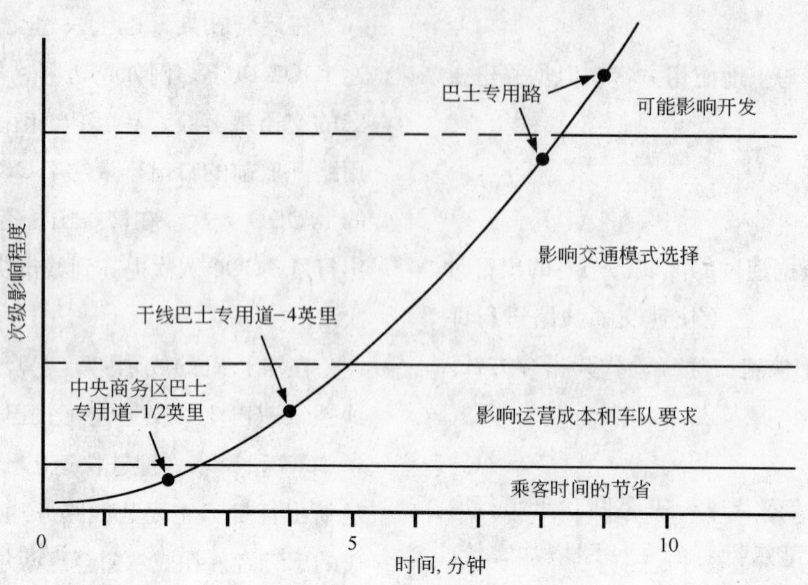

图 9-1　巴士快速交通的影响示意图

节省时间可产生不同程度的经济效益，取决于节省的时间量，图 9-1 表明：

● 少量的时间节省只使乘客获益；

● 随着节省时间量的增加，车队要求和直接运营成本均有所降低；

● 典型的城市工作出行节省 5 分钟以上的时间可以影响开发方式的选择，在一定情况下，可以加快土地开发。

据马萨诸塞湾公共交通管理局估计，银线工程使得从波士顿街到闹市区之间的行车时间节省 3～5 分钟；在俄勒冈的尤金，据车道交通区估计，与巴士快速交通开始实施年份的普通巴士服务相比，巴士快速交通系统可以减少出行时间 20%。

9-2.1.3　运营与环境效益

出行时间节省与专用路上运营的巴士相关，也与运营成本、安全性和环境效益效果相关。表 9-3 显示如下：

● 采用渥太华交通线路系统的服务比不采用交通线路系统少用 150 辆巴士，可节省车辆成本约 5,800 万美元，节省经营与维修成本 2,800 万美元。

● 西雅图巴士隧道使得地面街道巴士量减少了 20%，采用隧道的巴士比混合交通运行发生的事故少 40%。

● 波哥大的千禧交通巴士专用路使交通死亡率降低了 93%，另外，经营初期 5 个月内记录的污染物减少了 40%。

报告的经营效益　　**表** 9-3

系　统	效　益
渥太华交通线路	减少了 150 辆巴士，节省车辆成本 5800 万加元，运营成本节省 2800 万加元
西雅图巴士隧道	地面街道巴士数量减少 20%。隧道巴士线路事故减少 40%
波哥大中央巴士专用路	设施减少了 93%，污染下降了 40%
库里蒂巴中央巴士专用路	人均耗油量下降了 30%

来源：Levinson et al., 2003

● 库里蒂巴的运输人均耗油量比巴西其他主要城市少 30%，这项成果部分归功于巴士快速交通系统的巨大成功。

9-2.1.4　土地开发效益

据报告，完善的巴士快速交通所带来的土地开发效益与轨道交通线路相似。效益随位置不同而变化，同时也取决于是否存在支持性的土地使用政策和有利的房地产市场条件。表 9-4 说明了几个报告的巴士快速交通系统的土地开发效益。

研究表明，从建设开始到 20 世纪 90 年代中期，渥太华交通线路的建设为交通车站附近的新建地带带来了 6.75 亿美元的效益。据阿勒格尼县港务局进行的研究表明，同期内，在东部巴士线路车站进行了 3.02 亿美元的新建和改建开发项目。布里斯班的东南巴士线路步行距离范围之内地产值的增长，比交通走廊其他地区快 20%，地产值的增长在很大程度上归功于巴士专用路的建设。

9-2.2　巴士快速交通成本

巴士快速交通成本主要由投资成本（包括所有设施开发与建设成本）与运营成本（包括维修成本）组成。

9-2.2.1　投资成本

巴士快速交通设施的开发成本反映了建设的位置、类型与复杂性。据报道，巴士隧道的平均成本为每英里 2.72 亿美元（2 个系统），独立的平面巴士专用路每英里 750 万美元（12 个系统），中央干道式巴士专用路每英里 660 万美元（5 个系统），导向巴士运营每英里 470 万美元（2 个系统），混合交通和/或路缘巴士专用道每英里 100 万美元（3 个系统）。报告的几个巴士快速交通项目的投资成本在附录 F 中的一览表中作了说明。

巴士快速交通可以获得极大的性能改善，而不需要较大的经费开支。也不必在整个繁忙的交通走廊上建设一条完全专用的交通线路，用以保证快速、安全性和整个服务的可靠性。例如，尽管从匹兹堡闹市区向西的西部巴士专用道（或机场巴士专用道）只有 8 公里，巴士快速交通用户却可以享受从匹兹堡机场到匹兹堡闹市区 20 多英里的几乎无塞车的旅程。

由于较为简单，巴士快速交通专用通道从开始建设起就比轨基方式（各方面相同）便宜（按单位长度算）。其建设可由当地的公司竞争完成，公司数量比其他形式的快速交通多。巴士快速交通系统还不需要精心、特制的信号或电源系统，巴士快速交通的实施并不意味着全新的建设、昂贵的运营和逐段维护，高级电子导向的巴士快速交通车辆可以在方便的地方（即现有巴士运营与维护设施）停放与维护。

巴士快速交通车辆可以是低地板、低噪声、低排放的传统巴士，座位和车门的配置最适合潮流，巴士快速交通车辆可喷涂有特殊图案的专用标志，以提供与一定线路车站、专用通道等一致的系统标识。另一方面，世界上的制造商正在生产专用橡胶轮胎的、有导向装置的、专业化快速交通车辆。

报告的土地开发效益　　**表 9-4**

系　统	土地开发效益
匹兹堡东部车道	在 1500 英尺半径的车站内实施了 59 项新的开发，土地开发效益为 3.02 亿美元，其中 2.75 亿美元为新建项目，80% 集中在车站
渥太华交通线系统	交通线路车站新建项目投资 10 亿加元
阿德莱德导向车道	茶树谷区正在成为都市村庄
布里斯班东南车道	巴士线路附近的财产值增长达到 20%，6 英里车站范围内区域的财产值增长比更大范围的增长快 2~3 倍

来源：Levinson et al., 2003

不论是传统的巴士还是特制的车辆，即使在根据载客量和使用寿命调整价格时，巴士快速交通车辆也比其他快速交通车辆便宜。巴士快速交通车辆便宜的因素很多，包括经营规模、竞争与结构强度要求不高等。

9-2.2.2　运营成本

巴士快速交通运营的运营成本受工资率和工作制度、燃油成本、运营速度和客流的影响，匹兹堡东南巴士专用路(1989 年)的平均运营成本为每乘客人次 0.52 美元，布法罗、匹兹堡、波特兰、萨克拉曼多和圣迭哥的轻轨线路每人次出行成本平均为 1.31 美元，最少为 0.97 美元(圣迭哥)，最多为 1.68 美元(萨克拉曼多)。这些比较显示，在大多数美国城市需求与运营条件下，巴士快速交通的每人次出行成本低于轻轨快速交通，图 9-2 说明了几个巴士快速交通系统的单车运营小时的成本。

售票成本回收率取决于系统速度、客流密度、票制和运营工资。渥太华的系统售票回收率为 60%，实际上，在其交通线路系统经营的两条线路上的运营利润很少，与全系统的 32% 相比，温哥华的 99 号巴士线路的售票回收率达到了 96%。某些客流密度较大的南美城市(如波哥大和库里蒂巴)通过票价完全回收了巴士快速交通运营成本。对于美国和加拿大的巴士快速交通经营，在巴士快速交通线路上目标回收率至少应达到 40%～50%。

按大多数美国城市交通走廊的需求量来讲，巴士快速交通是运营与维护最廉价的快速交通方式。任何形式的快速交通和本地巴士服务之间的主要运营与成本差异在于运营速度，而不在于基本运营单位的规模。例如，在条件相等的情况下，本地巴士在混合交通线路上每小时行程 12 英里，在每个街角停车一次，只相当于在专用交通导轨上进行有限停车的巴士快速交通车或轻轨快速交通列车的一半效率，巴士快速交通车或轻轨快速交通列车每小时可以行程 24 英里。

巴士快速交通载客量的基本单位是 40 至 82 英尺长的车辆，小于大多数轻轨快速交通车辆。这意味着在条件相等的情况下，要求运载一定量乘客的、通过一个站点的巴士快速交通车辆和驾驶员数量可能高于轨道快速交通。然而，巴士快速交通长途运输服务可以集散于一体，意味着可以省去另外的快速交通线、接驳线路和循环服务的额外营业成本，或者说巴士快速交通的线路、信号与电力维护的边际成本不

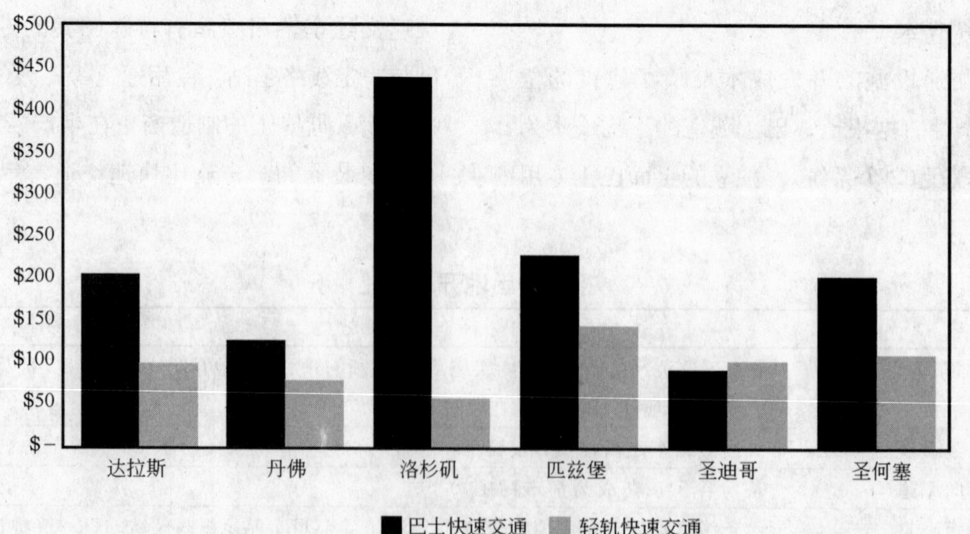

来源：Mass Transit—Bus Rapid Transit Shows Promise, 2001

图 9-2　每车运营小时的运营成本

存在或者很低。巴士快速交通车辆维修成本也是相当低的(根据载客量调整)，巴士快速交通的实施通常并不意味着要配备全新的维护与运营人员，巴士快速交通车辆的运营与维护也可以通过若干当地交通部门的竞争进行。

9-3　基金与财务选择

像其他快速交通一样，巴士快速交通系统的基金与财务可以通过基金与财务组合完成，基金可以从地方、州和联邦级渠道取得。再者，创新私人部门财务战略和项目交付机制也能使项目发起人通过非政府渠道进行额外集资。

9-3.1　基金来源

巴士快速交通项目可以通过联邦、州和当地基金渠道筹集。与政府基金相关的几个问题包括：巴士快速交通项目的合理性、与其他交通相关项目或用途的竞争，以及资本金的长期回报和与巴士快速交通项目相关的运营成本。

9-3.1.1　联邦基金来源

尽管没有专门的联邦计划为巴士快速交通项目基金，但巴士快速交通项目的联邦基金可以通过联邦公共交通管理局的几个计划取得。这些计划包括新开项目、城市化区域公式化补贴计划、巴士资本项目和固定导轨现代化计划。再者，巴士快速交通项目的部分基金，也可以作为联邦公路计划部分通过灵活的多模式资本援助计划取得。

5309 **条款：新开项目**。联邦公共交通管理局为州和地方政府开发新的和改善公共交通设施与服务提供的赠款，包括巴士快速交通和固定导轨项目。联邦公共交通管理局的新开项目 5309 条款，为固定导轨项目包括巴士快速交通和轨道提供资金。新开项目是可以自由选择的，基金决策可以根据选择性分析 / 主要投资研究过程中所取得的信息来逐项决定。

新开项目的规划与项目开发过程就是讨论项目调整与当地财政承诺的发展与完善的过程。联邦公共交通管理局根据每个项目的规划与开发，按照具体里程评估候选项目。新开项目必须根据项目验证规范(表 9-5)进行验收。项目验证规范初期是作为选择性分析部分制定的，并通过初期工程和项目开发的最后设计阶段达到完善。

像通过其他渠道而不是新开项目的项目成本计划份额测算的一样，新开项目发起人还必须证明地方支持力度、提交项目的资本财务计划能力与开建后，发起机构为整个系统的经营与维护的基金能力能达到导轨项目规划的能力。

新开项目基金受有关专有路权范围内经营项目的现行法律约束，尽管许多巴士快速交通项目已采用专有路权，但也可使用高载客车辆车道和城市街

新开项目验证规范　**表 9-5**

规　范	措　施
机动性改善	● 运输系统用户效益小时；● 服务低收入家庭； ● 车站附近的就业
环境效益	● 改变区域性污染物排放；● 改变区域性能源消耗； ● 环保署空气质量指定
运营效益	● 每乘客英里运营成本
成本效益	● 每小时运输系统用户效益的边际成本
公共交通支持土地利用与未来格局	● 现有土地利用；● 公共交通支持计划与政策； ● 性能与政策影响；● 其他土地利用考虑
其他因素	● 其他新开项目规范未反映的项目效益

来源："Advancing Major Transit Investments Through Planning Project Development," 2003

道。因此，许多巴士快速交通项目不符合新开项目基金要求，这条规定的严格应用，阻碍了巴士快速交通改善现有的灵活性，该灵活性表现在可使用单独的通行权。该规定与满足具体性能目标的项目相反，还可能曲解新开基金合格项目的选择性分析。

联邦公共交通管理局向国会提交的2003年度预算方案，表明联邦公共交通管理局对新开项目资金的基金合格观点已有更改，它包括用于巴士快速交通项目各部分(包括智能交通系统改善、车辆与设备以及车站)的新开基金规定，即使这些部分不在专用通道上。

新开项目5309条款具有很强的竞争性，新开项目资金极为有限，对这些资金的需求远大于供给。巴士快速交通项目面临轻轨的巨型“管道”、重轨和近郊轨道项目的激烈竞争。额外项目的基金受到极大的限制。2001年，只有两个巴士快速交通项目获得新开项目21世纪交通权益法建设基金承诺，基金总额约8.31亿美元(南迈阿密－大德巴士专用路扩建和南波士顿皮尔交通线)。

几个正在实施或正在开发的巴士快速交通系统已通过新开项目计划收到联邦基金，用于规划、工程或开发，包括下列项目：

- 匹兹堡——西线巴士专用路
- 波士顿——银线及南波士顿皮尔公交专用路
- 休斯敦——区域巴士计划
- 康涅狄格——新不列颠至哈特福德巴士专用路
- 维吉尼亚——杜勒斯走廊快速交通项目
- 克利夫兰——欧几里德走廊运输项目
- 迈阿密——南迈阿密－大德巴士专用路扩建工程

2001财政年度的新开项目基金情况列于表9-6。因为几方面原因，有几个项目已经考虑作为2002财政年度的新开项目基金。首先，几个巴士快速交通项目准备基金，主要是由于巴士快速交通概念的新颖性和负责分析几种选择方案与基金计划项目的地方政府的决定；其次，由于资源的限制，联邦公共交通管理局进行新项目基金承诺的能力极为有限；最后，许多巴士快速交通项目不符合基金要求，因为项目必须在专门用于公共交通和高载客车辆的专用通道上运营。

5307**条款：都市区进程补贴项目**——5307条款资金是联邦基金用于改善州与市级公共交通的主要类型。尽管会与地方级的其他交通相关用途竞争，但巴士快速交通项目已符合5307条款基金的要求，州机构、地方政府和公共交通机构都可以申请，接受和分配基金给设计项目的运输管理区。

符合5307条款基金的活动包括：

- 规划、工程设计和公共交通项目评估，以及其他运输技术相关的研究；

2001年新开项目基金 **表9-6**

项目类型	新开项目数	实际或计划基金（百万美元）	巴士快速交通项目数	实际或计划基金（百万美元）
有全面基金许可协议的项目	26	8296	2	831
悬而未决的全面基金许可协议项目	2	157	0	0
最后设计阶段项目	9	1456	1	23
初期工程项目	31	8350	6	490
其他授权项目	137	N/A(无)	5	N/A(无)
合计	205	18259	14	1344

来源：Mass Transit — Bus Rapid Transit Shows Promise, 2001

● 巴士及相关活动的资本投资，如巴士更新、巴士维修、巴士改造、预防犯罪和安全设备，以及乘客设施的建设与维护。

● 新的和现有固定轨道系统的资本投资，包括全部车辆、车辆的维修与改造、轨道和信号、通信和计算机硬件与软件。一切预防性维护与一些《美国残障法案》辅助客运系统服务都考虑了资本成本。

在人口数量大于 20 万的区域，可以将这些基金投入资本项目中。例如在 2003 年财政度，马萨诸塞州公共交通管理局计划将 5307 条款基金中的 1.5 亿美元、新开基金的 3.3 亿美元和马萨诸塞州地方债券的 1.2 亿美元投入到银线项目中。

巴士资本项目　自由支配的巴士资本项目是指交付给公共团体和机构的基金以有利于国家交通系统的巴士和巴士相关项目财务。该项目的特点是包括大量的小型项目的审批。基金可用于下列项目：

● 为车队和服务拓展购买巴士
● 巴士维护与管理设施
● 换乘设施
● 巴士商业街
● 运输中心
● 联运终点站
● 停车 - 换乘车站
● 更新车辆
● 巴士改造或巴士预防性维护
● 乘客舒适性设施如乘客遮雨篷与巴士车站标志
● 附件与其他设备如移动广播
● 为合格项目安排创新财务发生的成本

尽管巴士资本项目审批的项目通常较小，但巴士快速交通是使用该资金的合格项目。尽管这些资金可以结合其他联邦资金如新开项目基金使用，但该计划对巴士快速交通项目的帮助不大。

公路与公共交通的灵活基金　灵活基金指可用于公共交通或公路用途的基金种类。这一条规定首先写入 1999《综合地面运输效率法案》中，接着又颁布了《21 世纪运输公平法》。灵活基金的概念是局部地区可以根据本地规划优先的原则，而不是根据计划合格性限制性定义选择使用某些联邦陆地运输基金。灵活基金包括联邦公路管理局的地面运输计划基金和缓解拥挤与改善空气质量计划基金，以及联邦公共交通管理局的城市化补贴基金。其中，地面运输计划资金提供给各州，用于交通项目的投资成本；缓解拥挤与改善空气质量计划基金提供给各州，通常用于为帮助其满足《清洁空气法》要求而设计的交通项目。

灵活基金为公共交通项目提供可观的新基金来源，当联邦公路管理局基金转移到联邦公共交通管理局时，便可用于多种多样的交通改善项目，如：

● 新的固定轨道项目
● 巴士采购
● 轨道车站的建设与修复
● 采购选择燃油巴士
● 巴士换乘设施
● 多模式运输中心
● 先进技术收费系统

这些基金已用于多种交通资本项目，但目前只资助了一个巴士快速交通项目。初期的南迈阿密 - 大德巴士专用路扩建项目就是完全用灵活基金建设的。另外，通过佛罗里达运输部，正在用 3900 万美元的灵活基金和新开项目基金进行 11 英里的巴士专用路扩建项目。

9-3.1.2　州与地方基金来源

因为联邦基金没有与通货膨胀保持同步增长或支持联邦法令相关的成本，公共交通机构越来越多地寻求其他基金来源。许多州至少要有两项税收来源资助公共交通，即从一般基金或公路基金和专项来源如抽彩、特种税或消费税中调拨。州的公共交通系统有专项的基金来源，接受可观、可预测和可靠的州捐助。

地方上也有多种多样的基金项目支持公共交通服务的运营，包括地方消费税、地方房地产税、普通税收和其他来源。地方基金来源可用于设备改造或长期经营支持。这些资金可来源于县基金渠道、城市或市财政预算，或地方公共交通当局。实施每一项地方基金渠道的合法性和容易度因国家而异，有几个评估规范可用于评估这些辅助性的地方收费渠道，它们评述了金融、政治、法律、负担、行政(上述税收渠道)的经济效果，评估标准如下：

- **税收概述**——候选基金来源主要根据基于税收来源的财务标准。财务计划的主要目标是满足工程费用，相关的财务因素包括基金渠道与增长潜力的稳定性和可靠性。
- **接受**——在进行财务规范评估后，候选基金来源根据政治/公众接受程度进行筛选。这是一项主观的评估，需要涉及项目的个人的大力支持，通常用于排除较差的选择项目，从而限制需要进一步考虑的基金选项数量。
- **合法性**——大多数基金候选项目需要某种法律手段，需要通过州立法或市议会的作用才能实施。实现这些要求，是财政计划中的基金渠道提供足够收费能力的基础。
- **负担**——候选基金来源的评估以用于产生项目基金收费的税收影响为基础。这些评估主要集中于对目标项目用户和受益人的征收，评估还包括对非居民增加负担的潜力的评估和对权益的评估。
- **经济效果**——经济效果的评估用于检查基金来源的影响和对区域性经济，特别是受征收直接影响的工业经济的税收形式，其目的是构成一个基金组合体，通过限制经济活动的偏差来减少负面经济影响。此类经济活动的偏差可能在税收影响了价格，进而给需求和工业收入带来影响时产生。

9-3.1.3 公私基金来源

为了吸引私人基金来改善公共交通，目前已发展和实施了许多策略，这些策略包括利用交通资产形成附加收费，或与私人团体如设备制造商、投资人、开发商、零售商和直接受益人与交通系统社区内的用户或集团形成伙伴关系。其策略包括建立特区，以捕捉连接邻近房地产的交通改善价值，利用私人投资固定设备与交通车辆的杠杆作用，共同开发邻近公共交通车站的土地，为系统改善筹集资金。

由于巴士快速交通能够提供可与轨道交通媲美的服务水平，具有激发高密度面向公共交通发展的明显潜力。因此，公共私营基金策略可以用于巴士快速交通项目。这些策略在经历高水平发展和/或补充开发以及目前服务业不发达的地区具有最大潜力，测定这些公共私营财务手段潜力的方法包括：会见主要土地拥有人和开发商，测定因巴士快速交通投资附加于商业开发的潜在价值，分析现有土地使用与区域划分制度下允许的可扩建度，根据当前用途、结构年限与功能性以及现场限制条件，测定车站区域内房地产的开发潜力。

税收增加财务区　税收增加财务区的建立，用于鼓励特定区域的开发与改善，税收增加财务区已建立多年，可能涉及居住、商业或工业用途。在该区域建立初期，人们对房地产的价值进行评估，并根据评估的价值征税。随着税收增加财务区的开发，房地产的价值日益增长，因而税收也不断提高，房地产税的增长主要用于该区附近的必要改善，评估的房地产价值还会逐渐升高，可带来进一步开发税收增加财务区的基金。在税收增加财务区内，该循环周期将持续下去。

效益评估区　效益评估区主要包括划定界限限定的若干房地产，在区域界内，每一块房地产都要征税或要支付一定的固定费用，以取得改善区域的资金，这可以是一次性费用，也可以是重新发生的费用，区域产生的收费可直接用于支付增加的费用，或偿还用于项目财务的债券，征收的评估金额与每块房地产改善收到的效益、房地产改善的距离和改善成本直接相关，评估费一般为每平方英尺 0.05～0.45 美元。经济评估采用用户付费原则，由受益人承担，受益越多付费越高。

用于其他地区交通项目的特区实例如下：

● **加利福尼亚洛杉矶**——南加利福尼亚快速交通区 两个效益评估区始建于 1985 年 7 月 11 日，位于中央商务区车站区附近和威尔榭大道／阿尔瓦拉多车站区附近。该区范围为距离中央商务区 1/2 英里半径和距离威尔榭大道区 1/3 英里半径。这两个区都是根据到车站的步行距离建立的，设立该区的目的，旨在帮助筹集地铁交通施工、维护与运营所需资金。该区界内的所有房地产支付相同的评估费，每平方英尺 0.30 美元，收费率设定为每平方英尺 0.42 美元的最高费率，至少每两年审查一次。1998 年，中央商务区车站商业改善区带来 1150 万美元的基金，而威尔榭大道车站区产生了 500,000 美元的基金。

● **科罗拉多州丹佛**　丹佛商业区有限公司管理着第 16 条商业街，一个由零售、高层办公楼和 1982 年 10 月设立的住宅房地产群构成的商业区、一条胶轮式交通商业街，为了筹集商业街必要的维护费用，组建了一个效益评估区，该区主要由紧靠商业街的房地产组成，包括 677 个商业房地产团体、260 万平方英尺的零售空间、2300 万平方英尺的办公空间、14 家饭店、4000 住宅单位和 34,000 个停车位。该区不产生用于建筑施工的税费，区内所有房地产的评估费率取决于占地面积数量和与商业街的距离，费率从 0.5 美元到 0.45 美元。1984 年，丹佛商业区有限公司收入 167 万美元，1998 年收入达到了 220 万美元。

联合开发　联合开发策略通常用于具体交通设施费(如主要商务中心的巴士快速交通车站)，但一般不用于整个系统财务。联合开发在交通系统与近邻社区之间进行，通常是其他开发租赁交通地产地面和／或空中使用权，其目的是保护交通系统的持续收入，促进车站附近地区的适当发展。

联合开发尽管没有广泛用于美国的巴士快速交通系统，但在布里斯班东南侧道沿线一直得到成功应用。在美国的一些较大的轨道交通系统一直在应用联合开发策略，包括华盛顿、哥伦比亚特区、亚特兰大、佐治亚和加利福尼亚的圣克拉拉的轨道系统。这些轨道系统的联合开发安排如下：

● 华盛顿市区高速运输管理局已开发了正式确定和实施联合开发的正式程序。1998 年，华盛顿市区高速运输管理局参与了 26 个项目，产生了 550 万美元。由于单独项目的规格范围和级别，收入没有随项目数量比例增长。

● 在亚特兰大，1985 年，国际商用机器公司建了一栋 5 层塔式办公楼，紧靠亚特兰快速交通管理局车站。到 1991 年，国际商用机器公司城已向亚特兰快速交通管理局上交了 150 万美元的租赁费。

● 在加利福尼亚，圣克拉拉河谷运输管理局利用联合开发为交通管理局带来持续收入，促进了社区经济发展。圣克拉拉的河谷运输管理局经营硅谷区的轻轨和巴士服务，参与了欧隆尼－奇诺韦斯轻轨车站多功能的开发，21 世纪运输权益法联合开发规定允许管理局利用联邦公共交通管理局基金购买车站附近的停车场，按照与附近居住与零售开发的 75 年租赁计划，圣克拉拉河谷运输管理局现在年度收入达到 300,000 美元，利用这些资金可以满足额外交通相关要求。

9-3.2　财务选择

9-3.2.1　借款基金

巴士快速交通项目财务可以通过与其他交通项目相似的财务机制来实施。大多数重要交通项目的改善，包括巴士快速交通设备改造，都是通过州、联邦批准和／或与长期借款项目相结合进行融资，允许管理局将公众资金用于借款基金。

· 为了产生经济效益，交通管理局通常采取借债方式。根据过去的经验，这种情况属于长期债务，可付给投资者利息和本金，传统借款基金的好处是可以立即取得债务收入。

公共交通借款的一个主要问题是如何筹集债券资金，票款远远不能提供足够的经营开支，为了便于销售，交通债券的发行必须得到出借人认可才能接受、充分可靠的非车票收入渠道的支持。筹集债券资金的策略包括下列各项：

● **附加税或税金的抵押收费** 房地产和营业税通常用于该项目的。

● **其他渠道的抵押剩余收费** 这项策略一直被桥梁隧道管理局采用，管理局发行自己的债券，受机动车辆收费支持，用于建设公共交通网络。

● **州与市政府发行的债券** 这种债券的偿还通常用普通资金支付。

● **公共交通管理局发行的债券** 债务偿还按照一定公式在参与各方中分摊。波士顿的马萨诸塞州公共交通管理局就广泛地采用这种方式。

筹集交通资本和运营交通机构的功能不必由同一个管理局来承担，借款人可以是市或县政府、州政府或特区或管理局，拥有可以为偿还债务抵押的剩余收入。通常需要州立法的权威，在许多情况下，需要债券持有人的许可。

9-3.2.2 联邦信贷项目
——运输基础设施财政改革法案（TIFIA）

《运输基础设施财政改革法案》计划由美国运输部制定，用于为国家或区域性的地面运输计划，提供3种形式的信贷支持，这些形式的支持包括担保（直接）贷款、贷款保证和信贷备用渠道。21世纪运输权益法制定了可用于陆地运输计划的总计为106亿美元的借款权，到2002年，为项目承诺的资金已达约36亿美元，在地面运输项目中已筹措150多亿美元。

要符合《运输基础设施财政改革法案》计划，项目总成本至少在1亿美元以上，或其成本相当于最近财政年度为项目所在州分配的联邦公路援助资金的50%，同时项目还必须部份地收取使用费或其他专项收费的支持。合格的公共交通项目包括车站、轨道与其他交通相关设施的设计与施工、交通车辆的购置、城市巴士车辆与设施的购置、附近或靠近国道系统的公有联运设施的建设、通往机场或海港的陆上交通走廊的预备和安装智能交通系统。

到目前为止，《运输基础设施财政改革法案》还没有用于巴士快速交通的项目，然而，已经采用《运输基础设施财政改革法案》来保证额外基金的公共交通项目实例包括：

● **波多黎各区圣胡安市特棱乌巴诺** 《运输基础设施财政改革法案》基金使建设中的特棱乌巴诺交通系统完成17公里的快速轨道系统，这个17亿美元的项目将得到划拨给波多黎各公路和运输管理局的3亿美元运输基础设施财政改革法案贷款的支持。

● **纽约市法利－宾夕法尼亚车站重新开发计划** 这项7.5亿美元的项目将把靠近现有宾夕法尼亚州车站的法利邮政大楼变成一座为全国铁路运输公司、月票乘客铁路和地铁旅客服务的联合运输设施与商业中心。该项目将收到1.4亿美元的《运输基础设施财政改革法案》贷款和一条2000万美元的《运输基础设施财政改革法案》信贷。

● **哥伦比亚特区华盛顿地铁资本计划** 该项目将加快为期20年，投入了23亿美元的国家交通系统资本投资计划的实施，该项目将恢复和更新车辆、设施和103英里地铁系统的设备，并将获得6亿美元的《运输基础设施财政改革法案》贷款保证。

9-3.3 项目交付选择

交通管理局已采用多种机制，用以实施可用于巴士快速交通规划和实施的交通资本项目。

9-3.3.1　传统获取

传统的设计 - 投标 - 建筑方式包括发布征集各种方案的文件，和选择项目的每一个阶段的独立承包人。按照这样一种取得方式，交通局很可能会按两个不同的步骤签定一名设计师和一个建筑公司。整个设计必须完成之后才选择建筑师并开始施工，这种选择容易因设计师与建筑师之间缺乏沟通，而导致施工期间的频繁变化和增大成本。

9-3.3.2　设计 - 建设获取

在提供设计 - 建筑过程中，设计师与建筑师会作为一个组提出建议，只有一个初始获取过程。选择队伍后，工程师(或建筑师)开始设计过程，随着建筑公司参与设计过程，在设计阶段初期进行输入、评价和设计变更。

该过程可以减少变更通知的需要，创造设计和施工过程的附加效率，一旦完成设计的初期部分，便可在进行其他部分的设计时开始施工。按照这种安排，项目的关键方面包括采购和计划直接由一个渠道把握，因此，可以尽量减少施工延期和开工困难，缩短工期，降低项目成本。

9-3.3.3　包建安排

官方机构可以和私人公司签订增加财务、经营和维护部分的合同，交通管理局可以和私营开发商签订财务合同，监督公共交通项目和设施的设计、施工和经营。在经营一段时间(允许私人参与者获取投资补偿)后，私营公司可以向公共部门转让资产。

用于交通项目的这种方法的变化包括建筑 - 经营 - 转让和设计 - 建筑 - 经营 - 维护，这些项目也叫作“交钥匙”项目，因为在建设、经营或维护该系统后，私人参与者可以有效地将“钥匙”交还给公共部门。

9-3.3.4　公私参与巴士快速交通的适用性

公私联营项目交付方法最适合通过售票或联合开发机会具有稳定收费的项目，大多数公共交通项目的售票收入潜力都是有限的，收入受公共交通方式客流的波动影响。另外，联合开发或税收减让产生的收入会持续较长一段时间，因此，不足以形成早期的现金收入。

因此，要保证公私联营的公共交通项目获得成功，特别需要一些来自公共部门的财政支持，在公共私营部门参与者之间分摊风险。这些支付可以采取贷款保证、少量乘客年度支付(有时叫隐蔽票价)或资本与运营成本的分摊基金形式。

这些项目的一个关键方面，是对项目整个成本仔细划定范围和进行评估，需要审查极可能影响成本或计划的区域。风险因素(包括施工成本、计划与乘客量预测)必须由公私营参与方进行精确评估。开发商控制区域外的责任，如重新限定或变更的条件、环境许可或路权的获取均属于公共部门的责任。

用于开发和实施项目的交付方法应以考虑下列问题为基础：

- 可用资金来源
- 巴士快速交通项目的复杂性
- 估算成本
- 项目发起人愿意保持的设计控制量
- 与公共私营参与方的地方签约经历
- 潜力合伙人之间的现有关系

到目前为止，这些方法还没有广泛用于美国的交通项目，也没有用于实施美国的巴士快速交通项目。然而，这些策略用于巴士快速交通和轨基快速交通的潜力极为可观。私人开发的一个可能方案是，巴士快速交通系统可以作为一项临时策略进行开发，用以在具有极大客源潜力的交通走廊地区建立乘客与收费流。如果能得到乘客要求和财务状况的保证，巴士快速交通项目以后可以改为轨基系统。

有一个实例是加拿大多伦多外的约克区政府，正在利用公共私营合伙方式开发约克快速交通项目，这是一个包括在几个主要交通走廊地区开发巴士快速交通的多模式快速交通项目。私营参与人是一个联合体，包括工程与施工公司、设备制造商、交通运营人和金融机构。

9-4 巴士快速交通项目的逐步开发

巴士快速交通具有逐步（或分期）开发的巨大潜力，可用最少的资金尽快取得快速交通运营，并允许后期扩建和改造。在建设巴士快速交通系统时，开始运营前，不必考虑一切终极组成部分。可以分阶段进行改善，如信号优化和低地板式巴士这类改善（可以提高载客量和车速），可以逐步实施，并且目前仍有较大影响。

许多情况下，它对于确定快速早期的实施阶段是有用的。这种早期行为对于保持持续的社区支持和公共机构职员的连续性是十分重要的。可以尽快向乘客、决策人和公众说明巴士快速交通的潜在效益，同时说明进行系统扩建和可能的未来升级（即技术更先进的车辆）。实施巴士快速交通项目的时间期限以需求、实用性、资金来源与运营资金以及社区支持为基础。

作为举例，巴士快速交通系统的初期阶段可以包括未来改造为巴士专用道的路缘车道。公路沿线的巴士快速交通服务，不排除在乘客量或其他因素有保障的情况下最后改造为轨道交通。巴士快速交通线路可作为未来建设轨道线路的方式。

在分期开发巴士快速交通系统时，需要通过采取“由里到外”的开发策略使初期系统最大化。渥太华采用这种方法提供覆盖范围较广的巴士快速交通，现已证明在吸引乘客和影响出行选择方面，与传统的集中于较短、价格最高的市内区段相比，它具有更大的成本效益。巴士快速交通系统每个阶段的开发都应有一系列组合优良的巴士快速交通要素，应能产生实际效益，有必要及早行动以保证社会支持。

9-4.1 巴士快速交通要素组合

巴士快速交通要素组合的实例见表9-7，该表说明如何以较简洁的成本将巴士快速交通的特征组合为一个系统，以满足适合低-中档需求运营环境的巴士快速交通应用。此系统可包括混合型的巴士服务、超级车站、特殊造型的标准车辆（油漆方案）、混合专用干道、高速公路和混合交通专用通道以及标准系统如无线电和车载收费系统等。

表9-7所示连续的专门应用取决于下列运营环境：

- 当前与未来土地使用性质和人口统计特性（人口、就业与密度）；

巴士快速交通要素组合——中等需求与中等成本巴士快速交通系统　　表9-7

服务	车站	车辆	车道	系统
主要区域	简易车站	无特殊处理	混合交通	无线电、车载收费系统
混合有限车站、区域	超级车站	专门标志	专用干线路边车道允许超车	用于计划保持的自动车辆定位
站站停（区域）、混合区域/快车	在线与离线车站、交通乘客重要停车点	专用车辆、特殊包装	专用高速路中间车道、合并、交织交通走廊/出口	ITS乘客信息、收费系统
点对点直达快车	换乘/交通中心	专用车辆、特别规定（即双铰接巴士、混合推进）	专用车道、专门高速交通走廊/出口	ITS车辆优先
	联运换乘/交通中心	机械或电子导向 全电气推进系统	部分立体交叉 全立体交叉，受控/带条纹/有电缆 高架电源接触系统	ITS车辆侧面导向 ITS自动化，电力系统

来源：Zimmerman，2001

● 当前与预期未来交通市场，如起点-目的地类型、预期快速交通乘客量和总的最大负荷点容量；

● 可用的路权(车站与专用通道)与特点(即宽度、长度、交叉点数量与类型、交通容量与所有权)；

● 可获取的资本、运营与维护资金。

表9-8 同样说明巴士快速交通要素的可能组合，但仅适用于高需求、高成本的巴士快速交通应用。对于表中已说明有待证明的巴士快速交通应用，需要用突出的组合方式提供相对较大的市场和运营环境，才能促进该组合方式在这种规模的市场中有效合算的应用。按照这种开发水平，巴士快速交通系统应包括混合型市内与快车服务和点到点快车、发达的在线与离线停车车站(或换乘中心)、特别发达的轨道式车辆、完全专用的通行和集车外收费、乘客信息和交通车辆优先于一体的智能交通系统。表9-9 反应了几个巴士快速交通项目巴士快速交通要素组合的方法。

巴士快速交通要素组合——高需求与高成本巴士快速交通系统　　**表9-8**

服　务	车　站	车　辆	车　道	系　统
主要区域	简易车站	无特殊处理	混合交通	无线电、车载收费系统
混合有限车站、局部	超级车站	专门标志	专用干线路边车道允许超车	用于计划保持的自动车辆定位
站站停(局部)、混合区域/快车	在线与离线车站、交通乘客重要停车点	专用车辆、特殊包装	专用高速路中间车道、合并、交织交通走廊/出口	ITS 乘客信息、收费系统
点对点直达快车	换乘/交通中心	专用车辆、特别规定(即双铰接巴士、混合推进)	全专用车道、专门高速交通走廊/出口	ITS 车辆优先
	联运换乘/交通中心	机械或电子导向	部分立体交叉	ITS 车辆侧面导向
		全电气推进系统	全立体交叉，受控/带条纹/有电缆	ITS 自动化，电力系统
			高架电源接触系统	

来源：Zimmerman, 2001

联邦公共交通管理局展示项目中的巴士快速交通要素　　**表9-9**

	波士顿	夏洛特	克利夫兰	华盛顿杜勒斯特区	尤金	哈特福德	檀香山	迈阿密	圣胡安	圣何塞
巴士专用路		●			●	●		●		
巴士专用道	●	●	●			●		●		
高载客车辆-高速路上的巴士		●		●[a]			●		●	
信号优先		●	●	●	●		●			
收费系统改善			●	●	●					
有限的车站改善	●		●	●	●			●		●
车站和雨篷		●	●	●	●	●	●	●		●
智能运输系统	●	●	●	●	●	●	●	●	●	●
清洁/消声车辆	●		●		●					

注：

单独要素可能因说明项目的发展而变化。

华盛顿特区包括优先交通走廊机场路的使用。

来源：Mass Transit — Bus Rapid Transit Shows Promise, 2001

必不可少的是，巴士快速交通系统包括一切优质、高性能、快速交通系统要素。这些要素应当适用于巴士快速交通独到的特点，特别是其服务和实施的灵活性，需要集中于服务、车站与车辆特点和舒适度以及综合系统与“形象”效益，而不纯粹是成本。

9-4.2 分期开发

如上所述，巴士快速交通提供了分阶段进行逐渐开发的灵活性，巴士快速交通系统的分期开发高度依赖于需求、市场特点和资本与运营资金的可用性。

图 9-3 表明，巴士快速交通系统的开发可以通过(1)扩建或改造同一交通走廊上的系统；(2)在其他交通走廊上建立巴士快速交通系统来进行。一旦初期的巴士快速交通段可以运营，便可通过下列步骤进行改造和/或扩建：

- 增加要素或特点：
- 升级为更加先进的关键要素，如车辆、车站或收费系统；
- 重新定位路外车道服务；
- 扩建系统交通走廊(如渥太华交通线或南迈阿密－大德巴士道的扩建)。

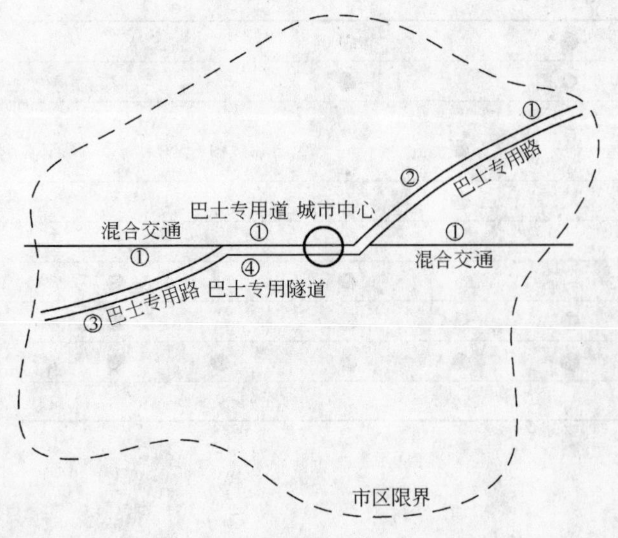

图 9-3 巴士快速交通的分期开发图示

换言之，也可在另一交通走廊上开发巴士快速交通，随着附加交通走廊可用性与土地使用和人口数量的变化，巴士专用的路服务类型、频率和路线也将逐渐适应。可以增加干线运输车路的入口点，以便向额外市场提供服务，可以在附近地区增建车站，或可以沿同一线路扩建巴士专用路或连接其他线路。

美国的几个巴士快速交通项目已经有了系统规划、设计和逐步实施的阶段，例如，阿勒格尼县港务局已经分几个阶段开通匹兹堡的巴士专用路。

南部巴士专用路	4.3 英里	1977
东部巴士专用路	6.8 英里	1983
西部巴士专用路	5.6 英里	2000
东部巴士专用路	2.3 英里	建设中

在波士顿，马萨诸塞州公共交通管理局也在分期开发银线系统。

A 段	1.1 英里，主要为隧道	2004
B 段	2.2 英里，地面线路	2002
C 段	0.8 英里，全是隧道	2008

巴士专用路的任何分阶段增加或变更的计划或设计应保证施工时巴士专用路的运营不受到严重影响。施工可能潜在影响车路的乘客量，应当尽量降低影响，以免中断服务。

9-4.3 改建轨道交通的可行性

巴士快速交通的好处之一，就是能将系统改造为高客运量型(如轻轨)系统的潜力。如果轨道一开始就根据成本效益和基金目的设计为巴士快速交通系统，向轨道靠近就方便了。如果逐步开发，巴士快速交通系统可用于保留通行、建设交通市场、促进面向公共交通发展和赢得社区支持。

如果巴士快速交通正在为将来转换为轨道交通进行规划和设计，应当首先设计专用通道，以满足轨道交通运营要求，可以降低长期路权成本，尽量减少连接外围公路网的成本变更。

将巴士快速交通转换为轨道的最可能的情况

如下：

- 资源许可和需求保障的地方，例如，为了扩建轨道系统，可以将“接驳”巴士专用路转换为轨道。
- 在轨道交通施工期间，巴士快速交通已建设成为“一期”运营的地方。
- 另一交通走廊上，轨道交通在建的位置，巴士快速交通转换为轨道可带来综合联运服务。
- 巴士专用路上的高峰高流每小时超过7500～10000人次乘客的地方。

随着高容量模式如轻轨快速交通的引进，许多系统必须在开始服务前就是完全可操作的。这些系统包括收费、交通信号优先、供电和通信。在轻轨快速交通服务可行的时候，如果不能全面引进这些应该全面引进的系统，将导致新系统的性能低下。

未来引进服务，作为巴士快速交通系统的一部分，允许交通管理局有机会对系统构件进行“微调”。在引进高容量模式和建立交通服务市场时，各个部分均可全面运行。巴士快速交通还允许有时间对“轨基系统投资是否适当”的问题进行更深入的分析。

9-5　管理机构的安排

许多巴士快速交通项目，如公共交通资产的运行要跨越多辖区，涉及多股东利益，这些股东通常会把他们自己的资产和议程带入规划过程。为了有效地开展工作，大多数巴士快速交通系统要求交通管理局就有关设施、技术、经营与责任相关的问题达成协议。

任何一个快速交通系统要取得成功，必须了解参与规划、建设和经营该系统的许多机构，参与巴士快速交通项目开发的机构多种多样，包括下列部门：

- 联邦、州、地方或区域的公职人员；
- 州运输、环境与规划部门；
- 交通管理局与运营部门；
- 当地规划、运输与经济发展管理局；
- 当地的交通工程或公共工程部门；
- 涉及安全与交通执行的警务部门；
- 车站区内的私人开发商与主要土地拥有人；
- 大型私营机构如医院、大学、商业/零售组织或旅游设施；
- 当地环境或用户组织的代表。

任何机构提出的问题对巴士快速交通项目的位置、调整或成本均可产生重大影响，这些问题还可能影响车站位置、与区域性运输系统的整合、环境限制条件、分段选择，以及巴士快速交通是否被认为是切实可行的选项。

达成有关巴士快速交通项目任务与责任协议的机构可能需要政府之间的协议，这些任务与责任包括：巴士快速交通系统的经营、交通运营与信号通知、区域划分与土地使用规划、停车政策、票价政策、执行、财政预期巴士快速交通设施的建设。这些任务与责任还需要一份开发与经营巴士快速交通系统的资金分配使用协议。

某种管理方案和政府间的协议并非对所有区域都适用。在某些区域，当地的交通资产所有人就是管理巴士专用路的机构。在某些情况下，执行机构就是一个县或州的运输部。州运输部可以建设和维护一条提供一项或多项交通服务的巴士专用路。当然，私营部门也可以建设和经营一条巴士专用路。

执行巴士快速交通系统的机构安排举例如下：

- 洛杉矶地铁快速系统就是由洛杉矶县城市运输管理局和洛杉矶运输部共同开发的，洛杉矶县城市运输管理局经营巴士，市政控制街道交通经营。
- 渥太华最初是由渥太华运输公司与渥太华市

和安大略省共同开发的，渥太华运输公司现在是运输、公用事业与公共工程部中的四分之一，通过市长响应渥太华城市委员会的决策。

● 匹兹堡公路是由阿勒格尼县港务局与匹兹堡市和宾夕法尼亚州共同开发的。

巴士快速交通开发中几个最普遍的机构问题包括：

● 地方与商业团体反对为巴士快速交通限制或搬迁停车区域；
● 可用或可获得的路权或物理空间；
● 多优先权、目的和议程的整合；
● 巴士快速交通对公路运营的影响；
● 支持巴士快速交通的基金政治活动；
● 取得社区对面向公共交通发展的支持；
● 对公众开展巴士快速交通教育；
● 管理意识与期望。

具体类型的巴士快速交通系统还会遇到许多另外的问题。涉及混合交通中巴士快速交通经营的机构问题，包括担心街道部门和公路部门放弃对其设施的控制，达成加强车站区和有关巴士快速交通的资本成本协议。

涉及专用设施中巴士快速交通经营的机构关心的方面包括：巴士快速交通被看作是对当地交通问题的一项组织严密的解决方案、社区反对巴士快速交通、缺乏巴士快速交通影响土地使用的信息、开发商认为巴士快速交通不如其他方式长久而对土地使用的效果不大。

9-5.1 整合区域性系统

能挖掘其全部潜力的成功巴士快速交通项目，要求建设一条以上的巴士专用车道甚至建设一条专用巴士专用路。将整个范围的快速交通成分整合为一个较大的区域性系统，包括发展独特的系统形象和识别性，也十分重要。

巴士快速交通设施与其他区域性交通设施的整合可以划分为五大范畴：

● 车站或终点站的地理位置和设施间的步行连接区域；
● 时间表与线路图；
● 票价结构与政策；
● 乘客信息系统；
● 合作而不是模式之间的竞争。

巴士快速交通系统与其他当地和区域性服务的物理位置至关重要，因为它们需要用一种逻辑方式结合在一起。有许多不同实体经营设施的事例，他们忽略了在物理上整合其各自服务的利益，各集团都试图优化自己的位置而不考虑潜在用户。步行与自行车连接尤为重要，但在设计和规划过程中却往往被忽略。

随着服务整合，时间表与线路图成为乘客注意的对象，它们应当与普通风格和信息无缝地结合在一起。巴士快速交通线路在时间表和线路图中应当有明显的标识。

应当制定基本票价结构与政策，各机构之间应当协商签署合作协议，这在有许多城市、县、私人经营者和票价政策完全不同的地区是很难制定的。整合以后，制定机构平等的“收费适中”的方案，极有利于一切参与者。

信息系统如票价结构与时间表，应当对用户保持一定透明度，宣传单一整合系统的观念。一个完全整合的系统还可以减少运行模式之间的竞争，在概念上，巴士快速交通系统可以发展成为具有上述一切要素的区域性交通系统的主干。

9-6 支持巴士快速交通的政策

巴士快速交通 应当被视为提高灵活性与生存能力的重要社会资产，因此，应当制定支持巴士快速交通投资、扩大乘客量的土地使用与停车政策。

9-6.1　土地使用政策

巴士快速交通和站区土地使用规划应当尽早整合、同时进行。最近经验表明：对积极鼓励和刺激当前与未来快速交通设施附近交通支持性开发规划，没有强大、协调和长期的支持，要吸引足够的巴士是不可能成功的。对交通设施的任何高成本、长期投资(无论是地铁、巴士快速交通还是新型的轻轨快速交通)都存在着支持投资的必要开发不能转化为物质收益的风险，这些风险可以通过实施强有力的土地使用与经济刺激政策尽量降低。

在有巴士快速交通系统的几个社区，当地政府已经实施了土地使用规划政策，鼓励巴士快速交通设施附近的开发。在渥太华－卡勒顿地区，要求将主要活动中心如地区购物与就业中心定位在巴士专用路附近。在库里蒂巴，干道中央式巴士专用路成为鼓励高密度开发的结构轴心的一部分。阿德莱德和布里斯班也证明，能够从一开始就考虑到土地使用规划与巴士快速交通的有效协调。巴士快速交通还具有类似于轨道交通效益的开发效益。

土地使用政策与区域划分制度，还应当以刺激开发商在巴士快速交通车站附近进行面向公共交通发展为基础，采用适当的土地使用与充分的步行连接相结合的原则。尽管现有土地使用的重复开发只能在适当的市场条件下进行，这样的刺激也有助于激励符合巴士快速交通系统实施的房地产开发。“交通覆盖”分区也是鼓励巴士快速交通走廊面向公共交通发展的适当策略，也可采用密度奖促进交通车站附近的混合型居住与商业开发。

对于杜勒斯走廊快速交通项目，将已经计划的弗吉尼亚北部费尔法克斯的巴士快速交通／轨道项目改为鼓励站区开发的综合计划(后来在县分区法令中采纳)，对1/4英里站区的居住与商业开发群授予密度奖，对1/2英里站区内的地产授予较低密度奖，对于1/4英里站区的地产，每英亩居住开发允许达到40个居住单元或办公楼开发达到1.5建筑系数。奖金鼓励居住与商业混和使用及用于廉价居住与娱乐。巴士快速交通系统一旦开始建设，便立即启动密度奖。

尽管土地使用政策对促进面向公共交通发展极为重要，但这些政策对交通、公共服务与邻居的影响也必须全面考虑，这些影响必须与对土地使用类型、经济发展和区内出行结构的影响相平衡。

9-6.2　停车政策

公路沿线特别是偏僻的车站应备有充分的停车场地，提供停车场地可以扩大服务范围，减少低密度区大量的接驳巴士服务。闹市区停车场地供应量与快速交通相关停车是相连的，一个方面的增加意味着另一个方面的减少。研究发现，雇员的市区停车供应量与中央商务区通勤出行人数呈反比。因此，在规划了重要巴士快速交通投资的地方应当限制闹市区停车场地供应量。这样的中央商务区停车场供应量限制在几个大城市是很有效的。这些城市采用“屋顶”形式，如波士顿；或减少停车空间的分区要求，如渥太华和西雅图。

取得这样一项政策，要求大量的中央商务区工作人员乘车到达较远的巴士快速交通车站，并要求利用足够的停车场地。这样，这种沿巴士快速交通线路的优惠通勤者停车的政策，旨在尽量扩大换乘停车场的数量，如图9-4所示。必须注意保证集中停车不会影响联合开发机会。

正常的分区标准应当反映运输要求又反映开发需求，可以建立起每块土地使用的最大与最小空间范围。表9-10列出了快速交通系统的停车原则样例。这些原则建议，随着活动中心与交通车站之间的距离减少，可以减少允许的停车场地数量。

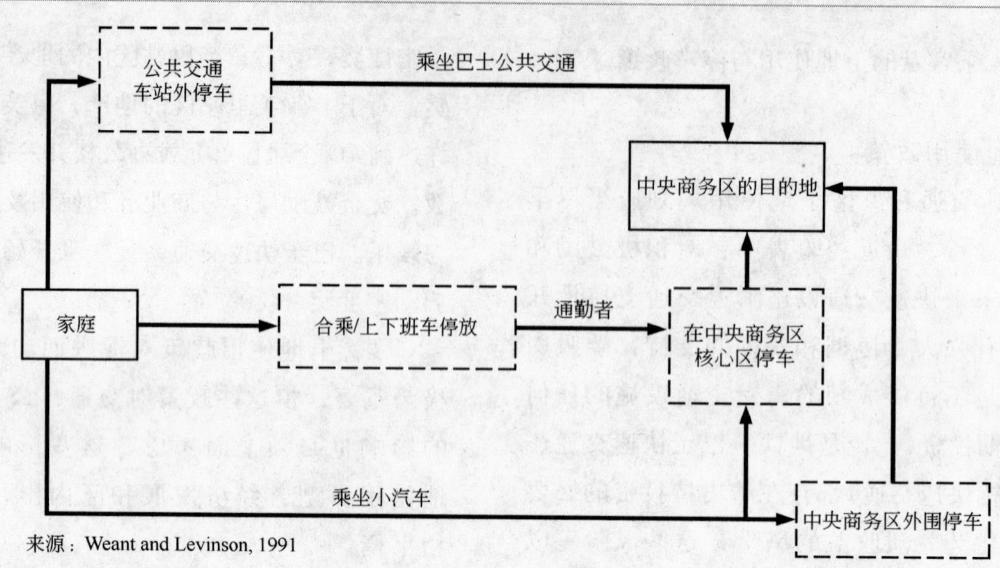

图 9-4　通勤者乘车政策选项

主要交通走廊停车政策样例　　**表 9-10**

土地用途	活动	标准单位	根据离交通车站的距离每单位停车场地数					
			0~500 英尺		500~1000 英尺		1000~1500 英尺	
			至少需要	最多允许	至少需要	最多允许	至少需要	最多允许
居住	单独家庭	居住单位	0.5	1.0	0.7	1.0	0.8	1.3
	多家庭	居住单位	0.4	1.0	0.6	1.0	0.8	1.3
商业	一般办公	建筑总面积 (GFA)1000^2 英尺	—	2.0	1.0	2.0	1.7	2.9
	医疗/牙科医院	GFA1000^2 英尺	—	3.3	1.7	3.3	2.5	4.0
	零售	GFA1000^2 英尺	2.0	3.3	2.5	3.3	3.3	5.0
	餐馆	坐位	—	0.17	0.17	0.25	0.17	0.25
	饭店/汽车旅馆	出租单位	0.7	1.0	0.7	1.0	0.7	1.0
工业	制造仓库批发	职员	0.2	0.33	0.25	0.33	0.33	0.5
工业[a]	礼堂	坐位	0.13	0.2	0.13	0.2	0.14	0.25
	医院	床位	0.80	1.0	0.80	1.0	1.0	1.4
	教堂	坐位	0.14	0.2	0.14	0.2	0.14	0.25
教育	小学、初中	教室、办公室	0.7	1.0	0.8	1.0	1.0	1.4
	高中	教室、办公室	0.7[b]	1.0[d]	0.8[b]	1.0[d]	0.8[c]	1.0[e]
	大专院校	教室、办公室	0.7[b]	1.0[d]	0.8[b]	1.0[d]	0.8[c]	1.0[e]

注：

（a）在公众可能集会的地方，应采用特定的会堂标准

（b）每 10~15 个学生增加一个空间，政策限制除外　（c）每 8~10 个学生增加一个空间，政策限制除外

（d）每 8~10 个学生增加一个空间，政策限制除外　（e）每 5~8 个学生增加一个空间，政策限制除外

来源：An Access Oriented Parking Strategy, 1974

9-7　参考文献

"Advancing Major Transit Investments Through Planning Project Development" (Version 1.1). Federal Transit Administration, Office of Planning, Washington, DC (January 2003).

An Access Oriented Parking Strategy. Prepared for the Massachusetts Department of Public Works in cooperation with FHWA. Wilbur Smith and Associates (July 1974).

Levinson, H., S. Zimmerman, J. Clinger, S. Rutherford, R. L. Smith, J. Cracknell, and R. Soberman. TCRP Report 90:Bus Rapid Tran- 9-19 sit, Volume 1: Case Studies in Bus Rapid Transit. Transportation Research Board of the National Academies, Washington, DC (2003).

Mass Transit—Bus Rapid Transit Shows Promise, Report GAO-01-984. U.S. General Accounting Office (September 2001).

Weant. R., and H. S. Levinson. Parking. Eno Foundation for Transportation, Westport, CT (1991).

Zimmerman, S. BRT—A Primer. Paper prepared for ITE Annual Meeting, Chicago, IL (August 2001).

附录A
巴士载运能力

附录A
巴士载运能力

本附录阐述如何测算一辆巴士或一条巴士线路的载运能力的方法，有关详细论述参见美国全国公路协作研究项目(NCHRP)第155号报告，《道路通行能力手册和公共交通载运能力手册》1985 和 2000版。

A-1 总则

一条巴士线路的载运能力是由最繁忙巴士停靠站的载运能力或巴士线路的载运能力来决定的。一般地讲，高峰小时主要乘客上下泊位的客流和换乘量决定一条巴士线路的载运能力。其基本要素包括：(1)巴士车站的运行次数；(2)后两辆巴士之间的最小安全间距；(3)巴士座位数和站位数；(4)周期的绿灯显示时间；(5)特定的故障率。

这些因素都受车辆设计特征的影响，包括车门数量和规格、地板高度和车内座椅布置、售票方式、路权(包括会车和交通信号)、乘客上下泊位的数量和设计、主要车站和终点站停车/恢复故障时间的操作规定(政策规定)，以及允许站立的客流等。

一般规则是，在巴士快速交通线路各车站的客流大致相同时，其载运能力要比乘客集中在一个或两个巴士停靠站的地方要高，如果以最大载运能力来运营，就会造成系统资源的紧张，且不能满足需求的变化，所以要避免这种情况的发生。

A-1.1 基本关系

巴士停靠站的载运能力(每小时人数)与停车泊位数、每车载运能力以及正常的行车时间范围都与车站的停靠时间和巴士的间距呈反比例变化。

停车泊位每小时可以通过的巴士数量由下列公式估算：

1. 连续流

$$C_b=\frac{3600}{(1+C_vZ)+t_c} \quad (1)$$

2. 间断流

$$E_b=\frac{3600g/c}{B(g/c+Z_aC_v)+t_c} \quad (2)$$

式中 g——绿灯时间；

c——周期长；

C_v——停靠时间变化系数～0.6；

D——停靠时间；

t_c——间隙时间(通常10～20秒)；

Z_a——标准正态变化的偏差值；

E_b——停车泊位每小时通过的巴士数。

标准Z_a值如表A-1所示，因此，对于25%的故障率(按服务质量E所确定的)Z_a值为0.675。

三个等式中的停车时间可按如下从现场勘测进行估算或计算出：

$D=aA$ 对于A 下车乘客(A)(3)

$D=nB$ 对于B 上车乘客(B)(4)

$D=(aA+bB)T$ 对于通过单一车门总的上车时间，式中的T是一个设定的浮动因数约等于1.2a和b是相应的下车和上车系数。

表A-2是对各种故障率的每小时巴士中每停车泊位的有效停车泊位载运能力，设定的间隙时间(t_c)为15秒。

对于平均停靠时间为30秒、故障率为25%，持续流量时每个停车泊位每小时的载运能力为63辆巴士，间断流量时为43辆。如果故障率为5%，则相应的每个座位的对应值为48和30辆巴士。

巴士车站每小时的巴士载运能力为停车泊位载运能力乘以有效停车泊位数的结果。

$$C_v=C_pN_b \quad (3)$$

式中 C_p——停车泊位的载运能力；

N_b——有效停车泊位数量；

C_v——巴士车站每小时的载运能力(用巴士数量来衡量)。

表A-3是在线和离线停靠站的停车泊位系数。当独立进出口——比如各辆车之间可以互相超越时——采用离线停靠站，在不能提供独立进口时，要采用离线数据。因此，3个停车泊位的停～2.60个有效停车泊位，而5个在线停靠站的停车泊位将有2.75～3.75个有效停车泊位。

A-1.1.1　巴士停靠站的乘客载运能力

要估算停车泊位每小时的最大乘客数目，可以将每小时中各个停车泊位停泊的巴士数量相乘（按照每辆巴士上车的乘客）：

$$P_b = C_B B \tag{4}$$

式中　B——每辆巴士上车的乘客；

C_B——停车泊位载运能力 巴士/停车泊位/小时；

P_b——乘客/停车泊位/小时。

每站乘客的数目为 P_b N_b。相反，至服务质量J的每小时乘客的有效停车泊位的数目为J与 P_b 的比率。

每辆巴士正常的载客数决定了停靠时间。因此，只要知道载客量或停靠时间，就很容易地确定另一个数。因此，当停靠时间为30秒，假设每个乘客为3秒，则每辆巴士可以载10个乘客。3个停车泊位（2.45有效泊位）的沿线停靠站可以维持2.45×43×10的持续的客流量或每小时1050个乘客（断续客流量和25%的故障率）。

A-1.1.2　巴士线路的载运能力

巴士专用路、巴士终点出入口系统，市区巴士专用街或巴士专用道的载运能力都是由最繁忙上车点能容纳的巴士数量，经过的客流和与最大载客路段之间上车的人数差别来决定的。所以，沿一条线路上车的乘客的分布，以及每辆巴士可允许的乘客装载量就变得特别重要。

一般地，走廊内的巴士的发车频率由最大载客段的载客数量决定，停车点数量和在各停车点的停车泊位载运能力应确保足以满足该发车频率。

1. 最大的高峰小时的客流可以根据在最繁忙的车站所容纳的巴士的数目进行估算，并假设巴士达到最大装载点时，各巴士被装满至其预先设计的装载量。该假设仅对分散装载的情况适合。因此，如果C1为通过控制的车站的处理巴士的数目，S代表每辆巴士的乘客空位数，那么乘客数目就为C1。

2. 更符合实际的假设是设定最繁忙车站通过的客流，代表最大装载路段客流总量的百分比。所以，如果Q代表控制车站上车的乘客，并且它们代表的总客流为X%，则PbNB/X代表通过最大装载路段的运行量。

A-1.1.3　图解案例

表A-4所示为计算的样例：

1. 第一步要确定巴士种类，上车的通道和车费的收费方法。据此可以估算运行时间，列举的数值如表中所示。对于单门巴士，采用3.5秒的停车时间和车上售票为基础。对于采用多车门和预先售票的情况，其运行时间应逐步减少。如两个上车门道的单门巴士，每个通道每个乘客应有0.7秒服务时间，显然，这些服务时间应受特殊情况的控制。

2. 估算15分钟高峰小时的每辆巴士的上车乘客。

3. 停靠时间应通过每车每乘客人次的服务时间进行计算，次数增加反应变化多，且由于交通信号的影响应予以调整。最终的“有效停靠”时间应加上间隔时间。

4. 停车泊位每小时的巴士数应根据等式1和2进行计算，然后乘以有效泊位数。座位每小时的乘客应通过将每车的乘客乘以每座位的巴士数量而获得。

5. 最后，最繁忙的装载点的乘客的量可根据在最繁忙的车站装载的最大装载量的合适的百分数来计算。

表中清楚地表明可容纳的人数很大程度上取决于上车的门道数，售票方式和在主要活动区域（如市中心）的分客源能力。

某些情况下，几条巴士线路相交时应将停靠站分散。系列“分散停靠站”所容纳的总人数代表各停靠站的载运能力。在巴士共用一般交通车道且要经过停靠车辆时，可适当地向下调整10%~20%。

A-1.1.4　郊区车站

郊区巴士停靠站提供的巴士停车泊位的数目可以根据随机到站的设定值进行估算。A-5表中所示的停车泊位数是根据泊松分布提供的，并只允许巴士的站台有5%的超负荷的变化。

应急指南如下：

● 20秒以下的乘客服务时间：高峰小时每60辆巴士一个停车泊位（干道条件）。

● 30~50秒的乘客服务时间：高峰小时每30辆巴士一个停车泊位。

● 大于50秒的乘客服务时间：高峰小时每60辆巴士一个停车泊位。

百分比故障数值和带有一个尾数的正常误差　　表A-1

故障率（%）	Z_a
1.0	2.330
2.5	1.960
5.0	1.645
7.5	1.440
10.0	1.280
15.0	1.040
20.0	0.840
25.0	0.675
30.0	0.525

持续流量　　表A-2

故障率	平均停靠时间（秒）					
	10	20	30	40	50	60
1.00%	92	57	41	32	27	23
2.50%	98	62	45	35	29	25
5.00%	103	66	48	38	31	27
7.50%	107	69	51	40	33	28
10%	110	71	56	45	37	32
15%	145	76	56	45	37	32
20%	120	78	60	48	40	34
25%	24	84	63	55	42	36
30%	128	87	66	53	45	38
50%	144	103	80	65	55	48

信号控制为绿灯/周期＝0.5

故障率	平均停靠时间（秒）					
1.00%	53	34	25	20	16	14
2.50%	57	37	28	22	18	16
5.00%	60	40	30	24	20	17
7.50%	63	43	32	26	27	19
10%	65	45	34	27	23	20
15%	69	48	37	30	25	22
20%	72	51	40	33	28	24
25%	75	54	43	35	30	26
30%	78	58	46	38	32	28
50%	90	72	60	51	45	40

多停车位的效率　　表A-3

有效停车泊位系数，N_b		
停车泊位数	在线停靠站	离线停靠站
1	1.00	1
2	1.75	1.85
3	2.45	2.60
4	2.65	3.25
5	2.75	3.75

来源：

1. Special Report 209: Highway Capacity Manual, Transportation Research Board, National Research Council, Washington, D.C., 1985(1994 and 1997 and 2000 updates).
2. Operational Analysis of Bus Lanes on Arterials? Application and Refinement, Research Results Digest? September 2000, Number 38, Transit Cooperative Research Program, Transportation Research Board, National Research Council, Washington, DC.

典型的服务流量 **表A-4**

巴士/收费	干道50%的绿灯/周期						立交巴士专用路			
巴士类型	常规车			铰接车			常规车		铰接车	
客车上下车门	1	2	2	2	2	3	1	2	2	3
收费方式	车上	车下	车上	车上	车下	车下	车下	车下	车下	车下
每乘客门服务时间(1)(2)	3.5	2.5	2	2.5	2	1.5	2.5	2	2	1.5
乘客上下巴士	25	15	15	20	20	20	15	15	20	20
停靠时间(秒)										
乘客上下时间	52	38	30	50	40	30	38	30	40	30
随机变化调整系数(3)	0.905	0.905	0.905	0.905	0.905	0.905	1.405	1.405	1.405	1.405
有效停靠时间	47	34	27	45	36	27	53	42	56	42
间隔的时间	15	15	15	15	15	15	15	15	15	15
有效停靠时间加上间隔时间	62	49	42	60	51	42	68	50	71	57
巴士和乘客/小时										
巴士/停车泊位/小时	29	37	43	30	35	45	53	63	51	63
乘客/停车泊位/小时	435	550	645	600	705	855	795	945	1020	1260
有效停车泊位	2.5	2.5	2.5	2.5	2.5	2.5	2.5	2.5	2.5	2.5
乘客/停车泊位/小时	1090	1375	1610	1500	1765	2145	1990	2360	2550	3150
最大装载路段的乘客/小时										
25%最繁忙路段上车	4360	5500	6440	6000	7060	8570	7960	9440	10200	12600
50%最繁忙路段上车	2180	2750	3220	3000	3530	4290	3980	4720	5100	6300

注：

(1) 假设载客条件；

(2) 服务时间/车门已调节以反应使用多门，即从1到2门给出的值为0.7；

(3) 有效服务时间=[1+(.675)(.6)]或1.455对于持续流量和[.5+.675(.6)]或.905(0.5的g/c)对于间断的流量的计算每小时使用的乘客上车数；

(4) 容量等于1800除以有效下车时间加上有交通信号的交叉路口的间隙时间(g/c=0.5)和3600除以有效下车时间加上间隙时间(间断流量)(g/c=1.0)。

巴士停靠站的停车泊位需求（郊区位置）　　表A-5

高峰小时巴士流量（车／小时）	班距（分）	停靠站服务时间为下面各项时的停车泊位数量					
		10秒	20秒	30秒	40秒	50秒	60秒
15	4	1	1	1	1	1	1
30	2	1	1	1	1	1	1
45		1	1	2	2	2	2
60	1	1	1	2	2	2	2
75		1	2	2	2	2	2
90		1	2	3	3	4	4
105		1	2	3	3	4	4
120	1/2	1	2	3	3	5	5
150		2	3	3	4	5	5
180	1/3	2	3	4	5	6	6

注：95%可能性是停车位数不会紧缺；假设巴士到达符合泊松分布。

附录 B
行人设施与照明设计指南

附录B
行人设施与照明设计指南

本附录详细叙述(1)估算行人通行能力和服务质量和(2)确定照明水平。

表B-1列出了适用于人行道、楼梯和候车区的乘客服务水平。行人匝道可以采用与人行道相同的容量。人行道和楼梯的服务水平应达到D级以上水平。要符合《美国残障法案》标准要求，候车和排队的乘客每人至少应有10平方英尺的空间，它相当于C级服务水平的标准。

表B-2为门道和电梯的报告容量。

表B-3列出测得的售票验票口的平均净空和容量。

推荐的照明水平(以英尺烛光为单位的亮度如表B-4所述)，可以适当地提高市政法规的标准。

行人服务水平 **表B-1**

	服务水平					
	A	B	C	D	E	F
人行道						
平方英尺/人	≥35	25~35	15~25	10~15	5~10	<5
行人/英尺/分	0~7	7~10	10~15	15~20	20~25	不定
楼梯						
平方英尺/人	≥20	15~20	10~15	7~10	4~7	<4
行人/英尺/分	≤5	5~7	7~10	10~13	13~17	不定
排队和候车区						
平方英尺/人	>13	10~13	7~10	3~7	2~3	<2
平均行人间隔	>4.0	3.5~4	3.0~3.5	2.0~3.0	≤2.0	不定

来源：

Adapted from Section 7, Kittleson Associates, Inc.

Transit Capacity and Quality of Service Manual, Second Edition Draft, October 10, 2002

Transportation Research Board/Fruin, J. Pedestrian Planning and Design, Revised Edition, Elevator World, 1987

行人服务水平 **表B-1**

人行道服务水平	选择范围	
	平方英尺/人	行人/英尺/分
A	≥35	0~7
B	25~35	7~10
C	15~25	10~15
D	10~15	15~20
E	5~10	20~25
F	<5	不定

续表

选择范围		
人行道服务水平	平方英尺／人	行人／英尺／分
楼梯服务水平		
A	≥20	≥5
B	15~20	5~7
C	10~15	7~10
D	7~10	19~13
E	4~7	13~17
F	<4	不定
排队和候车区服务水平	行人之间的平均间隙	
A	>13	4.0
B	10~13	3.5~4.0
C	7~10	3.0~3.5
D	3~7	2.0~3.0
E	2~3	≥2.0
F	<2	不定

入口电动扶梯容量 **表B-2**

门道	单通道			
入口形式	观测平均班距		相当的行人量	
入口	每秒		每分	每小时
各方向自由回转	1.0~1.5		40~60	2400~3600
	1.7~2.4		25~35	1500~2100
电梯	踏板(进)宽度	倾斜速度	正常容量	
		(英尺／分)	行人／分	行人／小时
单行宽度	24	90	34	2040
		120	45	2700
双行宽度	40	90	68	4080
		120	90	5400

注：用于规划之目的，不用于确定出口的方式

观测的乘客平均出入口的班距和容量　表B-3

观测平均值		
相当的	班距	
行人		
进入口型式(行人/分)	秒	流量
自由进入	1.0~1.5	40~60
车费收集	1.7~2.4	25~35
单滑门硬币或带金卷操作	1.2~2.4	25~50
双投币槽	2.5~4.0	15~25
记录卡(各种型式)	1.5~4.0	25~40
高进/出回转栏	3.0	20
高出口转栏	2.1	28
出口门，3.0英尺(0.9m)宽	0.8	75
出口门，4.0英尺(1.2m)宽	0.6	100
出口门，5.0英尺(1.5m)宽	0.5	125

来源：

Fruin J., Pedestrian Planning and Design, Revised Edition, Elevator World, Mobile, AL, 1987

推荐采用的照明水平(以英尺烛光为亮度单位)　表B-4

站台和遮阳篷	英尺烛光
露天站台	5
带有遮阳/雨篷的站台	10~15
售票区——十字转门	20
通道	20
售票亭	100
特许的设备和自动售货机	30
楼梯和电梯	20
洗手间	30

续表

站台和遮阳篷	英尺烛光
停车区——停车场	
乘客下行坡道	3~5
停车场	1~2
残疾人停车位	3~4
出口、入口	3~4
巴士环路、匝道和出入口车距	1.0~1.5
停车区——停车库	
出口、入口	白天50，晚上5
行车道/匝道	10
停车区域	3~5
楼梯和电梯	20
人行道	
边侧人行道	0.5~2.0
远离车行道的人行道	0.5
行人隧道	4~5
平均值(除在乘客天篷外)不超过下列各值：	
平均值到最小值	2.5~1
最大值到最小值	5~1

来源：

1. Design Criteria for METRO Park & Ride and Transit Facilities, Metropolitan Transit Authority, Houston, November 2000
2. Illuminating Engineering Society of North America ? Value of Public Roadway Lighting, New York Report IES-CP31-1987
3. Guide for the Design of Park-and-Ride Facilities, AASHTO, Washington, D.C., 1994

附录 C
车辆设计特征

插图目录

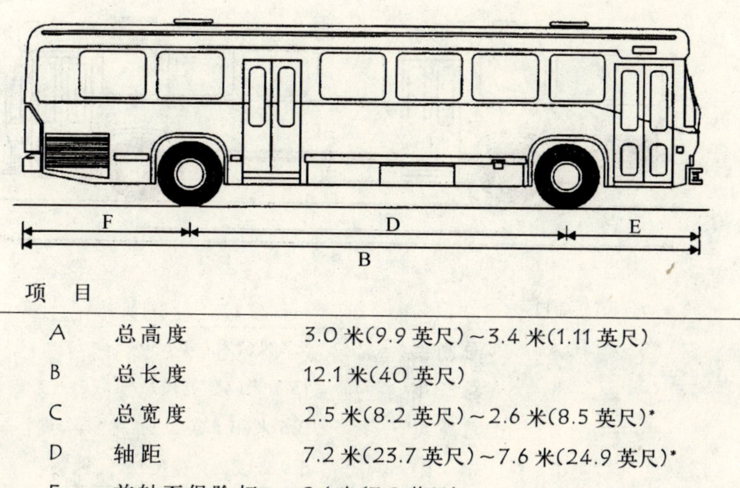

项　目		
A	总高度	3.0 米(9.9 英尺)~3.4 米(1.11 英尺)
B	总长度	12.1 米(40 英尺)
C	总宽度	2.5 米(8.2 英尺)~2.6 米(8.5 英尺)*
D	轴距	7.2 米(23.7 英尺)~7.6 米(24.9 英尺)*
E	前轴至保险杆	2.1 米(7.2 英尺)
F	轴至保险杆	2.4 米(9.3 英尺)

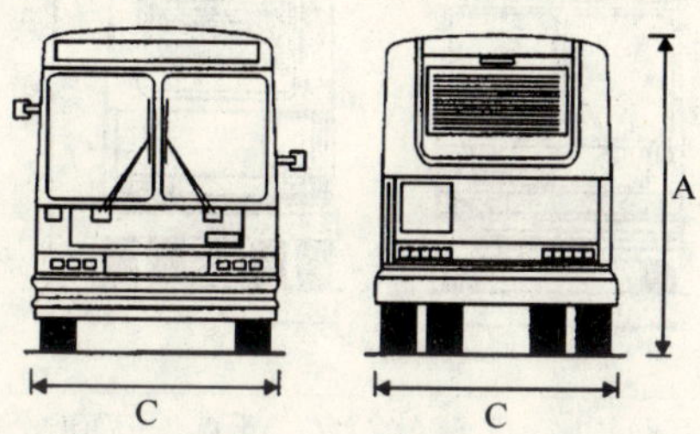

车辆的净重 / 毛重 **	
前桥	3337/5440 千克(7420/11980 磅)
后桥	8200/11200 千克(18060/24660 磅)
座位	46~51*
站位	20~25*

注：*12.1 米(40 英尺)长的巴士类型不同，位数也会不同

** 净重是“准备上路”时的重量，不含乘客重量，毛重包含乘客重量

来源：NCHRP 414 HOV Systems Manual, Texas Transportation Institute, Parsons Brinckerhoff, Oracle and Douglas Pacific Rim Association, TRB, National Research Council, Washington, D. C., 1998

图 C-1　标准 40 英尺巴士的车辆设计特征

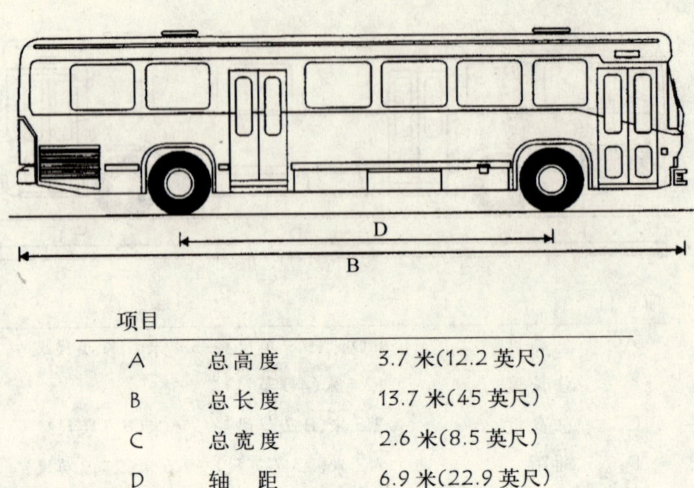

项目		
A	总高度	3.7 米(12.2 英尺)
B	总长度	13.7 米(45 英尺)
C	总宽度	2.6 米(8.5 英尺)
D	轴　距	6.9 米(22.9 英尺)

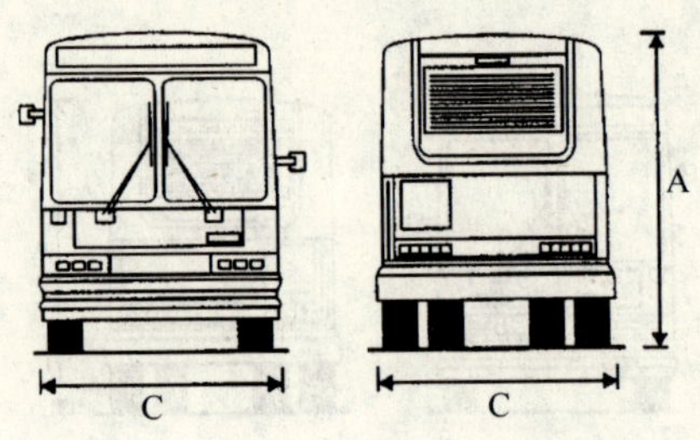

车辆的净重 / 毛重**	17,326/22,777 千克 (38,150/50,150 磅)
座位数	50*
站位	28*

注：

*13.7 米(45 英尺)长的巴士因为类型不同具体　　位数有所变化。

** 净重是“准备上路”时的重量，不含乘客重量，毛重包含乘客重量。

来源：NCHRP 414 HOV Systems Manual, Texas Transportation Institute, Parsons Brinckerhoff, Oracle and Douglas Pacific Rim Association, TRB, National Research Council, Washington, D. C., 1998

图 C-2　标准 45 英尺巴士车辆设计的特征

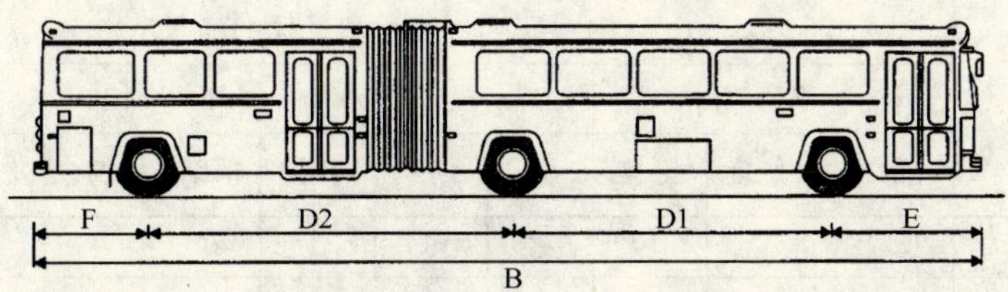

项目		
A	总高度	3.2米(10.2英尺)
B	总长度	18.3米(60英尺)
C	总宽度	2.6米(8.5英尺)
D1	轴距，前	5.3米(17.5英尺)~5.7米(18.6英尺)
D2	轴距，后	7.1米(23.3英尺)~7.4米(24.2英尺)
E	前轴至保险杆	2.6米(8.5英尺)
F	后轴至保险杆	2.9米(8.7英尺)

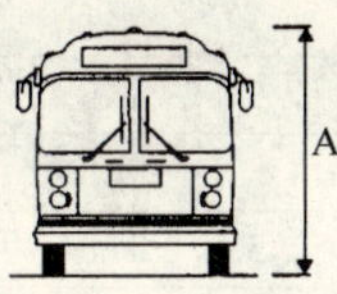

车辆的净重/毛重**	
前桥	5,360/7,450千克(11,800/16,420磅)
后桥	5,510/7,420千克(12,130/16,420磅)
中桥	6,800/11,010千克(14,970/2,4250磅)

最大弯曲角度	
水平	±36°
垂直	±11°
座位	70.76*
站位	38*

注：

*铰接巴士，车型不同具体位数有所变化

**净重是“准备上路”时的重量，不含乘客重量，毛重包含乘客重量

来源：NCHRP 414 HOV Systems Manual, Texas Transportation Institute, Parsons Brinckerhoff, Oracle and Douglas Pacific Rim Association, TRB, National Research Council, Washington, D. C., 1998

图C-3　标准60英尺巴士车辆设计的特征

美国通用车辆设计的技术规范 图 C-4

美国标准

设计车型	标识符	尺寸(英尺)											
		外形			外伸								标准的中心轴销至后桥的中心
		高度	宽度	长度	前	后	轴距1	轴距2	S	T	轴距3	轴距4	
小汽车	P	4.25	7	19	3	5	11	—	—	—	—	—	—
皮卡车	SU	11-13.5	8.0	30	4	6	20	—	—	—	—	—	—
巴士													
城际巴士	BUS-40	12.0	8.5	40	6	6.3	24	3.7	—	—	—	—	—
(长途客车)	BUS-45	12.0	8.5	45	6	8.5	26.5	4.0	—	—	—	—	—
市内巴士	CITY-BUS	10.5	8.5	40	7	8	25	—	—	—	—	—	—
传统校车	S-BUS 36	10.5	8.0	35.8	2.5	12	21.3	—	—	—	—	—	—
(66座)													
大型校车	S-BUS 40	10.5	8.0	40	7	13	20	—	—	—	—	—	—
(84座)													
铰接巴士	A-BUS	11	8.5	60	8.6	10	22.0	19.4	6.2[a]	13.2[a]	—	—	—
卡车													
中型双挂车	WB-40	13.5	8.0	45.5	3	2.5[a]	12.5	27.5	—	—	—	—	27.5
中型双挂车	WB-50	13.5	8.5	55	3	2[b]	14.6	35.4	—	—	—	—	37.5
洲际双挂车	WB-62*	13.5	8.5	68.5	4	2.5[a]	21.6	40.4	—	—	—	—	42.5
洲际双挂车	WB-65**	13.5	8.5	73.5	4	4.5-	21.6	43.4-	—	—	—	—	45.5-
	或WB67					2.5[a]		45.4					47.5
双底双挂车	WB-67D	13.5	8.5	73.3	2.33	3	11.0	23.0	3.0[b]	7.0[b]	23.0	—	23.0
三双轮拖车	WB-100T	13.5	8.5	104.8	2.33	3	11.0	22.5	3.0[c]	7.0[c]	23.0	23.0	23.0
高架二双轮拖车	WB-109D*	13.5	8.5	114	2.33	2.5[a]	14.3	39.9	2.5[e]	10.0[d]	44.5	—	42.5
拖车													
游览车辆													
房车	MH	12	8	30	4	6	20	—	—	—	—	—	—
小车带野营拖车	P/T	10	8	48.7	3	10	11	—	5	19	—	—	—
小车带船形拖车	P/B	—	8	42	3	8	11	—	5	15	—	—	—
房车和船形拖车	MH/B	12	8	53	4	8	20	—	6	15	—	—	—
农用拖拉机	TR[f]	10	8~10	16[g]	—	—	10	9	3	6.5	—	—	—

来源：A Policy on Geometric Design of Highways and Streets 2001, American Association of State Highway and Transportation Officials, Washington, D. C., 2001

注：

*1982年由STA采纳的带48英尺拖车的车辆设计

**1982年存入STAA档案的带53英尺拖车的车辆设计

a 组合尺寸为19.4英尺，连接部分为4英尺宽

b 组合尺寸主要为10英尺

c 组合尺寸主要为10英尺

d 组合尺寸主要为12.5英尺

e 此为从双联轴总成的后轴开始伸出

f 尺寸为用于150~200马力的拖拉机，不包括拖车长度

g 为获及拖拉机和拖车的总长度，给拖拉机加上15英尺长度。拖车长度从拖杆的前面至拖车的后面测得的。

- WB1、WB2和WB4为有效的车辆的轴距，或各轴之间的距离(从前面开始并朝各装置的后面运转)
- S为从后有效轴至拖挂点或连接点的距离
- T为从所测的拖挂点或连接点向后至邻近轴的中心或双联轴总成的中心的距离

车辆设计的转弯半径　　**图 C-5**

美国通用										
设计车型	小汽车	皮卡车	城际客车（长途客车）		市内公共交通巴士	传统校车65座	大型校车[2] 84座	铰接巴士	中型半挂车	中型半挂车
标识符	P	SU	BUS-40	BUS-45	CITY-BUS	S-BUS36	S-BUS40	A-BUS	WB-40	WB-50
最小设计转变半径（英尺）	24	42	45	45	42.0	38.9	39.4	39.8	40	45
中心线转变半径[1]（CTR）	21	38	40.8	40.8	37.8	34.9	35.4	35.5	36	41
最小内径（英尺）	14.4	28.3	27.6	25.5	24.5	23.8	25.4	21.3	19.3	17.0
设计车型	洲际半挂车		"双底"组合	三双轮拖车／拖车	高架二双轮拖车	移动房车	小汽车带野营拖车	小汽车带船形拖车	移动房车	农用拖拉机[3]
标识符	WB-62*	WB-65** 或 WB-67	WB-67D	WB100T	WB-109D*	MH	P/T	P/B	MH/B	TR/W
最小设计转弯半径[1]（米）	45	45	45	45	60	40	33	24	50	18
中心线转弯半径（CTR）	41	41	41	41	56	36	30	21	46	14
最小内径（米）	7.9	4.4	19.3	9.9	14.9	25.9	17.4	8.0	35.1	10.5

来源：A Policy on Geometric Design of Highways and Streets 2001, American Association of State Highway and Transportation Officials, Washington, D. C., 2001

注：

* 1982 年由 STAA 采纳的带 48 英尺拖车的车辆设计

** 1982 年存入 STAA 档案的带 53 英尺拖车的车辆设计

1．转弯半径是在调查研究可能的转弯途径时由一个设计人员假设的。是设定在车辆的前桥的中心线上的。如果最小转弯途径被设定，则 CTR 约等于最小设计转弯半径减去车辆前宽的二分之一。

2．学校专用巴士的规格是从 42 个乘客至 84 个乘客的规格进行制造的，这与轴距长度为 132 英寸至 237 英寸相符，对于这些不同的规格，其最小设计转弯半径从 28.8 英尺变化至 39.4 英尺且最小内径从 14.0 英尺变化至 25.4 英尺。

3．转弯半径是适用于 150 × 200 马力的带有一个 18.5 英尺长，安装在连接点处的货车箱的拖拉机。前轮的驱动装置未啮合且未使用制动器。

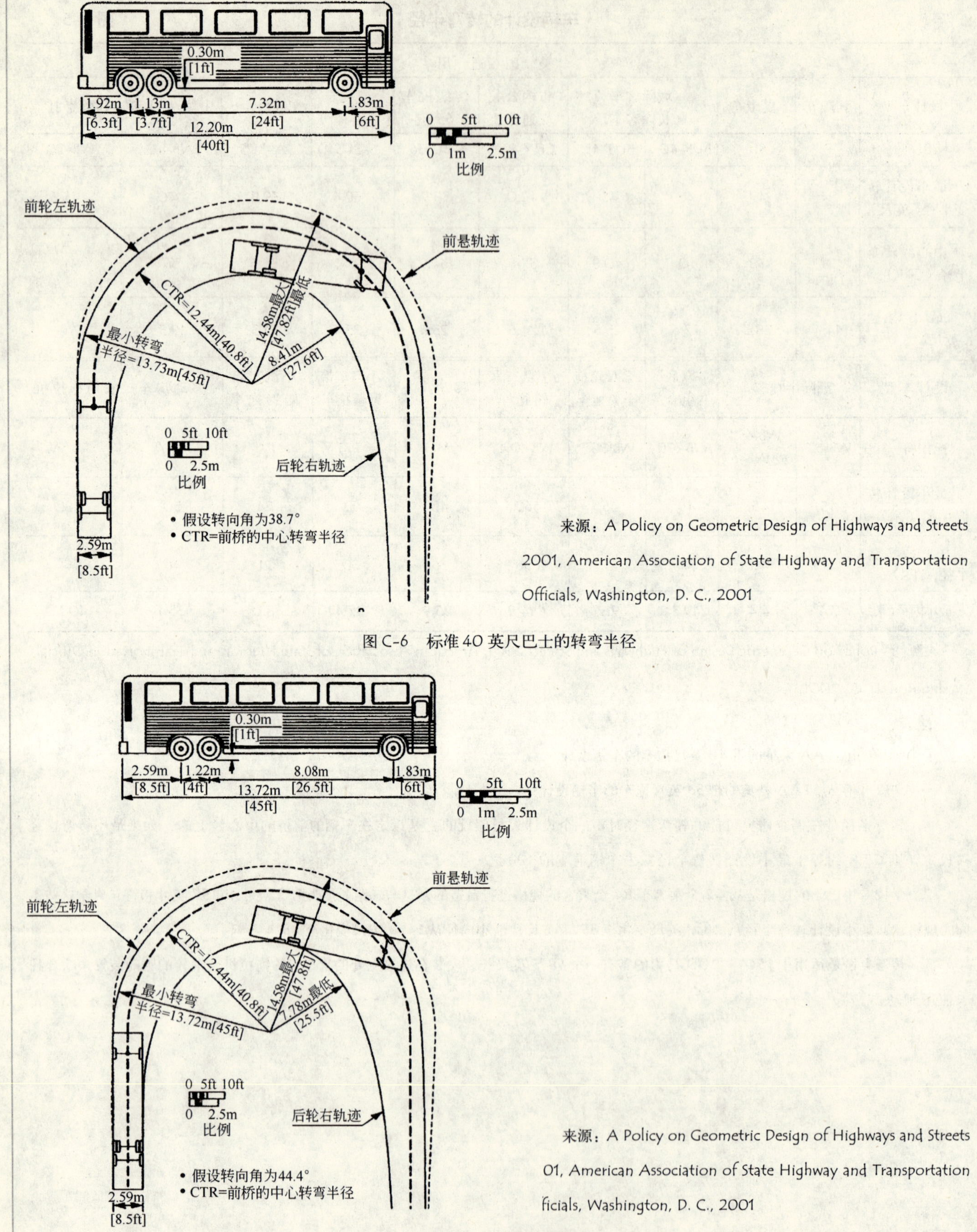

来源：A Policy on Geometric Design of Highways and Streets 2001, American Association of State Highway and Transportation Officials, Washington, D. C., 2001

图 C-6 标准 40 英尺巴士的转弯半径

来源：A Policy on Geometric Design of Highways and Streets 01, American Association of State Highway and Transportation ficials, Washington, D. C., 2001

图 C-7 标准 45 英尺巴士的转弯半径

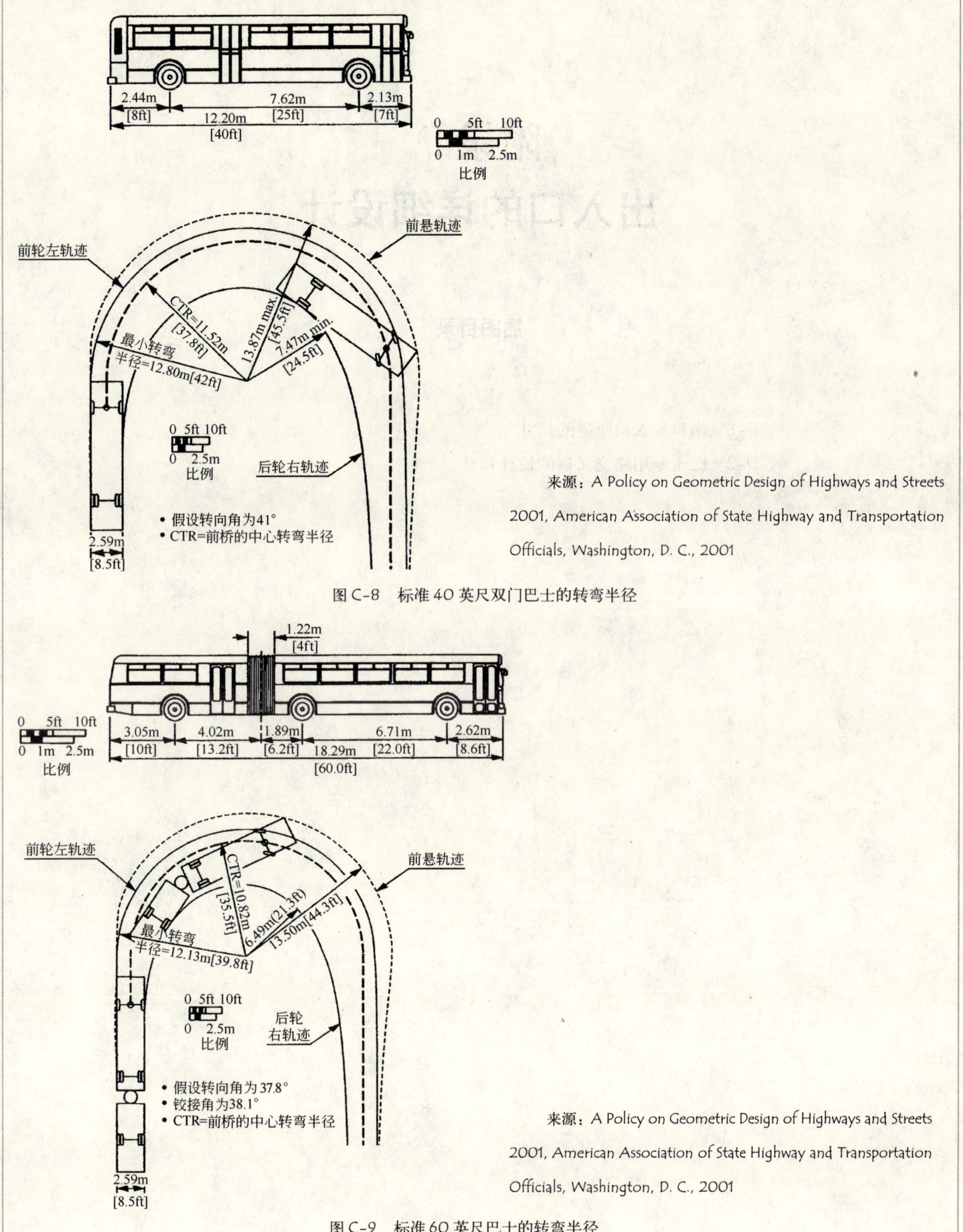

来源：A Policy on Geometric Design of Highways and Streets 2001, American Association of State Highway and Transportation Officials, Washington, D. C., 2001

图 C-8　标准 40 英尺双门巴士的转弯半径

来源：A Policy on Geometric Design of Highways and Streets 2001, American Association of State Highway and Transportation Officials, Washington, D. C., 2001

图 C-9　标准 60 英尺巴士的转弯半径

附录 D
出入口的详细设计

插图目录

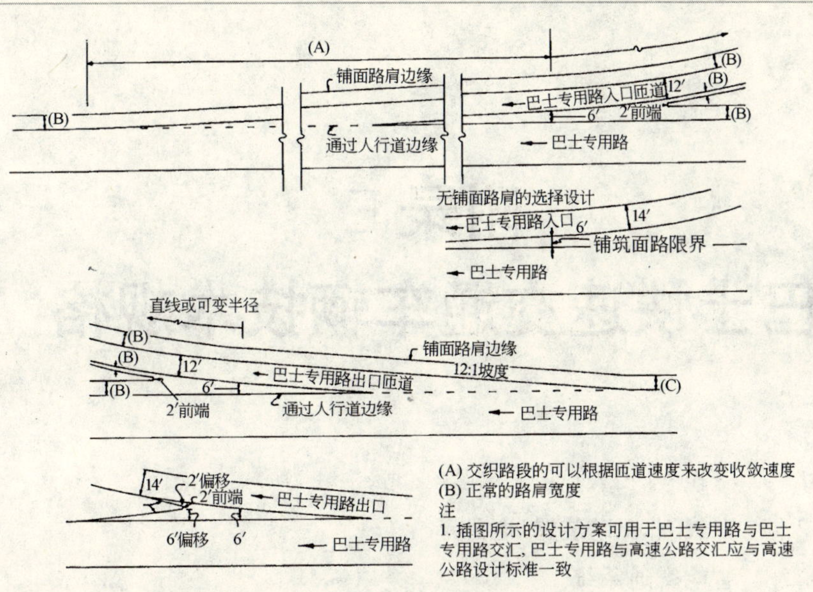

图D-1　出口和入口匝道的尺寸

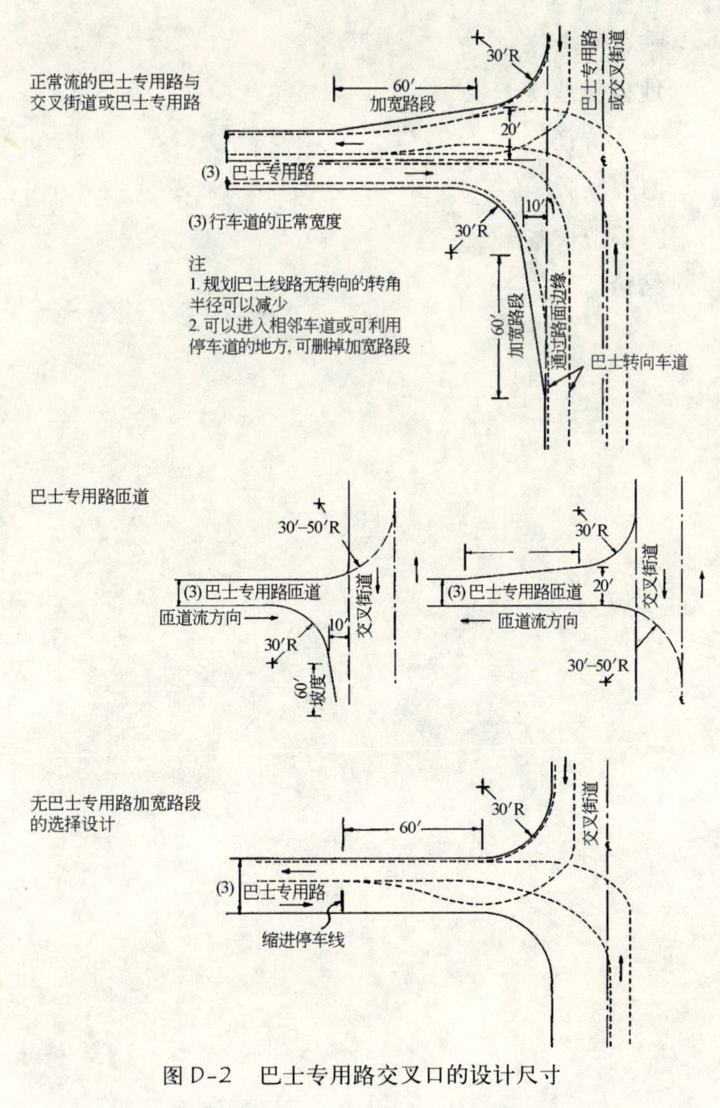

图D-2　巴士专用路交叉口的设计尺寸

附录 E
巴士快速交通车辆技术规格

附录E
巴士快速交通车辆技术规格

E-1　概论

本附录包括组成现代巴士快速交通车辆的主要系统和子系统的另一些细节问题，包括了车上电子设备、地板和悬挂装置、车身特点、附属设备以及巴士快速交通系统和车辆价格的实例。

E-2　车载(非驱动装置)电器

巴士正越来越多地装备输入／输出多路转换器。电子通信和控制设备减少了原来所要求的布线数量，可以监测子系统的状况，而且有利于迅速诊断故障。这些装置不是巴士快速交通车辆所独有的，但是，对于专用的巴士快速交通车辆，由于车辆设计越来越复杂，这些装置要和大量的组件和子系统连接。这些系统可能包括两台或更多的驱动马达、发动机计算机化控制设施、先进的主动悬挂装置(保持车辆水平，满足舒适和安全的要求)、智能交通系统、空调和其他附属设施。

多路转换器还有一个接口，可以让熟练的技术人员利用手提电脑更精确地鉴别巴士内的故障所在。这样可以大大减少排除故障的时间。另一方面，电子设备子系统可以利用飞机上早就采用的技术，用模块方式装在巴士内。有故障的模块可以拆走，迅速换上新的，以便减少车辆停运的时间。

E-2.1　智能交通系统

巴士快速交通的车辆，不论是巴士或是专用车辆，必须装备各种各样的智能交通系统。这些系统不一定非要巴士快速交通车辆特有的，而是在交通运输网络中，这些车辆的特殊形象和所起作用所要求的。

智能交通系统的核心部件是自动车辆定位(AVL)系统。它能提供运营期间实时控制车辆所需要的信息和实时的乘客信息。而且，它还可以提供车上电子设备对其他项目监控和进行测定时，时间和位置方面的标记。主要采用的技术是全球定位卫星(GPS)，再补充里程表读数，这样，在GPS跳过一个或几个周期性读数时，可以有一个备份。这一信息通过数据无线电发射装置周期性地送往调度室和送往网站。

巴士快速交通车辆应该具有ADA特征，例如，类似于普通巴士中的可视和发声的到站公告。自动车辆定位系统还可以提供有关连接线路的补充信息。由于和自动车辆定位系统相连，公告和信息传递可以实行完全自动化。内部的可视信息可以通过多排电子标牌进行水平移动传递信息，也可以通过电视屏幕。由于电视平板屏幕尺寸越来越紧凑，价格不断下降，可能越来越受欢迎。

E-2.2　通信

从操作人员到调度员之间的通信界面是通过移动数据终端(MDT)实现的。有一个显示屏，宣布何时有信息来，确认发出信息已收到，协助运营，例如，提供时刻表遵守情况和车辆状况方面的信息。它可以按时地或者有突发情况时，将信息送给调度员或者和多路转换器相连的其他设备的维护设施。对于后一种情况，无线通信交通的优势就要差一些。

故障通信方法通常是双向数字信息传递。但是，无线电通话也用来作为备用以及在预置的(密封的)信息按钮无法工作时进行通信。在一天里没有通过数据无线电发射机传递的资料可以储存起来，在一天工作结束时下载。这一技术可以通过光盘介质或者用电缆连接实施，但是对于大型车队可能就不适用了。这种获得推广的技术是一种弱无线电技术。这种技术被称为专用短程通信(DSRC)。

巴士快速交通的运营几乎总要牵涉到在交叉路口某种程度的交通优先权，通常要求另外的地区通信手段来报告巴士即将到达交叉口，例如，用一个光学信号通知交通信号控制器，用红外信号传给沿路边设置的标杆，或者通过DSRC。这些子系统必须统一在自动车辆定位系统中。

E-2.3　收费

电脑卡阅读器，不论是接触式的或非接触式的，多半也会在按巴士快速交通运营的巴士中使用。这些设备是为了方便顾客，最重要的是通过解除驾驶人员售票的责任，减少乘客在车门通道排队时间，尽可能加快运营速度。“电脑收费箱”还可以收现金、代用币或者其他非电脑卡收费方式。如果需要，电脑卡系统还可以接受从自动车辆定位系统来的时间和位置标记。这一数据可以随时送出或者在最后下载。照片E-1展示WMATA收费箱，采用磁条卡和电脑卡读写器，很方便。

收费装置是提供乘客统计数信息的一种方法，但通常只提供上车人数(除非要求乘客下车时重新读一下他们的电脑卡)。在车门通道上的自动乘客计数器(APC)具有提供全部上下车人数的能力。通过和自动车辆定位系统连线，上下车人数还可配上时间和位置的标记。同样，这一数据可以随时发送或者最后下载。至少有一家公司(巴黎公共交通总公司)采用一种有意义的应用方式，既采用非接触式卡片阅读器，又采用APC进行实时上车人数计数。将这两种结果对比可以检查逃票情况。

E-2.4　乘客安全

在巴士快速交通运营中可以安装各种各样的乘客安全设施，而且多半也可以看得到，因为安全和可靠是巴士快速交通的核心。装有自动车辆定位(AVL)的车辆可以安上隐蔽的警告装置，由驾驶人员控制。有些单位还装了隐蔽话筒，通过无线电发话机使调度中心或警察局可以确定紧急事故的性质。摄像机可以储存车上的图像作为今后的物证。单独使用时也可以作为一种威慑力量。

至少还有一样产品可以使用，就是通过数字无线电装置传递照片，但目前普及程度有限，因为需要传递的时间较长。如果高传递速度的数据无线电发射机广泛采用，“接近实时”的照片传递以及图像传递会有所增加。

和典型的公共交通巴士一样，巴士快速交通车辆可能有几个要求“联机”的子系统，或者由驾驶人员启动的系统。AVL系统、电脑收费箱、终点标记、车站指示装置等等由不同的自动机提供，在不同的时间安装，每种系统要求单独的程序。还可能有许多设备和托架，可能在驾驶人员座位周围有不止一个MDT。另外车子还有一些附加的多路转换器，GPS装置和其他改装的复制设备。

在北美ITS社区内制定的标准会减少复制设备的问题。至少有一个欧洲主要巴士制造商已经考虑这个问题(Volvo移动系统，2001)。它的车辆标准化，所有接口满足各种各样的ITS子系统，在装配线上就装上购车时选择的系统，而不是以后改装。在驾驶员工作台上要安装多功能MDT。它可以为多个设备同时连机，进行AVL有关的通信，车况报告和其他功能。看来今后要成为标准化做法，因为它简化了巴士的技术要求、生产，也简化了驾驶人员所必须完成的任务要求。

E-3　地板与悬挂

当利用普通巴士作为巴士快速交通运营时，地板的设计牵涉范围很广。有几个地方采用单车箱和传统设计，如，洛杉矶地铁快速交通公司，但大部分采用单铰接设计。这些车辆容量大，几何尺寸可以和单车箱巴士相同。在有专用公用道路而且人流量较大时，可以采用双铰接车，就像在巴西的库里蒂巴那里一样。

在传统的巴士里，发动机可以竖装、横装或者甚至垂直安装。最常见的是横装在后面。竖装方法采用“扁平式”马达，也就是马达的所有汽缸在一个平面上。发动机放在地板以下巴士中间，传动装置的布置和后轮驱动的轿车一样。垂直安装的发动机可以放在巴士的背面的角上，但它要求特别的驱动装置来驱动后轮轴。

所有发达国家有一种趋向，将高地板巴士换成低地板巴士。当然，低地板巴士上下车要容易一些和快一些。因为没有梯级，它也不需要设轮椅提升机这种既昂贵又容易出问题的部件。但是这种车也有缺点，由于轮子直径相同，前轮突出到乘客车厢内，加上它有一定高度，这里就不能放座位了。

长久以来，在许多欧洲国家普遍采用一种折衷的解决办法，在北美也越来越普遍的是70%低地板巴士。其想法是将低地板一直铺到后门的后面。这样，乘客容易进入巴士前面部分，同时，在后面因为地板较高又可以采用完全传统的驱动装置。它的缺点是在内部必须要设梯级，改善的办法是采用斜地板而不是车后面要高一层。这一方案可以用在铰接的车子上，也可用在标准长度的巴士上，只要最后面的车轴是可驱动的就行。

另一种可能性是在全部高平台系统中采用传统设计的高地板巴士，就完全像快速轨道交通那样。这样就可以采用最简单的巴士设计，没有梯级也没有轮椅提升机的高地板巴士。缺点是很明显的，巴士只能用在有高站台设施的地方，但完全适用于巴士快速交通运营，巴士从来不到没有高平台的服务区。这种方法已经用在库里蒂巴和波哥大超级容量巴士快速交通运营的地方。

实际上，所有传统巴士设计采用刚性钢框架作为地板的基础，虽然在某些设计中，实际上前面装一个预装配的转向模板而后面装一个预装配的动力模块。非铰接巴士最终装配时，用大梁将这两样部件连接在一起。铰接巴士要复杂一些，前一部分的后轴后面有一个大约1米(3英尺)的转台接头。除在水平面上转动外，还要在垂直平面上旋转约15度，用于上下山坡。这些转盘虽然复杂，通过多年的使用已经得到完善。还有几种铰接车辆的设计，用联动装置在前转向轴和最后的车轴之间进行连接。采用这种连接方式，后车轴转动只有前车轴转动角度的一半，提高了灵活性。

现代巴士地板由主动空气悬挂装置支撑，保证行走平稳，并减少对支架和车身有害的颠簸和冲击。它们经常具有'下跪'的能力。空气可以迅速地从气囊中排放到车辆有门的一侧，或者使整个车子下降。这样可以使车门适应不同路边高度，在没有路边的地方，有助于老弱乘客上车。气囊可以迅速地利用压缩空气系统重新填满，也可用来驱动刹车。

专用巴士快速交通车辆全部是低地板设计。它们采用中心马达来保证车厢内部100%低地板。马达和发电机横向装在后面，就像传统的巴士设计一样，但不需要机械传动装置。在所有设计中，对于在地板中布置的设备考虑了将来能容纳燃料电池推动的机组。有些设计中采用的可伸缩机械操纵装置，增加了底面的复杂性。

至少有一种专用车辆是标准或者铰接型号的。其他至少有两种是铰接的或者是双铰接的型号。但是，它们可能和传统的设计有很大的不同。庞巴迪Spies GLT采用标准技术安装车轮，放在铰接接头前不远处，但增加了车轮旋转能力以便缩小转弯半径。这种设计在最初营业性服务中遇到了一些困难。Translohr STE设计将车轮直接放在铰接接头下面，用类似于轻轨快速交通车辆的方式，但很重要的不同点是这些车轮是单轴的，用橡胶轮胎，而不是双轴带钢轮的。Irisbus西维斯采用和普通巴士一样的铰接技术。在营业性服务中，这些车辆的使用经验将会表明，哪些设计能将可保养性、经济性、可靠性以及行驶平稳结合得最好。

E-3.1 车身特征

考虑到巴士快速交通系统形象的重要性，大部分单位多半会选择车身质量高、美观的传统巴士用于巴士快速交通运营。巨大的侧面车窗和前面一块巨大的挡风玻璃不仅是外观漂亮，而且使车内光线充足，乘客视野宽广。必须特别注意装修和细部。车身必须有高质量的装修。最好是设计时考虑到能迅速更换破损的板块。

表E-1列出了所选用巴士一些关键尺寸。巴士快速交通使用的巴士力求采用和普通巴士一样的总体尺寸。例外的是可以采用非标准长度的双铰接巴士，例如，巴西的库里蒂巴。还有专门为超长巴士设计的专门的公路系统：芬兰和瑞典甚至允许在向公众开放的公路上行驶双铰接巴士。在北美使用这些车辆时要特别分配。

专用巴士快速交通车辆外形通常像轻轨快速交通车辆。大部分专用车辆的所有轮胎是盖住的，由于橡胶轮外露会引起人们注意这种车辆像巴士的本质。有些车辆将驾驶员位置放在中间而不是放在左边，也是出于轻轨快速交通设计理念。是否采用这种方案取决于车辆不在指定公共道路上行驶时间的比例，在混合交通情况下，驾驶员愿意选择左边位置驾驶。

所有车辆，不论是专用的还是普通的，必须有宽大的门口通道。巴士快速交通要求乘客能快速交换。在门的数量方面，大部分设计是灵活的。一般说来，车门多一些要比少一些好。为了缩短停车时间，是否牺牲一些座位，需要认真考虑加以权衡。有几种巴士快速交通式的运营为了减少上下车之间的摩擦，采用一半车门供上车用，另一半供下车用。

不论巴士设计如何，还有需要考虑的是舒适和方便。巴士快速交通使用的巴士显然会有大量上下车乘客，要求车内坚固。另一方面，车辆外面具有坚固的形象，而在内部希望比较柔和。比如，座位应该舒适。一种折衷的处理内部的方案是沿车厢内墙采用折迭椅，不用时可以收起来。它的优点是在乘客拥挤时可以提供更多的站位。

普通巴士的内部布置中，在车门的门廊处有站位和立柱，前门可以例外。这个空间在非高峰期间也用来作为行李、童车、购物小车存放，甚至放自行车。如果这样，收费箱也可以放在靠近车门的立柱上。如果车上可以现金购票，最好是放在前门。

对于轮椅，北美的方案是在一个或几个通廊上，将轮椅面向前方系住。在欧洲，除非另外要求，在专用车辆上采用不同的方法。采用两根坚固的立柱和面向后方的底座，架住轮椅。轮椅可以简单地支撑住，不用阻挡件。这样可以自动防止急刹车和向前碰撞。

在所有低地板巴士上，不论巴士设计如何，大轮槽限制了前门附近地区使用的灵活性。有些布置方案在轮槽前后放上托架，上面安排一对面向前后方的座位。对于中间和后面的轮槽，也可以这样做。另一种做法是将轮槽上面作为行李存放区。

在专用车辆的设计中，座位安排是各种各样的，包括模仿小公共汽车的曲线形座位。另一种是轨道车辆上普遍采用的面对面座位。因此，座位布置要根据当地的习惯和爱好进行选择。至少有一种车辆的设计，座位可以根据不同季节、不同线路等等很快加以变换。

普通车辆和专用车辆车身材料的选择仍然和过去一样，有塑料、铝材、中碳钢和不锈钢。普通中碳钢最为常用，但是许多专用巴士快速交通车辆（如西维斯）由不锈钢制成，估计车身和寿命都很长。大修期在美国一般是12年，而它超过18年。至少有一种车成功地使用了复合材料（北美巴士工业公司）。这些材料会越来越普及。这种材料可以做成整体车身结构，也就是车身和地板连在一起。事实上，车身几乎将四周和整个下面全包起来了。这样对于一定尺寸的车子，重量可以大大减轻，或者反过来说，同样的重量可以造出一部更大的车子。例如，北美巴士工业公司目前生产出一种45英尺长的复合材料巴士，重量和40英尺长的标准巴士一样。

E-4　附属装置

巴士快速交通运营的巴士大部分附属装置和已经在使用的相同。包括空调、空压机、车上原动机油箱、电气原动机和复合驱动装置的推进控制电子装置、智能交通系统外围设备等等。附属装置构件的准确位置取决于所采用的地板和推进机组外形。低地板和可变燃料的巴士已经广为推广，大部分交通机构已经习惯要求不同的服务程序，将附属装置重新放在不容易够到的地方。对于某些装置，只能通过重新设计工作地点，在顶棚高度有过道来到达装置处。特别是新设计的专用巴士。

最有可能新增加的东西是能量储存设施，由于混合驱动较为普及，重量可以减轻。很重的部件安排，如，电池电磁马达或飞轮多半不会放在顶上，因为它们会提高巴士重心，危及车辆稳定性。还有一些考虑部件故障时的安全问题，比如要求将乘客座仓遮盖起来。

在工业部门正计划将12伏电池转成42伏以满足电子装置和附属装置不断增加的电力要求。所有新的巴士设计都考虑了能放下未来的推进装置，需要在设计中灵活处理，以便能容纳不断增长的附属装置的数量和类型。

E-5　全系统成本

专用车辆生产商声明，这些价格实际上是一个类似轨道交通系统的更大的系统的一部分，包括管理基础设施和车站。因此，贸易媒体引用的合同价格通常包括两方面。其中一些价格列在下面：

庞巴迪GLT-法国，卡昂

导向路　16公里

车辆数　24辆

合同价　12亿法国法郎(1994年签订)

庞巴迪GLT-法国，南希

导向路　8.7公里(线路长度11公里)

车辆数　25辆

车站数　28

合同价　9亿法国法郎(1999年签订)

西维斯-法国，Clermont-Ferrand

导向路　14公里

车站数　30

车辆数　22辆

合同价格　1.159亿欧元(2001年签订)

西维斯-法国，鲁恩

导向路　15.7公里(总长度24公里，3条搭接线路)

车站数　46

车辆数　17辆西畏斯 + 38辆Agora

合同价　10亿法国法郎(1999年签订)

E-6　结论

巴士快速交通可以采用传统的或专用的车辆。高端传统车辆和系统其他部分相配合时，工作良好。车门高度、收费技术以及其他影响乘客换乘和停站时间的因素必须和静态的基础设施一起考虑。考虑到它们的形象，这些巴士在减少噪声和空气污染方面，多半是当前实际最新水平。

与传统巴士相比，定制的专用车辆价格要高一些，增加的许多优点可以抵消较高的价格，而且它们的价格大大低于轻轨车辆，可以具有类似轻轨车辆的造型。由于它们比较复杂，在大部分交通机构日常工作程序范围内，难以吸收巴士维护和练习设施。将这些车辆合在一起，类似于将轨道车辆合在一起那样，组成一个包括原先所有巴士的机构。

由于它们是用在交通路网中需求量大的部分，交通运输很集中，通常是干道和许多相联的服务设施，在它们那里力求装备全套智能交通系统技术。这些技术用来处理各种联系以及通知乘客有关路网延误情况以及各种联系的状况。另外，巴士快速交通巴士设计的所有方面必须要考虑这些专门巴士的作用。它们是交通路网中广为分布的关键部分，必须高度统一服务设施，以便于乘客和路网其他部分联系。

内燃机电气推动或双模式推动是专门化巴士快速交通车辆经常采用的，而不是真正混合驱动和车上储存能量。传统的巴士采用真正混合驱动，在收费服务线路中应用有限。这两种巴士设计比传统巴士贵得多，但是，随着生产的增加，差距将要缩小。在大部分设计中已经做好准备最终采用燃料电池。设计的完善还在继续中。

各种巴士和专用巴士快速交通车辆尺寸 **表 E-1**

车辆型号	长	宽	地板高(mm)	车门	净重	停靠装置
北美客车工业低地板(NABI)	12	X2.44 或 2.60	380	1,1		
北美电车低地板(波士顿尼奥普兰 N6141DET)		X2.44				无
北美客车工业低地板(NABI 紧凑型)	13.7	X2.60	380 & 825	1,1		无
北美客车工业低地板(新飞人)	18	X2.60	400	1,1,2	18.9	无
北美客车工业低地板(新飞人混合动力型)	18	X2.60	400	1,2	19.7	无
欧洲铰接低地板巴士(斯堪尼亚)	18	X2.50 或 2.55		2,2,2,2	16	无
尼奥普兰 N6121 DET(双模式)	18	X2.55 或 2.80		1,2,2,2	28.6	
伊萨巴士西维斯单车	12	X2.55	320~400	1,2		有
伊萨巴士西维斯铰接	18[1] 或 19.5[2]	X2.55	320~400	1,2,2,2	18.4	有
APTS 斐利亚单铰接	18	X2.54	320~340	2,2,2	16.8	有
APTS 斐利亚双铰接	24	X2.54	320~340	2,2,2,2	21.7	有
庞巴迪 Spies GLT 铰接	18	X2.5	320~370			有
庞巴迪 SpiesGLT 双铰接	24.5	X2.5	320~370	2,2,2	25.5	
团斯洛尔 STE3 双铰接	24.5	X2.2	250	2,2,2		有
沃尔沃双铰接(库尔蒂巴)	24		约 800	2,2,2,2		无
梅赛德斯铰接(波哥大)	18		约 800	4,2,2		无
Breda 铰接(西雅图双模式)	18			2,2,2		无

注:1 —内燃机 - 电气
2 —高架组合与电池
3 —接头前主要地板的地板高度

照片 E-1 WMATA 收费箱和磁条及智能卡读写器

照片E-2　专用BRT车辆内部：Bombarier GLT

照片E-3　专用BRT车辆内部：Irisbus Civis

附录 F
巴士快速交通系统比较

（表 A-1 至表 A-12 以前在 90TCRP 报告第一卷的附件 A 中发表过）

调查的巴士快速交通系统一览表　　　　**表A-1**

城市	城市化区域人口(百万)	中央商务区就业	城市轨道交通	巴士快速交通状况/开业第一年	系统概述
美国/加拿大					
1. 波士顿	3.0	365,000	✓	第一段于2002年开通	“银线”包括巴士隧道，将采用铰接双模式电车和压缩天然气动力巴士
2. 夏洛特	1.1	50,000		1997	高峰期快车路巴士专用道被独立大街通道上的快客使用
3. 克利夫兰	2.0	100,000	✓	正在建设	恩克利德大街中央巴士专用路，将采用铰接混合型柴电巴士
4. 尤金	0.2		N/A	计划	项目包括低地板式导向车辆使用的公共交通车道。
5. 哈特福德	0.8	52,000		正在建设	新布列颠——哈特福德巴士专用路，车站沿不使用的铁道巴士专用路修建
6. 檀香山	0.9	N/A		1999	3城市快车和乡村快车，线路提供优先的车站服务，采用特色彩色铰接巴士
7. 休斯敦	1.8	150,000		1979	港口与圣莫尼卡快车路高载客量车辆车道有快车服务和车站
8. 洛杉矶	9.6[1]	200,000	✓	1977	圣贝纳迪诺巴士专用路(后来为高载客量车辆巴士路)开通
				1979	港口与圣莫尼卡快车路高载客车辆车道有巴士服务和车站
				1999	威尔希莱——惠蒂尔和文图拉大街“地铁快道”有限车站服务采用彩色低地板式压缩天然气巴士
9. 迈阿密	2.3	50,000	✓	1996	迈阿密南达德巴士专用路沿废弃的铁路线与迈阿密地铁连接
10. 纽约市	16.0	1,850,000	✓	1963	快速巴士采用3条放射状快车路的逆流巴士专用道，广大的曼哈顿车道网，在5个自治区的25条线路上实行有限的车站巴士服务
11. 渥太华	0.7[2]	86,500		1983	庞大的巴士专用路系统，具有诱人的车站，提供全站与快车服务
12. 匹茨堡	1.7	140,000	✓	1977	南、东、西巴士专用路提供全站与快车服务
13. 西雅图	1.8	120,000		1990	铰接双模式无轨电车和柴油巴士采用的巴士隧道
14. 温哥华	2.1	130,000	✓	1996	百老汇和里士满“B-线”有限的巴士快速交通服务，采用与众不同的低地板式铰接式巴士
澳大利亚					
15. 阿德莱德	1.1	N/A	✓	1989	O-Bahn7英里的导向巴士专用路，提供快车和本地服务

续表

城市	城市化区域人口(百万)	中央商务区就业	城市轨道交通	巴士快速交通状况/开业第一年	系统概述
16. 布里斯班	1.5	60,000	✓	1990	东南巴士专用路巴士快速交通具有吸引人的车站，提供快车和全站服务，巴士采用中央商务区巴士隧道
17. 悉尼	1.7	400,000	✓	建设之中	利物浦-帕拉马塔巴士快速 交通，包括巴士专用路、巴士专用道路和车站，服务类型为提供快车和全站线路服务
欧洲					
18. 利兹(英国)	0.7	N/A		1995	“超级”导向巴士在斯科特公路通道上旁路排队，在约克和塞尔柏公路通道上正在建设
19. 鲁恩(法国)	0.4	N/A	✓	2001	3-线光学制导巴士，采用现代 Irisbus Civis“火车型”巴士
20. 朗科恩	0.1	N/A		1973	“图8”巴士专用路系统与规划的新城开发整合
南美					
21. 贝洛哈里桑塔(巴西)	2.2	N/A	✓	1981	Avennida Christiano Machado 中央巴士专用路，具有站上通过能力
22. 波哥大(哥伦比亚)	5.0	N/A		2000	23英里4道“TransMilenio”中央巴士专用路，带高月台中心岛站，支付票价，由铰接车提供服务
23. 库里蒂巴(巴西)	1.6	N/A		1973	沿5结构轴线的5中央巴士专用路系统与城市开发精心整合，双铰接巴士为高月台车站、终端提供频繁的快速交通服务，在附近单向街道上提供快车(直达)服务
24. 阿雷格里港(巴西)	1.3	N/A	✓	1978	4-通道中央巴士专用路系统，采用巴士排序系统，以适应繁忙的乘客与巴士流
25. 基多(厄瓜多尔)	1.5	N/A		1996	有轨电车中央巴士专用路系统，利用铰接、全电气、有轨电车和先付票价的高月台车站
26. 圣保罗(巴西)	8.5	1.0百万以上	✓	1975	扩展巴士专用路系统，包括 D-julho 和 SaoMateua Sabaquara，中央巴士专用路交错于具有通行能力的岛式月台车站

来源：个别案例研究

注：

(1) 国家人口；(2) 除魁北克的赫尔外。

巴士快速交通系统特征

表A-2

城市	城市化区域人口(百万)	设施描述	专用车道	车站	容易上下车辆	车站收费	ITS智能交通系统	频繁全天服务
美国/加拿大								
1. 波士顿	3.0	银线——巴士隧道、车道	✓	✓	✓	✓	✓	✓
2. 夏洛特	1.1	独立大街高速巴士专用路	✓	✓				
3. 克利夫兰	2.0	欧几里德大街——干道式中央巴士专用路	✓	✓	✓		✓	✓
4. 尤金	0.2	尤金——斯普林菲尔德干道中央式公共交通通道1期(东-西)	✓	✓	✓	✓	✓	✓
5. 哈特福德	0.8	新不列颠——哈特福德巴士专用路	✓	✓			✓	
6. 檀香山	0.9	城市快车和县快车(混合型交通)	✓	✓	✓			✓
7. 休斯敦	1.8	高载客量车辆车道系统	✓	✓	e			
8. 洛杉矶	9.6	港口高速路高载客量车辆/巴士专用路，圣贝纳迪诺高速路高载客量车辆/巴士专用路，威尔斯莱——惠蒂尔和文图拉地铁巴士(混合型交通)	✓	✓	✓		✓	✓
9. 迈阿密	2.3	迈阿密——南达德巴士专用路	✓	✓				✓
10. 纽约市	16.0	I-495、I-495NY、戈瓦内斯AM逆流车道干道有道有限车站服务	✓	✓				✓
11. 渥太华	0.7	公交专用路系统(巴士专用路、巴士专用道)	✓	✓			✓	✓
12. 匹茨堡	1.7	南、东、西巴士专用道	✓	✓				✓
13. 西雅图	1.8	巴士隧道	✓	✓	✓			✓
14. 温哥华	2.1	百老汇和里士满“B”道(混合型交通)	a	✓	✓		✓	✓
澳大利亚								
15. 阿德莱德	1.1	O-Bahn导向巴士专用路	✓	✓				✓
16. 布里斯班	1.5	东南巴士专用路	✓	✓			✓	✓
17. 悉尼	1.7	利物浦-帕拉马塔巴士专用路-巴士专用道	✓	d			✓	d
欧洲								
18. 利兹(英国)	0.7	超级巴士导向巴士系统	b	d				✓
19. 鲁恩(法国)	0.4	光学导向巴士——巴士专用道	✓	✓	✓	g	✓	✓
20. 朗科恩(英国)	0.1	图8巴士专用路	✓	✓				✓
南美								
21. 贝洛哈里桑塔(巴西)	2.2	阿温尼达克里斯恬洛中央巴士专用路	✓	c				✓
22. 波哥大(哥伦比亚)	5.0	TransMilenio中央巴士专用路	✓	✓	✓	✓	✓	✓
23. 库里蒂巴(巴西)	1.6	中央巴士专用路系统	✓	✓	✓	✓	✓	✓
24. 阿雷格里港(巴西)	1.3	阿西斯巴西与法拉坡斯中央巴士专用路	✓	d				
25. 基多(厄瓜多尔)	1.5	无轨电车中央巴士专用路	✓	✓	✓	✓	✓	✓
26. 圣保罗(巴西)	8.5	9德巨赫与贾拉圭拉中央巴士专用路	✓	f				✓

来源：个别案例研究

注：(a) 较短的中央巴士专用路；(b) 在拥挤的位置排队绕过；(c) 4个终端车站；(d) 未规定；(e) 采用路上巴士；(f) 中央巴士停靠站；(g) 有限。

行车道特点 表A-3

城市	城市化区域人口（百万）	设施描述	长度（英里）	车站数量	成本（百万）	评 述
美国／加拿大						
1. 波士顿	3.	银线——巴士隧道、车道		10	1.35 美元	全开发（包括地铁）
2. 夏洛特	1.1	独立大街高速巴士专用路	2.9	0		
3. 克利夫兰	2.0	欧几里德大街专用干道中央式巴士专用路	7.0	30	220 美元	
4. 尤金	0.2	尤金——斯普林菲尔德1期东-西通道	4.0	N/A	11 美元	1期
5. 哈特福德	0.8	新不列颠——哈特福德巴士专用路	9.6	12	100 美元	
6. 檀香山	0.9	城市快车和县快车（混合型交通）	26.6			不含乡间快车，英里里程交通中心
7. 休斯敦	1.8	高载客量车辆车道系统	111.0		980 美元	
8. 洛杉矶	9.6[a]	港口高速路高载客量车辆／巴士专用路	11.8	9	N/A	
		圣贝纳迪诺高速路高载客量车辆／巴士专用路	12.0	3	75.0 美元	
		威尔斯莱——惠蒂尔（混合型交通）	26.0	30	5.0 美元	
		文图拉地铁巴士（混合型交通）	16.0	15	3.3 美元	
9. 迈阿密	2.3	迈阿密——南达德巴士专用路	8.2	15	59.0 美元	
10. 纽约市	16.0	I-495,I-495NY,戈瓦内斯	2.5	0	0.7 美元	
		AM 逆流车道	2.2	0	0.1 美元	
		干道有限车站服务	5.0	0	10.0 美元	
11. 渥太华	0.7[b]	公交专用路系统巴士专用路、巴士专用道	37.0	28	435 加元	
12. 匹茨堡	1.7	南巴士专用路	4.3	9	27 美元	
		东巴士专用路	6.8	6	113 美元	
		西巴士专用路	5.0	6	275 美元	
13. 西雅图	1.8	巴士隧道	2.1	3	450 美元	
14. 温哥华	2.1	百老汇“B”道（混合型交通）	11.1	14	13 加元	包括里士满中心巴士专用路成本
		里士满“B”道（混合型交通）	9.8	N/A	46.9 加元	
澳大利亚						
15. 阿德莱德	1.1	O-Bahn 导向巴士专用路	7.4	3	104 澳元	
16. 布里斯班	1.5	东南巴士专用路	10.5	10	400 澳元	巴士专用路车站，不包括闹市区隧道成本
17. 悉尼	1.7	利物浦—帕拉马塔巴士专用路—巴士专用道	19.0	35	200 澳元	13 英里巴士专用路6.0 英里巴士专用道

续表

城市	城市化区域人口(百万)	设施描述	长度(英里)	车站数量	成本(百万美元)	评　述
欧洲						
18. 利兹(英国)	0.7	超级巴士导向系统	0.9	N/A	1.35	
19. 鲁恩(法国)	0.4	光学导向巴士——巴士专用道	28.5	61	200	2条主要线路成本，每英里12.2百万
20. 朗科恩(英国)	0.1	图8巴士专用路	14.0	56	15.0	1/4英里间隔
南美						
21. 贝洛哈里桑塔(巴西)	2.2	阿温尼达克里斯恬洛中央巴士专用路	5.6	15	N/A	200英尺车站间隔
22. 波哥大(哥伦比亚)	5.0	TransMilenio中央巴士专用路	23.6	59	184	800万美元/英里
23. 库里蒂巴(巴西)	1.6	中央巴士专用路系统	37.2	139		410英尺车站间隔
24. 阿雷格里港(巴西)	1.3	阿西斯巴西中央巴士专用路 法拉坡斯中央巴士专用路	3.6 3.3	10 9		1960英尺车站间隔
25. 基多(厄瓜多尔)	1.5	无轨电车中央巴士专用路	10.0	32	57.6	1640英尺车站间隔
26. 圣保罗(巴西)	8.5	9德巨赫中央巴士专用路 贾拉圭拉中央巴士专用路	7.0 13.0	18 34		2000英尺车站间隔

来源：个别案例研究

注：

N/A 不可用；

a 仅洛杉矶县；

b 不包括魁北克的赫尔，人口超过100万。

车 站 特 点(选择系统)　　**表** A-4

城市	设施描述	车站数	平均车站间隔(英尺)	位置	长度(英尺)(巴士数)	通过车道	月台高度	收费(先付)
美国/加拿大								
1.波士顿	银线——巴士隧道、车道	10	2,160	侧面、隧道、路缘、陆地	220(3)	选择遂道车站	低	遂道内
3.克利夫兰	欧几里德大街——干道中央式巴士专用路	30	1,230	中央商务区旁边	(2)	在中央商务区内	低	可能
4.尤金	1期东-西通道	8	2,400	中央	160(2)	是	低	是
5.哈特福德	新不列颠——哈特福德巴士专用路	12	4,220	侧面	(2)	是	低	否

续表

城市	设施描述	车站数	平均车站间隔(英尺)	位置	长度英尺(巴士数)	通过车道	月台高度	收费(先付)
7. 休斯敦	高载客量车辆车道系统		N/A	离线	N/A	N/A	低	否
8. 洛杉矶	港口高速路巴士专用路	9	7,240	侧面				
	圣贝纳迪诺高速路高载客量车辆巴士专用路	3	21,000	中心				
	威尔斯莱——惠蒂尔地铁巴士	30	4,580	路缘		普通交通车道	低	否
	文图拉地铁巴士	15	5,630	路缘			低	否
9. 迈阿密	迈阿密——南达德巴士专用路	15	2,890	侧面	(2~3)	是	低	否
10. 纽约市	AM 逆流车道	0		侧面	N/A	一些	低	否
11. 渥太华	公交专用路系统(巴士专用路、巴士专用道)	28	6,980	侧面	180	是	低	否
12. 匹茨堡	南、东、西巴士专用路	21	4,200	侧面	120~240	是	低	否
13. 西雅图	巴士隧道	3	3,870	侧面	(2)	是	低	否
14. 温哥华	百老汇"B"道(混合型交通)	14	4,190	侧面	N/A	交通车道	低	否
	里士满"B"道(混合型交通)	N/A	N/A	侧面	N/A	交通车道		
澳大利亚								
15. 阿德莱德	O-Bahn 导向巴士专用路	3				无	低	否
16. 布里斯班	东南巴士专用路	10	5,540	侧面	N/A	是	低	售票机
17. 悉尼	利物浦—帕拉马塔巴士专用路—巴士专用道	35	2,870	路缘	N/A	N/A	低	无
欧洲								
18. 利兹	超级巴士导向巴士系统	3	N/A	岛式	(1)	无	低	无
19. 鲁恩(法国)	光学导向巴士——巴士专用道	61	2,470	路缘或岛式	有限	是	低	一些
20. 朗科恩(英国)	图8巴士专用路	56	1,320	路缘	(2)	是	低	无
南美								
21. 贝洛哈里桑塔(巴西)	阿温尼达克里斯恬洛中央巴士专用路	15	2,000	侧面	(1~4)	是	低	一些
22. 波哥大(哥伦比亚)	Trans Milenio 中央巴士专用路	59	2,110	中心岛	130~490	是	高	是
23. 库里蒂巴(巴西)	中央巴士专用路系统	39	1,410	侧面、岛式	80(1)	是	高	是

续表

城市	设施描述	车站数	平均车站间隔（英尺）	位置	长度英尺（巴士数）	通过车道	月台高度	收费（先付）
24. 阿雷格里港(巴西)	阿西斯巴西中央巴士专用路	10	1,000	侧面	N/A	是	低	无
	法拉坡斯中央巴士专用路	9	1,000	侧面	N/A	是	低	无
25. 基多(厄瓜多尔)	无轨电车中央巴士专用路	32	1,640	侧面、中心	(1)	无	高	是
26. 圣保罗(巴西)	9德巨赫中央巴士专用路	18	2,000	侧面	(2~3)	是	低	一些
	贾拉圭拉中央巴士专用路	34	2,000	侧面	(2~3)	是	低	一些

来源：个别案例研究

注：

N/A—不可用

14个站在隧道中，6个在地面；

23个站在导向巴士专用路上；

3139车站，包括26个综合站。

车站特点与舒适度(选择系统)　　**表A-5**

城市	设施描述	特点
1. 波士顿	银线	4个隧道车站有收费规定，华盛顿街上的6个路缘车站有座位、信息板、电话、垃圾桶和通信盘
3. 克利夫兰	欧几里德	有遮雨篷，舒适，有售票机
5. 哈特福德	新不列颠——哈特福德巴士专用路	乘客下降区，一些驻车换乘，全方位的舒适、气候控制建筑物、休息室，主要车站有电话
7. 休斯敦	公共交通中心	站上有换乘批次
8. 洛杉矶	圣贝纳迪诺高载客量车辆/巴士专用路	El蒙特站有圆形岛，有较大的换乘量
	威尔斯莱——惠蒂尔	主要车站——双天篷，下一次车显示标记
	文图拉地铁巴士	其他站——单棚和系船桩
9. 迈阿密	南迈阿密——达德	透明、防水、纤维棚，付费电话和凳子
10. 纽约市	I-495巴士专用道	新泽西州巴士采用200位城中巴士终点站
11. 渥太华	公交专用路系统	乘客遮雨篷、辐射热、长凳、电话、电视监视器宣布巴士到达
12. 匹茨堡	巴士专用路	简易遮雨篷，部分有电话
13. 西雅图	巴士隧道	建筑特点，如壁画/小时钟
14. 温哥华	B-线	照明条件好、特色遮雨篷，实时电子巴士显示，消费者信息信号
15. 阿德莱德	导向巴士专用路	保护遮雨篷，自行车存/取，短/长期停放
16. 布里斯班	东南巴士专用路	建筑特色设计，乘客保护，电梯与楼梯，巴士路上有覆盖的步行桥，实时乘客信息，显示，售票机，公用电话，乘客座位，自动饮水器，零售亭，公共休息室，安全系统
17. 悉尼	利物浦——帕拉马塔巴士专用路——巴士专用道	实时乘客信息，照明，安全摄像机
20. 朗科恩	光学导向巴士专用道	大多数车站有简易巴士遮雨篷，部分有售票设备
22. 波哥大	TransMilenio	在设计上类似于快速交通车站，有付费设备，高月台
23. 基多	无轨电车	车站为管形雨篷，离车收费，高月台

车辆特点(选择系统)　　表A-6

城市	设施	车型	推进	水平登车	门数	门边	特色色彩标志
美国/加拿大							
1. 波士顿	银线	铰接	双模式无轨和压缩天然气	✓	3	右	
2. 克利夫兰	欧几里德大街	铰接	柴油、电气混合型	✓	3	两边	
4. 尤金	1期东西通道	铰接	电气	✓	4	两边	
6. 檀香山	城市快车和乡间快车	铰接		✓	3	右	
7. 休斯敦	高载客量车辆快车	公路轿车，铰接	柴油		1	右边	
8. 洛杉矶	威尔斯莱—惠蒂尔文图拉	标准	CNG	✓	2	右边	
9. 迈阿密	南达德巴士专用路	小型/标准/铰接	CNG,柴油	部分	2	右边	
11. 渥太华	公交专用路	铰接/标准	柴油	部分	2~3	右边	
12. 匹茨堡	东、南、西巴士专用路	铰接/标准	柴油	部分	3	右边	
13. 西雅图	巴士隧道	铰接	双模式无轨/柴油	✓	3	右边	
14. 温哥华	百老汇、里士满	铰接	柴油	✓	3	右边	
澳大利亚							
15. 阿德莱德	导向巴士专用路	铰接	柴油		2	左边	
16. 布里斯班	东南巴士专用路	标准	CNG/柴油	✓	2	左边	
欧洲							
18. 利兹	超级巴士 导向巴士	标准	柴油	部分	1~2	左边	
19. 鲁恩	“Teor”系统	铰接	Civis-Irisbus 混合-柴油、电气	✓	4	右边	
20. 朗科恩	图8巴士专用路	普通	柴油	✓	2	左边	
南美							
21. 贝洛哈里桑塔	阿温尼达克里斯恬洛马查多	标准	柴油				
22. 波哥大	TransMilenio	铰接	柴油	✓[a]	3	左边 双宽度	红色巴士 专用巴士
23. 库里提巴里	巴士专用路系统	双铰接	柴油	✓[a]	5	右边 双宽度	特色红色
24. 阿雷格里港	阿西斯巴西法拉帕斯	铰接	柴油				
25. 基多	无轨电车	铰接无轨带辅助系统	柴油机	✓[a]	3	右边	特色彩虹包装
26. 圣保罗	9 de Julio 贾拉圭拉	双层、标准、铰接变化	无轨 柴油 无轨/柴油		2~3 2~3	两边 两边	

来源：个别案例研究

注：a 高性能负载。

智能交通系统技术的应用(选择系统) 表A-7

城市	系统	自动车辆位置(AVL)	电话信息/车站	乘客信息、自动车站、车上宣布	车站实时信息	交通信号优先
美国/加拿大						
1. 波士顿	银线	✓	✓	✓	✓	
2. 夏洛特	独立通道	✓				✓
3. 克利夫兰	欧几里德大街					
4. 尤金	干道中央式公交专用路			✓		✓
5. 哈特福德	新不列颠—哈特福德巴士专用路	✓	✓	✓		
8. 洛杉矶	威尔斯莱—惠蒂尔和文图拉巴士快速交通	✓				✓
9. 迈阿密	迈阿密—南达德巴士专用路		✓			已拆除
11. 渥太华	公交专用路		✓	✓	✓ 选择位置	
12. 匹兹堡	南、东、西巴士专用路		✓	部分巴士		
14.温哥华	百老汇和里士满“B”道	✓		✓	✓	✓
澳大利亚						
16. 布里斯班	东南巴士专用路	✓		✓	✓	
17. 悉尼	利物浦——帕拉马塔巴士快速交通	✓			✓	
欧洲						
19. 鲁恩	光学导向巴士			✓		✓ 有专用巴士信号
南美						
22. 波哥大[1]	TransMilenio中央巴士专用路	✓				
23. 库里蒂巴	中央巴士专用路系统			✓		

来源：个别案例研究

注：1GPS和控制中心。

服务类型 表A-8

城市	系统	仅在设施上操作	快车	全部车站	有限车站	当地巴士服务(同一街道)	支线服务
美国/加拿大							
1. 波士顿	银线巴士隧道、车道			✓			✓
2. 夏洛特	独立大街高速路巴士专用路		✓				
3. 克利夫兰	欧几里德大街—中央干道式巴士专用路	✓(2)	✓(1)				
4. 尤金	干道中央式公交专用路	✓		✓			✓
5. 哈特福德	新不列颠—哈特福德巴士专用路		✓	✓			✓

续表

城市	系统	仅在设施上操作	快车	全部车站	有限车站	当地巴士服务（同一街道）	支线服务
6. 檀香山	城市快车和县快车（混合型交通）				✓		✓
7. 休斯敦	高载客量车辆车道系统		✓				
8. 洛杉矶	港口高速路巴士和高载客量车辆/路		✓		✓		
	圣贝纳迪诺巴士与高载客量车辆/路		✓				
	地铁巴士—威尔斯莱—惠蒂尔和文图拉大街				✓	✓	
9. 迈阿密	南迈阿密—达德巴士专用路		✓	✓			✓
10. 纽约市	AM逆流巴士专用道		✓				
	干道有限车站线路				✓	✓	✓
11. 渥太华	公交专用路		✓	✓			✓
12. 匹茨堡	南东西巴士专用路		✓	✓			✓
13. 西雅图	巴士隧道			✓			✓
14. 温哥华	百老汇“B”道（混合型交通）				✓	✓	✓
	里士满“B”道（混合型交通）				✓	✓	✓
澳大利亚							
15. 阿德莱德	O-Bahn 导向巴士专用路		✓	✓			
16. 布里斯班	东南巴士专用路		✓	✓			✓
17. 悉尼	利物浦—帕拉马塔巴士专用路—巴士专用道		✓	✓			✓
欧洲							
18. 利兹	导向巴士系统			✓			
19. 鲁恩	光学导向系统巴士专用道			✓	✓		✓
20. 朗科恩	图8巴士专用路			✓			
21. 贝洛哈里桑塔	阿温尼达克里斯恬洛中央巴士专用路		✓	✓			
22. 波哥大	TransMilenio 中央巴士专用路	✓		✓	✓		✓
23. 库里蒂巴	中央巴士专用路系统	✓	✓(1)	✓			✓
24. 阿雷格里港	阿西斯巴西中央巴士专用路		✓	✓			
	法拉坡斯中央巴士专用路		✓	✓			
25. 基多	无轨电车中央巴士专用路	✓		✓	✓		
26. 圣保罗	9德巨赫中央巴士专用路		✓	✓			
	贾拉圭拉中央巴士专用路		✓	✓			

来源：个别案例研究

注：

(1) 附近单向街道上操作；

(2) 处在预期操作计划之中。

乘客容量、巴士流量和速度(选择系统)　　表A-9

城市	设施(系统)	巴士乘客量/周	上午高峰时间、高流向		速度(英里/小时)	
			巴士	乘客	快车	全车站
美国/加拿大						
1. 波士顿	银线巴士隧道、车道	40,000[(1)]				
		78,000[(e)]	75[(e)]	4,500		
2. 夏洛特	独立大街巴士专用路	1,000[(2)]				
3. 克利夫兰	欧几里德大街—中央巴士专用路	29,500[(e)]				12
5. 哈特福德	新不列颠—哈特福德巴士专用路	20,000[(3)]	20~24	1,000 ±	38	32
6. 檀香山	A线城市快车					
	B线城市快车	11,000[(4)]				
	C线乡间快车					
7. 休斯敦	高载客量车辆车道系统KATY	9,115	48	2,100	54[(11)]	
	1-45北	13,980	63	3,300	54	
	西北	6,180	34	1,500	54	
	海湾	6,685	21	1,200	54	
	西南	8,900	54		54	
	东部快车	4,500	22	1,150	54	
8. 洛杉矶	港口巴士高载客量车辆路	9,600	40[(e)]	1,800[(e)]		35
	圣贝纳迪诺高速路高载客量车辆路	18,000	70	2,750		43
	威尔斯莱-惠蒂尔地铁巴士	40,000[(5)]	30	1,500	14	
	文图拉大街地铁巴士	9,000[(6)]	15[(e)]	750[(e)]	19	
9. 迈阿密	迈阿密——南达德巴士专用路	12,000	20[(e)]	800[(e)]	18	12~14
10. 纽约市	I-495(NJ)逆流车道		650~830[(7)]	25,000~35,000[(7)]	35	
	I-495LI快车、逆流车道		125	5,240		
	1-278戈瓦内斯逆流车道		175	6,180		
	干道有限车站服务				8~14	
11. 渥太华	公交专用路系统	200,000	180~200	10,000	50	24
12. 匹茨堡	南巴士专用路	13,000	50	2,000	40	30
	东巴士专用路	28,000	110	5,400	40	30
	西巴士专用路	7,000	40	1,70040	30	
13. 西雅图	巴士隧道	46,000	70	4,200[(e)]		13
14. 温哥华	百老汇"B"道	26,000	15	1,000[(e)]		14
	里士满"B"道	14,000	15	1,000[(e)]		14

续表

城市	设施(系统)	巴士乘客量/周	上午高峰时间、高流向		速度（英里/小时）	
			巴士	乘客	快车	全车站
澳大利亚						
15. 阿德莱德	O-Bahn 导向巴士专用路	30,000		4,000		
16. 布里斯班	东南巴士专用路	60,000	150	9,500		
17. 悉尼	利物浦—帕拉马塔巴士专用路/车道	18,000(e)				
南美						
21. 贝洛哈里桑塔	阿温尼达克里斯恬洛中央巴士专用路	1,500,000 系统宽		16,000		17
22. 波哥大	TransMilenio 干道中央式巴士专用路	800,000(8.8a)		27,000(8.8a)	19	13
23. 库里蒂巴	中央巴士专用路系统	340,000	40	11,000	19	12
24. 阿雷格里港	阿西斯巴西中央巴士专用路	290,000	326	26,100		11~14
	法拉坡斯中央巴士专用路	235,000	304(9)	17,500		12~14
25. 基多	无轨电车	150~170,000	40	8,000		11~12
26. 圣保罗	9 德巨利奥中央巴士专用路	196,000	220+	18~20,000		12
	贾拉圭拉中央巴士专用路	230,000(10)		21,600		

来源：个别案例研究

注：

(1) 1 期括号内的值；

(2) 根据每月15,000 乘客；

(3) 2000 年乘客量；

(4) 根据每月300,000 乘客；

(5) 仅巴士快速交通服务　威尔斯莱(Wilshire)的日乘客量共约100,000；

(6) 仅巴士快速交通服务　日乘客量共约14,000；

(7) 设施仅在上午高峰期运行；

(8) 系统高峰总乘客量 45,000；

(8a) 计划扩建日交通量，约600,000 现有乘客；

(8b) 高峰小时、高峰流向；

(9) 下午高峰小时；

(10) 根据7000 万乘客/年；

(11) 总速度，包括闹市区分布 - 约25~30 英里/小时；

(e) 估计。

与预期巴士快速交通相比报告的旅游节省时间　　**表 A-10**

城市	设施	旅游时间（最少）			旅游时间节省		评述
		之前	之后	减少％	合计（分）	分／英里	
美国／加拿大							
夏洛特	独立大街高速路巴士专用路				5~15	1.7~5.1	
克利夫兰	欧几里德大街—中央干道式巴士专用路	41	32.75	20	8.25	1.2	预期
尤金	干道中央式巴士专用路	27	15	46	12	3	高流向
哈特福德	新不列颠—哈特福德巴士专用路	34.6	20.1	42	14.5	1.5	预期
檀香山	城市快车	35	20	43	15	2.3	1期
休斯敦	高载客量车辆系统—专用路换乘	45	24	47	21	1.1	
	西北换乘	50	30	40	20	2.5	
洛杉矶	圣贝纳迪诺高载客量车辆巴士专用路	48	17	38	31	2.6	3人高载客量车辆
	威尔斯莱—惠蒂尔大街地铁巴士	76	55	28	21	1.5	14英里
	文图拉大街地铁巴士	56	43	23	13	0.9	14英里
纽约市	I-495逆流车道（NJ）				18	7.2	上午入站
	I-495L/E逆流车道（NY）				15	7.5	仅
	I-278戈瓦内斯逆流车道				20	4.0	排队绕过
	干道有限车站服务（25条线路）					0.9	按自治镇范围0.5~1.9
匹茨堡	南部巴士专用路				6~11	1.4~2.6	
	东部巴士专用路	51~54	30	41~44	21~24	3.1~3.5	EBA线路
	西部巴士专用路				25~26	5~5.2	仅上午入站
西雅图	巴士隧道	15	10	33	5	2.4	
温哥华	百老汇“B”道				3~10	0.4~0.9	
	里士满“B”道				10	1.0	
澳大利亚							
阿德莱德	O-巴亨（Bahn）导向车	40	25	38	15	2	
布里斯班	东南巴士专用路					2	估计
悉尼	利物浦—帕拉马塔巴士				60	3.1	预计最大
欧洲							
利兹	超级巴士—导向巴士（上午高峰）				3	10.7	450米导向路
	超级巴士—导向巴士（下午高峰）				5	10.0	800米导向路
	超级巴士—导向巴士（上午高峰）				10		整个系统
南美							
波哥大	TransMilenio			32			
阿雷格莱港	中央巴士专用路系统	24	17	29	7	2.1	

来源：个别案例研究

报告的巴士乘客增加量(选择的系统) 表A-11

城市	设施	说明
美国/加拿大		
夏洛特	独立大街高速路巴士专用路	自1999年1月以来，月乘客量从10,000增加到15,700,增长率达55%
克利夫兰	欧几里德大街—中央干道式巴士专用路	由于实施巴士快速交通，每天从26,000增加到29,000,或增长达13%
哈特福德	新不列颠—哈特福德巴士专用路	每天约20,000乘客中一半是以前的乘车者
檀香山	城市快车	从1999至2001年，月乘客量从100,000人增加到300,000人
休斯敦	高速路高载客量车辆/巴士专用路	18%至30%的乘客以前没有出行，72%的乘客是由汽车转来的
洛杉矶	威尔斯莱—惠蒂尔和文图拉地铁巴士	乘客量增加达26%至30%，有1/3是经常出行的，1/3是新乘客，1/3是从其他通道转过来的
迈阿密	迈阿密—南达德巴士专用路	服务扩展以后，初期乘客量增加了50%
渥太华	公交专用路系统	公交专用路乘客量从1998年到1999年增长了6%，系统帮助获得了高峰时间中央商务区模式分离的70%
匹茨堡	东部巴士专用路	东部巴士专用路的乘客从1983年的21,000人增长到近年的29,000(增长38%)。1983年，吸引了1900名新乘客到巴士专用路上来，新线路的11%和转向线路上的7%以前是使用汽车的
温哥华	百老汇—拉夫德“B”道	服务启动时，8000名新乘客中，20%以前使用汽车，5%是新出行，75%是从其他巴士线路上转来的
澳大利亚		
阿德莱德	导向巴士专用路	乘客量从1986年的420万人增长到1996年的740万人(增长了76%)，而区域性交通乘客量下降了28%
布里斯班	东南巴士专用路	2001年5~10月乘客量增长了42%，年私车出行量减少了375,000人
欧洲		
利兹	超级巴士—导向巴士(上午高峰)	前两年半内报告的乘客增长两达50%以上
南美		
库里蒂巴	中央巴士专用路系统	随着系统的扩建和城市的发展，乘客量从1982年每天400,000人增长到2001年的1,900,000人。年汽车出行量减少了2700万人

选择的巴士快速交通系统的开发成本 表A-12

城市/设施	英里	成本(百万美元)	成本/英里(百万美元)	备注
巴士隧道				
波士顿—银线	4.1	1,350	329	包括巴士专用道
西雅图	2.1	450	214	
巴士专用路				
哈特福德	9.6	100	10	
休斯敦—高载客量车辆系统	98	980	20	
洛杉矶—圣贝纳迪诺快车路	12	75	6	
迈阿密	8.2	59	7	
渥太华	37	293	8	
匹茨堡—南部巴士专用路	4.3	27	6	

续表

城市／设施	英里	成本（百万美元）	成本／英里（百万美元）	备　注
东部巴士专用路	6.8	130	19	
西部巴士专用路	5	275	55	
阿德莱德（导向巴士）	7.4	53	7	
布里斯班	10.5	200	14	不包括在巴士专用路前修建的闹市区巴士隧道的成本
利物浦—帕拉玛塔	19	100	5	
朗科恩	14	15	1	
快车路可变向车道				
纽约-1-495 新泽西	2.5	0.7	0.3	
1-495 纽约	2.2	0.1	0.1	
1-278 戈瓦内斯	5	10	2	涉及快车道改造
干线街道中央巴士专用路				
克里夫兰	7	220	29	
尤金	4	13	3.2	
波哥大	23.6	184	8	
基多	10	57.6	6	
贝洛哈里桑塔			1.6	不包括巴士与终点站
混合型交通／路缘巴士专用道				
洛杉矶	42	8.3	0.2	
温哥华—百老汇	11	9	1	
利兹（导向巴士）	9.8	44	4.1	
鲁恩（光学导向巴士）	2.1	5	2.4	

来源：个别案例研究

注：所有成本均用美元列出。